संगीत उपवन
बंदिशों के शतरंगी सुमन

संगीत उपवन
बंदिशों के शतरंगी सुमन

लक्ष्मण चौसालकर

कनिष्क पब्लिशिंग हाउस
नई दिल्ली-110 002

कनिष्क पब्लिशिंग हाउस
4695/5–21 ए, अंसारी रोड, दरियागंज
नई दिल्ली–110 002
फोन: 2327 0497, 2328 8285
फैक्स : 011–2328 8285
E-mail: kanishka_publishing@yahoo.co.in

संगीत उपवन
बंदिशों के शतरंगी सुमन
प्रथम संस्करण–2020

ISBN: 978-93-86556-52-3

भारत में मुद्रित

कनिष्क पब्लिशिंग हाउस, 4695/5–21 ए, अंसारी रोड, दरियागंज, नई दिल्ली–110 002 से चैतन्य सचदेवा द्वारा प्रकाशित; क्वालिटी प्रिंटर्स, दिल्ली द्वारा शब्द–संयोजन तथा नाइस प्रिंटिंग प्रेस, दिल्ली द्वारा मुद्रित।

अनुक्रमणिका

अलंकार

1. सा रे ग म प ध नि सां
   सां नि ध प म ग रे सा

2. सासा रेरे गग मम पप धध निनि सांसां
   सांसां निनि धध पप मम गग रेरे सासा

3. सारे रेग गम मप पध धनि निसां
   सांनि निध धप पम मग गरे रेसा

4. सारेग रेगम गमप मपध पधनि धनिसां
   सांनिध निधप धपम पमग मगरे गरेसा

5. सारेगम रेगमप गमपध मपधनि पधनिसां
   संनिधप निधपम धपमग पमगरे मगरेसा

6. सारेसा रेगरे गमग मपम पधप धनिध निसांनि सांरेंसां
   सांरेंसां निसांनि धनिध पधप मपम गमग रेगरे सारेसा

7. साग रेम गप मध पनि धसां
   सांध निप धम पग मरे गसा

8. साम रेप गध मनि पसां
   सांप निप धम पग मरे गसा

9. साप रेध गनि मसां
   सांम निग धरे पसा

10. सारेसाग रेगरेम गमगप मपमध पधपनि धनिधसां
    सांनिसांध निधनिप धपधम पमपग मगमरे गरेगसा

11. सारेसारेग रेगरेगम गमगमप मपमपध पधपधनि धनिधनिसां
    सांनिसांनिध निधनिधप धपधपम पमपमग मगमगरे गरेगरेसा

12. सारेगगग रेगममम गमपपप मपधधध पधनिनिनि धनिसांसांसां
    सांनिधधध निधपपप धपममम पमगगग मगरेरेरे गरेसासासा

13. सारेगसारेगम रेगमरेगमप गमपगमपध मपधमपधनि पधनिपधनिसां
    सांनिधसांनिधप निधपनिधपम धपमधपमग पमगपमगरे मगरेमगरेसा

14. सारेगमपधनिसांनिधपमगरेसा, सारेगमपधनिधपमगरेसा
सारेगमपधपमगरेसा, सारेगमपमगरेसा
सारेगमगरेसा, सारेगरेसा
सारेसा
सा

थाट

(1) **थाट–बिलावल**–सा, रे, ग, म, प, ध, नि, सां
(सभी स्वर शुद्ध)

(2) **थाट–कल्याण**–सा, रे, ग, मं, प, ध, नि, सां।
(मं तीव्र, बाकी स्वर शुद्ध)

(3) **थाट–खमाज**–सा, रे, ग, म, प, ध, नि, सां।
(नि कोमल, बाकी स्वर शुद्ध)

(4) **थाट–भैरव**–सा, रे, ग, म, प, ध, नि, सां।
(रे,ध, स्वर कोमल, बाकी स्वर शुद्ध)

(5) **थाट–पूर्वी**–सा, रे, ग, मं. प, ध, नि, सां।
(रे,ध, कोमल, मं तीव्र, बाकी स्वर शुद्ध)

(6) **थाट–मारवा**–सा, रे, ग, मं, प, ध, नि, सां।
(रे कोमल, मं तीव्र, बाकी स्वर शुद्ध)

(7) **थाट–काफ़ी**–सा, रे, ग, म, प, ध, नि, सां।
(ग,नि, कोमल, बाकी सभी स्वर शुद्ध)

(8) **थाट–आसावरी**–सा, रे ग, म, प, ध, नि, सां।
(ग,ध,नि, कोमल, बाकी स्वर शुद्ध)

(9) **थाट–भैरवी**–सा, रे, ग, म, प, ध, नि, सां।
(रे,ग,ध,नि, कोमल, बाकी स्वर शुद्ध)

(10) **थाट–तोड़ी**–सा, रे, ग, मं, प, ध, नि, सां।
(रे,ग,ध, कोमल, मं तीव्र, बाकी स्वर शुद्ध)

प्रस्तावना

संगीत पुस्तक के परिचय के पूर्व मैं अपना परिचय देना उचित समझता हूं। मैंने संगीत की पत्रौपाधी खैरागढ़ विश्वविद्यालय छतीसगढ़ से 1973 में अर्जित की। सेवा निवृति के बाद मुझे संगीत के प्रचार एवं प्रसार हेतु संगीत उपवन पुस्तक को लिखने की प्रेरणा मिली। समस्त संगीत प्रेमियों एवं साधकों को शास्त्रीय संगीत को सुगमता से सीखने हेतु पुस्तक के माध्यम से पहुंचाने का प्रयास किया है। मन को शीतलता पहुंचाने वाले गीतों को विविध रागों में बंदिशों द्वारा प्रस्तुत किया गया हैं।

प्रस्तुत पुस्तक में मेरी पत्नी श्रीमति प्रतिभा चौसालकर द्वारा गीत रचनाओं को भी लिखने का बहुत बड़ा योगदान दिया गया है। आज सब कुछ असहज, कृत्रिम हो चला है, ऐसे में संगीत कैसे अछूता रह सकता हैं। इस विकृति को दूर करने एवं शास्त्रीय संगीत को निकट भविष्य में बरकरार रखने के लिये मुझे इस पुस्तक को प्रकाशित करने की आवश्यकता पड़ी। इसमें शास्त्रीय संगीत के प्रसिद्ध रागों की सुन्दर बंदिशें एवं गीत, गजल, भजनों के प्रसिद्ध कवियों की रचनाओं को स्वरबद्ध किया गया हैं, ताकि साधक सुगमता पूर्वक इन्हें गाकर स्वयं को तथा संगीतप्रेमियों को रसाप्लावित कर सके। प्रस्तुत पुस्तक में संगीत के विश्वविद्यालयों के परीक्षा पाठयक्रमों के अनुसार सभी रागों को लेने का प्रयास किया हैं। मुझे आशा है कि संगीत प्रेमियों को यह पुस्तक अवश्य पसंद आयेगी।

उन सभी रचनाकारों को जिनके गीत इस पुस्तक में सम्मिलित किए गए हैं उनका मैं सहृदय आभारी हूँ।

लक्ष्मण चौसालकर

ताल परिचय

(1) ताल – तीनताल

मात्रा–16, विभाग–4, ताली–3, खाली–1, हर भाग में 4–4 मात्राएं

मात्रा	1	2	3	4	5	6	7	8	9	10	11	12	13	14	15	16
बोल	धा	धीं	धीं	धा	धा	धीं	धीं	धा	धा	तीं	तीं	ता	ता	धीं	धीं	धा
चिन्ह	x				2				0				3			

(2) ताल – दादरा

मात्रा–6, विभाग–2, ताली–1, खाली–1, हर भाग में 3–3 मात्राएं

मात्रा–	1	2	3	4	5	6
बोल–	धा	धी	ना	धा	ती	ना
चिन्ह–	x			0		

(3) ताल – झपताल

मात्रा–10, विभाग–4, ताली–3, खाली–1, हर भाग में 2–3, 2–3 मात्राएं

मात्रा–	1	2	3	4	5	6	7	8	9	10
बोल–	धि	ना	धी	धी	ना	ती	ना	धी	धी	ना
चिन्ह–	x		2			0		3		

(4) ताल – रूपक

मात्रा–7, विभाग–3, ताली–3, खाली–कोई नहीं, हर भाग में 2–3 मात्राएं

मात्रा–	1	2	3	4	5	6	7
बोल–	ती	ती	ना	धी	ना	धी	ना
चिन्ह–	x			2		3	

(5) ताल – कहरवा

मात्रा–8, विभाग–2, ताली–1, खाली–1, हर भाग में 4–4 मात्राएं

मात्रा–	1	2	3	4	5	6	7	8
बोल–	धा	गे	न	ती	न	क	धी	न
चिन्ह–	x				0			

(6) ताल – एकताल

मात्रा–12, विभाग–6, ताली–4, खाली–2, हर भाग में 2–2 मात्राएं

मात्रा–	1	2	3	4	5	6	7	8	9	10	11	12
बोल–	धिं	धिं	धागे	तिरकिट	तू	ना	क	–ता	धागे	तिरकिट	धी	ना
चिन्ह–	x		0		2		0		3		4	

(7) ताल – तीव्रा

मात्रा–7, विभाग–3, ताली–3, खाली–कोई नही, हर बाग में 2–3 मात्राएं

मात्रा–	1	2	3	4	5	6	7
बोल–	धा	दिं	ता	तिट	कत	गदि	गन
चिन्ह–	x			2		3	

(8) ताल – अद्धा

मात्रा–16, विभाग–4, ताली–3, खाली–1, हर भाग में 4–4 मात्राएं

मात्रा–	1	2	3	4	5	6	7	8	9	10	11	12	13	14	15	16
बोल–	धा	धिं	–	धा	धा	धिं	–	धा	धा	तिं	–	ता	ता	धिं	–	धा
चिन्ह–	x				2				0				3			

(9) ताल – धुमाली

मात्रा–8, विभाग–2, ताली–1, खाली–1, हर भाग में 4–4 मात्राएं

मात्रा–	1	2	3	4	5	6	7	8
बोल–	धा	धिं	धा	तिं	त्रक	धिं	धागे	तिरकिट
चिन्ह–	x				0			

(10) ताल–तिलवाड़ा

मात्रा–16, विभाग–4, ताली–3, खाली–1, हर भाग में 4–4 मात्राएं

मात्रा–	1	2	3	4	5	6	7	8	9	10	11	12	13	14	15	16
बोल–	धा	तिरकिट	धिं	धिं	धा	धा	तिं	तिं	ता	तिरकिट	धिं	धिं	धा	धा	धिं	धिं
चिन्ह–	x				2				0				3			

(11) ताल – चौताल

मात्रा–12, विभाग–6, ताली–4, खाली–2, हर भाग में 2–2 मात्राएं

मात्रा–	1	2	3	4	5	6	7	8	9	10	11	12
बोल–	धा	धा	दिं	ता	तिट	धा	दिं	ता	तिट	कत	गदि	गन
चिन्ह–	x		0		2		0		3		4	

(12) ताल – धमार

मात्रा–14, विभाग–4, ताली–3, खाली–1, हर भाग में 5, 2, 3, 4 मात्राएं

मात्रा–	1	2	3	4	5	6	7	8	9	10	11	12	13	14
बोल–	क	धि	ट	धि	ट	धा	–	ग	ति	ट	ति	ट	ता	–
चिन्ह–	x					2		0			3			

(13) ताल – दीपचंदी

मात्रा–14, विभाग–4, ताली–3, खाली–1, हर भाग में 3–4 मात्राएं

मात्रा–	1	2	3	4	5	6	7	8	9	10	11	12	13	14
बोल–	धा	धिं	–	धा	धा	तिं	–	ता	तिं	–	धा	धा	धिं	–
चिन्ह–	x				2			0			3			

(14) ताल – झूमरा

मात्रा–14, विभाग–4, ताली–3, खाली–1, हर भाग में 3–4 मात्राएं

मात्रा–	1	2	3	4	5	6	7	8	9	10	11	12	13	14
बोल–	धिं	–धा	तिरकिट	धिं	धिं	धागे	तिरकिट	तिं	–ता	तिरकिट	धिं	धिं	धागे	तिरकिट
चिन्ह–	x			2				0			3			

1

राग यमन–राग परिचय

राग यमन की उत्पत्ति थाट कल्याण से मानी गई है। यमन राग को कल्याण का आश्रय राग कहा जाता है। इस राग में मध्यम स्वर तीव्र लगता है तथा अन्य सभी स्वर शुद्ध लगते हैं। वादी स्वर गंधार और संवादी स्वर निषाद हैं। गायन समय रात्रि का प्रथम प्रहर है। इसके आरोह–अवरोह में सातों स्वर लगते हैं, अर्थात् कोई भी स्वर वर्जित नहीं है। इसलिये इसकी जाति सम्पूर्ण–सम्पूर्ण है। इस राग में दो गंधार के बीच में शुद्ध मध्यम लगाने से राग यमन कल्याण बनता है। इसमें दोनों मध्यम का प्रयोग होता है। राग यमन को अधिकतर मन्द्र निषाद से प्रारम्भ करते हैं। कभी–कभी तीव्र मध्यम से तार जाते समय पंचम स्वर को वर्जित करते हैं। जैसे–ऩि रे ग, मंधनिसां। इस राग में पऱे और निरे स्वर समूह स्वर का बार–बार प्रयोग किया जाता है। यह एक गम्भीर प्रकृति का राग है। न्यास के स्वर सा, रे, ग, प और नि है। राग यमन कल्याण है।

आरोह–सारेग, मंप, ध, निसां।

अवरोह–सांनिध, प, मंग, रेसा।

पकड़–ऩिरेगरे, सा, पमंग, रे, सा।

स्वर विस्तार

स्थायी

1. ऩिरेग, रेगरे, सा, ऩिध़प़, स़ा, रेसा।
2. गमंप, मंग, मंरेग, ऩिरेगमंप, रे, निंरेंगरे, ऩिरेसा,।

3. म॑धनिध, म॑धप, म॑ग, रेगम॑प, म॑ग, म॑रेग, रेसा।
4. म॑धनिसां, रेंसां, निधप, म॑ग, रेगरे, ऩिरेसा।
5. गम॑धनिसा, सां(सां) निधनिध प, म॑गम॑रेग, रेऩिरेसा।

अंतरा

1. म॑गम॑निध, सां, सांरेंसां 'निधप धनिसां।
2. रेंरेंसां निधनिधप म॑ग म॑धप म॑धनिसां।
3. धनिसां, गंरेंसां, निधनिधप, म॑धनिसां।
4. निरेंगंरेंसां, म॑गंम॑रेंगं, रेंसां, निधप, म॑धनिसां।
5. गंरेंसां म॑गंरेंसां पंम॑गंरेंसां निधनिधप म॑धनिसां।

सरगम गीत राग यमन तीनताल

स्थायी

नि ध प म॑	ग रे ग म॑	प – ग रे	ऩि रे सा सा
0	3	x	2
प म॑ ग रे	ग ग रे ग	म॑ प म॑ ग	रे ग रे सा
0	3	x	2
ऩि रे ग म॑	प ध नि ध	सां नि रें सां	नि ध प प
0	3	x	2

अंतरा

प म॑ ग म॑	ध म॑ ध नि	सां सां सां सां	नि रें सां सां
0	3	x	2
गं रें सां रें	सां नि ध प	म॑ ध निं ध	म॑ ध प प
0	3	x	2
ग रे म॑ ग	प म॑ ध प	नि ध सां रें	सां नि ध प
0	3	x	2

राग यमन लक्षण गीत तीनताल

स्थायी–मानत गुणीजन थाट कल्याण से, मध्यम स्वर तीवर सुर जहाँपर।

अंतरा–गनी वादी अरु संवा–दी ते, गावत रात प्रथम प्रहर में।

स्थायी

सां	नि	ध	प	मं	प	प	मं	प	–	प	मं	ग	रे	गमं	प
मा	ऽ	न	त	गु	णी	ज	न	था	ऽ	ट	क	ल्या	ऽ	णऽ	से
0				3				x				2			
मं	ग	रे	सा	नि	ध	प	प	सां	नि	ध	प	मं	ग	रे	सा
म	ऽ	ध्य	म	ती	ऽ	व	र	सु	ऽ	र	ज	हाँ	ऽ	प	र
0				3				x				2			

अंतरा

मं	ग	मं	ध	नि	नि	सां	सां	गं	रें	सां	सां	मं	गं	रें	सां
ग	नि	वा	ऽ	दी	ऽ	अ	रु	सं	ऽ	वा	ऽ	दी	ते	है	ऽ
0				3				x				2			
सां	नि	ध	नि	मं	ध	प	प	मं	ग	रे	ग	रे	रे	सा	सा
गा	ऽ	व	त	रा	ऽ	त	प्र	थ	म	ऽ	प्र	ह	र	में	ऽ
0				3				x				2			

राग यमन विलंबित् ख्याल (तिलवाड़ा)

स्थायी–आज घर आये मोरे शाम, आनंद बधाई सबको।

अंतरा–मोतीयन की माला लावोरी हरवा, सब सखीयन गावो।

स्थायी

गमंधनिसां	नि	पमं	गरे	ग	–	ग	–	मंध	निसां	नि	ध	(प)	–	प	प
आऽऽऽऽ	ज	घऽ	रऽ	आ	ऽ	ये	ऽ	मोऽ	ऽऽ	रे	ऽ	शा	ऽ	ऽ	म
3				x				2				0			
रे	रे	रे	गग	मं	ध	नि	ध	प	–	(प)	–	रे	गरे	सा	सा
आ	ऽ	नं	द,ब	धा	ऽ	ई	ऽ	स	ऽ	(ब)	ऽ	को	ऽऽ	ऽ	ऽ
3				x				2				0			

अंतरा

में ग मेंधनिसां नि	सां – सां सां	सांनिधनि रें गं रें	सां – सां –
मो ती यऽऽऽ न	की ऽ मा ला	लाऽऽऽ ऽ वो री	ह र वा ऽ
3	x	2	0
में ध मेंध निसां	प – प –	ग – रे ग	रे – सा –
स ब स खीऽ	य ऽ न ऽ	गा ऽ वो ऽ	री ऽ वो ऽ
3	x	2	0

तानें राग यमन विलंबित ख्याल

(1) ऩिरेगरेसासा,ऩिरे गमेंपमेंगरेसासा, ऩिरेगमेंपधनिसां रेंसांनिधपमेंगरे सासा,ऩिरेगमेंपध निसांरेंगंरेंसांनिध पमेंगरेसासाऩिरेगमेंपमेंगरेसासा।

2. ऩिरेगमेंपमेंगरे, गमेंपधपमेंगरे, गमेंपधनिधपम गरे,गमेंपधनिसां रेंसांनिधपमेंगरे गमेंपधनिसांरेंगं मेंगंरेंगंरेंसांनिध पमेंगरेगरेसासा।

3. निरेंगंरेंसांसांनिरें गंमेंपंमेंगंरेंसांसां गंगंरेंसांनिरेंसांनि धपगमेंपधनिसां निधपगमेंपधप गमेंपमेंगरेसा सा,ऩिरेगमेंपगमें पधपमेंगरेसासा।

4. गगरे,मेंमेंग,पप मे,धधप,धधप,नि निधनिनिधसांसांनि, सांसांनिरेंरेंसांरेंरें सांगंगंरेंगंगंरेंसां निधपमेंगरेसा,ऩि रेगमेंपमेंगमेंध निसांनिरेगमेंप–।

5. पमेंगरेऩिरेगमें सांनिधपगंरेंसांनि गंमेंपंमेंगंरेंसांनि धपपनिधसांनिध पमगमेंपमेंगमें पमेंगरेसागमेंध निसांधनिसांधनिसां धनिसांनिधमेंगरे।

राग यमन (तीनताल)

स्थायी–मेरो डगर में आएंगे, हरि नाथ अब मेरे पधारेंगे।

अंतरा–तन मन उन पर बरसाऊगी, गीत तराने में गाऊंगी।

स्थायी

मेंध निसां निध प	में ध प –	प प ग रे	ग – ग –
मेऽ ऽऽ रोऽ ड	ग र में ऽ	आ ऽ ऽ ऽ	एं ऽ गे, ऽ
0	3	x	2
ग – में धनि	सां नि ध प	नि ध प में	ग रे सा सा
ह ऽ रि ऽऽ	ना ऽ थ अ	ब में ऽ रे	प धा रें गे
0	3	x	2

अंतरा

मं ग मं ध	मं ध नि सां	नि रें गं रें	सां नि ध प
त न म न	उ न प र	ब र सा ऽ	ऊं ऽ गी ऽ
0	3	x	2
गं रें सां नि	ध ध प –	मं ध नि सां	नि ध मं प
गी ऽ त त	रा ऽ ने में	गा ऽ ऊं ऽ	गी ऽ ऽ ऽ
0	3	x	2

राग यमन मध्यलय तानें

स्थायी

1. ऩिरे गमं पध निसां। निध पमं गरे सासा।।
2. निध निध पमं गम। पमं गमं गरे सासा।।
3. पमं गमं प–निनि। धप सांनि धप रेंरें। सांनि धप मंग रेसा।।
4. पप मंप धप सांनि। धप मंप धप गरें। सांनि धप मंप धप।
   मंग रेग रेसा ऩिसा।।
5. निनि ध,नि निध,निनि। धप गंगं रेंगं गरें। गरें सांनि धप मंध।
   निसां निध पमं गरे। पमं गरे गरे सासा।।

अंतरा

1. मंध निसां निध पमं। गरे गमं पध निसां।।
2. गंगं रेंसां निध पमं। गरे गमं पध निसां।।
3. मंगं मंगं रेंसां निध। निध पमं गरे गमं। पध निसां रेंसां निसां।।
4. गंमं पंमं गंरें सांनि। धप मंग रेग मंप। धनि सांरें गंरें सारें।
   सांनि धप धनि सां–।।
5. पमं गरे ग–ग–। निध पमं गरे ग–। ग–रेंसां निध पमं।
   गरे ग–ग–गंगं। रेंसां निप पमं गरे। गमं पध निसां रेंसां।।

राग यमन तराना (त्रिताल)

स्थायी

नि ध।।	प प रे ग	रे सा ग रे	ग – – प	रे रे सा सा
त न।।	दे रे ना दे	रे ना त न	नों ऽ ऽ म्त	न न न न
	0	3	x	2
	नि़ रे ग रे	ग मं प प	नि ध नि ध	मं ध प प
	त न न त	न न दे रे	दीं ऽ म्त दीं	ऽ म्त न न
	0	3	x	2
	नि रें़ गं रें	सां नि ध प	मं ग प मं	ध प नि ध
	ना ऽ ऽ त	दे रे दा नी	दीं ऽ म्त दीं	ऽ म्त त न
	0	3	x	2

अंतरा

मं मं ग ग	मं मं ध नि	सां – सां सां	सां रें सां सां
ना द्रे द्रे द्रे	दी ऽ म्त न	दीं ऽ म्त न	दे रे ना ऽ
0	3	x	2
मं गं मं गं	रें रें सां सां	नि ध सां नि	ध ध प प
दीं ऽ म्त न	न न न न	ना रे नि त	त न दे रे
0	3	x	2
प सां नि ध	प– प नि ध	प मं– मं ध	प रे सा निध
तकधडातिरकिट	धा–तकधडातिर	किटधा–तकधडा	तिरकिटधा–तन
0	3	x	2

राग यमन ध्रुपद चौताल

स्थायी–यज्ञ, तप पूजा, और कर्म, समझ ओ मानव इनका मर्म, लोभ, भय, द्वेश, प्रमाद।

अंतरा–है सब जीवन के अज्ञान, प्रेम में बसते है भगवान, इसमें ही मोक्ष का है साया।

स्थायी

नि़	ध	नि़	रे	ग	ग	मं	ग	रेरे	ग	रे	सा
य	ऽ	ज्ञ	त	ऽ	प	पू	जा	और	क	ऽ	र्म
x		0		2		0		3		4	
ग	मं	प	प	नि	ध	नि	ध	मं	ध	प	प
स	म	झ	मा	न	व	इ	न	का	म	ऽ	र्म
x		0		2		0		3		4	
सां	नि	ध	प	मं	ग	मं	रे	ग	ग	रे	सा
लो	ऽ	भ	भ	ऽ	य	द्वे	ऽ	ष	प्र	मा	द
x		0		2		0		3		4	

अंतरा

मं	ग	मं	ध	नि	नि	सां	सां	नि	रे	सां	सां
है	ऽ	स	ब	जी	ऽ	व	न	के	अ	ज्ञा	न
x		0		2		0		3		4	
गं	रें	नि	रें	सां	सां	नि	ध	नि	ध	प	प
प्रे	ऽ	म	में	ब	स	त	है	भ	ग	वा	न
x		0		2		0		3		4	
नि़	रे	ग	मं	प	ध	नि	ध	मं	ग	रे	सा
इ	स	मे	ऽ	ही	ऽ	मो	क्ष	का	है	सा	या
x		0		2		0		3		4	

2

राग अल्हैया बिलावल–राग परिचय

इस राग की उत्पत्ति थाट बिलावल से मानी गई है। आरोह में मध्यम स्वर वर्जित तथा अवरोह में कोई भी स्वर वर्जित न होने के कारण इसकी जाति षाडव–सम्पूर्ण है। वादी स्वर धैवत और संवादी स्वर गंधार है। गायन समय़ दिन का प्रथम प्रहर है। इस राग में दोनों निषाद का प्रयोग होता है। कोमल निषाद अल्प तथा केवल अवरोह में दो धैवत के बीच किया जाता है, जैसे–सांनिधप, धनि॒धप इस प्रकार से लिया जाता है। आरोह में रिषभ तथा अवरोह में गंधार स्वर को वक्र के रुप में लिया जाता है, जैसे सागरेगप, मगमरे, सा। यह उत्तरांग प्रधान राग है। न्यास के स्वर सा, रे, प,। मिलते जुलते राग बिलावल है।

अल्हैया बिलावल–गप, धनिसां, सांनि धनि॒धप, मगमरे।

बिलावल–गप, धनिसांनिधप, मगमरे।

आरोह–सा, गरेगप, धनिसां।

अवरोह–सांनिधप, धनि॒धप, मगमरे, सा।

पकड़–गरेगप, मगमरे, गपधनि॒धप।

राग अल्हैया बिलावल स्वर विस्तार/अलाप

स्थायी

1. सा, रेसा, ध़नि॒प़ सा, रेसा, गरेसा।
2. सा, नि़ध़ नि़ध़प़, सा, रेसा, गरेगप, मगमरे, सा।
3. गरेगप, मगमरे, सारेसा, धप, मरेसा।
4. गप, धनि॒धप, धनिसां, धनि॒धप, मगमरेसा।
5. धनिसां, सां,(सां), निधनिधप, मगमरे, सारेसा।

अंतरा

1. गपधनिसां, सांनिधप, धनिधप, धनिसां।
2. सारेंसां, धनिसां, गपधनिसां, मगमरे, गपधनि, सां।
3. गरेंसां, निसां, धनिधप, धनिसां, रेंसां।
4. मंगंमंरेंसां, गपधनिधप, सां, रेंसां, गरेंसां।
5. धनिसां, गंपं, मंगंमंरें, सारेंसां, धनिधप, सां।

राग अल्हैया बिलावल सरगम गीत तीनताल

स्थायी

सां ध नि प	म ग म रे	ग म प ग	म रे सा सा
0	3	x	2
ग रे सा सा	ध़ नि़ प़ प़	सा – सा सा	ग रे सा सा
0	3	x	2
ग प ध नि	सां रे गं रे	सां नि ध प	म ग म रे
0	3	x	2

अंतरा

प प ध नि	सां ऽ सां सां	सां रें गं रें	सां रे सां सां
0	3	x	2
गं पं मं गं	मं रे सां सां	ध नि ध प	म ग म रे
0	3	x	2
ग म प ग	म ग रे सा	सां रे सां नि	ध प म ग
0	3	x	2

राग अल्हैया बिलावल लक्षण गीत तीनताल

स्थायी–त्याग करत मध्यम आरोहन में, वक्र गंधार निषाद लगत है, लागत मृदु नि स्वर विवादी रुप में।

अंतरा–ध ग वादी अरु संवादी ते, गावत प्रातः काल समय में

स्थायी

ध	नि॒	ध	प	म	ग	म	रे	ग	म	प	ग	म	ग	रे	सा
त्या	ऽ	ग	क	र	त	म	ऽ	ध्य	म	आ	ऽ	रो	ह	न	में
0				3				x				2			
ग	रे	ग	प	ध	नि	सां	सां	गं	रे	सां	नि	ध	नि॒	ध	प
व	ऽ	क्र	ग	धा	ऽ	र	नि	षा	ऽ	द	ल	ग	त	है	ऽ
0				3				x				2			
गं	रे	सां	नि	ध	प	म	गग	म	ग	म	रे	सा	रे	सा	सा
ला	ऽ	ग	त	मृ	दु	नि	स्वर	वि	वा	दी	रु	ऽ	प	में	ऽ
0				3				x				2			

अंतरा

प	–	प	प	नि	ध	नि	नि	सां	रें	गं	रें	सां	रे	सां	सां
ध	ग	वा	ऽ	दी	ऽ	अ	रु	सं	ऽ	वा	ऽ	दी	ऽ	ते	ऽ
0				3				x				2			
पं	पं	गं	पं	गं	रें	सां	सां	ध	नि॒	ध	प	म	ग	म	रे
गा	ऽ	व	त	प्रा	ऽ	तः	का	ऽ	ल	ऽ	स	म	य	में	ऽ
0				3				x				2			

राग अल्हैया बिलावल विलंबित ख्याल एकताल

स्थायी–मेरी अरज सुनों भगवान, जगत के तुम ही पालन हार।

अंतरा–तुमरे चरन में शीश झुकाऊं, नैया मोरी पार लगाओ।

स्थायी

सां	धनि॒	धप	गमपमग	रे	–	सा	सा	ग	ग	प	प
मे	रीऽ	अर	जऽऽऽसु	नो	ऽ	ऽ	ऽ	भ	ग	वा	न
3		4		x		0		2		0	
ध	नि	सां	सां	ध	–	नि॒	प	मग	मरे	सारे	सासा
ज	ग	त	के	तु	म	ही	ऽ	पाऽ	लन	हाऽ	रऽ
3		4		x		0		2		0	

अंतरा

प	प	सां	सांसां	सां	रें	सां	सां	रें	गंगं	मंगं	रेंसां
तु	म	रे	चऽ	र	न	में	ऽ	शी	शझु	काऽ	ऊंऽ
3		4		x		0		2		0	
सां	रें	सां	सां	ध	ध	नि	प	म	गग	मरे	सासा
नै	या	मो	री	पा	s	र	ल	गा	ऽऽ	ओऽ	ऽऽ
3		4		x		0		2		0	

राग अल्हैया बिलावल विलंबित ख्याल तानें

1. सारेगरेसासा, सारे गपमगमरेसा, सा रेगपधनिधपम गमरेसारेसासा, सारेगपधनिसांरेंसां निधपमगमरेसा सा, सारेगपधनिसां रेंगंरेंसांनिधपम मरेसा, सारेगप।
2. धनिधपमगमरे, सां रेंसांनिधपधनिध पमगमरे, सांरेंगंरें सांनिधपमगमरे सारेंगंपंमंगंमंरें धनिधपमगमरे गपमगमरेसारे सासा, गरेगपधनि। सां
3. सारेंसांसांसारेंगंरें सांसांसारेंगंपंमंगं मंरेंसांसांगंगंरेंसां सारेंसांनिधपधनि धपगंरेंसांनिधप धनिधपमगमरे सासासारेगगरेग पपगपधनिधनि। सांसां
4. गमपगमपगमप मगरेसासा, धनिसां धनिसांधनिसांनिध पमगमरे, गंमंपं मंगंमंपंमंमंगंमं पंमंगंरेंसांसांगंरें सांनिधपधनिसारें सांनिधपधनिधप मगमरेसारेसासा।
5. मगमरेसासा, धनि धपमगमरेसारे सासा, धनिसांनिधप धनिधपमगमरे सासा, सारेंगंपंमंगं मंरेंसांनिधपधनि धपमगमरेसारे सारेगगरेगपप।

राग अल्हैया बिलावल मध्यलय तीनताल

स्थायी–मैं तो गाऊ हर दिन सरगम,

गीतों में प्रभु दरसन दीजो।

अंतरा–मन में मोरी आस यही है।

हर सुर में तुमको पाऊ।

स्थायी

सां धनि ध प	म ग म रे	ग म प मग	म रे सा सा
मैं ऽऽ तो ऽ	गा ऽ ऊ ऽ	ह र दि नऽ	स र ग म
3	x	2	0
ग ग ग रे	ग प धनि सां	गं रें सां रे	सां नि ध प
गी ऽ तों ऽ	में ऽ प्रऽ भु	द र स न	दी ऽ जो ऽ
3	x	2	0

अंतरा

प प प प	ध ध नि नि	सां – सां सा	सारें गरें सां सां
म न में ऽ	मो ऽ री ऽ	आ ऽ स य	हीऽ ऽऽ है ऽ
3	x	2	0
गं पं मं गं	मं रें सां सां	सारें सांनि धप मग	म रे सा सा
ह र सु र	में ऽ ऽ ऽ	तुऽ मऽ कोऽ ऽऽ	पा ऽ ऊ ऽ
3	x	2	0

राग अल्हैया बिलावल मध्यलय तानें

स्थायी

1. सारे गरे गप धनि। सांनि धप मग मरे। सासा
2. गप धनि सांरे गरें। सांनि धप मग मरे।
3. सारें गंपं मंगं मरें। सांनि धप मग मरे। सासा
4. गग रेग पप मग। सांनि धप मग मरे। सांनि सारें गरें धप।
   गप मग मरे सासा।
5. सांनि धप मग मरे। गंपं मंगं मरें सारें। सांनि धप मग मरे।
   गप मग मरे सासा।

अंतरा

1. सांनि धप मग मरे। गप निध सारें सांसां।
2. गंपं मंगं मरें सांसां। धप गप धनि सांसां।

3. गंगं रेंसां निध पप। निनि धप मग मरे। गप धनि सांरें गरें।
सांनि धप धनि सांसां।

4. सारे गग रेग पप। गप धध पध निनि। धनि सांसां सांरें गंपं।
मंगं मंरें सांरें सांसां।

5. सांरें गरें सांसां गंपं। मंगं मंरें सांसां गंगं। रेंसां निध निनि धप।
मग मरे गप धनि। सांसां

3

राग खमाज–राग परिचय

राग खमाज की उत्पत्ति थाट खमाज से मानी गई है। राग में कोमल निषाद तथा बाकी सभी स्वर शुद्ध लगते है। आरोह में शुद्ध निषाद, अवरोह में कोमल निषाद स्वर का प्रयोग होता है। वादी स्वर गंधार, संवादी स्वर निषाद है। आरोह में रिषभ स्वर वर्ज्य, अवरोह में सातों स्वर लगने के कारण इसकी जाति षाडव–सम्पूर्ण है। गायन समय रात्रि का द्वितीय प्रहर है। यह चंचल प्रकृति का राग है। यह आश्रय राग भी है। स्वरों का प्रयोग–रिषभ–अनाभ्यास अल्पत्व, गंधार–न्यास बहुत्व मध्यम–अनाभ्यास अल्पत्व, पंचम–क्षणिक लंघन अल्पत्व, धैवत–अनाभ्यास अल्पत्व, कोमल निषाद–अनाभ्यास अल्पत्व। रागवाचक स्वरः 1–साग, मप, धमग, मगरेसा 2–गमप, धनिधप, पधमग 3–गमपधमग 4–निधनिपधनिसां।

आरोह–सा, गम, प, धनिसा।

अवरोह–सांनिधप, मग, रेसा।

पकड़–निध, मप, ध, मग।

राग खमाज स्वर विस्तार/अलाप

स्थायी

1. निसा, गमप, गम, गरेसा, निधपमपधनिसा, रेसा।
2. निसाग, मगरेसा, गमप, धधप, मगरेसा।
3. धप, निधप, मपध, मप, मग, मगरेसा।
4. निधप, सांनिधप, मपध, ग, मगरेसा, धनिसा, रेसा।
5. मप, धनिधप, गमपधनिसां, निधप, मपध, मग, प, मगरेसा।

अंतरा

1. धनिसां, सां (सां), निधप, धनिसांरेंसां।
2. रेंसां, गमपनिसां, रेंसां, निधप, मपमग, गमपधनिसां।
3. निनिसां, गरेंसांसां, निधप, मधनिसां, रेंसां।
4. सांरेंसा, गंमंगं, रेंसां, मध, निधप, पनिसां।
5. गंमंपं, गंमंगरेंसां, सांरेंसां निधप, मप, धनिसां।

राग खमाज सरगम गीत झपताल

स्थायी

म	ग	रे	रे	सा	ग	म	प	—	प
x		2			0		3		
ग	म	प	ध	नि	सां	नि	ध	प	म
x		2			0		3		
रें	सां	नि	ध	प	म	ग	रे	रे	सा
x		2			0		3		

अंतरा

म	प	ध	ध	नि	सां	सां	ध	नि	सां
x		2			0		3		
गं	मं	पं	मं	गं	रे	सां	नि	ध	प
x		2			0		3		
सां	नि	ध	प	म	ग	रे	ग	रे	सा
x		2			0		3		
नि़	सा	ग	म	प	नि	ध	प	ध	प
x		2			0		3		

राग खमाज लक्षण गीत तीनताल

स्थायी—लागत दोनों निषाद राग मैं, त्याग रिषभ आरोहन मैं

अंतरा—गनि वादी अरू संवादी ते, गावत है सब दूसरे प्रहर मैं

स्थायी

सां	सां	नि॒	नि॒	ध	प	म	ग	ग	म	प	ध	नि॒	ध	सां	सा
ला	ऽ	ग	त	दो	ऽ	नो	नि	षा	ऽ	द	रा	ऽ	ग	में	ऽ
0				3				x				2			
सां	गं	मं	गं	नि	नि	सां	सां	नि	सां	नि॒	ध	म	प	ग	म
त्या	ऽ	ऽ	ग	रि	ऽ	ष	भ	आ	ऽ	रो	ऽ	ह	न	में	ऽ
0				3				x				2			

अंतरा

ग	म	प	ध	नि	नि	सां	सां	नि	नि	सां	सां	नि	सां	नि॒	ध
ग	नि	वा	ऽ	दी	ऽ	अ	रु	सं	ऽ	वा	ऽ	दी	ऽ	ते	ऽ
0				3				x				2			
पं	पं	गं	मं	गं	गं	नि	सां	नि॒	ध	प	म	ग	रे	ग	सा
गा	ऽ	व	त	है	ऽ	स	ब	दु	स	रे	प्र	ह	र	में	ऽ
0				3				x				2			

राग खमाज विलंबित ख्याल एकताल

स्थायी—काहे बजावत हो बंशी कान्हा, मन मोरा व्याकुल होए।

अंतरा—सुध बुध सारी बिसराए नींद नहीं आई सारी रात।

स्थायी

गमपधनिसां	नि॒ध	प	मम	ग	—	रे	रे	सा	सा	गम	पप
काऽऽऽऽऽ	हेब	जा	वत	हो	ऽ	बं	शी	का	ऽ	न्हाऽ	ऽऽ
3		4		x		0		2		0	
नि॒	ध	प	प	नि	नि	सां	सां	नि॒नि॒धपम	ग	रे	सा
म	न	मो	रा	व्या	ऽ	कु	ल	होऽऽऽऽ	ऽ	ए	ऽ
3		4		x		0		2		0	

अंतरा

म	नि	ध	निनि	सां	—	सां	—	पनि	सांसां	निनि	धप
सु	ध	बु	धऽ	सां	ऽ	री	ऽ	बिऽ	सऽ	राऽ	एऽ
3		4		x		0		2		0	
ग	म	प	म	ग	ग	रे	सा	निधपम	ग	रेरे	सासा
नीं	द	न	ही	आ	ई	सा	री	राऽऽऽ	ऽ	तऽ	ऽऽ
3		4		x		0		2		0	

राग खमाज विलम्बित ख्याल तानें

1. ऩिसागगरेसा, ऩिसाग मपपमगरेसा, नि सागमपधनिसांनि पमगरेसासाऩि सागमपधनिसारें सांनिधपमगरेसा साऩिसागमपधनि सांगंगरेंसांनिधप मगरेसासा, ऩिसाग मपधनिसांगंमंपं पंमंगंरेंसांनिधप मगरेसासाऩिसाग।
2. गमपपमग, निधनि धपमगमगग, सां निसांनिधपमपग मगग, गरेंगरें सांनिधपमपगम, गंगंमंपंमंगंरें सांनिधपमपगम पमगरेसासा, साग मप, गमपध, मप धनि, पधनिसांगंरें सानिधपमपधप मगरेसा, ऩिसागम।
3. गमपगमपगम पमगरेसासा, धनि सांधनिसांधनिसांनि धपमरेसा, गंमंपं गंमंपंगंमंपंमंगं रेंसांसांनिधपमग मपधनिसांनिधपम, गमपधनिधप मगमपधपमग मपमगरेरेसासा।
4. निसांगंगरेंसां, निसां गंमंपंपंमंगंरेंसां, निसांगंगंरेंसां, निसां रेंरेंसांनिधप, धनि सांसांनिधपम, पध निनिधपमप, मप धधपमगरेगम पमगरेसासा, ऩिसा ग, सागम, गमप, म पध, पधनि, धनिसां निधपमगरेसासा।
5. गमपमगमपमग मगरेगरेसासा, म पधपमपधपम पगरेगरेसासा, प धनिधपधनिधप धपमगरेगरेसा साधनिसांनिधनिसां निधनिधपमगरे गरेसा, गंमंपंमंगं मंपंमंगंरेंगंरेंसां निधपमपनिधप मगरेगरेरेसासा।

राग खमाज मध्यलय तीनताल

स्थायी—मन मोहे मधुर मुरलियां,कान्हा बंशी मधुर बजाये।

अंतरा—बिसर गई मैं जग सारा, खो गई हरि भजन में।

स्थायी

प	सां	नि	सां	ध	नि	ध	प	ग	म	प	ध	नि	नि	सां	सां
म	ऽ	न	ऽ	मो	ऽ	है	ऽ	म	धु	र	मु	र	लि	या	ऽ
3				x				2				0			
ध	नि	ध	प	ग	म	प	ध	नि	नि	ध	प	म	ग	रे	सा
का	ऽ	न्हा	ऽ	बं	ऽ	शी	ऽ	म	धु	र	ब	जा	ऽ	ए	ऽ
3				x				2				0			

अंतरा

ग	म	ध	नि	सां	नि	सां	सां	नि	नि	सां	सां	नि	ध	प	प
बि	स	र	ग	ई	ऽ	मैं	ऽ	ज	ग	ऽ	स	हा	ऽ	रा	ऽ
3				x				2				0			
गं	मं	गं	रें	सां	नि	ध	प	ग	म	प	म	ग	रे	सा	सा
खो	ऽ	ग	ई	ऽ	ह	रि	ऽ	भ	ऽ	ज	न	में	ऽ	ऽ	ऽ
3				x				2				0			

राग खमाज मध्यलय तानें

स्थायी

1. गम पध निध पम। गम पम गरे सासा।
2. पनि सारें सांनि धप। गम पम गरे सासा।
3. गमं पंमं गरें सांनि। धप निध पम गरे। सासा
4. निसा गम पप गम। पध निसां गंमं गरें। सांनि सारें सांनि धप।
   निध पम गरे सासा।
5. निसा गम पम गम। पनि धप गम पम। सांनि धप गम पम
   गरें सांनि धप गम। पम गरे सासा निसा।

अन्तरा

1. सांनि धप मग रेसा। गमं पध निनि सांसा
2. गमं पमं गरें सांनि। धप मप धनि सांसां
3. गम पम गम पनि। धप गम पनि सारें। सांनि धप गम पम। गरे सासा
   ऩिसा गम। पध निसां रेंसां निसां।
4. पप मप गम पनि। पनि सांसां गरें सांसां। गमं पमं गरें सांसां।
   नि ध पम गम पप।
5. मंगं मंगं रेंसां निसां। पनि सांगं रेंसां निध। पम गम पनि सांसां। निध
   पम गरे सासा।

4

राग भैरव–राग परिचय

राग भैरव थाट भैरव से उत्पन्न होता है। इस राग में रिषभ और धैवत स्वर कोमल लगते है। इसमें कोई भी स्वर वर्जित न होने के कारण इसकी जाति सम्पूर्ण–सम्पूर्ण होती है। वादी स्वर धैवत तथा संवादी स्वर रिषभ है। इसका गायन समय प्रातःकाल माना गया है। आरोह में रिषभ स्वर का अल्प प्रयोग करते है। यह अपने थाट का आश्रय राग है। रिषभ और धैवत स्वर को आंदोलित करके गाते है। यह एक गम्भीर प्रकृति का राग है। कभी–कभी इसके आरोह में पंचम स्वर वर्ज्य किया जाता है जैसे–गम–धनिसां। अवरोह में बहुधा गंधार स्वर वक्र कर दिया जाता है। जैसे–मपगमरे–रेसा

आरोह–सा रे ग म, प ध, नि सां।

अवरोह–सां नि ध, प म ग, रे, स।

पकड़–सा, ग, म प, ध, प

राग भैरव स्वर विस्तार/अलाप

स्थायी

1. सा, रेसा, धनिसा, रेगरेसा ।
2. गम, धधप, मप, मग, मगरेसा
3. निधप, मपधप, मप, मग, मगरेसा।
4. मपधनिसां, सां(सां)निध, निधप, मप, गमरेसा।
5. गमधधनिनिसां, रें–रेंसांसां, निधप, गमरेसा।

अंतरा

1. रेंरेंसां, निधनिधप, मप, ध–ध, निनिसां।
2. गंरेंसां, धनिसां, रें–रेंसां, निधप, सां।
3. सांरेंसां, गंरेंसां, निसांरेंसां, निधप, मप, धधसां
4. धनिसां, रेंसां, गंमंरेंसां, निधप, मपधनिसां
5. गंमंरेंसां, गंमंपंगंमं, रें–रेंसां, निधनिधप, मपधनिसां।

राग भैरव सरगम गीत (मध्यलय) तीनताल

स्थायी

सा	ध	प	ध	म	प	म	ग	रे	–	ग	म	ग	रे	सा	–
o				3				x				2			
नि़	सा	रे	सा	ग	म	ध	प	सां	नि	ध	प	म	प	म	ग
o				3				x				2			
रें	गं	रें	सां	नि	नि	ध	प	म	प	ध़	प	म	ग	रे	सा
o				3				x				2			

अंतरा

प	–	प	प	म	प	ध	ध	नि	–	नि	नि	सां	सां	सां	सां
o				3				x				2			
गं	मं	गं	रें	गं	रें	सां	सां	नि	सां	रें	सां	नि	ध	प	प
o				3				x				2			
सां	नि	ध	प	म	प	ध	प	म	प	म	ग	रे	रे	सा	सा
o				3				x				2			

राग भैरव लक्षण गीत तीनताल

स्थायी–उपजत राग थाट भैरव से,

कोमल रेध स्वर लगत राग में,

कहत राग को लोग अतिमधुर।

अंतरा–धैवत वादी अरु रिषभ संवादी,

गावत राग को प्रातः समय में।

स्थायी

ध	ध	प	प	प	ग	म	–	रे	रे	ग	म	रे	रे	सा	सा
उ	प	ज	त	रा	ऽ	ग	था	ऽ	ट	भै	ऽ	र	व	से	ऽ
०				3				x				2			
ध़	नि़	सा	सा	रे	रे	सा	सा	ग	–	ग	म	रे	रे	सा	सा
को	ऽ	म	ल	रे	ध	स्व	र	ला	ग	त	रा	ऽ	ग	में	ऽ
०				3				x				2			
नि़	सा	ग	म	प	ध	नि	सां	नि	ध	प	म	ग	म	रे	सा
क	ह	त	रा	ऽ	ग	को	ऽ	लो	ऽ	ग	अ	ति	म	धु	र
०				3				x				2			

अंतरा

प	–	प	प	ध	ध	नि	नि	सां	सां	सां	सां	रें	रें	सां	सां
धै	ऽ	व	त	वा	ऽ	दी	ऽ	रि	ष	भ	सं	वा	ऽ	दी	ऽ
०				3				x				2			
नि	सां	गं	मं	रें	रें	सां	सां	नि	ध	प	म	ग	म	रे	सा
गा	व	त	रा	ऽ	ग	को	ऽ	प्रा	ऽ	त	स	म	य	मे	ऽ
०				3				x				2			

राग भैरव विलंबित ख्याल एकताल

स्थायी–सावरे के दरशन को, तरसत है मोरा मन।

अंतरा–व्याकुल है मोरा मऩ मिलन को,

नाही लागत मन काम काज में

स्थायी

पमगम	धनिसां	नि	ध	प	प	म	ग	रे	गमप	रे	सा
साऽऽऽ	वऽऽ	रे	के	द	र	स	न	को	ऽऽऽ	ऽ	ऽ
3		4		x		०		2		०	
ध	नि	सा	रे	ग	म	प	—	गम	रे	सा	सा
त	र	स	त	है	ऽ	मो	ऽ	रा	ऽ	म	न
3		4		x		०		2		०	

अंतरा

प	पप	ध	धनि	सां	सां	रें	—सां	गं	गंमं	रें	सां
व्या	कुल	है	ऽऽ	मो	रा	म	न	मि	लन	को	ऽ
3		4		x		०		2		०	
धनि	सां	नि	धध	प	म	प	गम	रे	—रे	सा	सा
नाऽ	ही	ला	गत	म	न	का	ऽम	का	ज	में	ऽ
3		4		x		०		2		०	

तानें विलंबित ख्याल तानें

1. सारेगरेसासा, सारे गमपमगरेसासा, सारेगमपधनिध पमगरेसासा, सारे गमपधनिसांनिध पमगरेसासा, सारे गमपधसारेंगरें निनिधपमगरे। सासा
2. सारेगगरेगरेसा, गमपपगमगरे, मपधधपधपम पधनिनिधनिधप धनिसांसांनिसांनिध सारेंगंगरेंगंरेंसां गंमंपंमंगंरेंसांनि धपमगमगरेसा।
3. पमगरेगमप,प धपमगरेगमप, मधनिनिधगमप प, सारेंसांनिधपग मपपगंमंपंमंगं रेंसांनिधपमपध निसांनिधपमपध निधपमगमगरे। सा
4. सारेंगंरेंसांसां, सारें गंमंपंमंगंरेंसांसां, सारेंगंगंरेंसां, सारें सांनिधपमपधनि सांनिधप, मपधनि धप, मपधपमप गमरेसा, गगरेसा पपमगरेगरेसा।
5. पधमपगमरेग रेसा, धनिपधमप गमरेगरेसा, सारें निसांधनिपधमप गमरेगरेसा, रेंगं सारेंनिसांधनिपध मपगमरेगरेसा धनिसारेगरेसासा।

राग भैरव मध्यलय तीनताल

स्थायी–हरि को सदा सुमर पावन, चित होकर तुमरे मिलन को।

अंतरा–चित को पावन करो रे मनवा, हरि का नाम लेकर।

स्थायी

ग	म	ध	ध	प	–	ध	म	रे	–	ग	म	ग	रे	सा	सा
ह	रि	को	स	दा	ऽ	ऽ	सु	म	ऽ	ऽ	र	पा	ऽ	व	न
3				x				2				०			
ध	नि	सां	सां	नि	ध	प	प	म	ग	म	ग	रे	रे	सा	सा
चि	त	हो	ऽ	क	र	तु	म	रे	ऽ	ऽ	मि	ल	न	को	ऽ
3				x				2				०			

अंतरा

प	प	म	प	ध	ध	नि	नि	सां	सां	सां	सां	नि	सां	सां	सां
चि	त	को	ऽ	पा	ऽ	व	न	क	रो	ऽ	रे	म	न	वा	ऽ
3				x				2				०			
ध	नि	सां	सां	मं	गं	रें	सां	नि	ध	प	म	ग	रे	सा	सा
ह	रि	का	ऽ	ना	ऽ	ऽ	म	ले	ऽ	ऽ	ऽ	क	ऽ	र	ऽ
3				x				2				०			

राग भैरव मध्यलय तानें

स्थायी

1. सारे गम पध निसां। निध पम गरे सासा।।
2. धध पप मप धप। गम पम गरे सासा।।
3. धनि सांध निसां धनि। सांनि धप मग रेसा।।
4. गम धप धनि सांनि। रेंगं रेंसां निपं पम। गम पध पम गरे। सासा।।
5. मप गम ध– प–। निनि धप मप गम। पध निसा रेंरें
   सांनि।। धप मग रेसा ऩिसा।।

अंतरा

1. धनि सांनि धप मप। गम पध निसां रेंसां।।
2. गगं रेंसां निध पम। गम पध निनि सांसां।।
3. गमं पंम गरें सांनि। धप मप गम पध। निसां।।
4. गग रेसा पप मग। निनि धप सांनि धप। गगं रेंसां निध पम। गम पध निनि सांसा।।।
5. सांनि धप धनि सांसां। सारें सांसां गगं रेंसा।। गमं पंम गरें सांनि धप मप धनि सांसा।।

राग भैरव तराना तीनताल

स्थायी

पप।। म प ग म	ध — — प	म — ग म	रे रे सा सा
दिर।। दा नि दा नि	तों ऽ ऽ म्त	दीं ऽ ऽ म्त	दे रे ना ऽ
3	x	2	०
ध नि सा सा	रे रे सा सा	ग — ग म	रे रे सा सा
दिरदिर दा नी	तुं दिरदा नी	तों ऽ म्त न	दे रे ना ऽ
3	x	2	०
नि सा ग म	प ध नि सां	रें सां — नि	ध प म प
दीं ऽ म्त न	न न न न	त दा ऽ रे	तु द्रे दा नी
3	x	ऽ ०	

अंतरा

प प प प	ध ध नि नि	सां — सां सा	सां रें सां सां
ना दिर दिर दिर	दिर दिर दा नी	तों ऽ म्त न	त न न न
3	x	2	०
नि सां गं मं	रें रें सां सां	नि सां रें सां	ध ध प प
तों ऽ म्त न	दे रे ना त	दीं ऽ म्त न	दे रे ना ऽs
3	x	2	०

प ध नि सा	रें सां नि ध	म प ग म	रे रे सा सा
दीं ऽ म्त न	त न न न	त न न त	दे रे ना ऽ
3	x	2	०
नि़ सा ग म	प ध नि सा	रें रें सां नि	ध प म पप
नगधीं–किट्तक	तकधुमकिट्तक	धा ऽ क्डा धा	धाक्डा धा दिर
3	x	2	०

5

राग पूर्वी–राग परिचय

यह राग पूर्वी थाट से उत्पन्न होता है। राग में स्वर रे ध कोमल तथा तीव्र मध्यम स्वर लगते है, बाकी सभी स्वर शुद्ध लगते है। राग में सातों स्वर लगने के कारण इस राग की जाति सम्पूर्ण–सम्पूर्ण है। वादी स्वर गंधार, संवादी स्वर निषाद है। गायन समय दिन का अंतिम प्रहर है। यह गंभीर प्रकृति का राग है। यह अपने थाट का आश्रय राग है। कोई–कोई गायक इस राग में दोनों धैवत स्वर लगाकर गाते है, परन्तु प्रचार में अधिकतर कोमल धैवत स्वर लेकर ही गाते है। राग में दोनों मध्यमों का उपयोग करते है। शुद्ध मध्यम का प्रयोग दोनों गंधार स्वर के बीच में ही लगाकर गाया जाता है। यह पूर्वांग वादी राग होने के कारण सायंकाल सन्धिप्रकाश के समय गाया जाता है। इस राग का चलन अधिकतर मंद्र एवं मध्य सप्तक में किया जाता है। राग में पंचम स्वर को अधिकतर वर्जित करके गाया जाता है। जैसे धैवत पूर्वांग मंध निसां। इस राग का समप्रकृति राग पूरियाधनाश्री है। पूर्वी राग में दोनों मध्यम, वादी–संवादी ग–नि, परन्तु राग पूरियाधनाश्री में केवल तीव्र मध्यम लगता है, वादी–सम्वादी पंचम–षडज और मंगमंरेग लगने के कारण यह राग एक दूसरे से भिन्न हो जाते है। स्वरों का प्रयोग:–षड्ज–स्थायी रुप से न्यास युक्त रिषभ–अनाभ्यास अल्पत्व रुप में गंधार–लंघन अल्पत्व, तीव्र मध्यम–अनाभ्यास अल्पत्व, पंचम–सम्पूर्ण न्यास बहुत्व, धैवत–अनाभ्यास अल्पत्व, निषाद–लंघन अल्पत्व।

पूर्वी–ऩिरेग,मंगरेग,गरेसा,मंपध–मंप,गमग,रेसा।

पूरियाधनाश्री–रेग,मंरेग,गरेसा,ऩिधऩि,ऩिग,गमंरेग,ऩिरेसा।

आरोह–सा, रेग,मंप,ध,निसां।

अवरोह–सांनिधप,मं,ग,रेसा।

पकड़– ऩि, सारेग,मंग,म,रेग,रेसा।

राग पूर्वी स्वर विस्तार/अलाप

स्थायी

1. सा, रे॒सा, गमग, म॑गरे॒सा।
2. सा (सा) नि़ध़॒प़,नि़सा, म॑गरे॒गरे॒सा।
3. गम॑प, ध॒प म॑पधम॑प, गमग, रे॒सा।
4. म॑प, ध॒प, निध॒प, म॑प, गमग, रे॒सा।
5. ध॒निसां, सां(सां) ,निध॒प, म॑प, गमग, रे॒सा।

अंतरा

1. म॑धनिसां, रे॒सा, निध॒प, म॑प, गमग, म॑गप, ध॒निसां।
2. रें॒सां, गरें॒सां, निध॒प, म॑प, गमग, म॑प, ध॒निसां।
3. गरें॒सां, म॑गंम॑गंरें॒सां, निध॒प, ध॒निसां।
4. ध॒निसां, रें॒सां, गंम॑पं, गंमंगं म॑गंरें॒सां, निध॒प, सां।
5. गमग, प, म॑प गमग, निध॒प, सांनिध॒प, ध॒निसां।

राग पूर्वी सरगम गीत झपताल

स्थायी

म॑	ग	रे॒	रे॒	सा	नि़	रे॒	ग	म॑	प
x		2			o		3		
ध॒	ध॒	प	—	प	म॑	प	ग	म	ग
x		2			o		3		
सां	नि	ध॒	ध॒	प	ग	म	ग	रे॒	सा
x		2			o		3		

अंतरा

म॑	ग	म॑	ध॒	सां	सां	रें॒	सां	सां	सां
x		2			o		3		
नि	रें॒	गं	रें॒	सां	नि	रें॒	नि	ध॒	प
x		2			o		3		
सां	नि	ध॒	ध॒	प	म॑	ग	रे॒	रे॒	सा
x		2			o		3		

राग पूर्वी विलम्बित ख्याल तिलवाड़ा

स्थायी–मोहन की छबि मनोहर, साजे श्याम मुरली अधर धर।

अंतरा–गले विराजे वैजयंती माला, देखत नाचे हरबृज बाला।

स्थायी

म॑	ग	रे	सा	प	–	–	–	म॑पध	म॑	प	म॑	ग	म	ग	ग
मो	ऽ	ह	न	की	ऽ	ऽ	ऽ	छऽऽ	बी	ऽ	म	नो	ऽ	ह	र
3				x				2				०			
म॑	ध	सां	सां	रें	–	सां	सां	नि	सां	निध	-प	प	म॑	गम	ग
सा	ऽ	जे	ऽ	श्या	ऽ	ऽ	म	मु	र	लीऽ	ऽअ	ध	र	धऽ	र
3				x				2				०			

अंतरा

म॑	ध	नि	–सां	सां	–	सां	सां	नि	रें	गं	रेंसां	नि	रें	सां	–
ग	ले	ऽ	ऽवि	रा	ऽ	जे	ऽ	वै	ज	यं	तीऽ	मा	ऽ	ला	ऽ
3				x				2				०			
रें	नि	ध	प	नि	ध	प	प	म॑प	धप	म॑	प	ग	म	गम	–
दे	ऽ	ख	त	ना	ऽ	चे	ऽ	हऽ	रऽ	बृ	ज	बा	ऽ	लाऽ	ऽ
3				x				2				०			

राग पूर्वी विलम्बित ख्याल तानें

1. ऩिरेगगरेसा, ऩिरेग म॑म॑गरेसा, ऩिरेग म॑पम॑गमगम॑ग रेसा,ऩिरेगम॑पध पम॑गगम॑गम गरेसा, ऩिरेगम॑ध निनिधपपम॑पग म॑गमगरेसाऩिरे गमपधनिसांनिध पम़॑पगम॑गऩिरे गम॑धनिरेंगंम॑ंगं रेंसांनिधपम॑गरे ।सा

2. पम॑गमगनिनिध पम॑पगमगसांनि धपम़॑पगमग,रें रेंसांनिधपम॑पग मग,गंगंरेंसांनिध पम॑पगमगम॑म़॑ गरेंसांनिधपम॑प गमग,गंम॑ंपंम॑ंगं रेंसांनिधपम॑पग मग,ऩिरेगग,रेग म॑म॑गम॑पप,म॑प धध,पधनिनिधनि। सांसां

3. ऩिरेगम॑पम॑गम ग,धपधम॑पगम ग,निधनिधपधम॑ पगमग,गम॑पध निसांरेंरेंसांनिधप म॑पगमग,रेंगंरें सांनिसांरेंसांनिसांनि धपम॑पगमगरे सा,ऩिरेगम॑, रेगम॑ प,गम॑पध,म॑पध निसांनिधपम॑प–।

4. निरेंगंरेंसांसां,निरेंगं म॑गंरेंसांसां,निरेंगं म॑पम॑गम॑गंरेंसां सां,निरेंगंम॑गंरें,नि रेंसांनिधपम॑पध निसांनिधप,म॑पध पम॑पगमगगरे गम॑गरेसा,गगरे सा,म॑म॑गरे,निनिध प,सांनिधपम॑पध पगमगम॑गरेसा।

5. पपम॑पधपम॑प, निनिधपम॑प,सांनिधपम॑प,रेंरेंसांनि धपम॑प,गंगंरेंसां निधपप,म॑म॑गरें सांनिधपम॑प,गम॑ पम॑गंरेंसांनिधप म॑पगमगरेगम पम॑गमगरेसा,ऩि रेगम॑प,गम॑पध निसांनिधपम॑गरे ।सा

राग पूर्वी मध्यलय तीनताल

स्थायी—तुम हो मोरे रसिया श्याम, मैं तो तोरी दिवानी।

अंतरा—प्रेम रंग में राधा नाचे, तज के सुध–बुध सारी रातें।

स्थायी

प	ध	म॑	प	ग	म	ग	रे	म॑	ग	ग	रे	ग	म॑	प	प
तु	म	हो	ऽ	में	ऽ	रे	ऽ	र	सि	या	ऽ	श्या	ऽ	ऽ	म
3				x				2				०			
म॑	ध	ध	नि	सां	नि	ध	प	प	म॑	ग	म	ग	रेरे	सा	सा
मैं	ऽ	तो	ऽ	ऽ	तो	ऽ	ऽ	री	दी	ऽ	ऽ	ऽ	वा	नी	ऽ
3				x				2				०			

अंतरा

म॑	म॑	ग	ग	म॑	म॑	ध	म॑ध	सां	–	सां	सां	सां	रें	सां	सां
प्रे	म	रं	ग	में	ऽ	ऽ	ऽ	रा	ऽ	धा	ऽ	ना	ऽ	चे	ऽ
3				x				2				०			
नि	रें	गं	रें	नि	रें	सां	सां	म॑	ध	नि	सां	नि	ध	प	प
त	ज	के	ऽ	सु	ध	बु	ध	सा	ऽ	ऽ	री	रा	ऽ	ते	ऽ
3				x				2				०			

राग पूर्वी मध्यलय तानें

स्थायी

1. ऩिरे गमं पध निसां। निध पमं गम ग–
2. गमं पध निसां रेंरें। सांनि धप मंग रेसा
3. मंध निसां रेंगं रेंसां। निध पमं गम गग
4. ऩिरे गमं पमं गम। ग– निनि धप मंप। धप गम ग– रेंगं।
   रेंसां निध पप मंप। धप गमं गंग रेसा।
5. पप मंप धप सांनि धप रेंरें सांनि धप। गंगं रेंसां निरें सांनि।
   धप मंप गम गग। मंमं गरे सासा ऩिसा।

अंतरा

1. सांनि धप मंग रेसा। ऩिरे गमं पध निसां।
2. गंगं रेंसां निरें सांनि। धप मंप धनि सारें। निसां
3. गंमं पंमं गरें सांनि। धप मंप धनि सांसां।
4. निध निध पमं गरे। गमं पप गरें गरें।
   सांनि धप मंप धप। गम गग मंग रेसा।
5. मंग मंग रेसा धध। पप मंग मंग रेसा। निनि धप मंप धप।
   मंप गम गग रेसा।

राग पूर्वी तराना तीनताल

स्थायी

प	मं	ग	मं	ग	रे	सा	सा	ऩि	रे	ग	मं	प	मं	गम	ग
त	न	न	त	न	न	दे	रे	तो	ऽ	म्त	न	द	र	नाऽ	ऽ
०				3				x				2			
ग	रे	मं	ग	प	–	प	प	नि	नि	ध	प	मं	ग	रे	सा
ता	रे	दा	नी	दीं	ऽ	म्त	न	त	न	न	त	न	न	दे	रे
०				3				x				2			

गं	रें	सां	नि	ध	प	मं	प	ग	म	ग	रे	मं	ग	रे	सा
रे	त	त	न	त	न	न	न	दीं	ऽ	म्त	न	दे	रे	ना	ऽ
०				3				x					2		

अंतरा

मं	मं	ग	ग	मं	मं	ध	ध	सां	–	सां	सां	नि	रें	सां	सां
ओ	द	त	न	दे	रे	त	न	दीं	ऽ	म्त	न	दे	रे	ना	ऽ
०				3				x				2			
नि	रें	गं	रे	नि	रें	सां	सां	नि	ध	नि	रें	नि	ध	प	प
दि	या	ना	रे	तों	ऽ	म्दे	रे	नों	ऽ	म्त	न	दे	रे	ना	त
०				3				x				2			
ग	म	प	ध	नि	नि	सां	सां	रें	रें	सां	नि	ध	प	ग	म
गधागेनधाऽधिड				नकतकतिरकिटतक				धीत्तागदिगनधा				धित्तागदिगनधाधा			
०				3				x				2			

6

राग मारवा–राग परिचय

इस राग को मारवा थाट जन्य माना गया है। इसमें रिषभ कोमल, तीव्र मध्यम तथा अन्य स्वर शुद्ध लगते है। पंचम स्वर आरोह–अवरोह में वर्जित होने का कारण इस राग की जाति षाडवषाडव है। वादी स्वर कोमल रिषभ और संवादी स्वर धैवत है। दिन के अंतिम प्रहर में इसे गाया बजाया जाता है। यह मारवा थाट का आश्रय राग है। यह शुष्क और चंचल प्रकृति का राग है। वादी स्वर रिषभ का महत्व स्थिर करने के लिये षडज का प्रयोग कम होता है। इस राग में कोमल रे और संवादी शुद्ध ध होने के कारण रेध में न्यास के स्वर रे और ध षड्ज–पंचम और षडज–मध्यम भाव है, जो प्रत्येक वादी स्वरों में आवश्यक माना गया है। समप्रकृति राग पूरिया है। पूरिया–नि़रे,गमंध,मंगरे, नि़रेसा । मारवा–नि़रेग–मंधगमंग मंग–रेसा। विशेष स्वर–1 नि़ रे – गमंध, 2 ध, मंध, मंगरे 3 नि रें नि ध

आरोह–नि़रे, गमंध, निरें, सां।
अवरोह–रें, निध, मंगरे, सा।
पकड़–नि़रेगमंध, मंगरे।

राग मारवा स्वर विस्तार/अलाप

स्थायी

1. सा, नि़ध़ नि़रेसा, ग, मंगरे, नि़रेसा।
2. मं ध़सा, नि़रेग, मंगरे, नि़रेसा।
3. नि़रेगमंध, मंध, निध, मंगरे गमंध़ मंगरे,सा।
4. मंधनिध, निरेंसां, रेंनिध, मंधमंगरे, नि़ध़सा।
5. गमंध, मंध, नि़रेगमंध, निध, सां, निध, मंगरे, नि़रेसा।

अंतरा

1. म॑धसां, निरेंसां, गम॑ध, म॑गरे, म॑धनिध, सां।
2. रें रेंसां, गंरेंसां, धनिसां, निध,गम॑धगम॑ग, म॑ध,सां।
3. गंरेंसां, म॑गरे, धनिरेंरेंसां,निधसां।
4. निरेंगंरेंसां मं॑गंमं॑, मं॑गं, निरेंसा, म॑धनिध, सां।
5. गम॑धध,निध, गंरेंनिध, म॑धनि, धनिरें, सां ।

राग मारवा सरगम गीत तीनताल

स्थायी

ध	म॑	ध	म॑	ग	रे	सा	सा	नि़	ध़	नि़	रे	ग	म॑	ध	ध
o				3				x				2			
म॑	ध	सां	सां	नि	रें	नि	ध	म॑	ग	म॑	ग	रे	रे	सा	सा
o				3				x				2			
नि़	रे	ग	म॑	ध	ध	म॑	ध	नि	ध	म॑	ग	म॑	ग	रे	सा
o				3				x				2			

अंतरा

म॑	ग	म॑	ध	सां	सां	सां	सां	नि	रें	सां	सां	गं	रें	सां	सां
o				3				x				2			
नि	रें	गं	म॑	गं	रें	सां	सां	नि	ध	म॑	ग	म॑	ध	नि	सां
o				3				x				2			
नि़	रे	ग	म॑	ध	ध	म॑	ग	म॑	ध	म॑	ग	म॑	ग	रे	सा
o				3				x				2			

राग मारवा विलम्बित ख्याल एकताल

स्थायी–तू ने हीरो जैसा जनम गवाया, भजन बिना बावरे।

अंतरा–न तू आया सन्त शरन में, न तू हरि गुण गायो।

स्थायी

ध	ध	म॑म॑	गग	रे	रे	सा	सा	नि़	रे	ग	म॑
तू	ने	हीरो	जैसा	ज	न	म	ग	वा	ऽ	या	ऽ
3		4		x		o		2		o	
ध	नि	रें	सां	नि	ध	म॑	ग	म॑	ग	रे	सा
भ	ज	न	बि	ना	ऽ	बा	ऽ	व	ऽ	रे	ऽ
3		4		x		o		2		o	

अंतरा

म॑	ध	म॑	ध	सां	–	सां–	सां	नि	रेंगं	रेंरें	सांसां
न	ऽ	तू	ऽ	आ	ऽ	याऽ	ऽ	सं	न्तश	रण	मेंऽ
3		4		x		o		2		o	
नि	रें	नि	ध	म॑	ग	रे	रे	धध	म॑ग	रेरे	सासा
न	ऽ	तू	ऽ	ह	ऽ	रि	ऽ	गुऽ	णऽ	गाऽ	योऽ
3		4		x		o		2		o	

राग मारवा विलम्बित ख्याल तानें

स्थायी

1. नि़रेगरेसासा,नि़रे गम॑गरेसासा,नि़रे गम॑धम॑गरेग म॑धम॑गरेसा,नि़ रेगम॑धनिधम॑ग रेगम॑गरेसासा,नि़रे गम॑धनिरेंनिधम॑ गरेसासा,नि़रेंगरें सांनिधम॑गरेगम॑ गरेसासा,नि़रेंगम॑ गरेंसांनिधम॑गरे गम॑गरेसानि़रे।सा

2. म॑गरेगरेरेसा,ध धम॑गरेगरेरेसा, निनिधम॑गरेगम॑ गरेरेसा,सांसांनिध म॑गरेगम॑गरेरे सा,रेंरेंसांनिधम॑ग म॑धम॑गरेरेसा,गं गरेंसांनिधम॑गम॑ धम॑गरेगम॑गरे सा,म॑म॑गरेंसांनिध गम॑धधम॑गरेग म॑गरेसानि़रेसा–

3. गगरेसाध.नि़रेसा, म॑म॑गरेगम॑धध, धधम॑गम॑धनिनि, सांसांनिधम॑धसांसां गंगरेंसांनिरेंगंगं म॑म॑गरेंसांनिनिध म॑गम॑धधम॑गरे सा,नि़रेगम॑धध,गम॑ धनिसांसांनिधम॑ग म॑गरेसानि़रेसासा।

4. निरेंगंगरेंसां,निरें गम॑गंम॑गरेंसां,नि रेंगंगरेंसांनिरेंनि धम॑धनिसांरेंरेंसां निधम॑गम॑धधम॑ गरेरेगम॑गरेसा सा,नि़रेगग,रेगम॑ म॑गम॑धध,म॑धनि नि,धनिसांसां,निसांरें रेंनिरेंगंगंम॑गंम॑ 'गंरेंसांनिधम॑धनिधम॑गरेगम॑गरे।सा'

5. मंमंगमंगरेसासा, धधमंधमंगरेग, निनिधनिधमंधमं ग,सांसांनिसांधनिमं ध,गंगंरेंसांनिसांध नि,मंगंमंगंरेंसांनि सां,धनिमंधगमरे गरेसा,गगरेमंमं ग,धधमं,निनिध,सां सांनि,रेंरेंसां,गंगंरें सांनिधमंगमंधध मंगरेगमंगरेसा

राग मारवा मध्यलय तीनताल

स्थायी–कई युगों से ढूंढता हूं, श्याम मुरारी कहा छुपे हो।

अंतरा–तरस गई तुम्हरो दरशन को, अब आओ देर न करो प्रभुजी।

स्थायी

मं	ध	–	मंग		रे	–	सा	–		ग	–	मं	ध		नि	रे	सां	–
क	ई	ऽ	युऽ		गों	ऽ	से	ऽ		ढूं	ऽ	ढ	ता		हू	ऽ	ऽ	ऽ
3					x					2					o			
नि़	नि़	रे	रे		ग	–	मं	ध		नि	रें	नि	ध		मं	ग	रे	सा
श्या	ऽ	म	मु		रा	ऽ	री	ऽ		क	हां	ऽ	छु		पे	ऽ	हो	ऽ
3					x					2					o			

अंतरा

मं	मं	ग	ग		मं	–	ध	ध		सां	सां	सां	सा		नि	रें	सां	–
त	र	स	ग		ये	ऽ	तु	म्ह		रे	ऽ	द	र		श	न	को	ऽ
3					x					2					o			
नि	रें	गं	गं		मं	गं	रें	सा		नि	रें	नि	ध		मं	ग	रे	सा
अ	ब	आ	ओ		दे	ऽ	र	न		क	रो	ऽ	प्र		भु	ऽ	जी	ऽ
3					x					2					o			

राग मारवा मध्यलय तानें

स्थायी

1. नि़रे गमं धध मंध। मंग रेग रेसा नि़सा।
2. नि़रें निध मंध निध। मंध मंग मंग रेसा।

3. नि़रे॒ गम॑ धध गम॑। धनि सांसां रें॒रें॒ सांनि। धम॑ गम॑ धग म॑ग। रे॒सा
4. म॑म॑ गम॑ गरें॒ सांसां। धध म॑ध सांसां रें॒गं। म॑गं रें॒गं रें॒सां निध।
   म॑ध म॑ग म॑ग रे॒सा।
5. नि़रे॒ गम॑ म॑ग धध। म॑ग सांसां निध रें॒रें॒। सांनि गगं रें॒सां निध।
   म॑ध निध म॑ध म॑ग।

अंतरा

1. नि़रे॒ गम॑ धनि रें॒गं। रें॒सां निध म॑ध निसां।
2. गंगं रें॒सां निध म॑ध। निध म॑ग म॑ध निसां।
3. म॑गं रें॒सां निध म॑ध। निरें॒ निध म॑ध निसां।
4. नि़रे॒ गग रे॒ग म॑म॑। गम॑ धध म॑ध निनि। धनि सांसां रें॒गं म॑ग।
   रें॒गं रें॒सां निध म॑ध। निसां
5. धम॑ धम॑ गरे॒ गम॑। धनि धम॑ गम॑ धनि। सांगं रें॒सां निध म॑ग।
   रे॒सा।

राग मारवा तराना तीनताल

स्थायी

ध	–	म॑	ग	म॑	ग	रे॒	सा	नि़	–	–	रे॒	ग	म॑	ध	ध
दीं	ऽ	म्त	न	न	न	दे	र	दीं	ऽ	ऽ	म्त	न	न	दीं	म
o				3				x				2			
म॑	ध	नि	सां	नि	ध	म॑	ग	नि	ध	म॑	ग	म॑	ग	रे॒	सा
नि	त	त	न	दे	रे	ना	त	दीं	ऽ	म्त	न	न	न	न	न
o				3				x				2			
नि़	रे॒	ग	म॑	ध	ग	म॑	ध	नि	रें॒	नि	ध	म॑	ग	रे॒	सा
दिर	दिर	त	दीं	ऽ	म्त	न	न	दीं	ऽ	म्त	न	न	न	न	न
o				3				x				2			

अंतरा

मं मं ग ग	मं मं ध ध	सां – सां सां	नि <u>रे</u> सां सां
दिर दिर त न	दिरदिर त न	दीं ऽ म्त न	दे रे त न
o	3	x	2
नि <u>रें</u> गं मं	गं <u>रें</u> सां सां	नि नि सां <u>रे</u>	नि नि ध ध
त न दे रे	दीं ऽ म्त न	दिर दिर त न	न न न न
o	3	x	2
नि <u>रें</u> नि ध	मं ध नि ध	मं मं ग मं	ग <u>रे</u> सा सा
धाकिटतकक्डान	किटतकतिरकिट	तकतिरकिटतक	धा धा दा नी
o	3	x	2

7

राग काफ़ी–राग परिचय

इस राग की उत्पत्ति काफ़ी थाट से मानी गई है। इसमें कोमल ग और नि कोमल स्वर लगते है। बाकी स्वर शुद्ध लगते है। इस राग में सम्पूर्ण स्वर लगने के कारण इसकी जाति सम्पूर्ण–सम्पूर्ण है। वादी स्वर पंचम तथा संवादी स्वर षडज है। राग का मध्य रात्रि है। यह एक गंभीर प्रकृति का राग है। राग की सुन्दरता बढ़ाने के लिये आरोह में कभी–कभी शुद्ध निषाद का प्रयोग होता है। इस राग में रेप और गप की संगति बार–बार दिखाई देती है। इस राग में शुद्ध गंधार का प्रयोग ठुमरी–दादरा इत्यादि गायन शैली में किया जाता है। रिषभ–न्यास बहुत्व, गंधार–न्यासहीन मध्यम अनाभ्यास, पंचम–पूर्ण न्यास बहुत्व, धैवत–अल्पत्व, कोमल निषाद–अभ्यास बहुत्व, शुद्ध निषाद–अनाभ्यास।

आरोह–सारे, ग, म, प, धनिसां।
अवरोह–सांनिध, प ,मग, रे सा।
पकड़–सा, रेरे, ग ग, मम, प।

राग काफ़ी स्वर विस्तार/अलाप

स्थायी

1. सा, ऩिसा धऩिसा, मधनि सा,रेगरे, मगरेसा।
2. ऩिसा, रेगरेसा, मपग, मपधमप, ग, मगरेसा।
3. गमपध, निधप, निनिधप, मपधमग, पमगरेसा।
4. गमप,धनिधप, सांनिधप, मग, रेगरेमगरेसा।
5. धनिधप, सां(सां), निनिधप, मगमप, मगरेसा।

अंतरा

1. पधनिसां, धनिसां, निधप,मपधनिसां।
2. रेंनिधनिधप, मपनिधप, धनिसां,रेंसां।
3. रेंगंरेंसां, सारेंसां, निधप, मपधनिसां ।
4. मंगंरेंसां,रेंगंरेंसां,निधप,मपगरेसा,मपधनिसां ।
5. धनिसां, गंरेंसां, मंपं, मंगंरेंसां, धनिसां।

राग काफ़ी सरगम गीत झपताल

स्थायी

ग	ग	रे	सा	रे	प	प	म	प	प
x		2			o		3		
ध	नि	सा	नि	ध	म	प	ग	—	रे
x		2			o		3		
सां	नि	ध	म	प	ग	ग	रे	सा	सा
x		2			o		3		

अंतरा

म	म	प	नि	नि	सां	सां	नि	सां	सा
x		2			o		3		
नि	सां	मं	गं	रें	सां	रें	सां	नि	ध
x		2			o		3		
गं	रें	सां	नि	ध	म	प	ग	रे	सा
x		2			o		3		

राग काफ़ी लक्षण गीत एकताल

स्थायी—लगत गनि कोमल स्वर, उपजत

थाट काफ़ी से काफ़ी संपूरन सुर होई।

अंतरा—प स वादी संवादी ते, गावत मध्य रात में।

स्थायी

नि	ध	प	ध	म	ग	ग	म	प	ध	म	प
ला	ऽ	ग	त	ग	नि	को	ऽ	म	ल	स्व	र
x		०		2		०		3		4	
ध	नि	सां	रे	सां	नि	ध	प	म	प	ग	म
उ	प	ज	त	था	ऽ	ट	का	ऽ	फ़ी	से	ऽ
x		०		2		०		3		4	
सां	नि	ध	प	म	प	ध	प	म	ग	रे	सा
का	ऽ	फ़ी	ऽ	सं	ऽ	पू	ऽ	र	न	सु	र
x		०		2		०		3		4	

अंतरा

ग	म	प	ध	नि	नि	सां	नि	सां	सा	नि	सां
प	स	वा	ऽ	दी	ऽ	सं	ऽ	वा	ऽ	दी	ऽ
x		०		2		०		3		4	
रें	गं	रे	सां	नि	ध	प	प	म	प	म	ग
गा	ऽ	व	त	म	ऽ	ध्य	रा	ऽ	त	में	ऽ
x		०		2		०		3		4	

राग काफ़ी विलम्बित ख्याल एकताल

स्थायी—सच्चे सखी है हरि ही हमारे माता पिता स्वामी सुबन्धु प्यारे।

अंतरा—भूलो न भाई दिन रात गावो, गोविंद दामोदर, माधवेति।

स्थायी

म	प	मग	रेसा	रे	—	ग	म	प	प	प	प
स	च्चे	ऽस	खीऽ	है	ऽ	ह	रि	ही	ह	मा	रे
3		4		x		०		2		०	

प	नि	सां	रे	सा	नि	ध	प	म	गग	रे	सा
मा	ता	पि	ता	स्वा	ऽ	मी	ऽ	सु	बंन्धु	प्या	रे
3		4		x		०		2		०	

अंतरा

म	प	नि	नि	सां	सां	सां	सा	रें	गं	रे	सां।
भू	लो	न	भा	ई	ऽ	दि	न	रा	त	गा	वो
3		4		x		०		2		०	
नि	ध	प	प	म	प	नि	सां	निध	पम	गरे	सासा
गो	ऽ	विं	द	दा	मो	द	र	माऽ	धऽ	वेऽ	तिऽ
3		4		x		०		2		०	

राग काफ़ी विलम्बित ख्याल तानें

स्थायी

1. सारेगगरेसा,सारे गमपमगरेसासा, गमपधपमगरे सासा,गमपधनिसां निधपमगरेसासा, गमपधनिसांरेंसां निधपमगरेसासा गमपधनिसांरेंगं रेंसांनिधपमगरे सासा,गमपधनिसां रेंगंमंगंरेंसांनिधपमगरेसासानिसा,।
2. गमपपमपमग रेसा, मपधधपम पमगरेसा,पधनि सांनिधपपमपम गरेसाधनिसांसारें सांनिधपमगरेसा सानिसारेंमंगंरेंसां निधपमगरेसा,सां रेंगंमंगंरेंसांनिध पपमगरेसासाम पधनिसारेंगंमंपंपं मंगंरेंसांसांनिधप पमपमगरेसासा।
3. सारेंगंरेंसांसांसारेंगं मंगंरेंसांसांसारेंगं मंपंपंमंगंरेंसांसां, निधपप,मपधनि सांसांनिधपमगरे सामपधनिनिधप मगरेसामपधध मपमगरेसानिसा।
4. गमपगमपगम पमगरेसासा,मप धमपधमपधप मगरेसा,धनिसांध निसांधनिसांनिधप मगरेसा,सारेंगंसां रेंगंसारेंगंरेंसांनि धपमगरेसागंमंपं गंमंपंगंमंपंमंगं रेंसांनिधपमरे ।सा
5. गरेगगरेगरे सानिसा,गमपपम पपमपपमगरे सा, मपधधपधध पधधपमगरेसा निसापधनिनिधनि निधनिनिधपमगसा,निसाधनिसांध

निसांधनिसारेंसांनि धपमगरेसासा,सां रेंगंगंरेंगंगंरेंगं गंरेंसांनिधपपम गरेगरेसानिसा–।

राग काफ़ी मध्यलय तीनताल

स्थायी–हरि धुन मन में बसी है, सुख की प्याली भरी है।

अंतरा–नित नित सुमरन करे मन पावत, बुरे विचार न आये एक पल।

स्थायी

प	पधनिसां	नि	ध	म	प	ग	रे	रे	ग	म	म	प	–	प	प
ह	रिSSS	धु	न	म	न	में	S	S	ब	सी	S	हे	S	S	S
o				3				x				2			
ध	ध	ध	ध	(नि)	–	ध	प	ग	–	रे	सा	रे	–	सा	सा
सु	ख	की	S	(प्या)	S	ली	S	भ	S	री	S	है	S	S	S
o				3				x				2			

अंतरा

ध	म	प	ध	नि	नि	सां	सां	सांरे	गं	रें	सां	रें	नि	सां	सां
नि	त	नि	त	सु	म	र	न	कS	रे	म	न	पा	S	व	न
o				3				x				2			
नि	–	नि	नि	ध	–	म	प	धनि	सांनि	धम	ग	ग	ग	रे	सा
बु	S	रे	वि	चा	S	र	न	आS	SS	SS	S	ए	क	प	ल
o				3				x				2			

राग काफ़ी मध्यलय तानें

स्थायी

1. सारे गम पध निसां। निध पम गरे सासा।
2. धनि सारें गरें सांनि। धप मग रेसा निसा।
3. सारे गम गरे गम। पध पम गम पध। निसां निध पम गरे। सासा
4. सारें निसां पध मप। गम रेग सारे निसा। रेंगं रेंसां निध पम।
   गम पम गरे सासा।

5. सारे गम पप मप। गम पध मप निनि। धप सांनि धप गंगं।
रेंसां निध पम गरे। सासा

अंतरा

1. रेंगं रेंसा, निध पम। गम पध निसां रेंसां।
2. गंमं पंमं गंरें सांनि। धप मप धनि सांसां।
3. सारें गंरें सांनि धप। मप धनि सारें सांनि। धप मप धनि सांसां।
4. गम पध निध पम। पध निसां निध सारें। गंरें सारें सांनि धप।
मप धनि सांसां निसां।
5. गम पग मप गम पम। ग रे सासा निध निनि। धनि निध मप गंगं।
रेंसां निध पम गम।

8

राग आसावरी–राग परिचय

राग आसावरी थाट आसावरी से उत्पन्न हुआ है। इस राग में ग ध नि कोमल तथा बाकी स्वर शुद्ध लगते है। आरोह में ग नि स्वर वर्ज्य तथा अवरोह में सम्पूर्ण स्वर लगने के कारण इस राग की जाति औडव–सम्पूर्ण है। वादी स्वर धैवत तथा संवादी स्वर गंधार है। गायन समय दिन का दूसरा प्रहर है। अवरोह में मध्यम स्वर वक्र के रुप में प्रयोग होता है जैसे धमपग, रेसा,। प ग स्वर समुह राग में बार–बार प्रयोग होता है। यह राग भी अपने थाट का आश्रय राग है। आसावरी राग के दो स्वरुप प्रचलित है, 1. कोमल रिषभ आसावरी 2. शुद्ध रिषभ आसावरी, परन्तु प्रचार में शुद्ध आसावरी ही अधिक है। राग आसावरी के रागांग स्वरुप रेमपधमपग– रेसा, तथा मपधधसारेंनिधधप दोनों स्वर समुदाय राग वाचक है। न्यास स्वर ग और प है। मिलता–जुलता राग जौनपुरी है।

आसावरी–मपध–धसां, निध–प, मपधमपग–रेसा।

जौनपुरी–मपधनिसां, निधप, मपधमपग–,रेमप।

आरोह–सा, रेमप, धसां।

अवरोह–सांनिध, प, मग, रे, सा।

पकड़–रे, म, प, निधप।

राग आसावरी सरगम गीत   तीनताल

स्थायी

रे	म	प	प	नि	ध	प	प	म	प	ध	प	ग	ग	रे	सा
o				3				x				2			

रे	सा	ध़	प़	म़	प़	ध़	सा	रे	म	प	ध	ग	ग	रे	सा
०				3				x				2			
सा	रे	म	प	ध	ध	सां	सां	नि	ध	प	म	ग	रे	सा	सा
०				3				x				2			

अंतरा

म	–	प	प	ध	–	ध	ध	सां	–	सां	सां	गं	रें	सां	सां
०				3				x				2			
मं	गं	रें	सां	ध	ध	सां	सां	नि	ध	प	म	ग	रे	सा	सा
०				3				x				2			
सा	रे	म	प	ध	सां	रें	सां	ध	प	म	प	ग	ग	रे	सा
०				3				x				2			

राग आसावरी लक्षण गीत तीनताल

स्थायी–कोमल गमधनि आसावरी में त्याग करत गनि आरोहन में।

अंतरा–धग वादी अरु संवादी ते, गात दिन के दूसरे प्रहर में।

स्थायी

ध	म	प	सां	ध	प	पध	मप	ग	ग	रे	सा	रे	म	प	प
को	ऽ	म	ल	ग	म	धऽ	निऽ	आ	ऽ	सा	ऽ	व	री	में	ऽ
०				3				x				2			
म	प	ध	सां	रें	नि	ध	प	म	प	ध	प	ग	ग	रे	सा
त्या	ऽ	ग	क	र	त	ग	नि	आ	ऽ	रो	ऽ	ह	न	में	ऽ
०				3				x				2			

अंतरा

ध	ध	ध	ध	सां	–	सां	सां	गं	गं	रें	सां	रें	रें	सां	सां
ध	ग	वा	ऽ	दी	ऽ	अ	रु	सं	ऽ	वा	ऽ	दी	ऽ	ते	ऽ
०				3				x				2			

गं	गं	रें	सां	रें	नि	ध	प	नि	नि	ध	प	म	ग	रे	सा
गा	ऽ	त	दि	ऽ	न	में	ऽ	दू	स	रे	प्र	ह	र	में	ऽ
o				3				x				2			

राग आसावरी विलम्बित ख्याल एकताल

स्थायी—है जग के पालन हार, मोरी बिनती सुनों गिरधारी।

अंतरा—शरण तुम्हारे आऊं जग में, मोरी नैया पार करो।

स्थायी

रे	म	प	सां	ध	—	म	प	ग	ग	रे	सासा
हे	ऽ	ज	ग	के	ऽ	पा	ऽ	ल	न	हा	रेऽ
3		4		x		o		2		o	
म	प	ध	ध	सां	सां	रें	नि	ध	प	मग	रेसा
मो	ऽ	री	ऽ	बि	न	ती	ऽ	सु	नो	गिर	धारी
3		4		x		o		2		o	

अंतरा

म	प	ध	मप	सां	—	सां	सां	गं	गं	रेंरें	सांसां
श	र	ण	तुऽ	म्हा	ऽ	रे	ऽ	आ	ऊ	जग	मेंऽ
3		4		x		o		2		o	
प	गं	रे	सां	रें	नि	ध	प	धधपमप	मप	गग	रेसा
मो	ऽ	री	ऽ	नै	ऽ	या	ऽ	पाऽऽऽ	रक	रोऽ	ऽऽ
3		4		x		o		2		o	

राग विलम्बित ख्याल तानें

1. निसारेमपपमग रेसा,सारेमपनिनि धपमगरेसा,सारे मपधसांसांनिधप मगरेसा,सारेम पधसांसांरेंरेंसांनि धपमगरेसा,सारे मपधधसांसांमंगं रेंसांसांनिधपमग। रेसा
2. गगरेसा,पपमग रेसानिनिधपमगरेसा,सां सांनिधपम गरेसासागंगंमरें सांनिधपमगरेसा सा,पंपमंगंरेंधप मगरेसासा,सारेम पधपमपधसारें सांगंरेंसांसांनिधप मगरेसा, सारेमप।

3. रेमपरेमपरेम पमगरेसा,मपध मपधमपधपम गरेसा,पधसांपध सांपधसांसांनिधप मगरेसासा,रेंमंपं रेंमंपंरेंमंपंपंमं गंरेंसां,सारेंसांसां,ध निधपप,धसांधध, पधपप,मपमम, गमगग,रेसा,सारे मपधधसांसांरेंसां।
4. मपधपमपनिनि धपमपसांसांनिध पपमपरेंरेंसांसां निधपपमप,गंग रेंसांनिधपपमप गम,मंमंगंरेंसांनि धपमपगम,पंपं मंगंमंरेंसांनिधप मगमपपगमग रेसासा,सारेमम,रे मपप,मपधध,प धसांसां,गंगंरेंसांनि धपमगरेसासा–।
5. मगरेसा,धपमग रेसा,निधपमगरे सासा,रेंसांनिधपम गरेसासा,गंरेंसांनि धपमगरेसा,मंगं रेंसांनिधपमगरे सासा,पंपंमंगंरेंसां निधपमगरेसासा, सारेमप,धधसांसां, रेंरेंसांनिधपमग ।रेसा

राग आसावरी मध्यलय तीनताल

स्थायी–कैसे कहूं मैं बात मन की, याद आवत है आज।

अंतरा–काम काज अब नहीं सुहाता, सोच सोच बिताऊ सारी रतियां।

स्थायी

म	म	प	सां	ध	ध	प	प	ग	–	रे	सा	रे	म	प	प
कै	ऽ	से	क	हू	ऽ	ऽ	मैं	बा	ऽ	ऽ	त	म	न	की	ऽ
3				x				2				o			
म	प	ध	ध	नि	ध	प	प	म	प	ध	प	ग	ग	रे	सा
या	ऽ	द	आ	व	त	है	ऽ	आ	ऽ	ऽ	ज	उ	न	की	ऽ
3				x				2				o			

अंतरा

म	प	ध	ध	सां	–	सां	सां	रें	गं	रें	सां	रें	नि	ध	प
का	म	का	ज	अ	ऽ	ब	ऽ	न	ही	ऽ	सु	हा	ऽ	ता	ऽ
3				x				2				o			
पं	गं	रें	सां	रे	सां	ध	प	म	प	ध	प	म	ग	रे	सा
सो	च	सो	च	बि	ऽ	ता	ऊं	सा	ऽ	री	ऽ	र	ति	या	ऽ
3				x				2				o			

राग आसावरी मध्यलय तानें

स्थायी

1. मप धप धध सांसां। निध पम गरे सासा।
2. गरें सांनि धप मप। निनि धप मग रेसा।
3. धध सारें मंगं रेंसां। रेंनि धप मप धप।
4. रेम पनि धप मप। सांनि धप मप गरें। सांनि धप निनि धप।
   मप धप मग रेसा।
5. धध सांसां रेंरें सांसां। निनि धप मप धप। मग रेसा सारे मप।
   मग मग रेसा रेम। पप

अंतरा

1. सांनि धप मग रेसा। सारे मप धध सांसां। रेंसां
2. गरें सारें सांनि धप। मप धप सारें सांसां
3. धध पप मप धप। सांनि धप गरें सांनि। धप मप धप गग।
   रेसा सारे मप धध। सांसां
4. मग रेसा पप मप। धध सांसां गरें सांसां। मंगं रेंसां निध पम।
   पध निध सांसां रेंसां।
5. निध निध पप सांनि। सांनि धप गरें गरे। सांसां मंगं मंग रेंसां।
   निध पम गरे सासा। सारे मप धध सांसां।

राग आसावरी तराना तीनताल

स्थायी

ध	ध	प	प	ध	म	प	ध	ग	–	रे	सा	रे	रे	सा	–
दे	रे	ना	त	न	न	दे	रे	ना	ऽ	त	न	दे	रे	ना	ऽ
o				3				x				2			
ध	ध	सा	सा	रे	रे	सा	सा	रे	म	प	ध	ग	म	रे	सा
त	न	न	त	न	न	दे	रे	दीं	ऽ	म्त	न	त	न	न	न
o				3				x				2			
म	प	ध	सां	रें	सां	ध	प	म	प	ध	प	ग	ग	रे	सा
त	न	तों	ऽ	म्त	न	तो	ऽ	म्त	न	दे	रे	दे	रे	ना	ऽ
o				3				x				2			

अंतरा

म प ध ध	सां – सां सां	ध ध सां गं	रे रे सा सा
त न दीं म	त न दे रे	दीं ऽ म्त न	त न न न
०	3	x	2
ध ध सां गं	रे सां ध प	म प ध प	ग ग रे सा
तो ऽ म्त न	त न न न	तुम द्रे दा नी	दी ऽ म्त न
०	3	x	2
सारे मम रेम पप	मपधधपधसांसां	गंगंरेंसांनिधपप	मम ग रे सासा
किट तक तक किट	धिनतिरकितितक	नगतिरकिटतक	धाऽ ऽ त नन
०	3	x	2

9

राग भैरवी–राग परिचय

यह राग भैरवी थाट से उत्पन्न होता है। इसमें रेगधनि चारों स्वर कोमल स्वर लगते है। आरोह–अवरोह में कोई भी स्वर वर्जित न होने के कारण इसकी जाति सम्पूर्ण–सम्पूर्ण है। वादी स्वर मध्यम और संवादी स्वर षडज है। इस राग को ख्याल के अतिरिक्त ठुमरी अधिक गायी जाती है। स्वरों का प्रयोगः–कोमल रिषभ–अनाभ्यास, शुद्ध रिषभ–आरोह में अनाभ्यास व दीर्घ हीन होकर प्रयोग होता है, गंधार–न्यास बहुत्व, मध्यम–दीर्घ एवम अनाभ्यास बहुत्व पंचम–लंघन अल्पत्व, कोमल धैवत–न्यास रहित होने पर भी दीर्घ एवम अलंघन और अनाभ्यास बहुत्व, शुद्ध धैवत–अनुवादी के रुप में प्रयोग होता है। कोमल निषाद–अनाभ्यास व लंघन अल्पत्व, शुद्ध निषाद अल्प प्रमाण में लगाया जाता है। यह अपने थाट का आश्रय राग है। गायन समय प्रातःकाल है।

आरोह–सा, रे ग म, प ध, नि सां।

अवरोह–सां, नि ध प, म ग, रे सा

पकड़–म, ग, सा रे सा, ध नि सा।

राग भैरवी स्वर विस्तार/अलाप

स्थायी

1. सारेसा, धनिसा, रेसा, गरेसा।
2. गमप, मप, धप, मप, मगरेसा।
3. धप, निधप, मप, गमधप, मगरेसा।
4. धनिसां, सां (सां), निधप, मप, गमप, मगरेसा।
5. सारेंसां, धनिसारें, निसां, निधप, गमपम, गरेसा।

अंतरा

1. धनिसां, रेंनिसां, निध, मपधनिसां।
2. रेंरेंसां, निसांरेंसां, निसांधधप, धनिसां।
3. सांरेंगं,रेंगंमंगं रेंगंरेंसां,निधनिधप,सां।
4. गंरेंसां, मंगंरेंसां, निधप, मपधनि,सां।
5. गंमंपंमं, गंमंगंरेंसां,धनिसांरेंनिसां,निधप,मपधनिसां।

राग–भैरवी सरगम मध्यलय (त्रिताल)

स्थायी

सां	नि	ध	प	म	प	ग	म	प	—	ग	म	ग	रे	सा	सा
o				3				x				2			
ध़	नि़	सा	रे	नि़	सा	—	सा	ग	म	प	म	ग	रे	सा	सा
o				3				x				2			
प	ध	म	प	नि	नि	ध	प	सां	नि	ध	प	म	ग	रे	सा
o				3				x				2			

अंतरा

ध	म	ध	नि	सां	—	सां	—	ध	नि	सां	रें	नि	सां	—	सां
o				3				x				2			
ग	मं	पं	मं	गं	रें	सां	सां	सां	नि	ध	प	म	प	ग	म
o				3				x				2			
प	ध	प	म	ग	म	प	म	ग	म	प	म	ग	रे	सा	सा
o				3				x				2			

राग भैरवी लक्षण गीत तीनताल

स्थायी—लगत स्वर मृदु रेगधनि राग में

उत्पत्ति होत थाट भैरवी से,

सम्पूरण सुर लागत इसमें

अंतरा—सम वादी अरु संवादी ते

गावत सब इसे प्रातः काल में।

स्थायी

	नि़	सा	ग	मम	प	ध	म	प	नि	नि	ध	प	म	ग	रे	सा
	ल	ग	त	मृऽ	ऽ	दु	स्व	र	रे	ग	ध	नि	रा	ऽ	ग	में
०				3				x				2				
	ध़	नि़	सा	रे	नि़	सा	सा	सा	ग	म	प	म	ग	रे	सा	सा
	उ	ऽ	त्प	त्ति	हो	ऽ	त	था	ऽ	ट	भै	ऽ	र	वी	से	ऽ
	०				3				x				2			
	नि़	सा	ग	म	प	ध	नि	सां	नि	ध	प	म	ग	रे	सा	सा
	स	ऽ	म्पू	ऽ	र	ण	सु	र	ला	ऽ	ग	त	इ	स	में	ऽ
	०				3				x				2			

अंतरा

ग	म	प	नि	सां	नि	सां	सां	नि	नि	सां	सां	गं	गं	रें	सां
स	म	वा	ऽ	दी	ऽ	अ	रु	सं	ऽ	वा	ऽ	दी	ऽ	ते	ऽ
०				3				x				2			
गं	मं	पं	मं	गं	रें	सां	सां	नि	नि	ध	प	म	ग	रे	सा
गा	ऽ	व	त	स	ब	इ	से	प्रा	तः	ऽ	का	ऽ	ल	में	ऽ
०				3				x				2			

राग भैरवी विलम्बित ख्याल एकताल

स्थायी–इसी तुम्हारी बांसुरी ने मोहिनी डारी, चंद्र सखी की बिनति।

अंतरा–तुम सुनियौ बनवारी, दरस दिखा दे सांवरा, अब देर ना करो।

स्थायी

प	निधपधनि	निसां	धनि	सां	सां	ध	नि	सांसां	सां	रें	सां
इ	सीऽऽऽ ऽ	तुऽ	म्हारी	बां	सु	री	ने	मोहि	नी	डा	री
3		4		x		०		2		०	

प	प	ध	ध	नि	ध	प	—	ग	रेग	रे	सा
चं	न्द्र	स	खी	की	ऽ	बि	ऽ	न	ऽऽ	ती	ऽ
3		4		x		o		2		o	

अंतरा

ग	म	ध	नि	सां	—	रें	सां	ध	नि	सां	सां
तु	म	सु	ऽ	नि	ऽ	यो	ऽ	ब	न	वा	री
3		4		x		o		2		o	
गं	मं	रें	सां	सां	सां	नि	ध	प	—	गम	रेसा
द	र	स	दि	खा	ऽ	दे	ऽ	सां	ऽ	वऽ	राऽ
3		4		x		o		2		o	
नि	सा	ग	म	प	ध	म	प	निध	पम	गरे	सासा
अ	ऽ	ब	ऽ	दे	ऽ	र	ना	कऽ	ऽऽ	रोऽ	ऽ
3		4		x		o		2		o	

राग भैरवी विलम्बित ख्याल तानें

स्थायी

1. सारेगरेसासा,सारे गमगरेसासा,सारे गमपधपमगरे सा,रेगमपधनिध पमगरेसासासारे गमपधनिसांनिध पमगरेसासासारे गमपधनिसारेंसां निधपमगरेसासा सारेगमपधनिसां रेंगंमंगंरेंसांनिध पमगरेसासानिसा।
2. सारेगमपमगम पनिधपमपगम पधनिसांनिधपम गमपधनिसारेंरें सांनिधपमपगम पधनिसारेंगंरेंसां निधपमगमपध निसारेंगंमंगंरेंगं रेंसांनिधपमगम पधनिसागंमंपंगं मंगंरेंसांनिधपम गरेसासागमपप।
3. सारेंगंरेंसांसां,सारें गंमंपंमंगंरेंसांगं गरेंसांनिधपपनि निधपमगरेसा,सा रेगमपप,गमप धनिनिधनिसारेंगं गंमंपंपंमंगंरेंसां निनिधपमगरेग मपमगरेसानिसा।
4. गमपगमपगम पमगरेसासा,धनि सांधनिसांधनिसांनि धपमगरेसा,गंमं पंगंमंपंगंमंपंमं गरेंसांनिधपमग रेसा,सारेगमपप, गमपधनिनिधनि सारेंगंगंरेंसांनिध पपमगरेसानिसा

5. सांनिसांधनिसांसांनि सांमधनिसांसांनिसां गमपधनिसांरेंसां निसां,सारेगमपध निसांरेंगंमंगंरेंगं रेंसांनिधपमगम पमगरेसासागम पधनिसांरेंगंरेंसां

राग भैरवी मध्यलय (त्रिताल)

स्थायी–गुरू बिन नहीं आवत ध्यान सभी को,

जो गुरु के चरणों में नहीं जावत है।

अंतरा–नाम बढ़त है गुरु के कृपा से,

जीवन सफ़ल होत है उन्ही का।

स्थायी

सां	सां	ध	ध	प	प	ग	म	पध	निसां	नि	ध	प	म	ग	रे
गु	रू	बि	न	न	ही	ऽ	आ	वऽ	तऽ	ध्या	न	स	भी	को	ऽ
0				3				x				2			
ग	म	प	सां	नि	धध	प	म	ग	म	प	म	ग	रे	सा	सा
जो	ऽ	गु	रु	के	चर	णों	में	न	ही	जा	ऽ	व	त	है	ऽ
0				3				x				2			

अंतरा

ग	म	ध	नि	सां	–	सां	सां	ध	नि	सां	रें	सां	नि	ध	प
ना	ऽ	म	ब	ढ़	त	है	ऽ	गु	रु	के	कृ	पा	ऽ	से	ऽ
0				3				x				2			
गं	गं	रें	सा	नि	सां	ध	प	म	प	ध	प	ग	रे	सा	सा
जी	ऽ	व	न	स	फ़	ल	हो	ऽ	त	है	उ	न्ही	ऽ	का	ऽ
0				3				x				2			

राग भैरवी तानें (मध्यलय)

स्थायी

1. सारे गम पध निसां।। निध पम गरे सासा।
2. पध निसां निध पम।। गम पम गरे सासा।

3. गंगं रेंसां निध मप।। सांनि धप मग रेसा।
4. पध मप गम प–।। रेग मप गम प–।। सांनि धप मप रेंरें
   सांनि धप मग रेसा।
5. गग रे,म मग, पप।। मध धप निनि धसां।।सांनि रेंरें सांगं गंरें
   सांनि धप मग रेसा।

अंतरा

1. सांनि धप मप गम।। पध निसां रेंसां निसां।
2. गंगं रेंसां निध पम।। गम पध निसां रेंसां।
3. गंमं पंमं गंरें सांनि।। धप मप धनि सांसा।
4. गम पम गरे सासा।। पध मप धनि सारें ।।सांनि धप धनि सां–।
5. पप मप निनि धप।। सांनि धप रेंरें सांनि।। गंगं रेंसां गंमं पंमं।।
   गंरें सांनि धप मप।।

राग भैरवी तराना तीनताल

स्थायी

प	प	प	प	–	ध	म	प	नि	–	ध	प	म	ग	रे	सा
त	न	न	तों	ऽ	म्त	दे	रे	दिं	ऽ	म्त	दीं	ऽ	म्त	न	न
o				3				x				2			
ध	ध	सा	सा	रे	रे	सा	सा	ग	–	ग	म	रे	रे	सा	सा
उ	दा	दा	नी	त	न	दे	रे	दीं	ऽ	म्त	न	दे	रे	ना	ऽ
o				3				x				2			
प	ध	नि	सां	रें	सां	ध	प	ग	म	प	म	ग	रे	सा	सा
त	दि	ऽ	म्त	दी	ऽ	म्त	न	दे	रे	दे	रे	दे	रे	ना	ऽ
o				3						x				2	

अंतरा

ग	ग	म	म	ध	ध	नि	नि	सां	–	सां	सां	रें	रें	सां	–
ना	दिर	दिर	दीं	ऽ	म्त	न	न	दीं	ऽ	म्त	न	दे	रे	ना	ऽ
o				3				x				2			

गं गं सां रें	सां सां सां सां	ध नि सां रें	नि नि सां सां
तो ऽ म्त न	त न न न	दिर दिर त न	दे रे ना ऽ
०	3	x	2
सां नि ध प	म प ध प	ग – ग म	रे रे सा सा
घीड नग किट्तक	तकधुम किट्तक	क्डानतक धा धा	क्डानतकधाधा
०	3	x	2

10

राग तोड़ी–राग परिचय

इस राग की उत्पत्ति तोड़ी थाट से मानी गई है। इसमें कोमल रे ग, ध तथा तीव्र म अन्य स्वर शुद्ध लगते है। आरोह–अवरोह में कोई भी स्वर वर्जित न होने के कारण इसकी जाति सम्पूर्ण–सम्पूर्ण है। वादी स्वर धैवत और संवादी स्वर गंधार है। गायन समय दिन का दूसरा प्रहर है। इस राग कि रचना तानंसेन ने की थी। यह एक गंभीर प्रकृति का राग है। आरोह में पंचम वर्ज्य तथा अवरोह में पंचम स्वर अल्प प्रयोग किया जाता है। तोड़ी के अनेक प्रकार है गुज़री तोड़ी, बिलासखानी तोड़ी, भूपाल तोड़ी, बहादूर तोड़ी, अंजली तोड़ी, लाच्हरी लाचारी तोड़ी इत्यादि है। यह अपने थाट का आश्रय राग है। न्यास के स्वर ग और ध विशेष स्वर– 1 ग – रेगरेसा, – ऩिध़. 2 धग –रेगरेसा, 3 सारेगमंध–प–मंग, 4 सांनिधपमंग, मंग, रेग–रेसा। मिलता–जुलता राग गुजरी तोड़ी है। तोड़ी– ध – मं ग रे ग – रे सा, ऩि ध़. । गुजरी तोड़ी– ध – मं ग रे – ग रे – सा। स्वरों का प्रयोग– सा– सामान्य,रे– अलंघन बहुत्व, ग– दोनों प्रकार का बहुत्व, मं– अलंघन बहुत्व, प–आरोह में अधिकतर लंघन अल्पत्व और अवरोह में दोनों प्रकार का बहुत्व, ध– दोनों प्रकार का बहुत्व, नि – अलंघन बहुत्व।

आरोह–सारेग, मंधप, मंधनिसां।
अवरोह–सांनिधप, मंग, रेगरेसा।
पकड़–धपमंग, रेगरेसा।

राग तोड़ी स्वर विस्तार/अलाप

स्थायी

1. सा, रेसा, ऩिध़मं़प़, ध़ ऩि सा, रेसा।
2. गरेसा, मंग, प, धमंग, रेग, रेसा।

3. मंपधमंप, मंग, धमंग, निरे,सा।
4. गमंप, धप, निध, प, मंपधमंप, मंग, मंगरेसा।
5. मंग, मंधनि, सां, निध, निध, प, मंगरेसा, धनिसा, रेसा।

अंतरा

1. धनिसां, सां(सां), निधप, मंधनिसां।
2. सां रेसां, गरेंसां, निधप, मंग, मंपधप, निसां।
3. गंगरेंसां, धनिसांरेंसां, निधप, मंधसां।
4. मंगं, मंगंरेंसां, निसांरें, निध, निध, मंधनिसां।
   सांरेंगंरेंसां, मंगं, मंरेंगं, रेंसां, निधप, धनिसां।

राग तोड़ी सरगम गीत तीनताल

स्थायी

मं	ग	रे	सा	ध	ध	मं	ध	नि	नि	ध	प	मं	ग	रे	सा
o				3				x				2			
ध	नि	सा	रे	ग	मं	ध	प	मं	ध	नि	सां	सां	नि	ध	प
o				3				x				2			
मं	ग	रे	सा	मं	ध	नि	ध	प	प	मं	ग	मं	ग	रे	सा
o				3				x				2			

अंतरा

ग	मं	ध	नि	सां	सां	सां	सां	रें	रें	सां	सा	गं	रें	सां	सां
o				3				x				2			
मं	गं	मं	गं	रें	रें	सां	नि	ध	मं	ग	मं	ध	नि	सां	सां
o				3				x				2			
नि	ध	मं	ध	नि	ध	प	प	मं	ग	मं	ग	रे	रे	सा	सा
o				3				x				2			

राग तोड़ी विलम्बित ख्याल तिलवाड़ा

स्थायी–कौन सुनेगा मोरे मन की बातों को,

नींद गवाई सारी रात।

अंतरा–मनावत है रंगरलियाँ

सौतन संग, नाहि सुनत मोरी बातें।

स्थायी

गरेसारेग	रेसा	ध़	नि़	सा	–	रे़	सा	ग	मं	ध	ध	प	प	मं	ग
कौऽऽऽऽ	नसु	ने	गा	मो	ऽ	रे	ऽ	म	न	की	बा	तों	ऽ	को	ऽ
3				x				2				०			
ध़	नि़	सा	सा	रे	रे	सा	सा	नि	नि	ध	प	मं	ग	रे	सा
नीं	ऽ	द	ग	वा	ऽ	ई	ऽ	सा	ऽ	री	ऽ	रा	ऽ	त	ऽ
3				x				2				०			

अंतरा

मं	ग	मंमं	ध	सां	–	सां	सां	सांरेंगं	रें	सां	सां	नि	नि	ध	ध
म	ना	वत	है	रं	ऽ	ग	र	लिऽऽ	याँ	ऽ	सौ	त	न	सं	ग
3				x				2				०			
ध	गं	रें	सां	नि	ध	प	प	मं	प	ध	प	मं	ग	रे	सा
न	ऽ	ही	ऽ	सु	ऽ	न	त	मो	ऽ	री	ऽ	बा	ऽ	तें	ऽ
3				x				2				०			

राग तोड़ी विलम्बित ख्याल तानें

स्थायी

1. नि़रेगगरेसा,नि़रेग धधपपमंगरेरे ,नि़रेगमंधनिसासांसां निधपमंधमंगरे रेसा,नि़रेगमंधनि रेंगंमंमंगंरेंसांनि पपमंधनिधपप मंगरेगरेसानि़सा।
2. ध.नि़सारेगगरेसा, नि़सारेसाधनि़सासा, मंधनिसांनिधमंधनिनिधपमंधपप, धनिसांरेंगंरेंगंरेंसां पमंधपपमंगंमं गरेंसांनिसांधनिसां रेंनिनिसांसांनिनिध, पमंगरेगरेसासा।

3. सारेगमंमंग,मंध निसांसांनिधपमंमं ग,धनिसांरेंरेंसांनि धपमंमंगसारें गंमंमंगंरेंगंरेंसांनि सांनिधमंधनिसां निधमंधनिनिनिधप मंधपपमंगमंग रेसाध.नि.सारेगरे ।सा।,

4. सारेगगरेगमंमं गमंधधमंधनिनि धनिसांसांसांरेंगंगं रेंगंमंमंगंगंरेंसां निधपपमंधसांनि धप,मंधनिनिधप, मंधधपपमंग रेगरेसा,सारेगरे गमंगमंधमधनि धनिसांनिधपमंग रेगमंगरेगरेसा।

5. सांरेंगंरेंसांसां,सांरें गंमंमंगंरेंगंरेंसां सां,निरेंसांसांनिधप पमंध,पपमंगमं गरेरेसासा,गगरे मंमंगधधमंनिनि ध,सांसांनिरेंरेंसागं गंरेंमंमंगंरेंसांनि धपमंगरेगरेसा।

राग तोड़ी मध्यलय तीनताल

स्थायी–दरसन की प्यारी अखियां मोरी,

कब तुम आकर मिलोगे सजना।

अंतरा–लोक लाज तज के सारी,

ढूंढत फिरु बनबन में।

स्थायी

मं	ध	नि	सां	नि	–	ध	प	मं	ध	मं	ग	रे	ग	रे	सा
द	र	स	न	की	ऽ	प्या	सी	अ	खि	यां	ऽ	मो	ऽ	री	ऽ
o				3				x				o			
ध़	नि़	सा	रे	ग	मं	ध	ध	नि	ध	प	प	मं	ग	रे	सा
क	ब	तु	म	आ	ऽ	क	र	मि	लो	गे	ऽ	स	ज	ना	ऽ
o				3				x				o			

अंतरा

मं	ग	मं	ध	नि	नि	सां	सां	ध	नि	सां	रें	गं	रें	सां	सां
लो	ऽ	क	ला	ऽ	ज	त	ज	के	ऽ	ऽ	ऽ	सा	ऽ	री	ऽ
o				3				x				o			
रें	गं	रें	सां	नि	ध	प	प	मं	ध	नि	ध	मं	ग	रे	सा
ढूं	ऽ	ढ	त	ऽ	फि़	रु	ऽ	ब	न	ब	न	में	ऽ	ऽ	ऽ
o				3				x				o			

राग तोड़ी मध्यलय तानें

स्थायी

1. सारे गमं धनि सांनि। धप मंग रेग रेसा
2. धनि सारें सांनि धप। गमं धप मंग रेसा।
3. सारे गमं धध गमं। धनि सांसां गंगं रेंसां। निध पप मंग रेसा।
4. सारें गंगं रेंगं रेंसां। निसां धध मंध निनि। धप मंध निसां गंगं।
   रेंसां निध पप मंध। पमं गरे गरे सासा।
5. मधं निध मंध निसां। निध मंध निसां रेंरें।सांनि धप मंध निसां।
   गंगं रेंसां निध पप। मंप धप मंग रेसा।

अंतरा

1. सांनि धप मंग रेग। रेसा गमं धनि सांसां।
2. गंगं रेंसां निध पप। मंध निसां रेंसां निसां।
3. मंगं मंगं रेंसां निध। पप मंध निसां धनि। सांसां
4. सांरें गरें सारें गरें। धप मंध निसां निनि। धप मंध पप मंग।
   मंग रेसा गमं धनि। सांसां
5. सारे गमं रेग मंध। गमं धनि मंध निसां। रेंगं रेंसां निनि धप।
   मंध निसां धनि सांसां। पनि सांगं रेंसां निध। पमं गमं गरे सासा।

11

राग भूपाली–राग परिचय

राग भूपाली की उत्पत्ति थाट कल्याण से मानी गई है। इस राग में आरोह–अवरोह में म,नि स्वर वर्जित होने के कारण इसकी जाति औडव–औडव है। वादी स्वर गंधार तथा संवादी स्वर धैवत है। इसका गायन समय रात्रि का प्रथम प्रहर है। इसका समप्रकृति राग देशकार है राग देशकार में वादी– ग, संवादी– म,राग भूपाली में गंधार, संवादी– ध, राग देशकार का थाट बिलावल, राग भूपाली का थाट कल्याण, देशकार का गायन समय रात्रि का दूसरा, भूपाली का गायन समय रात्रि का प्रथम प्रहर उपरोक्त कारणों से दोनों एक दूसरे से भिन्न है। राग भूपाली पूर्वांग वादी होने के कारण राग का चलन मंद्र और मध्य सप्तकों में अधिक होता है। देशकार का चलन मध्य और तार सप्तक में होता है। राग भूपाली का न्यास स्वर सा, रे ग,प है। राग भूपाली–सारेग पग रेगरेसा। राग देशकार– गपध, पधसांपध, प, गप, गरेसा।

आरोह–सा, रेगप, ध, सां।
अवरोह–सां, धप, ग, रेसा।
पकड़–गरे, साध., सारेग, पग, धपग, रे, सा।

राग भूपाली स्वर विस्तार/अलाप

स्थायी

1. गरेसा, ध़ध़सारेग, रेग ,सारेध़सा।
2. सारेगप, धप, गरेगप, धप,गरे,गरे, सा।
3. गप, धधप, धधसां, रेंसांधप, गरे, गपगरे, गरेसा।
4. सारेरेग, रेगरे, सा, गपधप, गरेगरेसा।
5. धधप, गरेगप, धप, धसां, सां(सां), धप, गरेगरेसा।

अंतरा

1. धसां, पधप, गरेगप, धधसां, रेंसां।
2. पधसां, रेंसां, गरेंसां, धप, गरेगरे, सा।
3. रेंरेंसां, गरेंगरेंसां, धप, गरेगप, रेगरेसा, गपधधसां।
4. सांरेंसां, सां(सां) धप, गपधसां, धप, गरेगरे, सा।
5. गपधसां, रेंसां, गरेंसां, गंपं, गरेंसां, धप, गपधध, सां।

राग भूपाली सरगम (त्रिताल)

स्थायी

ग	रे	ग	प	रे	रे	सा	–	ध़	ध़	सा	रे	ग	–	ग	–
o				3				x				2			
ग	प	ध	सां	रें	रें	सां	सां	ग	प	ध	प	ग	रे	सा	सा
o				3				x				2			
ध	ध	सां	–	रें	रें	सां	–	ग	रे	ग	प	रे	रे	सा	सा
o				3				x				2			

अंतरा

प	प	ग	ग	प	प	सां	ध	सां	–	सां	सां	सां	रें	सां	सां
o				3				x				2			
सां	रें	गं	पं	गं	रें	सां	रें	सां	सां	ध	प	ग	प	ध	ध
o				3				x				2			
गं	गं	सां	रे	सां	सां	ध	प	ग	प	ध	प	ग	रे	सा	सा
o				3				x				2			

राग भूपाली लक्षण गीत तीनताल

स्थायी–उपजत राग थाट कल्याण से, त्याग करत स्वर मनि राग में।

अंतरा–धग वादी अरु संवादी ते, गावत राग को रात प्रथम प्रहर में।

स्थायी

सां	सां	ध	प	ग	रे	सा	रे	ग	रे	ग	प	ध	ध	सां	सां
उ	प	ज	त	रा	ऽ	ग	था	ऽ	ट	क	ऽ	ल्या	ण	से	ऽ
o				3				x				2			
सां	रें	गं	रें	सां	सां	ध	प	ध	सां	ध	प	ग	रे	सा	सा
त्या	ऽ	ग	क	र	त	स्व	र	म	नि	ऽ	रा	ऽ	ग	में	ऽ
o				3				x				2			

अंतरा

ग	रे	ग	प	ध	ध	सां	सां	सां	रें	गं	रे	सां	सां	ध	प
ध	ग	वा	ऽ	दी	ऽ	अ	रु	सं	ऽ	वा	ऽ	दी	ऽ	ते	ऽ
o				3				x				2			
गं	रें	सां	रे	सां	सां	ध	प	ग	रे	ग	रे	सासा	रे	सारे	सा
गा	ऽ	व	त	रा	ऽ	ग	को	रा	ऽ	त	प्र	थम	प्र	हर	में
o				3				x				2			

राग भूपाली विलंबित ख्याल एकताल

स्थायी–साथ मिलकर प्रेम से हरि नाम करते गान जो।

अंतरा–मुक्त होते मोह से कर प्रेम–अमृत–पान सो।

स्थायी

गरेसारेग	रेसा	ध़ध़	सारे	ग	ग	रे	ग	रे	–	सासा	सा
साऽऽऽ	ऽऽ	थ	ऽऽ	मि	ल	क	र	प्रे	ऽ	मऽ	से
3		4		x		o		2		o	
ग	प	ध	सांसां	रें	सां	ध	प	गरे	गप	रेग	रेसा
ह	रि	ना	मऽ	क	र	ते	ऽ	गाऽ	नऽ	जोऽ	ऽऽ
3		4		x		o		2		o	

अंतरा

ग	प	–प	सांध	सां	–	सां	सां	ध सांरेंगं		रें	सां
मु	ऽ	ऽक्त	ऽऽ	हो	ऽ	ते	ऽ	मो हऽऽ		से	–
3		4		x		०		2		०	
पध	सांरेंगं	रे	सां	ध	ध	प	प	गरे	गप	रे	सा
कऽ	रऽऽ	प्रे	म	अ	ऽ	मृ	त	पाऽ	नऽ	सो	ऽ
3		4		x		०		2		०	

राग भूपाली विलम्बित ख्याल तानें

1. सारेगरेसासाध़ध़ सारेगपगरेसासा सारेगपधपगरे सारेगपधसांरेंसां धपगरेसासा,सारे गपधसांरेंगरेंसां धपगरेसासासाध़ ध़सारेगपगरेसा।
2. गरेसापपगरे सांसांधपरेंरेंसांसां गंगंरेंसांपंपंगंरें सांसांधगरेसासा सारेगपधसांरेंगं पंपंगंरेंसांसांधप गरेगरेसासागग रेपपगधधपप।
3. गगरेगगरेसासा पपगपपगरेसा धधपधधपगरे सांसांधसांसांधसांसां धपगरेगंगंरेंगं गंरेंसांसांपंपंगंपं पंगंरेंसांधपधसां धपगरेगरेसासा।
4. सांरेंगंरेंसांसां,सांरें गंपंगंरेंसांसांधप गंरेंसांसांधपगप धसांरेंरेंसांसांधप गपधसांधपगप धपगरेसासा,सारे गरेगरेगपधग पधपधपगपध।
5. सांरेंगंरेंसांसांगंरें सांसांधपगंरेंगंरें सांरेंगंरेंसांसांधप गंपंगंपंगंरेंसांरें गंरेंसांसांधपधसां रेंगंपंपंगंरेंपध सांरेंगंगंरेंसांगप धसांरेंरेंसांसांधप।

राग भूपाली मध्यलय (त्रिताल)

स्थायी–सारे विश्व में तेरे दुहाई, सुनकर मैंने भी आस लगाई।

अंतरा–लगन मन में लगी मन में ज्योति जगी मुरलीवाला।

स्थायी

सांसां	धसां	रेंसां	धप	ग	ग	ग	–	ग	प	ध	प	ग	रे	सा	सा
साऽ	ऽऽ	रेऽ	विऽ	ऽ	श्व	में	ऽ	ते	ऽ	रे	दु	हा	ऽ	ई	ऽ
०				3				x				2			

सा	रे	ग	प	ध	—	ध	ध	पध	सांसां	धप	गरे	ग	रे	सा	सा
सु	न	क	र	मैं	ऽ	ने	भी	आऽ	ऽऽ	सऽ	लऽ	गा	ऽ	ई	ऽ
०				3				x				2			

अंतरा

प	प	ग	ग	प	प	सां	ध	सां	सां	सां	सां	सां	रें	सां	सां
ल	ग	न	ऽ	म	न	में	ऽ	ल	गी	ऽ	म	ऽ	न	में	ऽ
०				3				x				2			
सां	सां	गं	रें	सां	रें	सां	सां	पध	सांसां	धप	गरे	सा	रे	सा	सा
ज्यो	ऽ	ति	ज	गी	ऽ	मु	र	लीऽ	ऽऽ	ऽऽ	ऽ	वा	ऽ	ला	ऽ
०				x				x				2			

राग भूपाली तानें (मध्यलय)

स्थायी

1. सारे गप धसां रेंरें। सांसां धप गरे सासा।
2. गप धसां रेंगं रेंसां। धप गरे गप गरे। सासा
3. सारे गप गरे गप। धप गरे पध सांसां। धप गरे गरे सासा।
4. गग रेग गरे सासा। धध पध धप गरे। सांसां धसां सांध पप।।
   गरें सांसां धप गरे। सासा
5. सारे गप गरे गप।। धप गरे गप धसां।। धप गरे गप धसां।।
   रेंगं रेंसां धप गरे।। सासा

अंतरा

1. सांसां धप गरे सासा।। सारे गप धध सांसां
2. पध सारें गरें सासां।। धप गप धसां रेंरें।। सांसां
3. सारे गप धप गरे।। धसां रेंसां धप गरे।। धसां रेंगं रेंसां धप।।
   गरे गप गरे सासा।।

4. सारे गप गरे गप।। धसां धप धसां रेंगं।। रेंसां गरें सांसां धप।।
   धरें सांसां धप गरे।। सासा
5. सारें गंपं गरें धसां।। रेंगं रेंसां पध सारें।। सांध पध सांसां धप।।
   गप धसां रेंसां धप।।

राग भूपाली तराना तीनताल

स्थायी

ग	रे	ग	रे	ध़	ध़	सा	रे	ग	—	—	प	रे	रे	सा	सा
त	न	न	त	न	न	दे	रे	ना	ऽ	ऽ	त	दे	रे	ना	ऽ
०				3				x				2			
ध	—	—	ध	—	सां	सां	सां	सां	—	रें	गं	रें	गं	रें	सां
दीं	ऽ	ऽ	दीं	ऽ	म्त	न	न	तों	ऽ	म्त	न	दे	रे	ना	ऽ
०				3				x				2			
ध	सां	ध	प	ग	प	ध	प	ग	रे	ग	प	रे	रे	सा	सा
त	न	न	त	न	न	दे	रे	ना	ऽ	ऽ	त	दे	रे	ना	ऽ
०				3				x				2			

अंतरा

प	प	ग	ग	प	प	ध	ध	सां	सां	सां	सां	सारें	गरें	सां	सां
दिर	दिर	त	न	त	न	दे	रे	दीं	म	दीं	म	तन	देरे	ना	ऽ
०				3				x				2			
सां	रें	गं	रे	सां	सां	ध	प	ध	सां	ध	प	ग	रे	सा	सा
तुं	द्रे	दा	नी	ता	रा	नी	त	दा	नी	तों	ऽ	म	दे	रे	ना
०				3				x				2			
ध़	ध़	सासा	रेरे	ग	ग	पप	पग	ध	ध	पप	गग	रे	रे	सा	सा
धाधा	किड़	नग	तक	तिर	किट	तक	तक	धी	त्ता	गदि	गन	धा	—	धी	त्ता
०				3				x				2			

12

राग हमीर–राग परिचय

राग हमीर थाट कल्याण से उत्पन्न होता है। राग में दोनों मध्यम स्वरों का उपयोग करते है। इस राग में कोई भी स्वर वर्जित न होने के कारण इसकी जाति सम्पूर्ण–सम्पूर्ण है। राग का वादी स्वर धैवत तथा संवादी स्वर गंधार है। गायन समय रात्रि का प्रथम प्रहर है। इस राग में शुद्ध मध्यम का अधिक प्रयोग होता है, तीव्र मध्यम का आरोह में पंचम स्वर के साथ गाते है। आरोह में गंधार तथा निषाद स्वर वक्र के रुप में प्रयोग करते है जैसेः–(1) गमरेसा 2. निधसां। राग में सुन्दरता बढ़ाने के लिये कभी–कभी कोमल निषाद का प्रयोग होता है। अंतरे का उठान प्रायः मपध मंपसां धमंप, सां अथवा गमध–निधसां इस तरह होता है। न्यास के स्वर सा, प और ध है। विशेष स्वर–1– सारेसा, गमंध 2–गमरे, गमंधमंप 3 –गमप गमरेसा 4–पपसां, रेंसांधप।

आरोह–सा, गमध, निध, सां।
अवरोह–सांनिधप, मंपधप, गमरेसा।
पकड़–सा,रेसा, गमध।

राग हमीर स्वर विस्तार

स्थायी

1. सारेसा, गमध, धधप, मंपधमंप, गमरेसा।
2. सा(सा)निधनिधप, मंपसा, रेरेसा।
3. धमंप, ग, मरे, सारेसा, गमध, प।
4. मंपधनिसां, रेंसां, धनिसारें, सांनिधप, मंप, गमधप, गमरेसा।
5. गमध, धनिध, मंपधनिसां, प(प)ग, मरे, सा।

अंतरा

1. मंपधमंप, सां, सां(सां) धनिसां, धप, धधसां।
2. धनिसारेंसां, रेंरेंसां, धप, मंपधनिसां।
3. सारेंसां, धनिसांनिधप, मंप गमध, प, सां, रेंसां।
4. मंपसां, सारेंसां, गंम्रंरेंसां, मंपधमंप, सां।
5. धनिधप, मंपधमंप, सां, गंमंरेंसां, पंगंमंरेंसां, निधप, मंपधनि, सां।

राग हमीर सरगम (तीव्रा)

स्थायी

मं	प	ध	मं	प	ग	म	ध	–	ध	सां	नि	ध	प
x			2		3		x			2		3	
ध	ध	प	मं	प	ग	म	रे	–	रे	सा	रे	सा	सा
x			2		3		x			2		3	
प	–	प	ध	ध	प	प	ग	म	रे	सा	रे	सा	सा
x			2		3		x			2		3	

अंतरा

प	–	प	सां	–	सां	सा	सां	सां	सां	सां	रे	सां	सां
x			2		3		x			2		3	
सां	सां	गं	मं	रें	सां	रे	सां	नि	ध	प	प	मं	प
x			2		3		x			2		3	
सां	रें	सां	ध	नि	प	प	म	म	रे	सा	रे	सा	सा
x			2		3		x			2		3	

राग हमीर विलम्बित ख्याल तिलवाड़ा

स्थायी–बात सुनों मोरी गिरधर, दरसन को अखियां प्यासी।

अंतरा–एक न माने मोरी बातें, बिनति सुनों मोरी कृष्ण मुरारी।

स्थायी

प (प) ग –म	ध – नि नि	सां नि ध प	ग म रे सा
बा ऽ त ऽसु	नो ऽ मो री	गि र धा ऽ	री ऽ ऽ ऽ
3	x	2	o
सा सा म ग	प – मं प	ध नि सां रे	सां नि ध प
द र स न	को ऽ अ खि	यां ऽ ऽ ऽ	प्या ऽ सी ऽ
3	x	2	o

अंतरा

प प सां सां	सां रें सां सां	गं मं रें सां	ध नि सां रे
ए ऽ क न	मा ऽ ने ऽ	मो ऽ री ऽ	बा ऽ तें ऽ
3	x	2	o
सां नि ध प	मं प ग म	ध प ग म	रे रे सा सा
बि न ती सु	नो ऽ मो री	कृ ऽ ष्ण मु	रा ऽ री ऽ
3	x	2	o

राग हमीर विलम्बित ख्याल तानें

स्थायी

1. सारेसासा,गमधप मंपगमरेसा,गम धपधनिसांनिधप मंपगमरेसाग मधपधनिसांनिसारें सांनिधपमंपगम धपगमरेसा,गमध पधनिसारेंगरेंसां निधप,मंपधनिसां गंमंपंगंमंरेंसांनि धपपगमधपपमं पगमरेसा,गमध।

2. धनिधपमंपगम ध,धनिसांनिधपध निधपमंपगमध, धनिसारेंगरेंसांनि धपमंपगमधगं मंपंगंमंरेंसांनिध पमंपगमधधप पगमरेसासासाम गपमंधपनिधसां निरेंसांगरेंसांनिध पमंपगमरेसासा।

3. गमधधप,धनिसां निधपमंपगमध धप,रेंरेंसांनिधप मंपगमधधपप, गंमंरेंसारेंरेंसांनि धपगंमंपंगंमंरें सांनिधपगमधध पपगमरेसामंप धनिसांधनिसारेंसां निधप,मंपधनिसां निधपमंपधपग मरेसानि़साध़.निरे।

4. धनिसांधनिसांधनि सांनिधपमंपगमध, रेंरेंसारेंरेंसारेंरें सांनिधपमंपगमध, गंमंपंगंमंपंगं मरेंसांनिधपपमं पगमधधपगम पपगमरेसा,गम धप,धनिसांनि,धनि रेंसां,गंमंरेंसां,निध पपगमधपगम ।रेसा

5. धनिसांनिधपमंपग मधपधनिसांसां,गं मंपंगंमंरेंसांधनि सारेंसांनिधपमंप गमधपधनिसांसां, सासामगपमंधप धनिसांनिधपमंप मंरेंसांसारेंसांनिध पमंपगमधनिसां सांगंमंपंगंमंमंरें सांसांनिधपपमंप गमरेसागमधप।

राग हमीर मध्यलय तीनताल

स्थायी—जिया नहीं लागत उनके बिना, हर पल जागत है रैन में।

अंतरा—नैना मोरी तरसत है, कब आवेंगे मोरे सजना।

स्थायी

धनि	सांनि	ध	प	मं	प	ग	म	ध	ध	ध	नि	धनि	सांनि	धप	मंप
जिऽ	याऽ	न	ही	ला	ऽ	ग	त	उ	न	के	बि	नाऽ	ऽऽ	ऽऽ	ऽऽ
o				3				x				2			
ग	म	ध	ध	प	—	प	प	ग	म	प	ग	म	रे	सा	सा
ह	र	प	ल	जा	ऽ	ग	त	है	ऽ	ऽ	रै	ऽ	न	में	ऽ
o				3				x				2			

अंतरा

प	—	प	प	सां	सां	सां	सां	सां	सां	सां	सां	सां	रें	सां	सां
नै	ऽ	ना	ऽ	मो	ऽ	री	ऽ	त	र	स	त	ऽ	ऽ	ऽ	ऽ
o				3				x				2			
गं	गं	मं	रे	सां	रे	सां	सां	धनि	सारें	सांनि	धप	ग	म	रे	सा
क	ब	आ	ऽ	वें	ऽ	गे	ऽ	मोऽ	ऽऽ	रेऽ	ऽऽ	स	ज	ना	ऽ
o				3				x				2			

राग हमीर मध्यलय तानें

स्थायी

1. मंप धनि सांनि धप।। गम धप गम रेसा।
2. मंप धनि सांगं मंरे।।। सांनि धप गम रेसा।
3. मंप धनि धप मंप।।। धनि सांनि सांगं मंरें।। सांनि धप गम रेसा।

4. गम धध मंप सांनि।। धप मंप सारें सांनि।। धप मंप धनि धप।।
गम धप गम रेसा।

5. सांनि धप मंप गम ध–।। सांगं मरें सांनि धप।। मंप गम ध– गमं।।
रेंसां सारें सांनि धप।।

अंतरा

1. मंप धनि सांनि धप।। मंप धनि सारें निसां।
2. सांगं मरें सांनि धप।। मंप गम धनि सांसां।
3. सांगं मंपं गंमं रेंसां।। निध मंप गम रेसा।। धनि सारें सांनि सांसां।
4. धनि सांनि धप सारें।। सांनि धप गंमं रेंसां।। सारें सांनि धप मंप।।
धनि सांगं मरें सांनि।। धप धनि सारें निसां।
5. गम धप धनि सांनि।। धनि रेंसां सांगं मरें।। सांनि धप गम रेसा ।।
सासा मग पमं धप।।सां

राग हमीर तराना तीनताल

स्थायी

सां	–	–	सां	सां	नि	ध	प	मं	प	ग	म	ध	नि	सां	सां
दीं	ऽ	ऽ	म्त	न	न	दे	रे	उ	द	त	न	त	न	दे	रे
o				3				x				o			
गं	–	–	गं	मं	रे	सां	सां	सां	नि	ध	प	मं	प	ग	म
ना	ऽ	ऽ	त	दा	रे	दा	नी	दीं	ऽ	म्त	न	दे	रे	ना	ऽ
o				3				x				o			
सा	सा	म	ग	प	प	मं	प	ध	नि	सां	नि	ध	प	मं	प
ना	दिर	दिर	दिर	तुम	दिर	दिर	दिर	त	न	न	त	न	न	दे	रे
o				3				x				o			

अंतरा

प	प	प	प	सां	सां	सां	सां	सा	–	सां	सां	सां	रें	सां	सां
दिं	ऽ	म्त	न	न	न	दे	रे	ना	ऽ	त	न	दे	रे	ना	ऽ
o				3				x				o			

ध ध ध ध	सां सां सां सां	सां रे सां नि	ध ध प प
दी तों म त	न न न न	त ना दे रे	दे रे ना ऽ
o	3	x	o
सां सां गं मं	रे रे सां सां	ध नि सां रें	सां नि ध प
दा नी ऽ त	दा रे दा नी	दिं ऽ म्त दीं	ऽ म्त न न
o	3	x	o
सा सा म ग	प मं ध प	नि ध सां रे	सां नि ध प
धा किट तक धुम	किट्तकधीत्तागदि	गनधा–किटतक	धित्तागदिगनधा
o	3	x	o

13

राग केदार–राग परिचय

राग केदार की उत्पत्ति थाट कल्याण से होती है। इस राग के आरोह में रे ग और अवरोह में ग वर्ज्य होने के कारण इसकी जाति औडव–षाडव है। राग में दोनों मध्यमों का प्रयोग करते है। राग का वादी स्वर मध्यम, संवादी स्वर षडज है। गायन समय रात्रि का प्रथम प्रहर है। आरोह में तीव्र मध्यम पंचम के साथ और शुद्ध मध्यम आरोह, अवरोह दोनों में ही प्रयोग किया जाता है। राग कि सुन्दरता बढ़ाने के लिये कभी–कभी कोमल निषाद का प्रयोग किया जाता है। राग हमीर में कोमल निषाद का प्रयोग सांधनि͟प,मं'प गमध, परन्तु राग केदार में कोमल निषाद धनि͟धपमंपधप,म इस प्रकार लिया जाता है।

आरोह–साम, मप, धप, निध, सां।

अवरोह–सां, निध, प, मंपधप, म, गमरेसा।

पकड़–सा, म, मप, धपम, पम, रेसा।

राग केदार स्वर विस्तार/अलाप

स्थायी

1. सा, रेसा, म, मगप, मंपधप, पमरेसा।
2. सा(सा)नि़ध़नि͟ध़प़, म़ंप़ध़नि़सा, रेसा।
3. मगप, मंपधधप, मंपधप, म, पमरेसा।
4. मंप, धनि͟धप, सांनिधप, धमंप, मरेसा।
5. पसां, धनिसांरें, सां, सां(सां) निधप, मगप, मरेसा।

अंतरा

1. मंपधप, सां, रेंसां, निधनिधप, सां।
2. धनि॒धप, मंपधम, रेसा, साम, मप, धप, सां।
3. मंपसां, रेंसां, निधप, मंपधमंप, सां, रें सां।
4. सांरेंसां, मंरेंसां, धप, मंपधसां, रेंसां।
5. मंरेंसां, मंपं, मंरेंसां, निधप, मंपसां।

राग केदार सरगम (एकताल)

स्थायी

मं	प	ध	ध	प	प	म	—	म	प	—	प
x		०		2		०		3		4	
मं	प	ध	नि	सां	ध	प	मं	प	म	—	म
x		०		2		०		3		4	
म	म	प	प	प	—	सां	नि	ध	ध	प	प
x		०		2		०		3		4	
मं	प	ध	ध	प	प	मं	प	म	म	रे	सा
x		०		2		०		3		4	

अंतरा

प	प	प	प	सां	—	सां	रें	सां	सां	नि	सां
x		०		2		०		3		4	
ध	—	सां	सां	सां	रें	सां	नि	ध	प	म	म
x		०		2		०		3		4	
मं	मं	रें	सां	सां	रें	सां	नि	ध	प	मं	प
x		०		2		०		3		4	
सां	नि	ध	प	मं	प	ध	प	म	म	रे	सा
x		०		अ		०		3		4	

राग केदार लक्षण गीत तीनताल

स्थायी—त्यागत रिषभ गंधार आरोह में लागत दोनों मध्यम सुर।

अंतरा—म स वादी अरु संवादी ते, गावत प्रथम प्रहर के रात में।

स्थायी

सा	रे	सा	प	प	प	म॑	प	धनि	सां	ध	प	म॑	प	म	म
त्या	ऽ	ग	त	रि	ष	भ	गं	धाऽ	ऽ	र	आ	रो	ह	में	ऽ
०				3				x				2			
सां	रें	सां	नि	ध	प	म॑	प	म	–	ध	म	रे	रे	सा	सा
ला	ऽ	ग	त	दो	–	नों	ऽ	म	ऽ	ध्य	म	ऽ	सु	र	ऽ
०				3				x				2			

अंतरा

म॑	प	ध	प	सां	–	सां	सां	ध	नि	सां	रें	सां	नि	ध	प
म	स	वा	ऽ	दी	ऽ	अ	रु	सं	ऽ	वा	ऽ	दी	ऽ	ते	ऽ
०				3				x				2			
गं	मं	रें	सां	ध	नि॒	ध	प	म॑	प	ध	प	म	म	रे	सा
गा	ऽ	व	त	प्र	थ	म	प्र	ह	र	के	रा	ऽ	त	में	ऽ
०				3				x				2			

राग केदार विलम्बित ख्याल (एकताल)

स्थायी—भक्ति के भाव जगाने से, पूजा के भाव उभर जाते।

अंतरा—पूजा मन में आ जाने से, भगवान स्वयं हर्षा जाते।

स्थायी

धनिसां	धप	म	मग	प	प	म	मम	ग	म	रे	सा
भऽऽ	ऽक्ति	के	ऽऽ	भा	ऽ	व	ऽज	गा	ऽ	ने	से
4		x		०		2		०		3	

सासा	मग	प	—	मं	प	ध	प	मम	रेसा	रे	सा
पू ऽ	जा ऽ	के	ऽ	भा	ऽ	व	ऽ	भउ	भर	जा	ते
4		x		o		2		o		3	

अंतरा

पप	सांसा	सांसां	सां	रें	सां	गं	गंमं	रें	रे	सां	सां
पूऽ	जाऽ	मन	में	आ	ऽ	जा	ऽ	ने	ऽ	से	ऽ
4		x		o		2		o		3	
मंप	धनिसां	ध	ध—	पप	मंप	धप	मम	गम	रे—	सा	सा
भऽ	गऽऽ	ऽ	वाऽ	नऽ	स्वऽ	यऽ	हऽ	ऽर्षा	जाऽ	ते	ऽ
4		x		o		2		o		3	

तानें विलम्बित ख्याल

स्थायी

1. सासाममरेसा,मंप धपममरेसामंप धनिसांनिधपमंप धपममरेसामंप धनिसांरेंसांनिधप मंपधपममरेसा, मंपधनिसांमंमरें सांनिधपममरेसा।
2. मंपधपमंपसांनि धपमंपसारेंसांनि धपमंपसारेंमंमं रेंसांधपमंपधनि सांमंपंमंमरेंसांनि धपमंपधपमम रेसा,सासामगपमं धपनिधसारेंनिसां।
3. सांसांमंमरेंसां,सांसां मंमंपंपंमंमरेंसां, सारेंनिसांधनिपध मंपममरेसा,मंप धनिसांसांममरेसा मंपधनिसांसांमंमं रेंसांमंपधनिसांसांधनिधपममरेसा।
4. सासामगपमंधप निधसांनिरेंसांमंमं रेंसांपंपंमंमरेंसां निधपपमंपधनि धपमंपधपमम रेसाममरेपपम धधपनिनिधसांसां निरेंरेंसांनिधपम।
5. धनिसांधनिसांधनि सांनिधपममरेसा, रेंरेंसारेंरेंसारेंरें सांनिधपमंपधप ममरेसा,मंमंरेंमं मरेंमंमंरेंसांनिध पमंपधपममरे सा,मपधपममरे। सा

राग केदार मध्यलय (त्रिताल)

स्थायी—जो जग में रहूं तो ऐसे रहू,
जैसे जल में कमल का फूल रहे।

अंतरा—मैं सब गुण—दोष समर्पित है,
करतार तुम्हारे हाथों में है।

स्थायी

म॑	प	धनि	सांनि	ध	–	प	–	म॑	प	ध	प	म	म	म	–
जो	ऽ	जऽ	गऽ	में	ऽ	र	हू	तो	ऽ	ऐ	से	ऽ	र	हू	ऽ
०				3				x				2			
ध	नि	सां	रे	सा	नि	ध	प	म॑	प	ध	प	म	म	रे	सा
जै	ऽ	से	ऽ	ज	ल	में	क	म	ल	का	फू	ऽ	ल	र	है
०				3				x				2			

अंतरा

म॑	प	ध	नि	सां	–	सां	सां	ध	नि	सां	रे	सां	नि	ध	प
मैं	ऽ	स	ब	गु	ऽ	ण	दो	ऽ	ष	स	म	ऽ	र्पि	त	हो
०				3				x				2			
गं	ऽ	मं	रे	सां	रे	सा	सां	धनि	सारें	सांनि	धप	म॑प	धप	मम	रेसा
क	र	ता	र	ऽ	तु	म्हा	रे	हऽ	ऽ	थोऽ	ऽऽ	मेऽ	ऽऽ	ऽऽ	ऽऽ
०				3				x				2			

राग केदार मध्यलय तानें

स्थायी

1. म॑प धनि सांनि धप।। म॑प धप मम रेसा
2. सांनि धप म॑प धनि।। सांनि धप मम रेसा
3. म॑प धप मम रेसा।। सांनि धप मम रेसा
4. म॑प धप म– सांनि।। धप म॑प धप म–।। सारें सांनि धप म॑प।।
5. म॑प ध,म॑ पध,म॑प।।मम रेसा धनि सां,ध।। निसां धनि सांनि धप।।
   म॑प धप मम रेसा

अंतरा

1. म॑प धनि सांनि धप।। म॑प धनि सारें सांसां ।
2. मंमं रेंसां सारें सांनि।। धप म॑प धनि सां–।

3. म॑प धप म॑प सांनि।। धप म॑प सारें सांनि।। धप म॑प मंमं रेंसा।।
धनि सारें सांनि धप।

4. सासा मग पम॑ धप।।म॑प धप मम रेसा।। धनि सारें सांनि धप।।
म॑प धप मम रेसा।

5. पप म॑प धप म॑प।। सांनि धप म॑प सारें।।सांनि धप म॑प मंमं।।
रेंसां पंपं मंमं रेंसां।। धनि सांनि धप।। सां–

राग केदार तराना (त्रिताल)

स्थायी

म॑	प	ध	प	म	म	रे	सा	प	–	–	प	म॑	प	ध	प
त	न	न	त	न	न	दे	रे	दा	ऽ	ऽ	न्नि	त	न	दे	रे
०				3				x				2			
सां	–	ध	सां	–	रे	सां	सां	म॑	प	ध	प	म	म	रे	सा
दी	ऽ	म्त	दी	ऽ	म्त	दे	रे	त	न	न	न	दे	रे	ना	ऽ
०				3				x				2			
सा	सा	म	ग	प	म॑	ध	प	सां	नि	ध	प	म	म	रे	सा
दिर	दिर	त	न	त	न	न	न	तो	ऽ	म्त	न	दे	रे	ना	ऽ
०				3				x				2			

अंतरा

म	म	म	प	प	–	प	प	सां	सां	सां	सां	सां	रें	सां	सां
ना	द्रे	द्रे	द्रे	तुं	द्रे	द्रे	द्रे	त	न	न	त	न	न	दे	रे
०				3				x				2			
ध	–	–	सां	–	रें	सां	सां	ध	–	नि	प	प	प	म	–
दी	ऽ	ऽ	म्दीं	ऽ	म्त	न	न	ना	ऽ	ऽ	त	न	न	ना	ऽ
०				3				x				2			
सां	सां	मं	मं	रें	रें	सां	सां	म॑	प	ध	प	म	म	–रे	सा
धा	तिर	किटतक		धुमकिटतकतिट				कतगदिगनधा				क्र	धा	ऽन	धा
०				3				x				2			

राग केदार तराना एकताल

स्थायी

सा	सा	म	ग	प	प	नि	ध	प	प	म॑	प
दिर	दिर	तों	म	त	न	दे	रे	दे	रे	त	न
x		०		2		०		3		4	
सा	रें	सां	नि	ध	प	म॑	प	ध	प	म	म
तों	म	त	न	न	न	दिर	दिर	दिर	दिर	त	न
x		०		2		०		3		4	
म	रे	प	प	म॑	प	ध	प	म	म	रे	सा
दीं	म	त	न	न	न	उ	दा	नी	दा	रा	नि
x		०		2		०		3		4	

अंतरा

प	प	म॑	प	ध	ध	सां	सां	सां	रे	सां	सां
दीं	म	त	न	न	न	द्रे	द्रे	द्रे	द्रे	त	न
x		०		2		०		3		4	
मं	मं	रें	सां	ध	प	म॑	प	ध	प	सां	सां
त	दी	य	न	ता	ना	दे	रे	त	न	न	न
x		०		2		०		3		4	
सां	नि	ध	प	म॑	प	ध	प	म	म	रे	सा
दीं	म	त	दीं	ऽ	म्त	त	न	दे	रे	ना	ऽ
x		०		2		०		3		4	
सासा	मग	पम॑	धप	निध	सांसां	रेंसां	गरें	सांनि	धप	मम	रेसा
धाधा	तिर	किट्	तक	तिर	कित	गदि	गन	धा–	गदि	गन	धाऽ
x		०		2		०		3		4	

राग केदार धमार धमार

स्थायी—सखी खेलत होरी श्याम संग, उड़ावत अबीर गुलाल बार—बार।

अंतरा—मारी पिचकारी भिजत साड़ी, मुख पर लगावत गुलाल।

स्थायी

म	–	म	ग	प	प	प	ध	प	म	म	म	रे	सा
स	ऽ	खी	ऽ	खे	ल	त	हो	री	श्या	म	सं	ऽ	ग
3				x				2			o		
म	म	प	प	सां	ध	प	म॑	प	म	रे	सा	रे	सा
उ	ड़ा	व	त	अ	बी	र	गु	ला	ल	बा	र	बा	र
3				x				2			o		

अंतरा

प	प	म॑	प	सां	–	सां	सां	रें	सां	ध	ध	प	प
मा	री	पि	च	का	ऽ	री	भी	ज	त	सा	ऽ	ड़ी	ऽ
x					2		o			3			
पं	पं	मं	रें	सां	सां	रें	सां	ध	प	म	रे	सा	सा
मु	ख	ऽ	प	र	ल	गा	ऽ	व	त	गु	ला	ऽ	ल
x					2		o			3			

14

राग बिहाग–राग परिचय

राग बिहाग" की उत्पत्ति थाट बिलावल से मानी गई है। इसके आरोह में रे ध स्वर वर्ज्य तथा अवरोह में सातों स्वर लगने के कारण इसकी जाति औडव–सम्पूर्ण है। इस राग का वादी स्वर गंधार संवादी स्वर निषाद है। गायन समय रात्रि का दूसरा प्रहर है। इस राग में शुद्ध मध्यम् का प्रयोग अधिक तथा तीव्र मध्यम स्वर का प्रयोग कम होता है। तीव्र मध्यम राग बिहाग में पमंगमग इस तरह लेने से राग में जान आ जाती है। रिषभ और धैवत स्वर का प्रयोग अल्प करना चाहिये, जिससे राग का सौंदर्य बहुत बढ़ जाता है। यह एक गंभीर प्रकृति का राग है। इस राग में अलाप की अधिकतर शुरूआत मंद्र निषाद से करते है। न्यास के स्वर सा, ग, प, और नि है।

आरोह–सा ग, म प, नि सां।
अवरोह–सां, नि ध प, म ग, रे सा।
पकड़–नि. सा, ग म प, ग म, ग रे सा।

राग बिहाग स्वर विस्तार/अलाप

स्थायी

1. सा, ऩिसा, प़ऩिसा,गसा।
2. ऩिसाग, गमग, प, मंप, गमग, रेसा।
3. गमपनि, सां(सां) निप, गमपनि, प, मंप,गमग, रेसा।
4. पमंगमपनि, निनिधप, मंप गमग, रेसा।
5. निनिसां, पनिसां, गमपनिसां, ऩिसागमपगमपनिसां, निधप, मंप गमग रेसा।

अंतरा

1. गमपनि, सां रेंसा,निधप, मंप गमपनिसा।
2. सांरेंसां, गंरेंसां, निधनिधप, पनिसां, रेंसां।
3. पनिसां, गंसां, निप, गमप, गमग, रेसा।
4. निसां, पनिसां, गंमंगंसां, निप़, गमपनि, सां।
5. पमं,गमग, पनिनिसां, गंमंपंगमंगंसां, निप, सां।

राग बिहाग सरगम (त्रिताल)

स्थायी

नि़	सा	ग	म	प	प	नि	नि	सां	–	सां	सां	नि	नि	प	प
o				3				x				2			
प	सां	नि	ध	प	प	ग	म	प	–	ग	म	ग	रे	सा	सा
o				3				x				2			
नि़	सा	ग	म	प	नि	सां	गं	रें	सां	नि	ध	प	म	ग	म
o				3				x				2			

अंतरा

प	–	प	प	नि	नि	नि	नि	सां	–	सां	सां	सां	रें	सां	सां
o				3				x				2			
गं	मं	पं	गं	मं	गं	रें	सां	प	नि	सां	रे	सां	नि	ध	प
o				3				x				2			
सां	नि	ध	प	मं	प	ग	म	प	मं	ग	म	ग	रे	सा	सा
o				3				x				2			

राग बिहाग लक्षण गीत तीनताल

स्थायी–चढ़त रिध को त्याग करत है, वादी गंधार निषाद संवादी।

अंतरा–गावत राग को दूसरे प्रहर में, जागत राग बिहाग को।

स्थायी

ग	म	प	नि	सां	नि	ध	प	ग	म	प	म	ग	रे	सा	सा
च	ढ़	त	रि	ऽ	ध	को	ऽ	त्या	ऽ	ग	क	र	त	है	ऽ
o				3				x				2			
ऩि	सा	ग	म	प	नि	सां	रें	सां	नि	ध	प	म	ग	रे	सा
वा	ऽ	दी	गं	धा	ऽ	र	नि	षा	ऽ	द	स	म्वा	ऽ	दी	ऽ
o				3				x				2			

अंतरा

म	म	ग	म	प	नि	सां	सां	गं	मं	पं	मं	गं	रें	सां	सां
गा	व	त	रा	ऽ	ग	को	ऽ	दू	स	रे	प्र	ह	र	में	ऽ
o				3				x				2			
गं	रें	सां	नि	ध	प	ग	म	प	म	ग	म	ग	रे	सा	सा
जा	ऽ	न	त	रा	ऽ	ग	बि	हा	ऽ	ऽ	ग	को	ऽ	ऽ	ऽ
o				3				x				2			

राग बिहाग विलंबित ख्याल एकताल

स्थायी–प्रभु की लगन में, मगन मन होगा।

अंतरा–नैनों में भगवन तेरा दर्शन होगा।

स्थायी

ग	म	पनिसां	निनि	(प)	–	ग	म	पप	गम	गरे	सा
प्र	ऽ	भुऽऽ	ऽऽ	की	ऽ	ल	ग	नऽ	ऽऽ	मेंऽ	ऽ
3		4		x		o		2		o	
ऩि	ऩि	सा	सा	गम	प	मं	प	गम	ग	रे	सा
म	ऽ	ग	न	मऽ	ऽ	ऽ	न	होऽ	ऽ	गा	ऽ
3		4		x		o		2		o	

अंतरा

ग	म	प	नि	सां	सां	सां	सां	गं	मं	गरें	सां
नै	ऽ	नों	ऽ	में	ऽ	ऽ	ऽ	भ	ग	वऽ	न
3		4		x		०		2		०	
नि	सां–	नि	प	प	प	मं	प	गम	ग	रे	सा
ते	ऽऽ	रा	ऽ	द	र	श	न	होऽ	ऽ	गा	ऽ
3		4		x		०		2		०	

राग बिहाग विलम्बित ख्याल तानें

1. ऩिसागगरेसाऩिसा गमपपगमगरे साऩिसागमपनिसां निधपमंपगमग रेसाऩिसागमपनि सांगंगंरेंसांनिधप मंपगमगरेसासा पपमंपगमगग।
2. ऩिसागमपगमप गमगरेसागमप निसांपनिसांपनिसां निधमगरेसानिसां गंमंपंगंमंपंगंमं पंमंगंरेंसांनिधप मंपगमपनिसांनि धपमंपगमगरे ।सा
3. ऩिसागमंपपगम पनिसांपनिसांगंमं पंमंगंरेंसांनिधप मंपगमपनिसांनि धपमंपगमपनि धमंपगमपमग रेसासाऩिसागगसा गममगमपपम पनिनिपनिसांसांनि धपमगरेसासा–।
4. निसांगंगंरेंसांनिसां गंमंपंपंमंगंरेंसां निसांगंरेंगंरेंसांनि धपमंपगमपम गरेसासागगरेम मगपपमनिनिध सांसांनिरेंरेंसांगंगं रेंसांनिधपमगरे ।सा
5. गमपनिसांगंरेंसांनि धपमंपगगम गगमपनिसांगंमं पंगंमंगंरेंसांनिध पमंपगमगगम पनिरांनिधपमंप गमगगगंरेंसांनि धपमंपगमगग।

राग बिहाग मध्यलय तीनताल

स्थायी–बंशी बजावत श्याम मधुर धुन, मगन होत है गोकुल वासी।

अंतरा–कछु नहीं सुझत कछु नहीं बूझत, सुध बुध बिसराई तनमन की।

स्थायी

म	पनि	सां	नि	प	प	प	ग	म	प	म	ग	रे	सा	सा	नि.
बं	ऽऽ	शी	ब	जा	ऽ	व	त	श्या	ऽ	म	म	धु	र	धु	न
०				3				x				2			

सा	ग	म	म	प	प	प	प	पनि	सारें	सांनि	धप	गम	पम	गरे	ग
म	ग	न	हो	ऽ	त	है	ऽ	गोऽ	ऽऽ	कुऽ	लऽ	वाऽ	ऽऽ	सीऽ	ऽ
o				3				x				2			

अंतरा

प	प	नि	नि	सां	–	सां	सां	सां	गं	रें	मं	गं	रे	सां	सां
क	छु	न	हीं	सु	ऽ	झ	त	क	छु	न	हीं	बू	ऽ	झ	त
o				3				x				2			
गं	रें	सां	नि	ध	प	ग	मम	प	मं	ग	म	ग	रे	सा	ग
सु	ध	बु	ध	बि	स	र	गई	त	न	म	न	को	ऽ	ऽ	ऽ
o				3				x				2			

राग बिहाग मध्यलय तानें

स्थायी

1. ऩिसा गम पनि धप।। गम पम गरे सासा।
2. गम पनि सांगं रेंसां।। निध पम गरे सासा।
3. निसां गंगं रेंसां निध।। पप गम पम गरे।। सासा।
4. निसां गंगं रेंसां गंमं।। पंमं गंरें सांसां निध।। पप गम पनि सांनि।।
   धप गम गरे सासा ।
5. पप मंप गम ग–।। सांनि धप मंप गम।। ग– गंरें सांनि धप।।
   मंप गम ग– रेसा।

अंतरा

1. गम पनि सांगं रेंसां।। निध पमं गम पनि।। सांसां
2. पनि सांनि धप मंप।। गम पनि पनि सांसां।
3. गम प,ग मप, गम।।पम गरे सासा पनि।।सांप निसां, पनिसांनि।।
   धप गम पनि सांसां।
4. पमं गम प– पनि।। सांनि धप मंप गम।। प– पनि सांगं रेंसां।।
   निध पमं गम पनि सां–

5. निसां गंगं रेंसां गंमं।। पंमं गरें सांसां निसां।। गंगं रेंसां निध पप।। गम पनि सांगं रेंसां।

राग बिहाग तराना तीनताल

स्थायी

प प मं प	ग म प नि	सां – नि प	ग म ग ग
दिर दिर त न	ना ऽ त न	ना ऽ ऽ त	न न दे रे
3	X	०	2
ग म प ग	म ग रे सा	गं रे सां नि	धप ध गम ग
न ऽ ऽ त	त न दे रे	दीं ऽ म्त न	नऽ न नाऽ ऽ
3	X	०	2
ऩि सा ग म	प नि सां गं	मं गं सां नि	(प) ग म ग
दिर त न न	न न त न	तों ऽ म्त न	(दे) रे ना ऽ
3	X	०	2

अंतरा

प प ग म	प नि सां सां	प नि सां गं	रें सां नि सां
ना दिर दिर त	न न दिरदिर	तों ऽ म्त न	त न दे रे
3	X	2	०
नि सां गं रें	सां नि ध प	ग म प म	ग रे सा सा
दे रे न्न त	दे रे ना ऽ	दीं ऽ म्त न	दे रे ना 0
3	X	2	०
ऩिसाऩिसागमपप	गमपनिसांसांनिसां	पनिसांगंरेंसांनिसां	गमपमगरेसासा
घिटघिटकिट्तक	तकधुम किट्तक	तकधुमकिटतक	क्डा– ––न– धा–
3	X	2	०

15

राग देस–राग परिचय

इस राग की उत्पत्ति खमाज थाट से मानी गई है। इस राग में दोनों निषाद का प्रयोग होता है। आरोह में शुद्ध निषाद तथा अवरोह में कोमल निषाद लिया जाता है। आरोह में गंधार और धैवत स्वर वर्जित, अवरोह में सम्पूर्ण स्वर लगने के कारण इसकी जाति औडव – सम्पूर्ण है। वादी स्वर रिषभ, संवादी स्वर पंचम है। गायन समय रात्रि का दूसरा प्रहर है। राग की सुन्दरता बढ़ाने के लिये कभी–कभी रे ग म ग रे और प ध नि ध प स्वर उपयोग करते है, जब की आरोह में गंधार तथा धैवत स्वर वर्जित है। इस राग में अधिकतर ठुमरी, दादरा इत्यादी गाते है, क्योंकि यह गम्भीर प्रकृति का राग नहीं है। अवरोह में रिषभ स्वर को वक्र के रुप में लिया जाता है जैसे–मगरेगनि़सा। इस राग में ध म की स्वर संगति अधिक पाई जाती है इसलिये अवरोह में पंचम स्वर को अल्प प्रयोग कर सीधा ध म स्वर गाते है। न्यास के स्वर सा रे और प है। राग देस को सोरठ राग बचाने के लिये राग देस में गंधार स्वर अधिक स्पष्ट लगाते है, परन्तु सोरठ में गंधार स्वर गुप्त रहता है। इस राग से मिलता–जुलता राग तिलक कामोद है।

राग देस–मपनिसां,रेंनिधप, धमगरे, ग–नि़सा।

राग तिलक कामोद–मपनिसांप धमग, सारेग, सानि़।

स्वर का उपयोग:–रिषभ–न्यास बहुत्व, गंधार–अनाभ्यासल्पत्व, मध्यम–अनाभ्यास अल्पत्व, पंचम–न्यास बहुत्व, धैवत–अनाभ्यास, कोमल निषाद

आरोह–सा, रे, म प, निसां।

अवरोह–सां नि ध प, म ग, रे ग सा।

पकड़–रे, म प, नि ध प़, प ध प म, ग रे ग सा।

राग देस राग स्वर विस्तार

स्थायी

1. सा, ऩिसा, प़ऩिसा, रेरेसा।
2. ऩि सारे, मगरे, रेमगरे, गरेऩिसा।
3. रेमप, मप, प(प)रे, निधप, मप, धमगरे, गरेऩिसा।
4. मपनिसां, पनिसारें, सां,सां(सां)निधप, मगरे, गरे, गसा।
5. रेमपधमप, निधप, निसां, रेंनिधप, मग, रेग, सा।

अंतरा

1. मपनिसां, रेंनिधप, पनिसारेंनिसां।
2. रेंनिसां, पनिसांनिधप, धमग, मपनिनिसां।
3. गंरेंसांनिसां, रेंनिधप, मपनिधप, मपनिनिसां।
4. पनिसारेंनिसां, रें, गंरें, मंगंरें ,निसां।
5. सारेंसां, पनिसांगंरें, सां, रेंमंपंमंगंरें, गंरेंसां, निसां।

राग देस सरगम (दादरा)

स्थायी

सां	सां	नि	ध	म	प	ग	रे	ग	ऩि	सा	सा
X			o			X			o		
प़	ऩि	सा	रे	म	प	नि	नि	ध	प	म	प
X			o			X			o		
रे	गं	रें	नि	सां	रें	सां	नि	ध	प	म	ग
X			o			X			o		

अंतरा

म	म	प	नि	नि	नि	सां	सां	नि	सां	—	सां
X			o			X			o		

रें	गं	रे	पं	मं	गं	नि	सा	रें	नि	सां	सां
X			०			X			०		
<u>नि</u>	ध	प	म	प	ध	म	ग	रे	ऩि	सा	सा
X			०			X			०		

राग देस लक्षण गीत तीनताल

स्थायी—त्याग करत ध ग आरोहन में,
लगत स्वर दोनों निषाद राग में,
मानत थाट खमाज से।

अंतरा— प स वादी संवादी ते,
गावत राग दूसरे प्रहर में।

स्थायी

रे	रे	म	प	नि	नि	सां	सां	<u>नि</u>	ध	प	म	ग	ग	रे	रे
त्या	ऽ	ग	क	र	त	स्व	र	आ	ऽ	रो	ऽ	ह	न	में	ऽ
०				3				X				2			
ऩि	ऩि	सा	सा	रे	रे	सा	सा	रे	म	प	नि	ध	प	म	प
ल	ग	त	स्व	ऽ	र	दो	नों	नि	षा	ऽ	द	रा	ऽ	ग	में
०				3				X				2			
सां	रें	सां	नि	ध	प	म	प	<u>नि</u>	ध	प	म	ग	रे	ग	सा
मा	ऽ	न	त	था	ऽ	ट	ख	मा	ऽ	ऽ	ज	से	ऽ	ऽ	ऽ
०				3				X				2			

अंतरा

म	म	प	प	नि	नि	सां	सां	प	नि	सां	सां	रें	गं	नि	सा
प	स	वा	ऽ	दी	ऽ	अ	रु	सं	ऽ	वा	ऽ	दी	ऽ	ते	ऽ
०				3				X				2			
प	नि	सां	रे	सां	<u>नि</u>	ध	प	म	ग	रे	ग	ऩि	ऩि	सा	सा
गा	ऽ	व	त	रा	ऽ	त	दू	ऽ	स	रे	प्र	ह	र	में	ऽ
०				3				X				2			

राग देस विलम्बित ख्याल तिलवाड़ा

स्थायी–जिनके मन में है भजन के भाव,
दीप उर में भक्ति के जलाये।

अंतरा–साधना से मिल गया उसको किनारा,
है भजन ही प्रभु का तेरा सहारा।

स्थायी

प	ध	प	मग	ग	रे	ग	सा	रे	रे	म	प	नि	नि	सां	सां
जि	स	के	ऽऽ	म	न	में	भ	ज	न	के	भा	ऽ	व	आ	ये
०				3				X				2			
रें	ग॒ं	रें	सांसां	रें	नि॒	ध	प	ध	प	म	ग	रे	ग	सा	सा
दी	ऽ	प	उऽ	–	र	में	–	भ	क्ति	के	ज	ला	ऽ	ये	ऽ
०				3				X				2			

अंतरा

म	म	प	पप	नि	नि	सां	सां	रें	गं	रें	सां	रें	नि	सां	सां
सा	ध	ना	ऽसे	मि	ल	ग	या	उ	स	को	कि	ना	ऽ	रा	ऽ
०				3				X				2			
सां	सां	नि॒	नि॒	ध	प	म	ग	रे	रे	प	प	रेग	सारे	ऩि	सा
है	भ	ज	न	ही	प्र	भु	का	ते	ऽ	रा	स	हाऽ	ऽऽ	रा	ऽ
०				3				X				2			

राग देस विलम्बित ख्याल तानें

स्थायी

1. ऩिसारेमपमगरे गरेसासाऩिसारेम पधमपसांपधप मगरेगसारेमप निसारेंसांनि॒धपम गरेगसासामपनि सारेगरेंसांनि॒धम पसांनि॒धपमगरे गसासा,पनिसारेंमं पंमंगंरेंगंसांसांनि॒ धपमगरेगसासा।

2. मपनि॒नि॒धपमप निसारेंरेंसांनि॒धप मपनिसारेंग॒ंरेंसां नि॒धपमगरेनिसां रेंग॒ंरेंसांनि॒धपम पनि॒नि॒धपमपनि सारेंमंपंपंमंगंरें गंरेंसांनि॒धमपसां नि॒धपमगरेगसा।

3. ऩिसारेमपरेमप रेमपनिनिधपरे मपनिसांपनिसांप निसांरेंरेंसांनिधप मपनिसांरेंनिसांरें निसांरेंसांनिधपम गरेरेनिसांरेंमंपं रेंमंपंरेंमंपंपंमं गरेंसांनिधपमग । रेगसा

4. ऩिसारेमपपरेम पनिसांसांपनिसांरें मंमंपंपंमंपंमंगं रेंगंरेंसांनिधमप सांनिधपमपनिनि धपमगधधपम गरेपपमगरेरे ममगरेगगसासा सारेमम,रेमपप, मपनिनिपनिसांसां रेंमंपंपंमंगंरेंगं रेंसांनिधपमगरे ।गसा

5. निनिधपमपसांनि धपमपरेंरेंसांनि धपमपगंमंरेंसां निधमपरेंमंपंपं मंगंरेंगंरेंसांनिध मपसांसांनिधपप मपमगरेगसासा मगरेसा,पमगरे, धपमग,सांनिधप, रेंगंरेंसांनिधपम गरेगसारेमपप।

राग देस मध्यलय (त्रिताल)

स्थायी—अब जाऊंगी मैं अपने मंदरवा, राह न रोको मोरे कान्हा।

अंतरा—राह तकत हैं मोरी सखिया, बरजोरी छोड़ो जाओ घरवा।

स्थायी

सारे	मप	नि	सां	नि	सां	सां	सां	प	नि	सां	रें	सां	नि	ध	प
अऽ	बऽ	जा	ऽ	ऊं	गी	मैं	ऽ	अ	प	ने	मं	द	र	वा	ऽ
o				3				X				2			
रे	—	प	प	मपध	मप	मग	रे	म	—	ग	रे	ऩि	—	सा	सा
रा	ऽ	ह	न	रोऽऽ	ऽऽ	कोऽ	ऽ	मो	ऽ	रे	ऽ	का	ऽ	न्हा	ऽ
o				3				X				2			

अंतरा

म	प	नि	नि	सां	सां	सां	सां	रें	मं	गं	रें	सां	रें	नि	सां
रा	ऽ	ह	त	क	त	हैं	ऽ	मो	ऽ	री	ऽ	स	खि	या	ऽ
o				3				X				2			
प	नि	सां	गं	रे	सां	नि	सां	प	नि	सां	रेंरें	सां	नि	ध	प
,ब	र	जो	ऽ	री	ऽ	छो	ड़ो	जा	ऽ	ओ	ऽऽ	घ	र	वा	ऽ
o				3				X				2			

राग देस मध्यलय तानें

स्थायी

1. ऩिसा रेम पनि सांसां।। निध पम गरे गसा।
2. निसां रेंगं रेंसां निध।। पम गरे गसा ऩिसा।।
3. पनि सांरें मंगं रेंसां।। निध पम गरे गसा।
4. सारे मप निनि धप।। मप निसां रेंनि धप।। रेंमं गंरें सांनि धप।।
   सांनि धप मग रेसा।
5. रेंमं पंमं गंरें सांनि।। धप मप निसां रेंरें।। सांनि धप मप सांनि।।
   धप मग रेसा ऩिसा।

अंतरा

1. निसां रेंसां निध पम।। गरे गसा मप निसां।
2. निसां रेंमं गंरें सांनि।। धप मग मप निसां।
3. ऩिसा रेम पनि धप।। मप निसां रेंनि धप।। मप निसां रेंमं गंरें।।
   सांनि धप मप निसां
4. पनि सांप निसां पनि।। सांरें सां नि धप मग।। रेसा निसां रेंनि सांरें।।
   निसां रेंसां निध पम।। गरे सारे मप निसां ।
5. मप निनि धप मप।। निसां रेंनि धप मप।। निसां रेंमं पंमं गंरें।।
   सांनि धप मप निसां।

राग देस तराना तीनताल

स्थायी

म	रे	म	प	नि	–	–	नि	नि	सां	नि	ध	प	ध	म	ग
त	न	दे	रे	ना	ऽ	ऽ	त	न	न	त	न	दे	रे	ना	ऽ
3				x				2				०			
रे	–	प	म	ग	ग	ऩि	सा	रे	रे	म	प	नि	ध	प	–
दीं	ऽ	म्त	न	त	न	दे	रे	दिर	दिर	त	न	दे	रे	ना	ऽ
3				x				2				०			

नि सां रें नि	नि ध म प	रे – प म	ग ग नि़ सा
त न न तों	ऽ म्त न न	दीं ऽ म्त न	न न त न
3	X	2	o

अंतरा

म म प प	नि नि नि नि	सां – सां सां	नि नि सां सां
ना दिर दिरदिर	तुम दिर दिर दिर	दीं ऽ म्त न	न न न न
3	X	2	o
रें गं रें मं	गं रे नि सां	प नि सां रें	ध प म प
त दी य न	दे रे ना ऽ	नी ता ऽ न	दे रे ना ऽ
3	X	2	o
नि़ सा रे म	रे म प प	नि नि सां सां	नि ध प प
धातिरकीट्तकत	क क्डान तिरकट	धा धा तिर किट	तक धा धा ऽ
3	X	2	o

16

राग तिलक कामोद–राग परिचय

इस राग की उत्पत्ति खमाज थाट से मानी गई है। राग तिलक कामोद रचना देस और बिहाग इन दोनों रागों के मिश्रण से बनी है। इस राग के आरोह में गन्धार और धैवत तथा अवरोह में रिषभ वर्जित होने के कारण इसकी जाति औडव–षाडव है। राग का वादी स्वर षडज तथा संवादी स्वर पंचम हैं। इस राग में दोनों निषाद का प्रयोग करते है। कोमल निषाद का प्रयोग कभी–कभी करते हैं, जैसे–सांप, नि॒धप। इसका चलन वक्र तथा चंचल प्रकृति का राग हैं। न्यास के स्वर ग और प है। इससे मिलता–जुलता राग देस है।

तिलक कामोदः–सांप, ध–मग, सारेग–सा।

देसः–सांनि॒धप, ध–मगरे, ग–नि़सा ।

आरोह–सारेगसा, रेमपधमप, सां।

अवरोह–सां, पधमग, सारेग, सानि़।

पकड़–प.नि़सा, रेग, सा, रेपमग, सानि़।

राग तिलक कामोद स्वर विस्तार/अलाप

स्थायी

1. सा, नि़सा, प.नि़सारेगरेसारेग, रेसा, नि़सा।
2. प़नि़सारे, गसा, नि़ध़ प़, सा, रेमगरेसा, नि़सा।
3. सारेमप, धमप, रेमपधमप, धमग, रेगरेसा, नि़सा।
4. पधमप, धमग, रेमपनि, सांप, धमग, सारेगरेसा, नि़सा।
5. निनिसां, पधमपसां, पधमग, सारेग, सानि़।

अंतरा

1. पनिसां, निसां, सां(सां), ध, मपनिसां।
2. निसांरेंनिसां, पधमप, निनिसां, रेंगंसां।
3. रेमपनिसां, पधमप, सां, निसांरेंनिसां, पनिसां।
4. निसां,रें, मंगरें, सारेंगं, सां, निसां।
5. निसां, रें, पंमंगं, सां, रेंगंसां, मपनिसां ।

राग तिलक कामोद सरगम गीत तीनताल

स्थायी

रे	ग	रे	प	म	ग	रे	सा	रे	म	प	ध	म	प	सां	सां
o				3				X				2			
सां	प	ध	म	ग	रे	प	प	म	प	म	ग	सा	रे	ऩि	सा
o				3				X				2			

अंतरा

म	म	प	प	नि	नि	नि	नि	सां	सां	सां	सां	नि	नि	सां	सां
o				3				X				2			
रे	गं	रे	मं	गं	गं	नि	सां	प	नि	सां	रें	सां	सां	नि	सां
o				3				X				2			
सां	प	ध	म	ग	रे	प	प	म	ग	रे	ग	सा	रे	ऩि	सा
o				3				X				2			

राग तिलक कामोद विलंबित ख्याल एकताल

स्थायी—करेगा जो पूजा सुबह व सकारे,
तो भक्ति के जग जायेंगे भाव सारे।

अंतरा—न मन में रहेगा तेरे मेल बाकी,
हृदय में जगेंगे तेरे पुण्य सारे।

स्थायी

प.नि़सारे	ग	सा	–सा	रे	म	प	पप	ध	धध	म	पप
कऽऽऽ	रे	गा	ऽपु	जा	ऽ	सु	बह	व	ऽस	का	रेतो
3		4		X		०		2		०	
सां	प	ध	मम	ग	रे	सारेग	सा	नि़	प	नि़	सा
भ	क्ती	के	जग	जा	ऽ	येंऽऽ	गे	भा	व	सा	रे
3		4		X		०		2		०	

अंतरा

म	प	निनि	निनि	सां	सां	सां	सां	प	नि	सां	सां
न	ऽ	मन	में,र	हे	गी	ते	रे	मे	ल	बा	की
3		4		X		०		2		०	
गं	रें	पं	मं	गं	रे	नि	सां	पध	पम	गरे	नि़सा
हृ	द	य	मे	ज	गे	गे	ते	रेपु	ण्यऽ	साऽ	रेऽ
3		4		X		०		2		०	

राग तिलक कामोद विलम्बित ख्याल तानें

1. प़नि़सारेगरेनि़सा रेमपधमपनिसां पनिसारेंसारेंनि़सां पधपमगरेगरे नि़सापनिसारेंगरें निसांपधपमगरे नि़सापनिसारेंगपं मंगरेंगंसांसांनिध पमगरेगसानि़सा।
2. नि़सारेमपपमप निनिधपमपसां निधपमपरेंनिध पमपगंगरेंसांनि धपपपपंमंगरें सांनिधपपमपम पनिसांपधमपम गरेगरेसासानि़सा।
3. प़नि़सारेगरेगरे नि़सारेमपनिसारें सारेंनिसांनिसांगरें मंगरेंगंनिसारेंगं पंमंगरेंसांनिपनि सारेंसांनिधपमध पमगरेगसानि़सा।
4. सारेमपधधमप मपनिसारेंरेंसांनि पनिसांगंगरेंसारें गंपंमंगरेंसांनिप निसारेंगरेंसांनिम पनिसारेंसांनिधग मपनिसांनिधपम गमपनिधपमग रेसासानि़सारेमप।
5. नि़नि़सासारेरेसासा रेमपधमपमग रेरेसासामपनिसां रेंगंरेंसांनिधपम गरेरेसासानिसारें गंपंमंगरेंसांनिध पमपनिनिधपम गरेसानि़सासानि़सा।

राग तिलक कामोद मध्यलय तीनताल

स्थायी–दीनों के प्रभु तुम्ही सहारा,

ढूंढे तुमको नैन हमारे।

अंतरा–तुम बिन जीवन है अंधियारी,

प्रभुजी मेरा तुम ही सहारा।

स्थायी

प़	नि़	सा	रे	ग	ग	नि़	सा	रे	ग	रे	प	म	ग	नि़	सा
दी	ऽ	नों	ऽ	के	ऽ	प्र	भु	तु	म्ही	ऽ	स	हा	ऽ	रा	ऽ
०				3				X				2			
रे	म	प	ध	म	प	सां	प	ध	म	ग	रे	सारे	ग	नि़	सा
ढूं	ऽ	ढे	ऽ	तु	म	को	ऽ	नै	ऽ	न	ह	माऽ	ऽ	रे	ऽ
०				3				X				2			

अंतरा

म	म	प	प	नि	नि	नि	नि	सां	–	सां	सां	प	नि	सां	सां
तु	म	बि	न	जी	ऽ	व	न	है	ऽ	अं	धि	या	ऽ	रा	ऽ
०				3				X				2			
रें	गं	रें	मं	गं	रें	नि	सां	प	प	ध	म	गरे	ग	नि़	सा
प्र	भु	जी	ऽ	मे	ऽ	रा	ऽ	तु	म	ही	स	हाऽ	ऽ	रा	ऽ
०				3				X				2			

राग तिलक कामोद मध्यलय तानें

स्थायी

1. नि़सा रेम पनि धप। मग सारे गरे नि़सा।
2. रेम पध मप सांसां। पध पम गरे नि़सा।
3. पनि सारें गरें निसां। पध मप निनि सांसां।

4. पनि सांरें गंरें निसां। पध मप निनि सांसां। पनि सांरें सांरें निसां गरे पम गरे ऩिसा।

5. सारे मप रेम पध। मप निसां पनि सांरें। गंरें निसां पनि सांरें निसां पध पम गरे। ऩिसा

अंतरा

1. सांनि॒ धप मग रेग। सासा रेरे मप निनि सांसां।

2. पनि सांरें गंरें गंरें। निसां पध मप निनि सांसां।

3. सांरें गंरें सांरें निसां। पनि सांरें गंगं निसां।

4. सांरें निसां पध मप। निनि धप मप निसां।

5. मप निसां रेंगं निसां। रेंपं मंगं सांरें निसां। नि॒ध मप निनि सांसां।

17

राग सोहनी–राग परिचय

राग सोहनी की उत्पत्ति थाट मारवा से मानी गई हैं। इस राग में कोमल रे तथा मध्यम तीव्र स्वर लगते हैं। राग के आरोह तथा अवरोह में पंचम स्वर वर्जित होने के कारण इस राग की जाति षाडव–षाडव है। वादी स्वर धैवत तथा संवादी स्वर गंधार है। गायन समय रात का अंतिम प्रहर है। यह चंचल प्रकृति का राग है। यह उत्तरांग प्रधान राग है। यह प्रातःकालिन सन्धिप्रकाश राग है। न्यास के स्वर ग,ध, और सां है।

आरोह–साग, मंधनिसां।
अवरोह–सारेंसां, निध, ग, मंध, मंगरेसा।
पकड़–सां, निध, निध, ग, मंधनिसां।

राग सोहनी स्वर विस्तार/अलाप

स्थायी

1. निसा, रेसा, निधमंधसा, रेसा, गमंगरेसा।
2. मंगमंगरेसा, गमंधनिमंध, मंग, मधनिधमंग, मंगरेसा।
3. मंगरेसा, धमंग, निधमंग, ध, ग, मंगरेसा।
4. मंधनिध, मंधसां, निध, मंग, मंगरेसा।
5. मंधनिसां, निसां, रेंरेंसां, निधमंग, मंगरेसा।

अंतरा

1. मंधनिसां, निधमंनिध, मंग, मंधनिसां।
2. सां, निसां, रेंरेंसां, निध, मंधनिसां।

3. सां, निधध, मंगमंध, मंधनिसां, रेंरेंसां।
4. निरेंसां, धनिसां, रेंरेंसां, गंरेंसांनिरेंसां।
5. धनिसां, रेंरेंसां, मंगरेंसां, निध, मंधसां, रेंरेंसां।

राग सोहनी सरगम गीत तीनताल

स्थायी

नि सां नि ध	मं ग मं ध	नि नि सां सां	रें रें सां सां
०	3	X	2
गं रें मं गं	रें सां नि सां	नि ध मं ग	मं ग रे सा
०	3	X	2
सा ग मं ध	मं ध नि सां	सां रें सां रें	नि सां नि ध
०	3	X	2

अंतरा

मं मं ग ग	मं ध नि नि	सां सां सां सां	रें रें सां सां
०	3	X	2
गं गं मं गं	मं गं रें सां	ध नि सां रें	सां रें नि ध
०	3	X	2
सा सा ग ग	मं ध नि सां	नि ध मं ग	मं ग रे सा
०	3	X	2

राग सोहनी विलंबित ख्याल तिलवाड़ा

स्थायी–बाट तकत हूं, तरसत तुम्हरे,
मिलन को मोरे, नैना पियरवा।

अंतरा–कब तक आओगे साजन सांझ भई,
मन नहीं लागत काम काज में

स्थायी

मं ध नि सां	रें रें सां सां	नि ध नि सां	नि नि मं ग
बा ऽ ट त	क त हूं ऽ	त र स त	तु म्हं रे ऽ
3	4	X	०

सां	सां	सां	रें	रेंसां	निसां	नि	ध	म॑	ध	नि	ध	नि	नि	सां	सां
मि	ल	न	को	मोऽ	ऽऽ	रे	ऽ	नै	ऽ	ना	ऽ	पि	य	र	वा
3				4				X				०			

अंतरा

म॑	म॑	ग	ग	म॑	ध	नि	सां	निसां	रें	सा	सां	नि	ध	म॑ध	निध
क	ब	त	क	आ	ऽ	ओ	गे	साऽ	ऽ	ज	न	सां	झ	भऽ	ईऽ
3				4				X				०			
ध	नि	रें	गं	म॑	गं	रें	सां	नि	रें	सां	रें	सां	सां	नि	ध
म	न	न	ही	ला	ऽ	ग	त	का	ऽ	म	का	ऽ	ज	में	ऽ
3				4				X				०			

राग सोहनी विलंबित ख्याल तानें

1. ऩिसागगरेसागम॑ धधम॑गरेसागम॑ धनिम॑धगम॑गरे गरेसासागम॑धनि सांरेंसांरेंनिसांनिध म॑धनिधम॑धम॑ग म॑गरेसाधनिसांरें निसांनिधम॑धनिसां।
2. ऩिसागम॑धनिम॑ध निसांरेंरेंसांसांधनि सांरेंसांरेंनिसांनिध म॑धनिसांरेंरेंसांसां धनिसांरेंम॑म॑गंरें रेंसांसांगंरेंसांनिध म॑गम॑धनिसांरेंनि।सां
3. निसांगंगंरेंसांनिसां गंम॑म॑गंरेंसांनिसां धनिसांरेंसांरेंनिसां निधम॑धगम॑धध म॑गरेसाऩिसागम॑ धनिम॑धनिसांरेंगं रेंसांनिधम॑धनिसां।
4. सांनिधम॑धनिसांसां रेंसांरेंनिधम॑धनि सांरेंरेंसांसांम॑गंम॑ गंरेंसांनिधम॑गम॑ धनिसांगंरेंसांनिध म॑गम॑धनिसांरेंसां।
5. म॑म॑गम॑म॑गम॑म॑ गरेसासानिनिधनि निधनिनिधम॑गरे सासाम॑म॑गंम॑म॑गं म॑म॑गरेंसारेंनिसां निधम॑धनिसांगंरें गरेंसांरेंनिसांनिध म॑धधनिसांरेंसांनि धम॑धनिसांरेंरेंसां।सां

राग सोहनी मध्यलय तीनताल

स्थायी—भजन श्याम सुंदर का करते रहोगे

तो संसार सागर से तरते रहोगे।

अंतरा—कृपानाथ बेशक मिलेंगे किसी दिन,

जो सत्संग पथ से गुजरते रहोगे।

स्थायी

म॑	ग	म॑	ध	नि	नि	सांसां	सां	सां	रें	नि	सां	ध	नि	सां	सां
भ	ज	न	श्या	म	सु	न्दर	का	क	र	ते	र	हो	ऽ	गे	ऽ
○		3				x				2					
सां	गं	रें	में	गं	रें	सां	सां	म॑	ध	नि	सां	नि	ध	नि	म॑ग
सं	सा	र	सा	ग	र	से	ऽ	त	र	ते	र	हो	ऽ	गे	ऽऽ
○				3				x				2			

अंतरा

म॑	ग	म॑	ध	सां	नि	सां	सां	सां	रें	सां	रें	नि	नि	सां	सां
कृ	पा	ना	थ	बे	ऽ	श	क	मि	लें	ऽ	गे	कि	सी	दि	न
○				3				x				2			
सां	सां	धध	नि	सां	सां	गं	गं	–म॑	गंगं	म॑	गं	रें	रें	सां	सां
जो	स	त्संग	के	प	थ	से	ऽ	ऽगु	जर	ते	र	हो	ऽ	गे	ऽ
○				3				x				2			

राग सोहनी मध्यलय तानें

स्थायी

1. सांनि धम॑ गम॑ धनि। सारें निसां धनि सांसां।
2. धनि सांग रें सां निध। म॑ग म॑ध निसां रेंसां।
3. सारें सारें निसां निध। म॑ध निसां रेंरें सांसां।
4. ऩिसा गम॑ धनि म॑ध। निसां रेंसां गंगं रेंसां। निध म॑ध निनि सांसां।
5. धनि रेंसां म॑गं रेंसां। निध म॑ग म॑ध निसां। रेंरें सांसां गंगं रेंसां
   निध मध निसां रेंसां।

अंतरा

1. सारें निसां निध निध। म॑ध निसां रेंरें सांसां।
2. धनि सांगं रेंसां निध। म॑ध निसां रेंसां निसां।

3. सांनि धनि सारें सारें। निसां निध मंध निसां रेंरें सांनि धमं गमं
   धनि सांगं रेंसां निसां।

4. धनि सांगं रेंमं गरें। सांनि धमं गमं धनि। रेंरें सांनि धमं गमं धनि
   मंध निसां रेंरें सांसां।

5. निसा गमं धनि मंध। निसां रेंगं मंगं रेंसां। निध मंध निध मंग
   धनि सारें सारें निसां।

18

राग बागेश्री–राग परिचय

इस राग कि उत्पत्ति काफ़ी थाट से हुई है। राग में कोमल ग और नि स्वर लगते है। इसके आरोह में रिषभ तथा पंचम स्वर वर्जित तथा अवरोह में कोई भी स्वर वर्जित न होने के कारण इस राग की जाति औडव–सम्पूर्ण है। वादी स्वर मध्यम, संवादी स्वर षड्ज है। गायन समय रात्रि का प्रथम प्रहर है। राग के अवरोह में स्वर वक्र के रुप में होता प्रयुक्त से पधग, तान लेते समय सीधा प्रयोग करते है। राग में न्यास स्वर सा, ग, और ध है। इस राग में साम, धम, और धग के संगति की प्रचुरता है।

आरोह–सा, निधनिसा, मग, मधनिसां।
अवरोह–सां, निध, मग मगरे, सा।
पकड़–सा, निध, सा, मधनिध, म, गरेसा।

राग बागेश्री स्वर विस्तार/अलाप

स्थायी

1. गरेसा, सा(सा) निध, सा, गरेसा।
2. धनिसाम, मग, मगरे ,सा।
3. गमध, नि(नि)ध, मपध, ग, मगरेसा।
4. गमधनि , सां, रेंसां, निसां, निध, मग, मगरेसा।
5. धनिसा, मगमधनिसां, मग, मध, मगमग, रेसा।

अंतरा

1. म(म) ग,मधनिध, मधनिसां, रेंसां, निध, सां
2. मगमधनिसां, गरेंसां, सां (सां) निध, मधनिसां,।

3. धनिसां, रेंरेंसां, नि (नि) सां, निध, मपधग, मधनि ध, सां।

4. सारेंसां, गंरेंसां, निध, मपगम, धनिसां, गंरेंसां।

5. निसांमं,मंगं, मंगंरेंसां, निध, मधनिसां।

राग बागेश्री सरगम (त्रिताल)

स्थायी

सां	सां	नि	नि	ध	म	ध	नि	ग	–	ग	म	ग	रे	सा	सा
०				3				x				2			
ध़	नि़	सा	म	ग	म	ध	ध	म	ध	नि	सां	ध	नि	सां	सां
०				3				x				2			
सां	गं	रें	सां	नि	सां	नि	ध	म	ध	नि	ध	म	ग	रे	सा
०				3				x				2			

अंतरा

ग	म	ध	नि	सां	–	सां	सां	ध	नि	सां	–	गं	रें	सां	सा
०				3				x				2			
ध	नि	सां	मं	गं	रें	सां	सां	म	ध	नि	सां	नि	ध	म	ग
०				3				x				2			
ध	नि	सां	रें	सां	नि	ध	प	म	ध	नि	ध	म	ग	रे	सा
०				3				x				2			

राग बागेश्री लक्षण गीत (त्रिताल)

स्थायी—वर्जित रिषभ स्वर आरोहन में,

करत गनि मृदु बागेश्री में,

लेत पंचम स्वर विवादी रुप में

अंतरा—वादी पंचम षडज संवादी,

गावत राग को रात मध्य में।

स्थायी

म	ग	रें	सा	नि़	सा	ध़	नि़	सा	सा	ग	ग	म	म	म	ग
व	र	जि	त	रि	ऽ	ष	भ	स्व	र	आ	ऽ	रो	ह	न	में
o				3				x				2			
म	ध	नि	सां	नि	ध	म	ग	म	ध	नि	सां	रें	रें	सां	सां
ल	ग	त	ऽ	ग	नि	मृ	दु	बा	ऽ	गे	ऽ	ऽ	स्व	री	ऽ
o				3				x				2			
मं	गं	रें	सां	नि	सां	नि	ध	म	ध	नि	ध	म	ग	रे	सा
ले	ऽ	त	पं	च	म	स्व	र	वि	वा	दी	रु	ऽ	प	में	ऽ
o				3				x				2			

अंतरा

म	ग	म	ध	नि	नि	सां	सां	गं	रें	सां	सां	ध	नि	सां	सां
म	ऽ	ध्य	म	वा	ऽ	दी	ऽ	ष	ड	ज	सं	वा	ऽ	दी	ऽ
o				3				x				2			
ध	नि	सां	मं	गं	रें	सां	सां	नि	ध	मप	ध	ग	ग	रे	सा
गा	ऽ	व	त	रा	ऽ	ग	को	रा	ऽ	तऽ	म	ऽ	ध्य	में	ऽ
o				3				x				2			

राग बागेश्री विलम्बित ख्याल (तिलवाड़ा)

स्थायी–हे मन गाय प्रभु के गुन को, जासी पावेगो अपने हित को।

अंतरा–जनम न आवत फ़िर फ़िर नर की, सार्थक करले देह को।

स्थायी

मगरेगम	ग	रे	सा	ध़	नि़	सा	म	म	–	म	–	म	ध	नि	ध
हेऽऽऽऽ	ऽ	म	न	गा	ऽ	य	प्र	भु	ऽ	के	ऽ	गु	न	को	ऽ
3				x				2				o			

सां	–	सां	सां	नि	–	नि	नि	ध	ध	ध	–	म	ग	रे	सा
जा	ऽ	सी	ऽ	पा	ऽ	वे	गी	अ	प	ने	ऽ	हि	त	को	ऽ
3				x				2				o			

अंतरा

ग	म	ध	नि	सां	–	सां	सां	सारें	गं	रें	सां	नि	सां	नि	ध
ज	न	म	न	आ	ऽ	व	त	फिऽर		फ़ि	र	न	र	की	ऽ
3				x				2				o			
म	ध	नि	सां	नि	नि	ध	–	म	ग	म	ग	रे	रे	सा	–
सा	ऽ	र्थ	क	क	र	ले	ऽ	अ	प	ने	दे	ऽ	ह	को	–
3				x				2				o			

तानें राग बागेश्री विलम्बित ख्याल

1. नि.सामगरेसा,नि. गमधगमगरेसा,नि. सागमधनिधपम
गरेसानि.सागमध निसांनिधपमगरे सा,नि.सागमधनिसां रेंमंगंरेंसांनिधप
मगरेसानि.सागम।

2. नि.सागमधधगम धनिसांसांधनिसारें गंगंरेंसांनिसांमंगं
रेंसांनिसांगंरेंसांनि धनिरेंसांनिधमध सांनिधमगमधनि सारेंसांनिधपमग
रेसागमधनिसांसां।

3. मगमगरेसानि.सा, निधनिधपमगम, रेंसारेंसांनिधमध गंरेंगंरेंसांनिधनि
मंगंमंगंरेंसांनिसां मंगंरेंसांनिसारेंसां,सांनिधनिसांनिधप मगरेसागमधनि।सां

4. मधनिसांधनिसांसां गमधनिमधनिसां धनिसारेंगंरेंगंरें
सारेंनिसांधनिसारें मंगंमंगंरेंनिध पपगमधनिसांनि धपमधनिधमप
गमधनिसांगंरेंसां।

5. निसांमंगंरेंसांनिसां गंरेंगंरेंसांनिधनि धनिरेंसारेंसांनिध मधनिधमगमग
रेसा,नि.सागमधध गमधनिसांसांधनि सांमंगंरेंसांनिधपगरेसागमधनि।सां

राग बागेश्री मध्यलय (त्रिताल)

स्थायी–भव सागर पार उतरने को, तेरा एक ईशारा काफ़ी है।

अंतरा–मझंदार पडी किश्ती जिनकी, उन्हें तेरा किनारा काफी है।

स्थायी

मध	निसां	नि	ध	म	ग	रे	सा	ग	ग	म	म	ध	ध	ध	ध
भऽ	वऽ	सा	ग	र	पा	ऽ	र	उ	त	र	ने	ऽ	को	ऽ	ऽ
3				x				2				0			
म	ग	रे	सा	रे	–	सा	सा	धनि	सांनि	धप	म	म	ग	रे	सा
ते	ऽ	रा	ऽ	ए	ऽ	क	ई	शाऽ	ऽऽ	राऽ	का	ऽ	फ़ी	है	ऽ
3				x				2				0			

अंतरा

ग	म	ध	निनि	सां	–	सां	सां	धनि	सारें	गं	रें	सां	सां	सां	सां
म	झ	धा	रप	डी	ऽ	ऽ	कि	ऽऽ	शित	जि	न	की	ऽ	ऽ	ऽ
3				x				2				0			
रें	गं	सां	रें	नि	सां	नि	ध	मध	निसां	नि	ध	म	ग	रे	सा
उ	न्हें	ऽ	ते	रा	ऽ	ऽ	कि	नाऽ	ऽऽ	रा	का	ऽ	फ़ी	है	ऽ
3				x				2				0			

राग बागेश्री मध्यलय तानें

स्थायी

1. निसा गम धनि सारें।। सांनि धप मग रेसा
2. निसा गम धध गम।। धनि सांसां निध मग।। रेसा।
3. सारें गरें सारें सांनि।। धम धनि धप मग।। रेसा
4. नि.सा गम धनि धम।। गम धनि सांनि धम।। गम धनि सारें गरें।।
   सांनि धप मग रेसा ।
5. गम धध मध निनि।। धनि सांसां निसां मंग।। रेंसां निसां गरें सांनि।।
   धनि रेंसां निध मध।। निसां निध मग रेसा।

अंतरा

1. मध निसां निध मग।। मध निसां धनि सांसां।
2. धनि रेंसां निध पम।। गम धनि सारें निसां।

3. सांनि धम धनि सां–।। सारें सांनि धम गम।। धनि सारें गरें सांनि।
   धम गम धनि सांसां।

4. धनि सारें मंगं रेंसां।। निध पम गम धनि।। सारें सांनि धप मप।।
   गम धनि सांगं रेंसां ।

5. निसां मंगं रेंसां निसां।।गरें सांनि मध निसां।। रेंसां निध मध निसां।।
   धनि सांनि धप गम ।। धनि सारें गरें सांसां।

राग बागेश्री तराना तीनताल

स्थायी

सासा।।	नि़ सा ग म	ध – – ध	नि ध म प	ग ग रे सा
दि र।।	दा नी दा नी	तों ऽ ऽ म्त	दीं ऽ म्त न	दे रे ना ऽ
	3	x	2	०
	रे सा – सा	ध़ नि़ सा सा	ग – रे सा	रे रे सा सा
	त दा ऽ रे	दा रे दा नि	दीं ऽ म्त न	न न त न
	3	x	2	०
	ग म ध नि	सां – सां सां	नि ध म प	ग ग रे सासा
	ता रे दा नी	दीं ऽ म्त दीं	ऽ म्त न न	दे रे ना दिर
	3	x	2	०

अंतरा

ग ग ग ग	म म ध नि	सां सां सां सां	नि रें सां सां
ना दिर दिरदिर	तुमदिरदिरदिर	त दा ऽ रे	तुं द्रे दा नी
3	x	2	०
गं – गं मं	गं रें सां सां	नि – सां सां	नि सां नि ध
दी ऽ म्त दि	ऽ म्त न न	दीं ऽ म्त न	दे रे ना ऽ
3	x	2	०

ध ध – ध	नि – ध ध	ग ग रे सा	रे रे सा –
त दीं ऽ म्त	दीं ऽ म्त न	त न दे रे	दे रे ना ऽ
3	x	2	o
ऩि सा ग म	ध ध ग म	नि ध नि सां	नि ध म ग
धा तिरकिटतक	धुमतिरकिटतक	नगकिडनगतक	तिरकिटतकधा
3	x	2	o

19

राग बिंद्रावनी सारंग–राग परिचय

राग बिंद्रावनी सारंग की उत्पत्ति काफ़ी थाट से मानी गई है। इस राग के आरोह–अवरोह में गंधार तथा धैवत स्वर वर्जित होने के कारण इसकी जाति औडव–औडव है। वादी स्वर रिषभ तथा सवादी स्वर पंचम है। इस राग का गायन समय मध्यान्ह है। राग को गाते समय आरोह में शुद्ध निषाद तथा अवरोह में कोमल निषाद को गाते है। इस राग कि रचना वृंदावन में प्रचलित एक लोकगीत के आधार पर हुई है ऐसा विद्वानों का मत है। न्यास के स्वर सा, रे और प है।

आरोह–ऩि सा, रे, मप, निसां।
अवरोह–सां निप, म रे, सा।
पकड़–ऩिसारे, मरे, पमरे, सा।

राग बिंद्रावनी सारंग स्वर विस्तार/अलाप

स्थायी

1. ऩिसारे, सा, निप़, मप़ ऩिसा।
2. प़ऩिसारे, मरे, मप, मरे, ऩिसा।
3. मप, निप, निनिपमरे, ऩिसारे, ऩिसा।
4. मपनिसां, रेंसां, निसांनिप, मप, मरे, ऩिसा।
5. पनिसारें, सां, सां(सां) निप,मपनिप, मरेसा।

अंतरा

1. निनिपमपनि, सां, रेंरेंसां, निप, निसां।
2. पनिसारेंनिसां, निनि, मप, निनिसां, निपमरे, मपनिनिसां।

3. रेंरेंसां, मंरेंसां, निनिप, मपनिसांरेंसां, निप, सां।

4. मंरेंसां, रेंसां, निसांरेंसां, निप, मप, निसां।

5. पनिसां, रेंमंपं, मंरें, निसां, निनिपम, पनिसांरेंनिसां।

राग बिंद्रावनी सारंग सरगम (मध्यलय) त्रिताल

स्थायी

नि	सां	रें	सां	नि	नि	प	म	प	नि	प	म	रे	म	प	–
०				3				x				2			
नि़	नि़	सा	–	रे	रे	सा	सा	रे	म	प	म	रे	रे	सा	सा
०				3				x				2			

अंतरा

म	प	नि	नि	सां	–	सां	–	प	नि	सां	सां	रें	रें	सां	सां
०				3				x				2			
रें	मं	रें	सां	नि	सां	रें	सां	नि	नि	प	म	रे	रे	सा	सा
०				3				x				2			

राग बिंद्रावनी सारंग लक्षण गीत त्रिताल

स्थायी—वर्जित ग ध स्वर आरोहवरोह में

लागत दोनों निषाद राग में।

अंतरा—रि प वादी अरु सम्वादी,

गावत दिन के तीसरे प्रहर में।

स्थायी

नि	सां	रें	सां	नि	प	म	प	म	रे	प	पप	पनि	मप	नि	सां
व	र	जि	त	ग	ध	स्व	र	आ	ऽ	रो	अव	रो	ह	में	ऽ
०				3				x					०		
रें	मं	रें	सां	नि	सां	रें	सां	नि	नि	प	म	रे	रे	सा	सा
ला	ऽ	ग	त	दो	ऽ	नों	नि	षा	ऽ	द	रा	ऽ	ग	में	ऽ
०				3				x					०		

अंतरा

म	म	प	प	नि	नि	नि	नि	सां	सा	सां	सां	सां	रें	सा	सां
रि	प	वा	ऽ	दी	ऽ	अ	रु	सं	ऽ	वा	ऽ	दी	ऽ	ते	ऽ
o				3				x				o			
मं	मं	रें	सां	नि	प	म	प	रे	म	प	म	रे	रे	सा	सा
गा	ऽ	व	त	दि	न	के	ऽ	ती	स	रे	प्र	ह	र	में	ऽ
o				3				x				o			

राग बिंद्रावनी सारंग विलम्बित ख्याल झपताल

स्थायी–आये शरण में तेरी गुरु देव कृपा कर दो।

अंतरा–इसी दीन दुःखी मन में, आनंद भर दो।

स्थायी

रे	रे	सा	सा	सा	नि़	प़	नि़	नि़	सा
आ	ये	श	र	ण	में	ऽ	ते	ऽ	री
x		2			o		3		
सां	सां	नि	–	प	म	म	रे	रे	सा
गु	रु	दे	ऽ	व	कृ	प	क	र	दो
x		2			o		3		

अंतरा

म	प	नि	–	नि	सां	सां	नि	सां	सां
इ	सी	दी	ऽ	न	दुः	खी	म	न	में
x		2			o		3		
रें	मं	रे	रे	सां	निनि	पम	रे	रे	सा
आ	ऽ	नं	ऽ	द	भऽ	रऽ	दो	ऽ	ऽ
x		2			o		3		

राग बिंद्रावनी सारंग विलंबित ख्याल तानें

1. ऩिसारेमरेसा, ऩिसा रेमपनिनिपमम रेसाऩिसारेमपनि सांरेंनिसांनिनिपम रेसाऩिसारेमपप।
2. मपनिसांरेंमंरेंसां निनिपमरेसाऩिसा रेमपनिसांरेंमं मंमंरेंसांनिनिपम पनिसांसांनिनिपम। रेसा
3. सांरेंसां,निसांनि, पनि पमपमरेमरेसा रेसाममरेपपम निनिपसांसांनिरेंरें सांमंमंरेंसांसांनिप ममरेसाऩिसारेम।
4. निसांरेंमंरेंसांनिसां रेंमंपंमंमंरेंसांनि सांरेंरेंसांनिपमप निसांसांनिनिपमरे मपमरेरेसासानि सारेमपनिसांरेंसां।
5. ममरेममरेमम रेसा, निनिपनिनिप निनिपरेरेसा, रेंरें सांरेंरेंसांसांनिनिप मरेमपपमम। रेसा

राग बिंद्रावनी सारंग मध्यलय (एकताल)

स्थायी–सुनों मेरी बिनती अब श्याम, तरसत है तुम्हरे दर्शन को।

अंतरा–कहां छुपे हो मुरारी, अब आओ ना, देर न करो।

स्थायी

नि	नि	प	म	रे	सा	ऩि	–	सा	रे	रे	सा
सु	नो	मे	री	बि	न	ती	ऽ	अ	ब	श्या	म
x		o		2		o		3		4	
ऩि	सा	रे	–	म	प	निनि	पम	पनि	सांरें	नि	सां
त	र	स	त	है	ऽ	तुम्ह	रे	दर्श	नऽ	को	ऽ
x		o		2		o		3		4	

अंतरा

म	म	प	प	नि	नि	सां	–	नि	सां	सां	सां
क	हां	ऽ	छु	पे	ऽ	हो	ऽ	ऽ	मु	रा	री
x		o		2		o		3		4	
नि	सां	रे	सां	नि	सां	नि	नि	प	म	प	प
अ	ब	आ	ओ	ऽ	ना	दे	ऽ	र	न	क	रो
x		o		2		o		3		4	

राग बिंद्रावनी सारंग मध्यलय तानें

स्थायी

1. ऩिसा रेम।। पनि सारें।। निसां निनि।। पम पनि।। सांनि पम।। रेसा ऩिसा।
2. पनि सारें।। मंमं रेंसां।। निसां रेंरें।। सांनि पम।। पनि पम।। रेसा ऩिसा।
3. निनि पम।। पनि सांसां।। सारें निसां।। निनि पम।। पनि सांसां।। निप मप।
4. ऩिसा रेम।। रेम पनि।। मप निसां।। पनि सारें।। मंमं रेंसां।। निसां रेंसां।
5. मम रेसा।। प– प–।। निनि पम।। नि– नि –।। रेंरें सांनि।। सां– सां–।

अंतरा

1. पनि सांनि।। पम रेम।। रेसा ऩिसा।। रेम पनि।। मप निसां।। रेंसां निसां
2. मम रे,प।। पम, निनि।। प,सां सांनि।। रेंरे सां, मं।। मरें सांनि।। रेंसां निप।
3. निसां मंमं।। रेंसां निसां।। रेंरें सांनि।। पनि सांसां।। निप मप।। निनि सांसां
4. सारे मम।। रेम पप।। मप निनि।। पनि सांसां।। निसां रेंरें।। सांनि सांसा।
5. ऩिसा रेम।। पम रेम।। पनि पम।। पनि सांनि।। पम पनि।। सारें मंमं।। रेंसां।।

20

राग भीमपलासी–राग परिचय

इस राग की उत्पत्ति काफ़ी थाट से मानी गई है। इस राग में गनि कोमल स्वर लगते है। आरोह में रे ध स्वर वर्जित तथा अवरोह में सम्पूर्ण स्वर लगने के कारण इस राग की जाति औडव–सम्पूर्ण है। वादी स्वर मध्यम, संवादी स्वर षडज है। इस राग का गायन समय दिन का तीसरा प्रहर है। कुछ विद्वान लोगों का मानना है कि यह भीम और पलासी के दो रागों के सम्मिश्रण से बना है। राग धनाश्री राग भीमपलासी से बहुत कुछ मिलता जुलता है। सिर्फ वादी, संवादी स्वर का अंतर है। इस राग में सा म और प म की स्वर संगति बार–बार दिखाई देती है। यह एक गंभीर प्रकृति का राग है। न्यास के स्वर सा,ग,म, और प है।

आरोह–नि सा ग म, प, नि सां।
अवरोह–सां नि ध प म, ग रे सा।
पकड़–नि सा म. म ग, प म, ग, मग, रे सा।

राग भीमपलासी स्वर विस्तार

स्थायी

1. सा, निसा, पनिसा, पनिसाग, रेसा।
2. गमप, ग, मगरेसा, निधप,निसा ग, रेसा।
3. मप, गमपनि, धप, गमप, गम, गरेसा ।
4. प, मप, गमपनि, सां, सां(सां) निधप, गमप, गम, गरेसा।
5. पनिसां, निधप, मप, गम, पनिपनिसां, निधप, मगरेसा।

अंतरा

1. निनिसां, गमपनिध, मप, गमपनिसां।
2. निसां, पनिसांगंरेंसां, निधप, मप,, गमपनिसां।
3. गंरेंसां, पनिसां, मपगमपनिसां, निधप, सां।
4. सांनिधपमप, गम, पनिपनिसां, गंरेंसां
5. गंरेंसां, गंमंपं, गंमं, गंरेंसां, निधप, गमप, गम, गरेसा ।

राग भीमपलासी सरगम मध्यलय (झपताल)

स्थायी

म	प	ग	म	प	ग	म	ग	रे	सा
x		2			०		3		
नि़	सा	ग	रे	सा	नि़	सा	नि़	ध़	प़
x		2			०		3		
ग	म	प	म	प	ग	म	ग	रे	सा
x		2			०		3		

अंतरा

प	म	ग	म	प	प	नि	प	नि	सां
x		2			०		3		
नि	सां	गं	रें	सां	नि	सां	नि	ध	प
x		2			०		3		
मं	गं	रें	रें	सां	नि	ध	नि	ध	प
x		2			०		3		
म	प	ग	म	प	ग	म	ग	रे	सा
x		2			०		3		

राग भीमपलासी लक्षण गीत तीनताल

स्थायी–ग नि कोमल स्वर लगत राग में,

त्यागत रिध को आरोहन में।

अंतरा– म स वादी अरु सम्वादी ते,

गावत राग को तीसरे प्रहर में।

स्थायी

नि़	सा	म	ग	रे	सा	प़	नि़	सा	ग	म	प	ग	म	प	प
ग	नि	को	ऽ	म	ल	स्व	र	ल	ग	त	रा	ऽ	ग	में	ऽ
०				3				x				2			
ग	म	प	नि	ध	प	म	प	ग	म	प	म	ग	रें	सा	सा
त्या	ऽ	ग	त	रे	ध	को	ऽ	आ	ऽ	रो	ऽ	ह	न	में	ऽ
०				3				x				2			

अंतरा

प	म	ग	म	प	नि	प	नि	सां	–	सां	सां	गं	रें	सां	सां
म	सं	वा	ऽ	दी	ऽ	अ	रु	सं	ऽ	वा	ऽ	दी	ऽ	ते	ऽ
०				3				x				2			
मं	गं	रें	सां	निध	प	मम	पप	नि	ध	प	म	ग	रे	सा	सा
गा	ऽ	व	त	राऽ	ऽ	गऽ	कोऽ	ती	स	रे	प्र	ह	र	में	ऽ
०				3				x				2			

राग भीमपलासी विलम्बित ख्याल (तिलवाड़ा)

स्थायी–गीता वेद पुरानों का में,

ग्यान सुनाऊं गली–गली।

अंतरा–राम नाम के हीरे मोती,

मैं बिखराऊं गली–गली।

स्थायी

निसागम प ग रेसा	रे – रे –	सा – नि सा	म – म –
गीऽऽ ता वे दपु	रा ऽ नों ऽ	का ऽ ऽ ऽ	में ऽ ऽ ऽ
3	x	2	o
प –– नि नि	सां सां सां सांनि	(नि) ध ध म	ग मग रे सा
ग्या ऽ न सु	ना ऽ ऊ ऽऽ	ग ऽ ली ऽ	ग ऽऽ ली ऽ
3	x	2	0

अंतरा

ग म प निप	सां – सां सां	पनि सांगं रें सां	नि – सां –
रा म ना मऽ	के ऽ ऽ ऽ	हीऽ ऽऽ रे ऽ	मो ऽ ती ऽ
3	x	2	o
पनिसां नि ध पप	ग – ग –	म प ग म	ग रे सा सा
मैंऽऽ ऽ बि खऽ	रा ऽ ऊ ऽ	ग ऽ ली ऽ	ग ऽ ली ऽ
3	x	2	o

राग भीमपलासी तानें विलंबित ख्याल

1. निसामगरेसा,निसा गमपनिसांनिधप मगरेसा,निसागम पनिसारेंसांसांनिध पमगरेसा,निसाग मपनिसांगंरेंसांनि धपमगरेसासा निसागमपनिसांसां ।
2. निसागमपपगम पनिसांसांपनिसांगं रेंसांनिधपमगरे सासा,पमगमपनि सांसां, निसांगंगंरेंसां निसांरेंरेंसांनिधप मपमगरेसासानिसागमपनिसांसां।
3. निसांमंगंरेंसां,निसांगंमंपंमंगंरें सांसां,निसांगंरेसांनिपनि रेंसांनिधपमगम पमगरेसासा,नि.सा गमपपगमपनि सांसांपनिसारेंसांनि धपगमपमगरे।
4. गमप,गमपनि,ग मपनिसां,गमपनि सांरेंसांसांगमपनि सांगंरेंसांगंमंपंमं गंरेंसांसांनिधपम गमपमगरेसासा गमपनिसांगंरेंसां निधपमगरेसासा।
5. पपमपगमप,सा गमपगमप,प.नि सागमपगमप,ग मपनिसांगंगंरेंसां रेंरेंसांनि,सांसांनिध, निनिधप,पपमग,मगरेसा,निसागम पनिसांपनिसांपनिसां।

राग भीमपलासी मध्यलय (त्रिताल)

स्थायी–मैं तो होली श्याम सुन्दर की, मन मोहे बड़े नैन जाके।

अंतरा–डुब गई मैं प्रेम में प्रभु के, भुल गई सब काम जगत के।

स्थायी

सा	ग	म	प	मग	मग	रे	सा	नि	सा	म	म	म	–	–	–
मैं	ऽ	तो	ऽ	होऽ	ऽऽ	ली	ऽ	श्या	ऽ	म	सु	न्द	र	की	ऽ
०				3				x				2			
प	नि	सां	गं	रें	रें	सां	–	पनि	सांरे	सांनि	धप	गम	पमं	गरे	सा–
म	न	मो	ऽ	हे	ऽ	ब	ड़े	नैऽ	ऽऽ	नऽ	जाऽ	ऽऽ	ऽऽ	ऽऽ	केऽ
०				3				x				2			

अंतरा

प	म	ग	म	प	नि	सां	सां	प	नि	सां	गं	रें	रें	सां	सां
डु	ऽ	ब	ग	ई	ऽ	मैं	ऽ	प्रे	ऽ	म	में	प्र	भु	के	ऽ
०				3				x				2			
सां	गं	मं	पं	मं	गं	रें	सां	प	नि	सां	नि	ध	प	म	प
भु	ऽ	ल	ग	ई	ऽ	स	ब	का	ऽ	म	ज	ग	त	के	ऽ
०				3				x				2			

राग भीमपलासी तानें मध्यलय

स्थायी

1. निसा गम पनि सागं।। रेंसां निध पम गरे
2. पनि सांनि धप मप।। गम पम गरे सासा
3. पनि सारें सांनि धप।। सांनि धप मग रेसा
4. पम गम प– मप।। निनि धप सां नि धप ।। गरें सां नि मप गम । पम गम गरे सासा।
5. निनि धप मप सांनि। धप मप गरें गरें। सारें सांनि धप मप।।गम पम गम गरे ।सासा

अंतरा

1. सांनि धप मग रेसा।। नि.सा गम पनि सांसां।
2. पनि सारें सांनि धप।। मप गम पनि सांसां।
3. गमं पमं गरें सांनि।। धप मप गम पनि।सांसां
4. सांनि धप मप गम।। सारें सांनि धप मप।। गरें सारें सानि धप । धप धनि सांगं रेंसां
5. पनि पनि सारें सांनि। धप मप गमं पनि।सां– गरें गमं सारें। सांनि धप मप धनि ।। सां–

राग भीमपलासी तराना तीनताल

स्थायी

सां	सां	नि	ध	म	प	ग	म	प	—	—	म	प	नि	ध	प
दीं	ऽ	म्त	न	न	न	त	न	तों	ऽ	ऽ	—म्त	न	न	न	न
०				3				x				2			
ग	ग	रे	सा	रे	रे	सा	सा	प.	नि.	सा	ग	रे	रे	सा	सा
त	न	न	तों	ऽ	म्त	दे	रे	त	न	दे	रे	दे	रे	ना	ऽ
०				3				x				2			
नि.	सा	ग	म	प	नि	सां	गं	रें	रें	सां	सां	नि	ध	प	प
उ	दा	नि	त	नि	त	दा	नी	दीं	ऽ	म्त	न	दे	रे	ना	त
०				3				x				2			

अंतरा

प	प	म	म	ग	म	प	प	प	नि	प	नि	सां	सां	सां	सां
दीं	ऽ	म्त	न	न	न	न	न	त	न	न	त	दा	रे	दा	नी
०				3				x				2			
प	नि	सां	गं	मं	गं	रें	सां	नि	नि	सां	सां	नि	ध	प	प
ता	रे	दा	नी	तुं	द्रे	दा	नि	दीं	ऽ	म्त	न	न	न	न	न
०				3				x				2			

ग म प नि	सां नि ध प	ग म प म	ग रे सा सा
त न तों ऽ	म्त न न न	दिर दिर त न	दे रे ना ऽ
०	3	x	2
नि़ सा ग म	प म ग म	प नि ध प	म ग रे सा
धागे नधा तिर कट	गदि गन धा धा	धागेनधातिरकिट	गदि गन धा धा
०	3	x	2

21

राग जौनपुरी–राग परिचय

इस राग की उत्पत्ति थाट आसावरी से मानी गई है। राग में ग, ध, नि कोमल स्वर लगते है। आरोह में गंधार स्वर वर्जित, अवरोह में सम्पूर्ण स्वर लगने के कारण इसकी जाति षाडव–सम्पूर्ण है। वादी स्वर कोमल धैवत तथा संवादी कोमल गंधार है। गायन समय दिन का दूसरा प्रहर है। आसावरी राग से बचाने के लिये रे म प स्वरों को बार–बार गाते है। समकालिन राग आसावरी है, जौनपुरी राग षाडव – सम्पूर्ण अर्थात् आरोह गंधार स्वर वर्जित, परन्तु आसावरी राग में आरोह में ग और ध वर्जित औडव–सम्पूर्ण जाति का होने के कारण दोनों राग एक दूसरे से भिन्न हो जाते है। यह राग उत्तरांग वादी राग है। न्यास के स्वर सा, प।

आसावरी राग–सा, रेमप, धपमप, गरेसा।
जौनपुरी राग–सा, रेमप, धपमपग, रेमप।

आरोह–सा, रेम, प, ध नि सां।
अवरोह–सांनिध, प, मग, रेसा।
पकड़–मप, निधप, ध, मप, ग, रेमप।

राग जौनपुरी स्वर विस्तार/अलाप

स्थायी

1. गरेसा, रेनिधप, मप, धधसा।
2. सारेमप, प, म(प)ग, रेप,ग, रेसा।
3. धमपग, रेमप, निधप, मप, ग,रेसा।
4. धधप, मपग, रेमप, धनिधप, धमप, रेमप।
5. मपधमप, धनिसां, सां(सां), निधप, धमपग, रेसा।

अंतरा

1. मपधनिसां, रेंसां, रेंनिधप, मप, धनिसां।
2. धनिसां, रेंरेंसां, निधपप, मपधनिसां, रेंसां।
3. सांरेंगं, रेंसां, रेंनिधप, मपनिधप, ध निसां।
4. गंरेंसां, मंगंमंगंरेंसां, निधप, रेंनिधप, सां।
5. सांरें, गंरेंसां, रेंमंपंगंरेंसां, मप, धनिसां।

राग जौनपुरी सरगम (त्रिताल)

स्थायी

म प ध सां	ध ध प प	रे – म म	प प प –
o	3	x	2
ध ध प प	म प ध प	ग ग रे सा	रे रे सा सा
o	3	x	2
प प गं गं	रें रें सां सां	नि सां रें सां	ध ध प प
o	3	x	2

अंतरा

म म प प	ध ध नि नि	सां – सां सां	गं रें सां सां
o	3	x	2
ध गं रें सां	रें नि ध प	म प ध प	ग ग रे सा
o	3	x	2
सा रे म प	ध नि सां रें	गं रें सां नि	ध प म प
o	3	x	2

राग जौनपुरी विलम्बित ख्याल एकताल

स्थायी–अखियां हरि दरशन को तरसे, तरसत तरस मोरे नैना बरसे।

अंतरा–नैनन की बतिया तुम जावो, आओ कान्हा मोहे न सताओ।

स्थायी

मम	पसां	धध	पप	प	—	ध	म	प	प	ग	रेसा
अखि	यां	हरि	दर	श	न	को	ऽ	त	र	से	ऽऽ
3		4		x		०		2		०	
ध	ध	प	प	पध	—नि	ध	प	पध	मप	गम	रेसा
त	र	स	त	रऽ	ऽस	मो	रे	नैऽ	नाऽ	बर	सेऽ
3		4		x		०		2		०	

अंतरा

म	प	ध	ध	सां	सां	सां	सारें	सारेंगं	रें	सां	सां
नै	न	न	की	ब	ति	यां	ऽऽ	तुऽऽ	म	जा	वो
3		4		x		०		2	०		
रें	नि	ध	ध	धम	पप	म	प	गग	रेसा	रे	सा
आ	ऽ	ओ	ऽ	काऽ	न्हा	मो	हे	नऽ	सऽ	ता	ओ
3		4		x		०		2		०	

राग जौनपुरी विलम्बित ख्याल तानें

1. सारेमपधधमप मगरेसासारेमप धनिनिधपमपध पगगरेसा, सारेम पधनिसारेंसांनिध पमपनिनिधपम पधपमपमगरे सारेमपधनिसारें गंगंरेंसारेंनिधप मपनिनिधपमप धपमगरेसारेम ।पप

2. धधपपमपधप मपनिनिधपसांनि धपरेंरेंसांनिधप गंगंरेंसांनिसारेंसां धपरेंमंपंमंगंरें सांनिसारेंरेंसांनिध पमपधपमगरे सासारेमपधधम पधनिसांसांधनिसां रेंगंगंरेंसांनिधप मपधपमगरेसा।

3. निसांगंगंरेंसां,रेंमं पंगंगंरेंसां, निसारें रेंसारेंनिसांधपम पधपमगरेसा,सारेममरेमपपम पधधपधसांसांगं गंरेंसांनिसारेंसांध पमपधपमपम गरेसासारेमप,ध धपपमपधपम ।गरेसा

4. निनिधपमपधनि सां,गंगंरेंसांनिसारें सांनिनिधपमपध निसारेंमंपंपंमंगं रेंसांनिसांगंगंरेंसां निसारेंरेंसांनिधप मपधपमगरेसा सारेम,रेमप,मप ध,पधनिधनिसांगं गंरेंसांनिधपमग। रेसा

5. सारेंनिसांधनिपध मपधनिसांगंमंपं पंमंगंरेंसांनिसांप धमपधनिसांगंगं रेंसांनिसारेंरेंसांनि धनिसांसांनिधमप निनिधपमपधनिसांसारेंनिसांधनिप धमपधनिसांसां–।

राग जौनपुरी मध्यलय (त्रिताल)

स्थायी–प्रभु तुम दो मोरी आसरा, कोई नही अपना इस जग में।।

अंतरा–किसे स्वर्ग दो, किसे मुक्ती दो, मुझे तो अपने वही चरण दो।

स्थायी

नि	सां	निसां	रेंसां	ध	–	प	प	–	ग	रे	सा	रे	म	प	–
प्र	भ	तुऽ	मऽ	दो	ऽ	मो	री	ऽ	आ	ऽ	स	रा	ऽ	ऽ	ऽ
०				3				x				2			
ध	प	पध	गप	ग	–	रे	सा	नि	नि	सां	सां	रें	नि	ध	प
को	ई	नऽ	हीऽ	अ	प	ना	ऽ	ई	स	ज	ग	में	ऽ	ऽ	ऽ
०				3				x				2			

अंतरा

म	प	–	ध	–	ध	नि	नि	सां	सां	–	सां	रें	रें	सां	सां
कि	से	ऽ	स्व	ऽ	र्ग	दो	ऽ	कि	से	ऽ	मु	ऽ	क्ति	दो	ऽ
०				3				x				2			
ध	गं	रे	सां	नि	सां	ध	प	म	प	ध	प	ग	ग	रे	सा
मु	झे	ऽ	तो	अ	प	ने	ऽ	व	ही	ऽ	च	र	ण	दो	ऽ
०				3				x				2			

राग जौनपुरी मध्यलय तानें

स्थायी

1. सारे मप धनि सांसां।। निध पम गरे सासा ।
2. पध मप धनि सारें ।। गरें सांनि धप मग।। रेसा
3. रेंगं रेंसां निसां रेंसां।। निध पम गरे सासा।

4. पध मप रेम प–।। निनि धप मप धनि।। सारें सांनि धप मप
धनि सारें गरें सांनि।। धप मग रेसा निसा।

5. मप निनि धप मप।। सारें सांनि धप मप।। धनि सारें गरें सारें
सांनि धप मग रेसा।।

अंतरा

1. मप सांसां निध पम।। गरे सारे मप धनि।। सांसां
2. सारें मंगं रेंसां निध।। पम पध निसां रेंसां।
3. मप धप रेम पप।। मप निनि धप सांनि।। धप मप धप मग रेसा।
4. गरें गरें सांनि, रेंसां।। रेंसां निध, सांनि सांनि।। धप, मप धनि सारें।
गरें सांनि धप मप।
5. सारें मंपं मंगं रेंसां।। धनि सारें गरें सांनि।। पध निसां निध पम
गम पध निसां रेंसां ।

राग जौनपुरी तराना तीनताल

स्थायी

ग	ग	रे	सा	रे	रे	सा	सा	रे	म	प	नि	ध	ध	प	प
दिर	दिर	त	दीं	म्त	न	दे	रे	ना	ऽ	म्त	न	दे	रे	ना	त
०				3				x				2			
म	प	ध	नि	सां	रें	गं	रे	सां	रे	सां	नि	ध	प	म	प
उ	दा	नि	त	त	दा	नि	त	त	दा	नि	त	दिर	दिर	त	न
०				3				x				2			
गं	गं	रें	सां	रे	नि	ध	प	म	प	ध	प	ग	ग	रे	सा
त	न	न	त	दा	रे	दा	नि	दीं	ऽ	म्त	न	दे	रे	ना	ऽ
०				3				x				2			

अंतरा

म	प	ध	नि	सां	सां	सां	सां	ध	नि	सां	गं	रें	रे	सां	–
ना	दिर	दिर	दिर	तुम	दिर	दिर	दिर	तों	ऽ	म्त	न	दे	रे	ना	ऽ
०				3				x				2			

गं गं रें सां	नि सां ध प	म प ध. प	ग ग रे सा
द्रे द्रे द्रे द्रे	ना ऽ त न	त दा ऽ रे	त न दे रे
o	3	x	2
सा रे म प	ध नि सां रें	गं रें सां रें	सां नि ध॰ प
धा किट्तक धुम	किट्तिर किट्तक	तक तक तिरकिट	धा ऽ दा नी
o	3	x	2

22

राग मालकौंस–राग परिचय

यह राग भैरवी थाट से उत्पन्न माना गया है। इस राग में ग ध नि कोमल स्वर लगते है। आरोह–अवरोह में रिषभ और पंचम स्वर वर्जित होने के कारण इसकी जाति औडव–औडव है। वादी स्वर मध्यम और संवादी स्वर षडज है। रात्रि के तीसरे प्रहर में इसे गाते है। इसमें मींड, गमक, कण आदि सभी खूब प्रयोग किये जाते है। राग मालकौंस श्रुति मधुर एवं विचार क्षेत्र का धनी है, क्योंकि इसमें सा–म,ग–ध,म–नि की सभी जोड़ियों में षडज–मध्यम, भाव तथा ग–नि,म–सां की स्वर जोड़िया षडज–पंचम भाव का प्रत्यक्ष दर्शन है। मालकौंस एक गंभीर प्रकृति का राग है। न्यास के स्वर सा ग म है।

आरोह–निसा, गम, ध, निसां।
अवरोह–सां नि ध, म, ग म ग सा।
पकड़–म ग,म ध नि ध,म, ग, सा।

राग मालकौंस स्वर विस्तार/अलाप

स्थायी

1. धनिसा, सा (सा) निध, मधनिध, सा।
2. ध निसाग, म, गमधम, गमगसा।
3. ध, (नि)ध, मधनिध, म, गमगसा।
4. धनिसां, सां(सां) निध, मग, मग, सा।
5. गमधनि सां,निसां, धनिसां, निध, म, गमगसा।

अंतरा

1. धनिधम, धनिसां, निध, निध, म, गमधनिसां।
2. निसागमध, गमधनि, सां, निनिधम, धनिसां।
3. गमधनिसां, गंसां, निसांगंसां, निध, मग, मधनिसां।
4. गंगंसां, धनिसांगं, सां, निध, मग, धमग, धनिसां।
5. सांगंमं, गंमंगंसां, निसांधनिसां, निध, मग, मधनिसां।

राग मालकौंस सरगम (एकताल)

स्थायी

सां	नि	ध	नि	ध	म	ग	सा	म	म	—	ग
x		o		2		o		3		4	
ग	—	म	ध	नि	सां	सा	सां	नि	नि	ध	म
x		o		2		o		3		4	
गं	मं	गं	सां	नि	ध	म	ध	नि	सां	नि	ध
x		o		2		o		3		4	

अंतरा

म	म	ग	ग	म	म	ध	नि	सां	सां	नि	सां
x		o		2		o		3		4	
नि	—	नि	नि	नि	नि	ध	—	नि	ध	म	म
x		o		2		o		3		4	
ध	नि	सां	मं	—	मं	मं	—	गं	मं	गं	सां
x		o		2		o		3		4	
गं	सां	नि	सां	नि	ध	म	ग	म	ग	सा	सा
x		o		2		o		3		4	

राग मालकौंस विलम्बित ख्याल (तिलवाड़ा)

स्थायी—आया नंद का छोरा, देखन लागी मोरी अखियां।

अंतरा—कैसे कहु अब काम काज में, देखे श्याम का रुप सलोना।

स्थायी

ग म गमधनिसां निध	म – – म	ग – – –	म – ग सा
आ ऽ याऽऽऽऽ ऽऽ	नं ऽ ऽ द	का ऽ ऽ ऽ	छो ऽ रा ऽ
3	x	2	०
नि सा ग म	ध ध ध –	मधनि नि ध म	ग म ग सा
दे ऽ ख न	ला ऽ गी ऽ	मोऽऽ ऽऽ री ऽ	अ खि यां ऽ
3	x	2	०

अंतरा

ग म ध नि	सां – सां सां	ध नि सां गं	मं गं सां सां
कै ऽ से क	हूं ऽ अ ब	का ऽ ऽ म	का ज में ऽ
3	x	2	०
धनि सांगं सां निध	म ध नि ध	म म म म	ग म ग सा
देऽ ऽऽ ख श्याऽ	ऽ म का ऽ	रु ऽ प स	लो ऽ ना ऽ
3	x	2	०

तानें विलम्बित ख्याल

1. निसागमगगसासा, निसागमधनिधम गमगसानिसागम धनिसांनिधमगमगसानिसागमधनि सांगंसांनिधनिधम गमगसा,गमधध गमगसाधनिसासा।
2. निसागमधधगम धनिसांसांधनिसांगं मंमंगंमंगंसांसांगं गंमंगंसांसांनिसां गंगंसांसांनिधमध निधनिधमगगम धमधमगमसाग मगमगसासानिसा।
3. सांनिधनिसांसांनिध सांगंसांनिधसांसां निधनिसांगंमंगंसांधनिसांसांगंमंगं सांनिसांनिनिधनिध धमधममगमग गसागसासानि.सागधनिसांनिधसांसां

4. निसांगंमंगंसां,निसां गंगंसांसांनिसांनिध मधनिधमगमग
सासा,सागममगम धधमधनिनिधनि सांसांनिसांगंगंसांगं मंमंगंमंगंसांनिध
मधनिधमगसासा ।
5. सांनिसांसांनिसांनिनि धनिधधमधमम गमगसानिसागम
धनिसांगंमंगंसांनि धमगमधनिसांसां सांनिधमगमधनि सांनिधमगमधनि
सांनिमगमधनिसां।

राग मालकौंस मध्यलय (त्रिताल)

स्थायी–कब से पुकारता हूं मैं, सुनता है कोई भी नही।

अंतरा–मेरा तो इस जहान में, तेरे सिवा कोई नही।

स्थायी

निसां	गंसां	नि	ध	म	ग	म	ध	सां	–	सा	सां	निसां	गंसां	नि	ध
क ऽ	ब ऽ	से	पु	का	ऽ	ऽ	र	ता	ऽ	हूं	ऽ	मैंऽ	ऽऽ	ऽ	ऽ
o				3				x				2			
ग	–	ग	म	ग	ग	सा	सा	धनि	सांग	सां	नि	ध	नि	ध	म
सु	न	ता	ऽ	है	ऽ	ऽ	ऽ	कोऽ	ऽऽ	ई	भी	ऽ	न	ही	ऽ
o				3				x				2			

अंतरा

म	–	ग	ग	म	–	ध	नि	सां	सां	सां	सां	नि	सां	सां	सां
मे	ऽ	रा	ऽ	तो	ऽ	इ	स	ज	हा	ऽ	न	में	ऽ	ऽ	ऽ
o				3				x				2			
नि	सां	गं	मं	गं	गं	सां	सां	धनि	सांगं	सां	नि	ग	म	ग	सा
ते	ऽ	रे	सि	वा	ऽ	ऽ	ऽ	कोऽ	ऽऽ	ई	न	ही	ऽ	ऽ	ऽ
o				3				x				2			

राग मालकौंस मध्यलय तानें

स्थायी

1. नि सा गम धनि धम।। गम धम गम गसा।
2. धनि सांगं सांनि सांनि।। धनि धम गम गसा।

3. सांगं मंगं सांनि धनि।। सांनि धम गम गसा।

4. साग मम गसा गम।। धध मग मध निनि।। धम धनि सांसां निध।। निनि धम गम गसा।

5. नि़ सा गम साग मध।।। गम धनि मध निसां।। सांगं मंगं सांनि धनि सांनि धम गम गसा।।।

अंतरा

1. गम धनि सांनि धनि।। धम गम धनि सां।

2. गंमं गंसां निसां गंसां।। निध मध निसां धनि।

3. गम धनि सांनि धम।। गम धनि धम गम।। धम गम गसा गम।।

4. सांसां निसां धनि सांसां।। मध निसां धनि सांसां।। निसां गंमं गंसां निध।। मध निसां धनि सांसां।

5. सांनि धनि सांगं सांनि।। धनि सांगं मंगं सांनि।। धनि सांनि धम गम।। गसा गम धनि सांसां।

राग मालकौंस तराना एकताल

स्थायी

सां	सां	नि	ध	म	म	ग	ग	म	ग	सा	सा
दीं	ऽ	म्त	न	न	न	त	न	दे	रे	ना	ऽ
x		०		2		०		3		4	
नि़	सा	ग	म	ध	ध	म	ध	नि	सां	सां	सां
तो	ऽ	म्त	न	न	न	दीं	म	त	न	न	न
x		०		2		०		3		4	
गं	मं	गं	सां	नि	ध	म	ग	म	ग	सा	सा
तों	ऽ	म्त	दी	य	न	त	न	त	दी	य	न
x		०		2		०		3		4	

अंतरा

म	म	ग.	म	ध	नि	सां	सां	नि	नि	सां	सां
दिर	दिर	त	न	दीं	म	त	न	दीं	म	त	नं
x		o		2		o		3		4	
गं	मं	गं	सा	नि	सां	ध	नि	ध	म	ग	म
दीं	ऽ	म्त	त	न	न	त	न	दा	रे	दा	नी
x		o		2		o		3		4	
म	ग	म	ध	नि	ध	म	म	ग	म	ग	सा
त	न	दीं	ऽ	म्त	न	दीं	ऽ	म्त	न	दे	रे
x		o		2		o		3		4	
सा	गम	धध	मग	मध	निसा	धनि	सांसां	गंमं	गंसां	निसां	निध
धा	किट	तक	धुम	किट	तक	धुम	किट	तक	गदि	गन	धाऽ
x		o		2		o		3		4	

राग मालकौंस तराना तीनताल

स्थायी

ग	म	ग	सा	नि़	सा	ध़	नि़	सा	–	ग	ग	म	म	म	–
त	न	न	त	न	न	दे	रे	ना	ऽ	त	न	दे	रे	ना	ऽ
o				3				x				2			
ग	म	ध	नि	सां	नि	ध	नि	सां	गं	सां	नि	ध	नि	ध	म
त	दा	रे	दा	नि	त	दा	नि	दीं	ऽ	म्त	न	दे	रे	ना	ऽ
o				3				x				2			
म	ग	म	ध	नि	नि	सां	सां	ध	नि	ध	म	ग	म	ग	सा
तों	ऽ	म्त	न	ऽ	रे	दा	नि	दिर	दिर	त	न	न	न	दे	र
o				3				x				2			

अंतरा

म ग म ध	नि – नि नि	सां – सां सां	गं मं गं सां
ना द्रे द्रे द्र	दीं ऽ म्त न	द्रे ऽ द्रे ऽ	त न न न
०	3	x	2
गं मं गं सां	नि सां नि ध	म ध नि नि	ध म ग म
त दा रे दा	नि त दा नि	दा रा दे त	दे रे ना ऽ
०	3	x	2
ग म ध नि	सां सा सा सा	गं मं गं सां	नि सां नि ध
तिर किट धा धा	नक तक तिर किट	धागेनधातिरकट	तकतिरकट्धाधा
०	3	x	2

राग मालकौंस धमार ताल धमार

स्थायी—सावरो के संग खेलत होरी,

बईय्या पकड़त मलत गुलाल।

अंतरा—राधा नाचत गावत सखियो के संग,

श्याम सुन्दर की सुनत बांसुरियां।।

स्थायी

म ग सा ध	नि सा सा म ग	ध नि	ध म ग
सा व रो के	ऽ सं ग ऽ खे	ल त	हो ऽ री
3	x	2	०
ध नि सां सां	गं गं सां नि ध	म गम	ग ग सा
ब ई य्या ऽ	प क ड़ त ऽ	म लत	गु ला ल
3	x	2	०

अंतरा

म ग म ध नि	सां सां	ध नि सांसां	गं गं सां सां
रा धा ना च त	गा व	त स खिऽ	यों के सं ग
x	2	०	3

मं	गं	मं	गं	सां	नि	ध	म	म	ग	ग	म	ग	सा	
श्या	ऽ	म	सु	न्द	र	की	सु	न	त	बां	सु	रि	यां	
x					2		०			3				

राग मालकौंस ध्रुपद चौताल

स्थायी—व्यापक हो प्रभु तुम कण कण में

तुम बिन ना कुछ जीवन में,

पृथ्वी जल, अम्बर, उपवन में।

अंतरा—सारे जग के तुम हो दाता,

तुम्ही पिता, तुम्ही हो माता,

स्वामी सेवक का ये नाता।

स्थायी

ग	म	ग	ग	सा	सा	ध़	नि़	साग	मग	सा	सा
व्या	प	क	हो	प्र	भु	तु	म	कण	कण	में	ऽ
x		०		2		०		3		4	
म	ग	म	ध	नि	सां	नि	ध	मम	गम	धनि	सांसां
तु	म	बि	न	ना	ऽ	प्र	भु	कुछ	जीऽ	वन	मेंऽ
x		०		2		०		3		4	
सां	नि	ध	नि	ध	म	गग	मध	गम	गग	सासा	नि़सा
पृ	ऽ	थ्वी	ज	ऽ	ल	अऽ	ऽम्ब	उप	वन	मेंऽ	ऽऽ
x		०		2		०		3		4	

अंतरा

म	ग	म	ध	नि	नि	सांसां	नि	सां	सां	सां	सां
सा	रे	ज	ग	के	ऽ	तुऽ	म	हो	दा	ऽ	ता
x		०		2		०		3		4	

सां	गं	मं	गं	सां	सां	ध	नि	सां	गं	सां	सां
तु	म्ही	ऽ	पि	ऽ	ता	तु	म्ही	हो	मा	ऽ	ता
x		०		2		०		3		4	
सां	नि	ध	नि	ध	म	ग	म	ग	ग	सा	सा
स्वा	मी	ऽ	से	व	क	का	ऽ	ये	ना	ऽ	ता
x		०		2		०		3		4	

23

राग पटदीप–राग परिचय

राग पटदीप कि उत्पत्ति थाट काफ़ी से मानी गई है। इसमें कोमल गंधार तथा शेष सभी शुद्ध स्वर लगते है। आरोह में रिषभ एवं धैवत स्वर वर्ज्य तथा अवरोह में सम्पूर्ण स्वर लगने के कारण इस राग की जाति औडव–सम्पूर्ण है। वादी स्वर पंचम संवादी स्वर षडज है। गायन समय दिन का तीसरा प्रहर है। इस राग में शुद्ध निषाद का बार–बार प्रयोग करने से राग भीमपलासी से भिन्न हो जाता है। अवरोह में कभी–कभी निषाद छोड़कर गाया जाता है, जैसे–पनिसांधप, मपगमपनिसां,गरें सां,धप,मपगमगरेसा। न्यास के स्वर सा, म और नि है। स्वरों का प्रयोग रिषभ–अनाभ्यास अल्पत्व, गंधार–न्यास बहुत्व, मध्यम–अभ्यास व दीर्घ अल्पत्व, पंचम–सम्पूर्ण न्यास धैवत–अल्पत्व निषाद–बहुत्व।

आरोह–ऩिसा, गमप, निसां।
अवरोह–सांनिधप,मगरेसा।
पकड़–गमपनिसां, निधप।

राग पटदीप स्वर विस्तार/अलाप

स्थायी

1. ऩिऩिसा, गरेसा, ध़प़म़प़ऩि सा, गरेसा।
2. ऩिध़ऩिध़प़,ऩिऩिसा, रेसा, गरेसा, ऩिसा।
3. गमप, मपऩिसागमप, ग, मप, निधप, मगरेसा।
4. पनिधप, गमपनि, सां, धप, गमपम, गरेसा।
5. गमपनिसां, सां(सां), निधप, गमप, ग, मगरेसा।

अंतरा

1. पनिसां, धप, मपगम, पनिसां।
2. गमपमपनिसां, गरेंसां, धप, मपनिसां।
3. निनिसां, गंरेंसां, धप, गमपनिधप, सां।
4. गंरेंसां, मंगंरेंसां, निसांधप, गमपनिसां,।
5. निसां, गंरेंसां, गंमंपंगंमंगंरेंसा, धप, पनिसां।

राग पटदीप सरगम गीत तीनताल

स्थायी

नि	सां	ध	प	म	प	ग	म	प	–	प	–	नि	नि	सां	सा
o				3				x				2			
प	नि	सां	गं	रें	रें	सां	सां	प	नि	सां	सां	ध	ध	प	प
o				3				x				2			
ग	म	प	नि	ध	प	म	प	ग	–	ग	म	ग	रे	सा	सा
o				3				x				2			

अंतरा

ग	म	प	नि	सां	–	सां	–	प	नि	सां	गं	रें	रें	सां	सां
o				3				x				2			
गं	मं	पं	मं	गं	रें	सां	सां	नि	–	नि	सां	ध	ध	प	प
o				3				x				2			
ऩि	सा	ग	म	प	नि	सां	सां	ध	प	म	प	म	ग	रे	सा
o				3				x				2			

राग पटदीप विलम्बित ख्याल तिलवाड़ा

स्थायी–भजो रे मन हरिनाम सदा, नीत बरसेगी प्रेम सदा।

अंतरा–मोह माया सब झूठी, हरि का नाम ही साचा।

स्थायी

नि निसां धप गम	प – प मप	ग म प प	ग रे सा सा
भ जोऽ रेऽ मन	ह ऽ रि ऽऽ	ना ऽ ऽ म	स ऽ दा ऽ
3	x	2	०
ऩि – सा –	ग म प म	नि निसां धप मप	ग रे सा –
नी ऽ त ऽ	ब र से गी	प्रे ऽऽ ऽऽ मऽ	स ऽ दा ऽ
3	x	2	०

अंतरा

प प ग मप	नि नि सां सां	प नि सां सां	गं रें सां सां
मो ह मा याऽ	है ऽ ऽ म	स ऽ ब ऽ	झू ऽ ठी ऽ
3	x	2	०
प नि सां धप	ग म प प	ध ध प प	ग रे सा –
ह रि का ऽऽ	ना ऽ ऽ म	ही ऽ सा ऽ	चा ऽ ऽ ऽ
3	x	2	०

पटदीप विलम्बित ख्याल तानें

स्थायी

1. ऩिसामगरेसा,ऩिसा गमपगमगरेसा, ऩिसागमपनिधप मगरेसा,ऩिसागम पनिसांधपमपग मपगमगरेसाऩि सागमपनिसांगंरें सांनिधपमगमप निधपमगरेसा,ऩिसागमपनिसांगंमं पंगंमंगंरेंसांनिध पमगमपमगरे ।सा
2. गमपमगरेसा,गमपनिधप,गमप निसांगंरेंसांधप,प निसांगंमंपंगंमंरें सां,धपगमपमग रेसासाऩिसागमपप, गमपनिसांसांपनि गंरेंसांधपमपग मपमगरेसासा।
3. गमपगमपगम पमगरेसासा,पनि सांपनिसांपनिसांनि धपमपगम,गंमं पंगंमंपगंमंपंमं गंरेंसांनिधपमप गमपमगरेसासा, ऩिसागमपप,गम पनिसांसांगंरेंसांनि धपमगरेसाऩिसा।
4. ऩिसागमपमग म,पनिधपमपगम,पनिसांनिधपमप गम,पनिसांगंरेंसां निधपमगमपनि सांगंमंपंगंमंगंरें सांसांधपमपगम पमगरेसासाऩिसा।

5. पमगमपमगम पनिपनिसांनिधप, पनिसांनिपनिसांनि पनिपनिसांगंरेंसां सांगंमंपंमंगंमं पंमंगंमंपंमंगंरें सांसांनिसांसांधमप गंगंसांनिधमपग मपमगरेसासा–।

राग पटदीप मध्यलय तीनताल

स्थायी–सुन्दर लागत धरती न्यारी, देखत है सारे नर नारी।

अंतरा–रजत कणों की शोभा न्यारी, चहुं दिशा में हरियाली छाई।

स्थायी

प नि सां ध	प प ग म	प प प प	प नि ध प
सु ऽ न्द र	ला ऽ ग त	ध र ती ऽ	न्या ऽ री ऽ
o	3	x	2
ग ग रे सा	रे रे सा सा	प नि सां ध	पग गम प प
दे ऽ ख त	है ऽ ऽ ऽ	सा रे न र	नाऽ ऽऽ री ऽ
o	3	x	2

अंतरा

प प प म	प प ग म	प प नि नि	सां सां सां सां
र ज त क	णों ऽ की ऽ	शो ऽ भा ऽ	न्या ऽ री ऽ
o	3	x	2
प नि सां गं	रें रें सां सां	प नि सां सां	सांनि धप मप गम
च हू ऽ दि	ऽ शा ऽ में	ह रि या ली	छाऽ ऽऽ ईऽ ऽऽ
o	3	x	2

राग पटदीप मध्यलय तानें

स्थायी

1. निसा गम पनि सांगं। रेंसां निध पम गरे। सासा
2. पनि सांनि धप मप । गम पनि सांगं रेंसां।
3. गंमं पंमं गंरें सांनि । धप मग रेसा निसा।

4. गम पम प— पनि।धप मप गम प—। पनि सांनि धप मप।
   गम प— मग रेसा।

5. निनि धनि निध निनि।धप मप गम पप।सांनि धसां निध सांनि।
   धप मप गम गरे। सासा

अंतरा

1. सांनि धप मग रेसा। ऩिसा गम पनि सांसां।
2. पनि सांगं रेंसां निध। पम गम पनि सांसां।
3. पप मप गम पप। साग मप गम पप। पनि सांगं रेंसां निध।
   पम गम पनि सांसां।
4. पनि सांनि धप मप। गम पनि सांगं रेंसां। निध पम गम पनि।
   सांगं मंपं मंगंरेंसां। निध पम गम पनि। सांसां
5. गंगं रेंसां रेंरें सांनि। सांसां निध निनि धप। मग रेसा गम पनि।
   पनि सांगं रेंसां निसां।

राग पटदीप तराना झपताल

स्थायी

प	नि	सां	ध	प	ग	म	प	—	प
ना	दिर	दा	ऽ	नी	तुम	दिर	दा	ऽ	नी
x		2			o		3		
ग	म	प	नि	सां	गं	रें	सां	ध	प
दीं	म	त	न	न	त	न	दे	रे	ना
x		2			o		3		
गं	रें	सां	ध	प	म	प	म	ग	रे
त	न	तों	म	त	दा	रे	दा	ऽ	नी
x		2			o		3		

अंतरा

प	ग	म	प	प	नि	सां	सां	—	सां
दा	रे	दा	ऽ	नी	तुम	दिर	दा	ऽ	नी
x		2			o		3		

नि	सां	ग॒ं	रें	सां	नि	सां	नि	ध	प
त	नं	दीं	ऽ	म्त	त	न	दे	रे	ना
x		2			o		3		
नि़सा	ग॒म	पप	मप	निनि	सांसां	ग॒ंरे	सांनि	धप	मप
घिर	घिर	किट	तक	घुम	किट	तक	गदि	गन	धाधा
x		2			o		3		

24

राग तिलंग–राग परिचय

इस राग की उत्पत्ति थाट खमाज मानी गई है। आरोह–अवरोह में रिषभ और धैवत वर्जित होने के कारण इसकी जाति औडव–औडव है। राग में दोनों निषाद का प्रयोग किया जाता है। आरोह में शुद्ध निषाद, अवरोह में कोमल निषाद का प्रयोग किया जाता है। वादी गंधार और संवादी निषाद है। इसे रात्रि के दूसरे प्रहर में गाते है। राग की सुन्दरता बढ़ाने के लिये कभी–कभी अवरोह में रिषभ स्वर का प्रयोग करते है। इस राग को ठुमरी तथा टप्पा गायन अधिक किया जाता है। न्यास स्वर सा, ग, प है। राग बिहाग से अलग करने के लिये राग तिलंग के अवरोह में कोमल निषाद का प्रयोग करने से राग भिन्न हो जाता है। इस राग में सा, ग, प, और र्नि न्यास बहुत्व, म का पग संगति में लंघन निपगमगसागमप अनाभ्यास अल्पत्व, कोमल सां अनाभ्यास अल्पत्व, शुद्ध निषाद अलंघन बहुत्व। यह राग प्रकृति का राग है।

आरोह–सा, गमप, निसां।

अवरोह–सां नि॒ प म ग,सा।

पकड़–नि॒ प ग म ग।

राग तिलंग स्वर विस्तार/अलाप

स्थायी

1. ऩिऩिसा, ़पऩिसा, ़म़पऩिसा, गसा,।
2. ऩि़॒प, ऩिऩिसा, गगसा, गमप, गमग, सा।
3. गमप, सागमप, नि॒नि॒प, मप, गमगग, सा।
4. पनिसां, नि॒प, मप, गमग, ऩिसा, गसा।
5. पनि॒प, मपनिसां, नि॒प, गमप, गमगग, सा।

अंतरा

1. गमपनिप, मपनिनिनिपमप, निनिसां।
2. मपगमप, निमपनिसां, निप, मप, गमपनिसां।
3. निनिसां, निपसां, गमपनिसां, गंसां, निप, निसां।
4. गंगंसां, निनिमप निनिसां, निप, सां
5. गंमंगंगंसां, गंमंपं, गंमंगंसां, निपमपगमपनि, नि, सां।

राग तिलंग लक्षण गीत तीनताल

स्थायी—मानत राग तिलंग को थाट खमाज से,
त्याग करत रि ध आरोह—अवरोह में।

अंतरा—गनि वादी अरु संवादी ते, गावत राग दूसरे प्रहर में।

स्थायी

सां	सां	नि	प	म	प	ग़	म	प	–	ग	म	पनि	सांसां	निसां	निप
मा	न	त	ति	लं	ग	को	ऽ	था	ऽ	ट	ख	माऽ	जऽ	सेऽ	ऽऽ
०				3				x				2			
ग	ग	म	प	नि	नि	सां	सां	नि	प	म	पम	ग	म	ग	सा
त्या	ऽ	ग	क	र	त	रि	ध	आ	रो	ह	अव	रो	ह	में	ऽ
०				3				x				2			

अंतरा

ग	म	प	नि	प	नि	सां	सां	गं	मं	पं	मं	गं	मं	गं	सा
ग	नि	वा	ऽ	दी	ऽ	अ	रु	सं	ऽ	वा	ऽ	दि	ऽ	ते	ऽ
०				3				x				2			
सां	सां	नि	सां	नि	प	म	प	ग	म	प	म	ग	म	ग	सा
गा	ऽ	व	त	रा	ऽ	त	दू	स	रे	ऽ	प्र	ह	र	में	ऽ
०				3				x				2			

राग तिलंग विलम्बित ख्याल तिलवाड़ा

स्थायी–कामना करके प्रभु के गीत गा ले,
भावना के पुष्प चरणों में चढ़ा ले।

अंतरा–तुझको मिल जायेगा भक्ति का सहारा,
है भजन ही प्रभु का तेरा सहारा।

स्थायी

गमपनि॒ म प निसां	सां सां नि सां	नि॒ प म प	ग म ग सा
काऽऽऽ म ना ऽऽ	क र के प्र	भु ऽ के ऽ	गी त गा ले
3	x	2	o
नि़ सा गमप मप	नि॒ नि॒ म प	ग म प प	ग म ग सा
भा व नाऽऽ केऽ	पु ऽ ऽ ष्प	च र णों में	च ढ़ा ऽ ले
3	x	2	o

अंतरा

म प नि नि	सांनि सांसां नि सां	प नि सां गंग	सां नि॒ प प
तु झ को ऽ	मिल जाये गा ऽ	भ क्ति का सऽ	हा ऽ रा ऽ
3	x	2	o
गं मं गंगं सांसां	नि॒नि॒ पप मप निसां	नि॒ प म प	ग गम ग सा
है ऽ भज नऽ	हीऽ ऽऽ प्रऽ भुऽ	का ते रा स	हा ऽऽ रा ऽ
3	x	2	o

राग तिलंग विलम्बित ख्याल तानें

1. नि़सागगसासानि़सा गमपपगमगग नि़सागमपपनि॒नि॒ पगमगसा, नि़साग मपनिसांसां नि॒पमगमगसा,नि़ सागमपनिसांसांगं गंसांसांनि सांनि॒पग मगगसा,नि़सागम पनिसांसांगंमंपंपं गंमंगंगंसांसांनि॒नि॒ पमगमगसानि़सा।
2. गमपगमपगम पमगमगसानि़सा, मपनि॒मपनि॒मप नि॒पमगमगसा, पनिसांपनिसांपनि सांनि॒पमगमगसा गंमंपंगंमंपंगंमं पंपंमंगंसांगंसां,नि सांगंगंसांसांनि॒पम पगमपपगमग ।सा

3. पपमपगमपप सागमपगमपप मपगमपनिपनि सांनिपमगमप
प,गंगंसांसांनिसांनि पमपनिनिसांसांनि पमपनिनिपमग मपपगमग
सासागमप,गमपनि, मपनिसांपनिसांगं मंपंगंमं,गंसांनिप मपगमगसानि़सा
गमपप
4. निसांगंगंसांसां,निसां गंमंपंपंगंमंगंसां, सांगंसांसांनिसांनिनि,
मपमम,गमगग,सागसासा, नि़सागमपनिसां,गं गंसांसांनिसांनिपग
मपपगमगसासा।
5. गमपमगमपम गमपमगमगसा, मपनिपमपनिप मपनिपगमगसा,
पनिसांनिपनिसांनि पनिसांनिपमगम, निसांगंसांनिसांगंसां गंसांनिसांनिप,
गंमंपंमंगंमंपंमं गंमंपंमंगंमंगंसां निसांनिनिपमगम पमगमगगसासा।नि़सा

राग तिलंग मध्यलय तीनताल

स्थायी—तुम जब रहते दूर हो मुझसे, पीड़ा मुझे सता जाती है।

अंतरा—सच्ची ज्योति तुम्हारी मुझको, दुःख में फ़िर समझा जाती है।

स्थायी

ग म पनि मप	नि नि सां सा	नि सां नि प	ग म ग ग
तु म जऽ बऽ	र ह ते हो	दु ऽ ऽ र	मु झ से ऽ
o	3	x	2
सा ग म प	निप मप नि सां	गं मं गं सां	नि प म प
पी ऽ ड़ा मु	झेऽ ऽऽ ऽ ऽ	स ता ऽ जा	ती ऽ है ऽ
o	3	x	2

अंतरा

ग म प प	नि नि सां सां	गं मं गं सां—	निसां पनि म प
सा ऽ च्ची ऽ	ज्यो ति तु ऽ	म्हा री ऽ मुऽ	झऽ को ऽ ऽ
o	3	x	2
पं पं गं मं	गं गं सां सां	नि नि प म	गम पम गम पसां
दुः ऽ ख में	फ़ि र स म	झा ऽ जा ऽ	तीऽ ऽऽ हैऽ ऽऽ
o	3	x	2

राग तिलंग मध्यलय तानें

स्थायी

1. गम पनि सांनि पम। गम पम गम गसा।
2. पनि सांसां गंगं सांसां। निप मप गम गसा।
3. सांगं मंपं गंसां गंसां। निनि पम गम गसा।
4. साग मप गम पनि। मप निसां गंगं सांसां। निसां निप गम पप।
   गम गग सासा ऩिसा
5. गम पनि निप सांसां। निप मप निसां गंगं। सांसां निप मप गम।
   गसा

अंतरा

1. सांनि पम गम गसा। गम पनि पनि सांसां।
2. गंमं गंसां निसां निप। मप निनि सांनि सांसां।
3. गंमं पंपं मंगं सांसां। निनि पम पनि सांसां।
4. पनि पनि सांनि पम। पनि सांगं सांनि सांगं। मंपं गंमं गंगं सांसां।
   निप मप निनि सांसां।
5. साग मप निप निसां। गंमं पंपं गंमं गंसां। निप मप गम पनि।
   पम गम गसा ऩिसा।

25

राग दुर्गा–राग परिचय

राग दुर्गा की उत्पत्ति थाट बिलावल से हुई है। राग में गंधार तथा निषाद वर्जित होने के कारण इसकी जाति औडव–औडव है। इस राग का वादी स्वर धैवत तथा संवादी स्वर रिषभ है। राग का गायन समय रात्रि का द्वितीय प्रहर है। धैवत स्वर राग में अधिक महत्वपूर्ण स्वर है। इस राग का समकालिन राग जलधर केदार है। यदि राग दुर्गा में मध्यम पर न्यास करने से जलधर केदार की छाया आ सकती है। इस राग में सा म और प न्यास बहुत्व के स्वर है। रिषभ–अनाभ्यास अल्पत्व तथा धैवत दीर्घ व अभ्यास बहुत्व के स्वर है। यह उत्तरांग प्रधान राग है।

आरोह–सा रे म प ध सां।
अवरोह–सां ध प म रे सा।
पकड़–ध, मरे, प, पधमरे, सारेध़सा।

राग दुर्गा स्वर विस्तार/अलाप

स्थायी

1. सा, रेसा, ध़ध़सा, म़ध़सा, रेमरेसा।
2. मप, मरे, ध़सा, रेमप, धमप, मरे,ध़सा।
3. मपधमप, धसां, रेंसां,ध, मपध, मरे, ध़सा।
4. धधसां, सां(सां), धप, मपधप, मरे, सा।
5. मपधसां, रेंरेंसां, धप, धमरेप, मरे, ध.,सा।

अंतरा

1. मपधधमप, धधसां, रेंसां, धप, सां।
2. सांरेंसां, धप, रेमपधमप, धधसां,

3. धधसां, रेंसां, रेंमंरेंसां, धरेंसां, धप, सां।

4. सांसांधपममरेसा, रेंरेंसां, धधमप, धधसां, रेंसां।

5. सांरेंसां, मंरेंसां, मंपंमंरेंसां, धप, मंपधप, सां।

राग दुर्गा सरगम गीत झपताल

स्थायी

ध	—	ध	—	प	म	म	रे	रे	सा
x		2			०		3		
ध़	ध़	सा	सा	सा	रे	रे	सा	सा	सा
x		2			०		3		
म	प	ध	ध	सां	ध	प	म	रे	सा
x		2			०		3		

अंतरा

म	म	प	प	ध	सां	सां	रें	रें	सां
x		2			०		3		
रें	मं	रें	रें	सां	ध	सां	ध	ध	प
x		2			०		3		
म	प	ध	म	प	म	म	रे	रे	सा
x		2			०		3		

राग दुर्गा लक्षण गीत तीनताल

स्थायी—दुर्गा राग थाट बिलावल से,
गनि वर्जित आरोह अवरोह में।

अंतरा—वादी धैवत रिषभ संवादी,
गावत रात दूसरे प्रहर में, राग दुर्गा कहाई।

स्थायी

ध म प ध	सां सां ध प	म प ध प	म म रे सा
दु ऽ र्गा ऽ	रा ऽ ग था	ट बि ला ऽ	व ल से ऽ
ध़ ध़ सा सा	रे म रे सा	म प ध प	म रे सा सा
ग नि व र	जि त आ ऽ	रा ह अ व	रो ह में ऽ
०	3	x 2	

अंतरा

म म प ध	सां सां सां सां	ध ध सां सां	रें रे सां सां
वा ऽ दी ऽ	धै ऽ व त	रि ष भ सं	वा ऽ दी ऽ
रें मं रें सां	ध सां ध प	म प ध प	म म रे सा
गा ऽ व त	रा ऽ त दू	ऽ स रे प्र	ह र में ऽ
सा सा म रे	प म ध प	सां रें सां सां	ध प म प
रा ऽ ग दु	ऽ र गा ऽ	क ऽ हा ऽ	ई ऽ ऽ ऽ
०	3	x	2

राग दुर्गा विलम्बित ख्याल तिलवाड़ा

स्थायी–भगवान तुम्हारे चरणों में, मैं शीश झुकाने आया हूं।

अंतरा–अभिलाषा है मेरी स्वामी, मैं रहू तुम्हारे चरणों में।

स्थायी

पप।। धपमप धध मम रेसा	म म प प	प – प –	म – म रे
भग।। वाऽऽऽ ऽन तुम्हा रेऽ	च र णों ऽ	में ऽ मैं ऽ	शी ऽ श झु
3	x	2	०
प – प –	ध ध सां सां	ध प म प	म – रेसा पप
का ऽ ने ऽ	आ ऽ या ऽ	हूं ऽ ऽ ऽ	ऽ ऽ ऽऽ भग
3	x	2	०

अंतरा

म प ध ध	सां – सां सां	ध – सां रें	सां – ध प
अ भि ला षा	है ऽ मे री	स्वा ऽ मी ऽ	मैं ऽ र हूं
3	x	2	o
म प ध प	सां सांध प	म – – प	म रे सासा पप
तु ऽ म्हा रे	च र णों ऽ	में ऽ ऽ ऽ	ह र ँ दम भग
3	x	2	o

दुर्गा विलम्बित ख्याल तानें

1. सारेममरेसा,सारेम पधधपपममरे सा,सारेमपधधसां सांरेंरेंसांसांधमप धसांधपममरेसा सारेमपधसांरेंमं रेंसांधपमपधप ममरेसासारेमप धसांरेंमंपंपंमंमं रेंसांधपमपधसां धपमपधपमम ।रेसा
2. ममरेसाधधसासा रेमपधधपमम रेसाधधसारेमप धधसांसांधपमम रेसाधधसारेमप धसांरेंरेंसांसांधप ममरेसाधधसारें मपधधसांरेंरेंसां सांधपममरेसाध धसारेमपधसांरें मंपंपंमंमंरेंसांध पममरेसाधधप।
3. सारेसाममरेसासा सारेसापपमरेरे सासारेसाधधपम मरेसासारेसासांसां पपममरेसासारे सारेंरेंसांधपमम रेसासारेसामंमंरेंसां सांधपममरेसा,सा रेसापंपंमंमंरेंरें सांसांधपमपधसा रेंसापमपधसांध पमपधपममरे ।सा
4. ममरेममरेमम रेसाधधसासापप मपपमपपमम रेरेसासाधधसासा धधपधधपधध पपममरेसाधध सासासांसाधसांसांध सांसांधपममरेसा धधसांसारेंरेंसारें रेंसारेंरेंसांसांधप ममरेसाधधसामं मंरेंमंमंरेंमंमंरें सांधपममरेसासा।
5. मपधपममसांसां धपममरेंरेंसांसां धपंमममंमंरेंसां धपममपंपंमंमं रेंसांधपममरेसा ममरेपपमधध पसांसांधरेंरेंसांमं मंरेंपंपंमंमंरेंसां धपमपधसांरेंरें सांसांधपमपधसां धपमपधपमम रेसाधधसारेसासा।

राग दुर्गा मध्यलय (त्रिताल)

स्थायी–राम भजन को भजोरे मनवा, बिसरेंगे दुखः इस जनमवा।

अंतरा–माटी का तन बना सभी का, इस पर गर्व कभी न करना।

स्थायी

ध म – रे	प – – म	प मप ध प	रे रे सा रे
रा ऽ॰ म भ	ज न को ऽ	भ जोऽ रे ऽ	म नु वा ऽ
3	x	2	०
ध़ सासा – सा	म – प ध	सां (सां) – धप	ध म प ध
बि सऽ रें ऽ	गे ऽ दु खः	इ (स) ऽ जऽ	न म वा ऽ
3	x	2	०

अंतरा

म – म ध	सां सां सां सां	ध सां धसां रेंसां	ध ध प प
मा ऽ टी ऽ	का ऽ त न	ब ना ऽऽ सऽ	भी ऽ का ऽ
3	x	2	०
रें मं रें सां	रें – सां सां	म प ध प	म म रे ध
इ स प र	ग ऽ र्व क	भी ऽ न ही	क र ना ऽ
3	x	2	०

राग दुर्गा तानें मध्यलय

स्थायी

1. सारे मप धध सांसां।। सांसां धप मम रेसा।
2. मप धप सारें सांसां।। धप मप धप मम।। रेसा
3. मंमं रेंसां धप मप।। धसां धप मम रेसा।
4. धप पप मप धप।। सारें सांसां धप मप।। धप सारें मंमं रेंसां धप मप धप मम ।। रेसा
5. मप धप मम रेसा।। सारें सांसां धप मंमं।। रेंसां रेंरें सांध सांसां मप धप मम रेसा।

अंतरा

1. सांसां धप मप धप।। मम रेसा मप धसां।
2. मंपं मंमं रेंसां धप।। मप धप सांसां रेंसां।

3. सारे म,रे मप, मप।। ध,प धसां, धसां रेंसां।। रेंमं मंरें सांसां धप। मप धप मम रेसा।
4. साम रेप मध पसां।। धरें सांमं रेंपं मंमं।। रेंसां रेंरें सांध सांसां धप। मम रेसा मप धसां।
5. मप धप मप ध–।। पध सांध पध सां–मधसां रेंसां धसां रें–।। मंमं रेंसां रेंरें सांध।। सांसां धप मप धसां।

राग दुर्गा तराना तीनताल

स्थायी

ध	सां	ध	प	म	म	रे	सा	रे	–	–	म	प	प	प	प
दीं	ऽ	म्त	न	न	न	न	न	दीं	ऽ	ऽ	म्त	दे	रे	दा	नी
o				3				x				2			
म	प	ध	सां	रे	रे	सां	सां	ध	सां	ध	प	म	म	रे	सा
त	न	न	त	न	न	न	न	दिर	दिर	त	न	दे	रे	ना	ऽ
o				3				x				2			
रें	मं	रें	सां	ध	प	म	प	ध	सां	ध	प	म	म	रे	सा
त	दा	ऽ	र	दा	ऽ	नी	त	तों	ऽ	म्त	न	न	न	न	न
o				3				x				2			

अंतरा

म	म	प	प	ध	ध	सां	सां	ध	म	प	ध	म	म	रे	सा
दिर	दिर	दिर	त	न	न	द्रे	द्रे	दीं	ऽ	ऽ	दीं	ऽ	म्त	न	न
o				3				x				2			
रें	मं	रें	सां	ध	सां	रें	सां	ध	म	प	ध	म	म	रे	सा
ओ	दे	त	न	दे	रे	ना	त	त	न	न	न	दे	रे	ना	ऽ
o				3				x				2			
सा	रे	म	प	ध	सां	ध	प	म	प	ध	प	म	म	रे	सा
धा	तिर	किट	तक	धी	त्ता	गदि	गन	धा	ऽ	धि	त्ता	गदि	गन	धा	ऽ
o				3				x				2			

26

राग देस–ठुमरी तीनताल

स्थायी–मैं करुंगी श्रृंगार साजन के लिये, आयेंगे पियरवा मोरे घर।

अंतरा–समा न गई खुशियां डारुंगी मोतियन का हार।

स्थायी

म रे म पप	नि नि सां सां	पनि सारेंगं रे सां	निनि धप मग रेरे
मैं क रुं गीश्रृं	गा ऽ ऽ र	साऽ जऽऽ न ऽ	केऽ ऽऽ लिऽ येऽ
3	x	2	o
रे म प प	नि नि ध प	म ग रे ग	सा सा सा सा
आ ऽ यें गे	मो ऽ रे पि	य र वा ऽ	घ ऽ र ऽ
3	x	2	o

अंतरा

— — मप निनि	सां सां नि सां	प नि सां मं	गं रे नि सां
ऽ ऽ समा ऽन	ग ऽ ऽ ई	खु ऽ शि यां	यां ऽ ऽ ऽ
3	x	2	
नि नि ध प	ध म ग रे	ग ग प प	गरे गग ऩिऩि सासा
डा ऽ रुं गी	मो ति य न	का ऽ ऽ ऽ	हाऽ ऽऽ रऽ ऽऽ
3	x	2	o

27

राग खमाज–ठुमरी दीपचंदी

स्थायी–जिया घबरावत उनके बिना, तरसत हूं निसदिन।

अंतरा–चैन आवे मन न लागे, कैसे कटेगी दिन रात।

स्थायी

ग	म	पधनिसां	नि॒धपमग	म	प	प	म	प	म	ग	रे	सा	–
जि	या	घSSS	ब SSSS	रा	व	त	उ	न	के	बि	ना	S	S
3				x			2				०		
नि़	सा	गमप	पप	नि॒	ध	प	ध	म	ग	रे	ग	रे	सा
त	र	सSS	Sत	हूं	S	S	नि	स	दि	S	न	S	S
3				x			2				०		

अंतरा

–	–	मप	धनि	सां	–	सां	गं	गं	गं	–मं	गं	रें	सां
S	S	चैन	नS	आ	S	वे	म	न	न	Sला	S	गे	S
3				x			2				०		
नि॒	नि॒	ध	प	ध	ध	प	म	प	म	ग	रे	सा	–
कै	S	से	S	क	टे	री	दि	S	न	रा	S	त	S
3				x			2				०		

28

राग पीलू—ठुमरी जतताल

स्थायी—बदनाम हुई श्याम, तोरे कारण बृज में।
चिढ़ावत है गोपियां मोरे धाम।

अंतरा—उदास है मन जियरा घबरावत है,
न सताओ और कान्हा।

स्थायी

ग म पधनिप गरेऩिसा	ग – रेग रेसाऩि	ऩि सा सा रेरे	ऩि धॖ पॖ –
ब द नाऽऽऽ ऽऽऽम	हु ऽ ईऽ ऽऽऽ	तो रे का रण	बृ ज में ऽ
3	x	2	o
मॖ पॖ ऩिऩि सा	ग म प पनि	ध प प ग	रे ऩि सा –
चि ढ़ा वत है	गो पि याँ मोऽ	रे – धा –	– – – म
3	x	2	o

अंतरा

ऩि सा ग म	प – प प	ग म ध पप	ग रे ऩि सा
उ दा ऽ स	है ऽ म न	जिय रा घब	रा ऽ व त
3	x	2	o
ऩि रे सा सा	ऩि धॖ मॖ पॖ	सा ग रे सा	ऩि सा ऩिधॖ पॖ
ना ऽ ऽ स	ता ऽ ऽ ओ	औ ऽ ऽ र	का न्हा ऽऽ ऽ
3	x	2	o

29

राग भैरवी–ठुमरी तीनताल

स्थायी–जब मुरली बजाते कान्हा, जमुना तट पर।

अंतरा–राधा संग खेलत रंगरलियां, मधु मुस्कान माधुरी चितवत।

स्थायी

प प धप मग	प – प प	पधनिसां नि धध पप	म ग रे सा
ज ब मुर लि,ब	जा ऽ वे ऽ	काऽऽऽ न्हा जमु नाऽ	त ट प र
3	x	2	०
ध ध सारेग रेसा	नि ध प प	ध प म प	म ग रेरे सा
ना ऽ च–ऽऽ ऽत	आ ऽ ये ऽ	रा ऽ धा बृं	दा ऽ वन में
3	x	2	०

अंतरा

ध म प धनि	सां – सांसां	ध नि सां सां	गं रें सां सा
रा ऽ धा संग	खे ऽ ल त	रं ग र लि	या ऽ ऽ ऽ
3	x	2	०
प ध धनिसां निसां	ध ध प मप	म ग रे ग	रे रे सा सा
म धु मुऽऽऽ ऽऽ	स्का न ऽ ऽऽ	मा ऽ धु री	चि त व त
3	x	2	०

30

राग तिलंग–(ठुमरी) तीनताल

स्थायी–कहाँ छुपे हो श्याम मुरारी, तरस गई दरशन को।

अंतरा–अंतरा–ढुंढत ढुंढत फिरत नगरिया में, मन घबरावत देर न करो।

स्थायी

ग	गमपनि	मंप	निसां	सां	सां	नि॒	प	म	प	ग	म	ग	ग	सा	सा
क	हाँऽऽऽ	ऽ	छुऽ	पे	ऽ	हो	ऽ	श्या	ऽ	ऽ	म	मु	रा	री	ऽ
०				3				x				2			
नि़	सा	ग	म	प	नि	सां	सां	नि॒	प	म	प	ग	म	ग	सा
त	र	स	ग	ई	ऽ	ऽ	ऽ	द	र	श	न	को	ऽ	ऽ	ऽ
०				3				x				2			

अंतरा

ग	म	प	नि	सां	–	सां	सां	गं	गं	मं	गं	नि	नि	सां	सां
ढुं	ऽ	ढ	त	ढुं	ऽ	ढ	त	फि	र	त	न	ग	रि	या	में
०				3				x				2			
नि॒	प	म	प	सां	नि॒	प	म	ग	म	प	म	ग	म	ग	सा
म	न	घ	ब	रा	ऽ	व	त	दे	ऽ	र	न	ऽ	क	रो	ऽ
०				3				x				2			

31

राग शुद्ध कल्याण–राग परिचय

राग शुद्ध कल्याण थाट कल्याण से उत्पन्न होता है। आरोह में मध्यम, अवरोह में सातों स्वर होने के कारण इस राग की जाति औडव–सम्पूर्ण है। राग में निषाद स्वर अल्प प्रयोग किया जाता है। वादी स्वर गंधार और संवादी स्वर धैवत है। गायन समय रात्रि का प्रथम प्रहर है। यह राग भूपाली और कल्याण राग के मिश्रण से बनी है। प रे की कण युक्त संगति इसकी प्रमुख विशेषता है। यह गंभीर प्रकृति का राग है। इसमें निषाद स्वर अल्प लगता है। मध्यम स्वर का प्रयोग प और ग तक मींड में लेते है। न्यास के स्वर सा,रे ग और प है।

आरोह–सा, रेग ,पधसां।
अवरोह–सांनिधप, मंग ,रे,सा।
पकड़–ग, रेसा, ऩिधप़, सा, गरे, परे, सा

राग शुद्ध कल्याण स्वर विस्तार/अलाप

स्थायी

1. सारेसा, ऩिध़,ऩिध़प़, सा, गरेसा, रेगरे, सारेसा, रेसा।
2. रेगरेसा, पगधपग,रेसा, ऩिध़प़ सा।
3. सारेगपरे, पधपग, सां(सां),निधप, मंग, सारेगपरेसा।
4. पध, सां, धसांरेंसां, निधनिधप, गरे, परेसा।
5. धपग, निधनिधप, सांनिधप, धपगपरे, सा।

अंतरा

1. पगपधसां, रेंसां, सां(सां) निधनिधप, सां।
2. सांरेंसां, धधसां, गरेंसां, निधप, पधपसां।

3. धधसां, पधसां, गंरेंसांरेंसां, निधनिधप, सां
4. गंरेंसां, रेंसां, निधनिधप, सांरेंसां, धप, सां।
5. सांरेंगंपंरेंसां, पंमंगंपं, रेंगंपंरेंसां, निधप, पधसां ।

शुद्ध कल्याण सरगम गीत एकताल

स्थायी

ग	रे	सा	नि़	ध़	प़	सा	सा	रे	ग	रे	सा
x		०		2		०		3		4	
ग	प	ध	सां	नि	ध	नि	ध	प	ध	प	प
x		०		2		०		3		4	
सां	सां	गं	रें	सां	नि	ध	प	ग	प	रे	सा
x		०		2		०		3		4	

अंतरा

प	प	ग	प	ध	प	सां	सां	रें	रें	सां	सां
x		०		2		०		3		4	
गं	रें	सां	रें	सां	सां	नि	ध	नि	ध	प	प
x		०		2		०		3		4	
गं	पं	मं	गं	रें	सां	नि	ध	प	ध	सां	सां
x		०		2		०		3		4	
नि	ध	प	प	ग	प	ग	रे	प	रे	सा	सा
x		०		2		०		3		4	

राग शुद्ध कल्याण विलम्बित ख्याल (एकताल)

स्थायी—राम नाम है निर्मल धारा, जीने का सच्चा है सहारा।

अंतरा—भव सागर का यही किनारा, मोक्ष धाम अनमोल।

स्थायी

ग	रे	सा	(सा)	नि़	ध़	प	पप	सा	रे	रेग	रेसा
रा	म	ना	(म)	है	ऽ	नि	र्मल	धा	ऽ	राऽ	ऽऽ
3		4		x		०		2		०	

ग	प	ध	सां	नि	ध	प	प	म॑ग	रेग	रेरे	सासा
जी	ने	का	ऽ	स	ऽ	च्चा	ऽ	हैऽ	सऽ	हाऽ	राऽ
3		4		x		०		2		०	

अंतरा

ग	प	ध	धध	सां	सां	रें	सां	गंगं	रेंसां	रेंरें	सांसां
भ	व	सा	गर	का	ऽ	य	ही	कीऽ	ऽऽ	नाऽ	राऽ
3		4		x		०		2		०	
नि	ध	नि	ध	प	प	म॑	ग	रे	ग	रे	सा
मो	ऽ	क्ष	ऽ	धा	ऽ	म	ऽ	अ	न	मो	ल
3		4		x		०		2		०	

राग शुद्ध कल्याण विलम्बित ख्याल तानें

1. सारेगरेसासा,सारे गपगरेगरेसासा, सारेगपधसांनिधप म॑गरेपरेसासा, सारेगपधसारेंगं रेंसांनिधनिधपप म॑गरेगरेसासारे गपधसारेंगंपंगं रेंसांनिधपरेसासा, गरेसाऩिध़प़ध़सा रेगरेसाध़ध़सासा।
2. गरेगरेसाऩिध़प़ ध़ऩिसारेगपम गरेगरेसा,गपध सांनिधपपम॑गरे परेसासागपधसां रेंसांनिधपमगरे गपरेगरेगरेसा, गपधसारेंगरेंसां निधपम॑गरेपरे सासा,गपधसारेंगं पंपंम॑गंरेंगंरेंसां निधपपम॑गपरे सासा।
3. सारेगग,रेगपप गपधधपधसांसां धसारेंगंपंपंम॑गं रेंगरेंसांनिधनिध गपधसारेंगरेंसां निधनिधपपगप धसांरेंसांनिधनिध पपगपधसांनिध निधपपगपधधप पगरेगरेसासाध़ ध़सारेगरेसापप।
4. सारेंगरेंसांसां,धध सारेंगंपंम॑गंरेंगं रेंसांसांधधसांसांरें रेंसांनिसांनिधपध धसांसांनिधनिधप पगपधपगपग रेगरेसासासारेग गपपगरेगपध पसांसांधपपधसां रेंगंगंरेंसांधसारें गंपंपंम॑गंरेंगंरें सांनिधनिधपप गरेगपरेगरेसा।
5. गगरेगगरेगग रेसापपगपपग पपगरेगरेसासा धधपधधपधध परेगरेसा,सांसांध सांसांधम॑गपरेग रेसागंगंरेंगंगंरें गंगंरेसांनिधपम॑ गरेगपरेरेसासा, पंपंगंपंपंगंपंपं गंम॑गंरेंसांनिधनि धपपगरेगपरे गरेसाध,ध,सारेग रेगगपपम॑गरे गरेसासाध़ध़सारे।ग

राग शुद्ध कल्याण मध्यलय तीनताल

स्थायी–मन में पूजा को अपने सजाओ ध्यान परमात्मा में लगाओ।

अंतरा–होगा आभास तुमको खुशी का क्या भरोसा है इस जिन्दगी का।

स्थायी

ग रे ग रे	सा रे सा सासा	प प म॑ ग	म॑म॑ गरे ग ग
म न में ऽ	पू जा ऽ ऽको	अ प ने स	जाऽ ऽऽ ओ ऽ
o	3	x	2
ग प ध सांसां	नि ध प प	म॑ ग रे ग	रे रे सा सा
ध्या ऽ न पर	मा ऽ त्मा में	स दा ऽ ल	गा ऽ ओ ऽ
o	3	x	2

अंतरा

प प ग ग	प प सां ध	सां सां सां सां	गं रें सां सां
हो ऽ गा आ	भा ऽ ऽ स	तु म को खु	शी ऽ का ऽ
o	3	x	2
गं पं म॑ं गं	म॑ं गं रें सां	नि ध नि ध	म॑ ध प प
क्या ऽ ऽ भ	रो ऽ सा है	इ स जि न्द	गी ऽ का ऽ
o	3	x	2

राग शुद्ध कल्याण तानें

स्थायी

1. सारे गप धध सांसां । निध पम॑ गरे सासा।
2. गप धसां रेंगं रेंसां । निध पम॑ परे सासा।
3. गप धसां रेंगं पंपं । म॑ंगं रेंगं रेंसां निध । निध पप गरे परे । सासा
4. सारे गप गरे गप । धसां निध पम॑ गरे । गप धसां रेंगं पंपं ।
   म॑ंगं रेंसां निध पम॑। गरे परे सारे सासा।
5. गग रेग पप गरे । सांसां धप रेग पप । गरें सारें गरें सांसां।
   निध पप गरे गप । म॑ंग रेसा निध पप । गरे गप रेरे सासा।

अंतरा

1. सारें गरें सांनि धप। गप धसां रेंरें सांसां।
2. गपं मंगं रेंगं रेंसां। निध पमं गरे गप।धसां
3. पमं गरे धध पमं। गरे सांनि सांनि धप। मंग परे सारे सासा।
4. गप धप निध सानि। रेंसां गरें सारें सांनि। धप गरे गप रेग।
   रेसा सारे गप धध।सांसां
5. सारें गरें सांसां गंपं। मंग रेंगं रेंसां निध। निध पप गप धसां।
   रेंरें सांनि सांनि धप। गप धसां रेंरें सांसां।

शुद्ध कल्याण तराना झपताल

स्थायी

ग	रे	सा	सा	सा	नि़	ध़	नि़	ध़	प़
त	द	रे	दा	नि	त	न	दे	रे	ना
x		2			०		3		
सा	सा	ग	ग	ग	प	प	रे	रे	सा
दि	या	दे	रे	ना	नि	त	त	न	न
x		2			०		3		
प	ध	प	प	मं	ग	प	रे	रे	सा
द्रे	द्रे	तुं	द्रे	द्रे	ता	रे	दा	ऽ	नि.
x		2			०		3		

अंतरा

प	प	ग	प	प	सां	सां	सां	रें	सां
त	न	द्रे	द्रे	ना	दीं	ऽ	म्त	न	न
x		2			०		3		

सां	सां	रें	गं	रे	सां	सां	ध	ध	प
ओ	द	न	त	न	दे	रे	दे	रे	ना
x		2			o		3		
सां	रे	सां	सां	ध	प	ग	सा	रे	सा
धा	किट	तक	धुम	तिट	तक	क्डा	ऽ	न	धा
x		2			o		3		

32

राग देशकार–राग परिचय

इस राग की उत्पत्ति बिलावल थाट से मानी गई है। इस राग में सभी स्वर शुद्ध लगते है। आरोह अवरोह में मध्यम तथा निषाद स्वर वर्जित होने के कारण इसकी जाति औडव–औडव कहलाती है। इस राग का वादी स्वर धैवत और संवादी गन्धार स्वर है। गायन समय दिन का दूसरा प्रहर है। यह राग उत्तरांग प्रधान तथा गम्भीर प्रकृति का राग होने से देशकार में पंचम विश्रान्ति स्थल माना जाता है। देशकार के उत्तरांग में धैवत पंचम तथा तार षड्ज तीनों स्वर बहुत ही महत्वपूर्ण है। इस राग से मिलता जुलता राग भूपाली है। देशकार राग का चलन बिलावल अंग से गाते है जब कि भूपाली कल्याण अंग से गाते है। जब कि दोनों रागों के स्वर एक जैसे है। राग भूपाली पूर्वांगप्रधान तथा राग देशकार उत्तरांग प्रधान है। राग देशकार में सां, धप, गपध, ध, प, गरेसा, धप, इन स्वरों को सावकाश गाते है, परन्तु रागभूपाली में ग, रेसा, सारेग, धपगरेग रे सा गाते है। राग भूपाली से बचाने के लिए देशकार के आरोह में रिषभ वर्जित करते है, सा,गप, गपध राग देशकार के न्यास स्वर प, ध, और तारसप्तक सां है।

आरोह–सारेग,प, धसां ।
अवरोह–सांध, प,गपध प,ग रेसा।
पकड़–ध,प,गप,गरेसा।

राग देशकार स्वर विस्तार/अलाप

स्थायी

1. ध़सा, गप, गपधप, गरेसा।
2. गपध,प, गपध, प, गप, गरेसा।
3. गपध, गपधसां, धप, गरेसा, ध़सा

4. पग, पधप, धसांधप, गपधप, गरेसा।
5. सां, धप, गपधधप, पधगप, गरेसा।

अंतरा

1. पधसां, सारेंसां, धप, धधसां।
2. सारेंधसां, गंरेंसां, सां(सां)धप, सां।
3. गंरेंसां, सारेंसां, पधधगपधप, धधसां।
4. पधपधसां, गंरेंसां, पंगंरेंसां, पधसां।
5. गंरेंगंरेंसां, गपधपध, धधसां, रेंसां।

राग देशकार लक्षण गीत तीनताल

स्थायी—गुनीजन गावत राग देशकार, उपजत राग थाट बिलावल से मनि बरजत आरोह अवरोह में।

अंतरा—धग वादी अरु संवादीते, गात दिन के द्वितीय प्रहर में।

स्थायी

ध	ध	प	प	ग	प	ध	प	ग	ग	प	प	ग	रे	सा	सा
गु	नी	ज	न	गा	ऽ	व	त	रा	ऽ	ग	दे	ऽ	श	का	र
o				3				x				2			
ध़	ध़	सा	सा	ग	रे	सा	सा	ग	प	ध	प	सां	सां	ध	प
उ	प	ज	त	रा	ऽ	ग	था	ऽ	ट	बि	ऽ	ला	व	ल	से
o				3				x				2			
गं	रे	सां	सां	ध	प	ग	प	ध	सां	धध	प	ग	रे	सा	सा
म	नि	व	र	ज	त	आ	ऽ	रो	ह	अऽ	व	रो	ह	में	ऽ
o				3				x				2			

अंतरा

प	प	ग	ग	प	प	ध	ध	सां	सां	सां	सां	सां	रें	सां	सां
ध	ग	वा	ऽ	दी	ऽ	अ	रु	सं	ऽ	वा	ऽ	दि	ऽ	ते	ऽ
o				3				x				2			

सां	सां	गं	रें	सां	रें	सां	सां	प	प	ध	प	ग	रे	सा	सा
गा	ऽ	त	दि	ऽ	न	के	ऽ	द्वि	ती	य	प्र	ह	र	में	ऽ
०				3				x				2			

राग देशकार विलंबित ख्याल तिलवाड़ा

स्थायी–सुबह शाम में मधुर मिलन को, मौलिक चित्र दिखाया है।

अंतरा–शब्दों के सुमनों में मैंने, सौरभ को बिखराया है।

स्थायी

ध	ध	सांध	सां	ध	–	–	प	ग	प	धध	पप	ग	रे	ग	–
सु	ब	हऽ	ऽ	शा	ऽ	ऽ	म	में	ऽ	मधु	रमि	ल	न	को	ऽ
3				x			2			०					
प	–	गरे	गग	सां	–	–	धध	ध	–	प	प	गप	ग	रे	सा
मो	ऽ	लिऽ	ऽक	चि	ऽ	ऽ	त्रक	दि	ऽ	खा	या	हैऽ	ऽ	ऽ	ऽ
3				x				2				०			

अंतरा

प	ध	प	प	सां	–	सां	सां	सां	रें	गं	रें	सां	सां	ध	प
श	ऽ	ब्दों	के	सु	ऽ	म	नों	में	ऽ	ऽ	ऽ	मैं	ऽ	ने	ऽ
3				x				2				4			
प	ध	ध	धध	सां	सां	रें	सां	ध	ध	प	(प)	ग	रे	ग	प
सौ	ऽ	ऽ	ऽभ	को	ऽ	ऽ	ऽ	बि	ख	रा	या	है	ऽ	ऽ	ऽ
3				x				2				4			

राग देशकार विलंबित ख्याल तानें

1. सारेगरेसा,गपध पगपगरेसा,गप धसांसांधपगपध गपगरेगरेसासा, गपधसांसांरेंरेंसां सांधपगपधपग पगरेगरेसासा,ग पधसांगंगंरेंसांध पगपधपगरेग रेसासा,गपधसांसां गंपंपंगंगंरेंसांसां धपगपधपगरे गरेसासाध़ध़सासा

2. धधपपगपधप गपगरेगरेसा,रें रेंसांसांधपगपध सारेंसांधगधपग रेगरेसासा,गंगंपं पंगंपंगंरेंगंरेंसांरें सांसांधपगरेसासा, सारेगग,रेगपप, गपधध,पधसांसां, धसांरेंसां,रेंगंरेंसांध.पगरेगरेसासा।

3. पपगपगरेगग, धधपपगपधप गरेगग,सांसांधप गपधसांधपगरे गग,सारेंगंरेंसांरें सांसांधपगपधग रेगग,गंगंरेंगंपं पंगंपंपंगंगंरेंग रेंरेंसांसांधपगरे गग,सारेगरे,गप धप,धसांरेंसां,रेंगं रेंसांधपगपगरे गरेसासा,सारेगप।

4. गगरेगगरेगग रेसा,धधपधधप धधपपगधपग रेगरेगग,सांसांधसां सांधसांसांधपगप धपगरेगग,गंगं रेंगंगंरेंगंगंरेंसां सांधपगपधसांध पगपधपगरेग ग,पंपंगंपंपंगंपं पंगंरेंगपधसांध पगपधपगरेग रेसासा,गरेगरेसा।

5. गरेगगधधपप, गपधसांधधपप, गपधसांगंरेंसांरें सांसांधप,धसांरेंगं पंपंगंरेंगंरेंसांरें गंरेंसांरेंसांसां धपगपधपगरे गग,गरेगरेसासा, धधपपगरेगग, सांसांधपगरेगग, गंरेंसांसांधपगप धपगरेगरेसासा

राग देशकार मध्यलय (तीनताल)

स्थायी–तुम्हरे चरणों में जाने को जब, हमें बुलावा आता है।

अंतरा–रोम रोम तब खिल जाता है, हृदय आनंद मनाता है।

स्थायी

ग	प	ध	सां	ध	ध	प	प	ग	प	ध	प	ध	–	ध	ध
तु	म्ह	रे	ऽ	च	र	णों	में	जा	ऽ	ने	ऽ	को	ऽ	ज	ब
०				3				x				2			
ध	रे	सां	सां	ध	ध	प	प	ग	प	ध	प	ग	रे	सा	सा
ह	में	ऽ	बु	ला	ऽ	वा	ऽ	आ	ऽ	ता	ऽ	है	ऽ	ऽ	ऽ
०				3				x				2			

अंतरा

प	ध	प	प	सां	सां	सां	सां	ध	ध	सां	रें	ध	ध	सां	सां
रो	ऽ	म	रो	ऽ	में	त	ब	खि	ल	जा	ऽ	ता	ऽ	है	ऽ
०				3				x				2			

गं	रें	सां	रे	सां	–	ध	पप	गप	धसां	धप	गप	ग	रे	सा	सा
हृ	ऽ	द	य	आ	ऽ	नं	दम	नाऽ	ऽऽ	ऽऽ	ऽऽ	ता	ऽ	है	ऽ
o				3				x				2			

राग देशकार मध्यलय तानें तीनताल

स्थायी

1. धध पप गप धप। गप गरे गरे सासा।
2. धसां रेंसां धप गप। गरे गरे सासा रेसा।
3. गरें सांसां धप गप। धसां धप गरे गग।
4. गप धसां गरें सांसां। धप गप धसां धप।गप धप गप गरे। सासा।
5. सारें गरें सांध पध। सारें गरें गरें सारें।सांसां धप गप गरे। सासा।

अंतरा

1. सांसां धसां सांध पग। गप धसां रेंसां धसां।
2. गंपं गरें गरें सारें। सांसां धप गप धसां।
3. सारे गप गरे धसां। रेंसां गरें सारें सांसां।
4. पंपं गंपं गरें सांसां। धप धसां रेंसां धप।गप धसां धप गप।
   धप गरे सासा सारे। गप धसां धप ध–।
5. गग रेग पप सांसां। धप धसां गरें गरें सांसां।धप गप धप गरे।
   धप गप धसां धप। ध–

33

राग छायानट—राग परिचय

यह राग कल्याण थाट से उत्पन्न होता है। इसमें दोनों मध्यम स्वर का प्रयोग करते है। आरोह—अवरोह में सातों स्वर रहने के कारण इसकी जाति सम्पूर्ण—सम्पूर्ण है। वादी स्वर रिषभ और संवादी स्वर पंचम है। गायन समय रात्रि का प्रथम प्रहर है। इस राग की उत्पत्ति छाया और नट राग के मिश्रण से हुई है। विवादी स्वर के नाते कभी—कभी कोमल निषाद का प्रयोग आरोह में करते है। राग में प रे की मींड युक्त संगति बहुत अच्छी लगती है। तीव्र मध्यम का अल्प प्रयोग दो पंचमों के बीच करते है, जैसे—पमंप, गमग, गमरे, सा। स्वरों का उपयोग— सा—सामान्य, रे—दोनों प्रकार का बहुत्व, ग—अलंघन मूलक बहुत्व, म—अलंघन बहुत्व, मं—अनाभ्यास बहुत्व, प—दोनों प्रकार का बहुत्व, ध—लंघन अल्पत्व, नि—अनाभ्यास अल्पत्व। इस राग से मिलता—जुलता राग कामोद है।

आरोह—सा, रे, गमप, निध, सां।
अवरोह—सांनिधप, मंपधप, गमरेसा।
पकड़—प, रे, गमप, मग, मरेसा।

राग छायानट स्वर विस्तार/अलाप

स्थायी

1. सा, रेसा, गमरेसा, ध़, प़ सा, रेसा।
2. गमप, मगमरे, धधप , पग, मरे, सारेसा।
3. सां(सां), धनि॒प, रेगमप, रे, सारेसा।
4. मंप, धप, रेगमधप, म, पग, मरे, सा
5. धनि॒प, सांधनि॒प, मधप, रेग, गमप, रे, गमप, गमरेसा।

अंतरा

1. मंपसां, सां(सां), धनि̱प, पधमंपसां, रेंसां।
2. मपरेंसां, सांरेंसां, धप, गंमंरेंसां, मपरेंसां।
3. सां, मंपधमंप, सां, गंमंरेंसां, धप, सां।
4. सांरेंसां, रेंगंमंपं, रेंसां, मंपधप, सां।
5. गंमंपं, गंमंरेंसां, धनि̱प, मंपधप, सां

राग छायानट सरगम गीत तीनताल

स्थायी

ध	ध	प	रे	–	ग	म	प	म	ग	म	रे	सा	रे	सा	सा
o				3				x				2			
सा	सा	ग	म	रे	रे	सा	सा	रे	रे	सा	नि़	ध़	ध़	प़	प़
o				3				x				2			
प़	प़	रे	रे	रे	ग	म	प	म	ग	म	रे	सा	रे	सा	सा
o				3				x				2			

अंतरा

प	प	सां	सां	सां	रें	सां	सां	सां	रें	गं	गं	मं	रें	सां	सां
o				3				x				2			
सां	रें	गं	रें	गं	मं	पं	पं	मं	गं	मं	रें	सां	रें	सां	सां
o				3				x				2			
प	प	रे	रे	सां	सां	ध	प	रे	ग	म	प	ग	म	रे	सा
o				3				x				2			

राग छायानट विलम्बित ख्याल एकताल

स्थायी–दुनिया से हार कर के अब, द्वार तेरे आये।

अंतरा–श्रद्धा के सुमन चुन के, सदभाव से है लाये।

स्थायी

सां	सां	ध	प	म	—	रे	ग	गमप	मप	मग	गरेसा
दु	नि	या	से	हा	ऽ	ऽ	र	कऽऽ	रऽ	केऽ	ऽऽऽ
3		4		x		०		2		०	
रे	सा	ध़नि़	प़	सासा	सा	मम	ग	म	रे	सा	नि़सा
अ	ऽ	बऽ	ऽ	द्वाऽ	ऽ	रेऽ	ऽ	ते	रे	आ	येऽ
3		4		x		०		2		०	

अंतरा

पप	सां	सां	सांसां	सां	रें	सांसां	धध	सांरें	सां	सां	धनि॒प
श्रऽ	ऽ	द्धा	केऽ	सु	म	नऽ	ऽऽ	चुऽ	न	के	ऽऽऽ
3		4		x		०		2		०	
सां	(सां)	धप	नि॒प	प	प	रे	ग	गम	प	सारे	सासा
स	(द्)	भा	वऽ	से	ऽ	ऽ	ऽ	हैऽ	ऽ	लाऽ	येऽ
3		4		x		०		2		०	

राग छायानट विलंबित ख्याल तानें

1. सारेसासा,धधपप रेगमपमगमरे सासा,सांसांधपरेग मपमगमरेसारे सासा,रेंरेंसांसांधप रेगमपमगमरे सासागंमंरेंसांसांध परेगमनि॒धपमं परेगमपगमरे सारेंगंमंपंगंमंरें सांसांसांधपरेगम पगमरेसागमप।

2. मंपधपरेगमप धपसारेगमपध पपधमंपरेगम पसांसांरेंरेंसांसांध परेगमनि॒धपम पगरेंसांसांधपरे गमप,रेंगंमंपंगं मंरेंसांसांधपरेग पगमरेसागरे मगपमंधपगम

3. सांसांगंरेंसांसां गंमंरेंगंरेंसांसांध परेंगंमंपंगंमंरें सांधपगंमंरेंसांसां सांधपरेगमंपम गमरेसारेसासा—पपमंपधधपप मंप,सांसांधपमंप सारेंसांसांधपमंप गरेंसांसांधपमंप रेगमनि॒धपमंप मंपगमरेसाधप।

4. गमपगमपगम पमगरेसाधधप धधपधधपपग मरेसासांसांधसांसां धसांसांधपगमरे सारेंरेंसारेंरेंसारें रेंसांसांधपगमरे सागंमंपंगंमंपंगं मंपंगंमंरेंसांसांध पमंपरेंरेंसांसांध परेगमपधधप रेगमपगमरेसा।

5. धर्मंपरेगमपग मरेसासारेंसांसांध पधर्मंपरेगमप गमरेसागरेंसांसां
धपधर्मंपरेगम गमपगमरेसागं मंपंगंमंरेंसांसांध पर्मंपंसारेंसांसांध
पर्मंपगमपगम रेसासासानिधपर्मं पधनि॒धपर्मंपरे गमपगमरेसासा।

राग छायानट मध्यलय तीनताल

स्थायी–मुझे वह शक्ति दे दो कान्हा रहूं नित तेरे चरणों में सदा।

अंतरा–जिऊ में तेरे चरणों में मरु में तेरे चरणों में सदा।

स्थायी

ध	ध	प	प	रे	ग	म	प	म	ग	म	रे	सा	रे	सा	सा
मु	झे	व	ह	श	क्ति	दे	ऽ	दो	ऽ	का	ऽ	न्हा	ऽ	ऽ	ऽ
3				x				2				०			
सा	सा	रे	सा	ग	म	ध	प	म	ग	म	रे	सा	रे	सा	सा
र	हू	नि	त	ते	ऽ	रे	ऽ	च	र	णों	में	ऽ	स	दा	ऽ
3				x				2				०			

अंतरा

प	प	सां	सां	सां	–	रें	सां	ध	ध	सां	रें	सां	नि	ध	प
जि	ऊ	में	ऽ	ते	ऽ	रे	ऽ	च	र	णों	ऽ	में	ऽ	ऽ	ऽ
3				x				2				०			
प	प	रें	रें	सां	सां	धनि॒	प	ग	रे	गम	प	सा	रे	सा	सा
म	रु	में	ऽ	ते	ऽ	रेऽ	ऽ	च	र	णोंऽ	ऽ	में	ऽ	ऽ	ऽ
3				x				2				०			

राग छायानट मध्यलय तानें

स्थायी

1. सारे सासा धध पप । मग मरे सारे सासा ।
2. सांसां धप रेग मप । मग मरे सारे सासा।
3. मंप सारें सांसां धप । धनि॒ धप मग मरे ।सासा

4. धध पप सांनि धप। रेंरें सांनि धप गंगं। रेंसां निध पम गरे।

5. सारें सांसां गमं रेंसां। गंमं पंगं मंरें सांसां। पप रेंरें सांसां धप।
रेग मप गम रेसा।

अंतरा

1. सांसां धप रेग मप। गम रेसा मरे पप। सांसां

2. सांसां रेंरें सांसां धप। रेग मप गम रेसा।

3. धध पप रेग मप। सारें सांसां धप रेग। मप गंमं रेंसां सारें।
सांसां धप मग मरे। सारे सासा मंप धप। सांसां

4. मंप धमं पध मंप। धप गम पग मरे। सासा सारें सांसां धप
गंमं रेंसां गंमं पंगं। मंरें सारें सांसा धप।

34

राग कामोद–राग परिचय

इस राग की उत्पत्ति थाट कल्याण से मानी गई है। राग में दोनों मध्यम तथा अन्य सभी स्वर शुद्ध लगते है। इसकी जाति वक्र सम्पूर्ण है। वादी स्वर पंचम संवादी स्वर रिषभ है। गायन समय रात्रि का प्रथम प्रहर है। राग के आरोह में निषाद तथा अवरोह में गंधार स्वर दुर्बल होता है। गंधार स्वर इस राग का भी वक्र स्वर है। इस राग में कभी–कभी कोमल निषाद का प्रयोग करते है। जैसे सांधनि॒ प शुद्ध नि आरोह अवरोह में अल्प है। तीव्र मध्यम का अल्प प्रयोग केवल आरोह में पंचम के साथ और शुद्ध मध्यम का प्रयोग आरोह अवरोह दोनों में होता है। कामोद का स्वरुप–रेपप,म॑प, धप, गमप, गमरेसा रेपप तथा गमप, गमरे–सा, रेप राग वाचक है। समप्रकृति राग छायानट है।

कामोद– सा, रेप, पध, प, गमप, गमरेसा।

छायानट– ध परे, गमप,मग, मरेसा,सांध, प प॒रे रे, ग मग, मरे, सा ।

आरोह–सारे, प, म॑प, धप, निधसां।
अवरोह–सां, निध, प,म॑पधप, गमप, गम रेसा।
पकड़–रे, प, म॑पधप, गमप, गमरेसा।

राग कामोद स्वर विस्तार

स्थायी

1. सारेसा, रेप, म॑पधप, गमप, गमरेसा।
2. सा(सा), ध़नि़प़, ध़प़स़ा, रेसा, गमप, गमरेसा।
3. सारेप, पधप, सां(सां) धनिप, म॑पधमप, गमप, गम, रेसा।

4. मंपधं, मंपसां, सांरेंसां, धमंप, गमरेसा।

5. धमंप, सां, रेंसां, धनि॒धप, मंपधमंप, गमरेसा।

अंतरा

1. पपसां, मंपधमपसां, रेंपं, मंपधप, सां

2. सां(सां) धप, सांरेंसांधप, धमंप, सां।

3. गंमंरेंसां, सांरेंसां, धनि॒ प, धमंप, गमप, गमरेसा, पधमंपसां

4. सांरेंसां, गंमंरें, सांरेंसां, धनि॒प, पसां।

5. गंमंरेंसां, गंमंपंगंमंरेंसां, धप, मंपधमंप, सां।।

राग कामोद सरगम गीत झपताल

स्थायी

म	रे	सा	रे	सा	प	प	ध	ध	प
x		2			०		3		
सां	ध	सां	रें	सां	ध	ध	प	—	प
x		2			०		3		
मं	प	ध	ध	प	मं	प	मं	रे	सा
x		2			०		3		

अंतरा

प	प	सां	—	सां	सां	सां	सां	रें	सां
x		2			०		3		
ध	ध	सां	रें	सां	सां	सां	ध	ध	प
x		2			०		3		
मं	रें	सां	रें	सां	ध	प	म	रे	सा
x		2			०		3		

राग कामोद विलम्बित ख्याल (झूमरा)

स्थायी–तेरे गोकुल में गिरधारी, तेरे दर्शन को आये है।

अंतरा–नही कुछ पास है मेरे, तुझे पूजा चढ़ाने को।

स्थायी

सा	रे	प	प	पप	ध	ध	प	प	गम	प	मरे	सारे	सा
ते	ऽ	ऽ	रे	गोऽ	ऽ	कु	ल	में	ऽऽ	ऽ	गिर	धाऽ	री
4		o		x		2		o		3		o	
सा	रेसा	ध़	नि़	प़	ग	म	प	(प)	म	रे	सारे	साऽ	सा
ते	ऽऽ	रे	ऽ	द	ऽ	र्श	न	को	ऽ	ऽ	आये	है	ऽ
4		o		x		2		o		3		o	

अंतरा

प	प	म	प	सां	सां	सां	ध	ध	सां	सां	सां	रें	सांसां
न	ऽ	ही	ऽ	कु	ऽ	छ	ऽ	पा	ऽ	स	है	मे	रेऽ
4		o		x		2		o		3		o	
सां	–	गं	मं	रें	–	सां	सां	ध	नि	प	म	रे	सा
तु	ऽ	झे	ऽ	पु	ऽ	जा	ऽ	च	ढ़ा	ने	को	ऽ	ऽ
4		o		x		2		o		3		o	

तानें विलंबित ख्याल

1. मरेपपम॑पधप गमपगमरेसासा, मरेपपसांनिधप गमपगमरेसासा
   मरेपपसांरेंसांनिध म॑पधम॑पगम॑प गमरेसासासांनिध पम॑पधपगमरे।सा
2. म॑पधपम॑पसांसां धपम॑पसांरेंसांसां धपम॑पसांसांमंमं रेंसांधपम॑पसांसां
   गंमंपंगंमंरेंसांसां धपम॑पधनिधप म॑पधपगमपग मरेसासाम॑पधप।
3. सांसांमंमंरेंसां,सांसां गंमंपंगंमंरेंसांसां धपगंमंरेंसांसांध पम॑पसांरेंसांसांध
   पम॑पधनिधपम पगम॑पगमरेसा सा,मरेपपधपसां, सांनिधपगमरेसा।
4. ममरेममरेसासा, निनिधनिनिधपप ममरेसा,रेंरेंसांरें रेंसांरेंरेंसांनिधप
   मंमंरेंमंमंरेंमंमं रेंसांनिधपममरे सा,मरेपपधपसां निधपपममरेसा।

5. मंपधपसां,सारेंसां सां,धपमंपधपसां, मंमंरेंसांधपम गंमंपंगंमंरेंसांसां
धप,मंपधनि़धप मंपधमंपगमप गमरेसामरेपप सांपधमंपसांमप ।सां

राग कामोद मध्यलय (त्रिताल)

स्थायी—ब्रज में मुरली जो तुमने बजाई ग्वाल ग्वालों के रास रचाई।।

अंतरा—ऐसी रास रची ब्रज में, धूम मची मुरलीवाला।

स्थायी

रे	—	प	प	ध	—	प	प	धनि	सां	ध	प	म	—	रे	—
ब्र	ज	में	ऽ	मु	र	ली	जो	तुऽ	म	ने	ब	जा	ऽ	ई	ऽ
o				3				x				2			
मं	मं	प	प	ध	ध	—	प	ग	म	प	ग	म	रे	सा	सा
ग्वा	ऽ	ल	ग्वा	ऽ	लों	ऽ	के	रा	ऽ	स	र	चा	ऽ	ई	ऽ
o				3				x				2			

अंतरा

प	—	सां	सां	सां	सां	रें	सां	ध	ध	सां	रे	सां	नि	ध	प
ऐ	ऽ	सी	ऽ	रा	ऽ	स	र	ची	ऽ	ब्र	ज	में	ऽ	ऽ	ऽ
o				3				x				2			
गं	मं	पं	गं	मं	रें	सां	सां	मंपध	मंप	ग	ग	म	रे	सा	सा
धु	ऽ	म	म	ची	ऽ	मु	र	लीऽऽ	ऽऽ	ऽ	ऽ	वा	ऽ	ला	ऽ
o				3				x				2			

राग कामोद तानें मध्यलय

स्थायी

1. मरे पप धध पप।। गम पग मरे सासा।
2. सांसां धप मंप धप।। गम पग मरे सासा।
3. गंमं रेंसां धप मंप।। सांनि धप गम रेसा।
4. गंमं पंगं मंरें सांसां।। धप मंप धनि़ धप।। गम पग मरे सासा।
5. रेप मंप सांसां धप।। गंमं रेंसां धप गंमं।। पंगं मंरें सांसां धप
मप रेंरें सांसां धप।। गम पग मरे सासा।

अंतरा

1. सांनि धप मंप धप।। पध मंप सांसां रेंसां।
2. गमं रेंसां धप गम।। रेसा पध मप सांसां।
3. गमं पगं मरें सांसां।। धप मंप सारें सांसां।। धप पध मंप सां–।
4. मरे पमं धप निध।। सांनि रेंसां गरें सांसां।। धप मंप रेंरें सांसां।।
धप पध मंप सां–।
5. मंमं रेंसां रेंरें सांसां।। मंमं रेंसां गमं पगं।। मरें सांसां धप पध।।
मंप सां– पध मंप।। सां– पध मंप सां–।

35

राग गौड़ सारंग—राग परिचय

इस राग की उत्पत्ति कल्याण से मानी गई हैं। इस राग की रचना गौड़ तथा सारंग इन दो रागों के समन्वय से हुई है। इसके आरोह—अवरोह में सातों स्वर वक्र प्रयोग किये जाते हैं, इसलिये इसकी जाति सम्पूर्ण सम्पूर्ण हैं। वादी स्वर गंधार संवादी स्वर धैवत हैं। इसमें दोनों मध्यम स्वर लगते हैं। इस राग का गायन समय मध्यान्ह है। इस राग में तीव्र मध्यम स्वर अल्प तथा आरोह में पंचम स्वर के साथ लगाते हैं। राग की रंजकता बढ़ाने के लिये कोमल नि॒ का प्रयोग कभी—कभी करते हैं। इसमें निषाद स्वर वक्र होने के साथ अल्प भी प्रयोग करते हैं। न्यास के स्वर सा ग और प है।

आरोह—सा, गरेमग, पम॑धप, निधसां।
अवरोह—सांधनिप, धम॑पग, मरे,प,रेसा।
पकड़—सा, गरेमग, परेसा।

राग गौड़ सारंग स्वर विस्तार/अलाप

स्थायी

1. नि़सा, गरेमग, सा, नि़ध़प़, सा, रेसा, गरेमग, परेसा।
2. सामगप, धनि॒प, रेमग, परे, सा।
3. पधम॑प, रेगरेमग, सांधनिप, धम॑प, गम, रेमग, परे, सा।
4. सांनिधप, धम॑प, मग, गरेमग, परेसा।
5. धम॑पसां, रेंसां, निध, पधम॑प, मग, परेसा।

अंतरा

1. पपसां, रेंसां, सांनिधप, धमंप, सां।
2. सां, सारेंसां, सां(सां), धनि̱प, पपसां।
3. मंपनिधसां, रेंसां, गंरेंसां, धप, मगपमंधप, सां।
4. सांरेंसां, गंरेंसां, गंमंगंरेंमंगं, रेंसां, धप, सां।
5. मंरेंसां, सांगंरेंमंगं, पंरेंसां, सांनिधप, धमंप, सां।

राग गौड़ सारंग सरगम गीत एकताल

स्थायी

सा	सा	ग	रे	म	ग	प	प	मं	प	ध	प
x		o		2		o		3		4	
सां	नि	ध	प	मं	प	ध	प	ग	रे	म	ग
x		o		2		o		3		4	
प	—	ध	प	मं	प	ग	रे	प	रे	सा	सा
x		o		2		o		3		4	

अंतरा

प	प	नि	नि	नि	नि	ध	नि	सां	सां	नि	सां
x		o		2		o		3		4	
सां	सां	गं	रें	मं	गं	प	रें	सां	रें	सां	सां
x		o		2		o		3		4	
ध	नि	सां	नि	ध	प	म	ग	प	ध	प	प
x		o		2		o		3		4	
सा	सा	ग	रे	म	ग	प	रे	सा	रे	सा	सा
x		o		2		o		3		4	

राग गौड़ सारंग विलंबित ख्याल तिलवाड़ा

स्थायी—दीनदयाल जगत प्रतिपालन करे,
भक्तन के हितकारी।

अंतरा—शिव का नाम हैं जगत में,
भव सागर में जलतारी।

स्थायी

गरे मग परे –सा	ग – गम गरे	प (प) म ग	रे गरे म ग
दीऽ नऽ द्या ऽल	ज ऽ .गऽ तऽ	प्र (ति) पा ऽ	ल नऽ क रे
3	4	x	2
ग म गरे म	ग – प रे	सा रे सा सा	ग – गम प
भ ऽ क्त न	के ऽ ऽ ऽ	हि ऽ त ऽ	का ऽ रीऽ ऽ
3	4	x	2

अंतरा

प मंप सां –सां	सां रें सां निध	प नि सां रे	सां सां ध सां
शि ऽऽ व ऽका	ना ऽ म ऽऽ	है ऽ ऽ ज	ग त में ऽ
3	4	x	2
सां (सां) ध निप	प (प) म ग	गरे म ग ग	प रे सा –
भ (व) ऽ साऽ	ग (र) में ऽ	जऽ ऽ ऽ ल	ता ऽ री ऽ
3	4	x	2

राग गौड़ सारंग विलंबित ख्याल तानें

1. सासागरेसासा,ऩिसा गरेमगपमंधप मगपरेसासाग रेमगपमंधपसां निधपगमगरेम गपरेसासागरेंसां निधपमंपगमग रेमगपरेसासाऩि ।सा
2. गमगरेमगमंप गमगरेमगपध मंपगमगरेमग सांसांधपमंपगम गरेमगंगरेंसांसां धपगरेमगमंमं गंपरेंसांसांधपग मगरेमगपरेसा।
3. मंपगमगरेमग सांसांधपमंपगम गरेमगसारेंसांसां धपमंपगमगरे मगगरेंमंगरेंसां धपमंपगमगरे मगगरेंमंगंपरें सांसांधपमंपगम गरेमगपरेसासा।

4. सांसांगरेंसांसांसांसां गरेंमंगंपरेंसांसां सारेंसांनिधपगरें सांनिधपगरेंमंगं परेंसांनिधपगरे मगपरेसासासासा गरेमगपमंधप निधसांनिरेंसांगरें सांनिधपगमगरे मगपरेसासानि़सा।

5. सारेंनिसांपधमंप गमगरेमगपरे सासा,गरेंसारेंनिसां पधमंपगमरेम गपरेसासागरेंमं गंपरेंसारेंसांसांप धमंपगमगरेम गपरेसासानि़सा

राग गौड़ सारंग मध्यलय तीनताल

स्थायी–ऋषि मुनि सुर गण मिलकर महिमा गान करे,
योगी जन हिरदे में निशदिन ध्यान करे।

अंतरा–सकल मनोरथ दायक दीनन दुःखहर्ता,
जनम मरण भवबंन्धन हारण सुखकर्ता।

स्थायी

सा	सा	ग	रे	म	ग	प	प	म	ग	म	रे	सा	रे	सा	सा
ऋ	षि	मु	नि	सु	र	ग	ण	मि	ल	क	र	म	हि	मा	ऽ
x				2				०				3			
मं़	प़	सा	सा	सा	रे	सा	सा	ग	रे	म	ग	प	प	मं	प
गा	ऽ	न	क	रे	ऽ	ऽ	ऽ	यो	गी	ज	न	हि	र	दे	ऽ
x				2				०				3			
ध	ध	नि	प	प	प	मं	प	ग	रे	म	ग	प	रे	सा	सा
नि	श	दि	न	ध्या	ऽ	न	क	रे	ऽ	ऽ	ऽ	ऽ	ऽ	ऽ	ऽ
x				2				०				3			

अंतरा

प	–	प	प	ध	ध	ध	ध	सां	सां	सां	सां	सां	रें	सां	सां
स	क	ल	म	नो	ऽ	र	थ	दा	ऽ	य	क	दी	ऽ	न	न
x				2				०				3			
सां	रें	सां	सां	ध	ध	नि̲	प	ग	ग	म	रे	सा	रे	सा	सा
दु	ख	ह	र्ता	ज	न	म	म	र	ण	भ	व	बं	ऽ	ध	न
x				2				०				3			

सा	मग	प	प	प	प	—	म	ग	—	म	रे	सा	रे	सा	सा
हा	रऽ	ऽ	ण	सु	ख	क	र	ता	ऽ	ऽ	ऽ	ऽ	ऽ	ऽ	ऽ
x				2				०				3			

राग गौड़ सारंग मध्यलय तानें

स्थायी

1. ऩिसा गरे मग पमं धप गरे मग परे ।सासा
2. मंप धनि सांनि धप गरे मग परे सासा।
3. सारें सांनि धप मंप गरे मग परे सासा।
4. धनि॒ धप मंप सारें सांनि धप गरें सांसां धप गम गरे परे ।सासा
5. निसां गरें सांनि धप धनि सांनि धप मंप गम गरे मग परे। सासा

अंतरा

1. सांनि धप गम गरे मग पमं धप सांसां
2. गरें सांनि धप गम गरे मग पमं धप निध सांसां रेंरें सांसां।
3. सारें सांसां गरें सांसां धप गम गरे मग पमं धप सांसां रेंसां।
4. निसां गरें मंगं पंपं मंगं रेंमं गरें परें सांसां धप मंप धनि॒ सांसां
5. निनि धप पध मंप सारें सांसां धप पध मंप गम गरे मग
   पमं धप सांसां निसां।

36

राग हिंडोल–राग परिचय

इस राग की उत्पत्ति कल्याण थाट से मानी गई है। राग में मध्यम स्वर तीव्र अन्य स्वर शुद्ध स्वर लगते है। आरोह–अवरोह में रे और प स्वर वर्जित होने के कारण इस राग की जाति औडव–औडव है। वादी स्वर धैवत तथा संवादी स्वर गंधार है। गायन समय दिन का प्रथम प्रहर है। इसमें निषाद वक्र और अल्प है। यह राग गंभीर प्रकृति का है। अवरोह में राग सोहनी से बचाने के लिये सागमंधसां–धमंग, मंगसा। ग से सा तथा सा से ध को आते समय अधिकतर मींड का प्रयोग करते है। यह उत्तरांग प्रधान राग है। राग हिंडोल के आरोह में साग, 'धनिध, सां। इस प्रकार से निषाद स्वर को वक्र करना आवश्यक है, इस कारण साग, मधनिसां यह स्वर लेने से सोहनी राग का आभास होने लगता है, इसलिये निषाद को इस राग में वक्र करके सोहनी राग से बचाया जाता है। न्यास के स्वर, और सां। समप्रकृति राग सोहनी है।

हिंडोल–सांधमंग, मंगसा।

सोहनी–सां– निधनिध, मंग, गमंधगमंग, रेसा।

आरोह–सा, ग, मंधनिध, सां।
अवरोह–सां, निध, मंग, सा।
पकड़–साग, मंधनिध, मंग,सा।

राग हिंडोल स्वर विस्तार

स्थायी

1. सा, ध़सा, मंगसा, सागमंग, मंगसा।

2. सा(सा)ध़, म़ंध़ सा, गमंगसा, गमंध, गमं, गसा।

3. गमंध, निध, मंधनिध, सांनिध, मंगमंगसा।

4. मंधसां, सां(सां)ध, मंनिधसां, निधमंगसा।

5. सागमंधसां, मंधसां, मंनिधमंग, गमंध, मंगमंगसा।

अंतरा

1. मंधसां, गमंधधसां, सांनिधसांनिध, मंधसां।

2. मंगमंधसां, निधमंधसां, सागमंधनिधसां।

3. धमंध, सां, गंसां, निध, मंग, मंग, मंधसां।

4. मंधनिधसां, गंगंसां, सांनिधसांनिध, मंगमंगसा।

5. गंगंसां, गंमंगंसां, ध, मंधसांनिध, गमंगसा।

राग हिंडोल सरगम गीत तीनताल

स्थायी

मं	मं	ग	मं	ग	ग	सा	सा	ग	ग	मं	ध	नि	ध	सां	सा
o				3				x				2			
सां	सां	गं	मं	गं	गं	सां	सां	सां	नि	ध	सां	नि	ध	मं	ग
o				3				x				2			
नि	ध	नि	ध	मं	ध	मं	ग	ग	मं	ध	मं	ग	मं	ग	सा
o				3				x				2			

अंतरा

मं	ध	मं	ग	मं	ध	सां	सां	ध	ध	सां	सां	गं	मं	गं	सां
o				3				x				2			
मं	मं	गं	मं	गं	गं	सां	सां	सां	नि	ध	सां	नि	ध	मं	ग
o				3				x				2			
सा	सा	ग	ग	मं	ध	सां	सां	नि	ध	मं	ग	मं	ग	सा	सा
o				3				x				2			

राग हिंडोल विलम्बित ख्याल एकताल

स्थायी–लिया जिसने है कभी, हरिनाम भय–भ्रम, भूल से।

अंतरा–तर गया वह भी तुरन्त, बन्धन कटे जड़ मूल से।

स्थायी

म॑	म॑	गम॑	गसा	सा	सा	म॑	ग	म॑	ध	सां	सां
लि	ऽ	याऽ	ऽऽ	जि	स	ने	ऽ	है	ऽ	क	भी
3		4		x		०		2		०	
गं	म॑गं	सां	सां	म॑	ध	सां	ध	ग	म॑	ग	सा
ह	रिऽ	ना	म	भ	य	भ्र	म	भु	ल	से	ऽ
3		4		x		०		2		०	

अंतरा

म॑	ध	सां	सां	सां	सां	गं	–	गं	म॑	म॑गं	सांसां
त	र	ग	या	व	ह	भी	ऽ	तु	रं	ऽऽ	तऽ
3		4		x		०		2		०	
गं	सां	म॑ध	सां	ध	म॑	ग	म॑	म॑	ग	सासा	सा
बं	ऽ	धऽ	न	क	ऽ	टे	ऽ	ज	ड़	मूल	से
3		4		x		०		2		०	

राग हिंडोल विलम्बित ख्याल तानें

1. सासागगसासा,साग म॑म॑गम॑गसासा,सा सागम॑धधगम॑
गसासा,सासागम॑ध धसांसांगंगंसांसांग म॑धधम॑गम॑गसा
सासासागम॑धधसां सांगंम॑म॑गंसांसांध म॑गम॑धधम॑गम॑ गसासागम॑धध।

2. सागम॑गम॑गगम॑ धम॑धम॑म॑धसां धसांधसांगंसांसांगं सांसांगंम॑गंम॑गंम॑
सांसांसांगंगंसांसांध गम॑धधम॑गम॑ग म॑धसांसांनिधसांसां।

3. म॑म॑गम॑धधसांसां सागम॑धनिधम॑ध सांसांध.ध,सासागम॑
धधनिधसांसांसांगं म॑गंम॑गंसांसांधध सांसांगंगंसांसांधम॑ गम॑धधम॑गम॑ग
सासासागम॑म॑गम॑ध धम॑धसांसांगंगंसां।

4. म॑म॑गम॑म॑गम॑म॑ गगसासा,सांसांधसां सांधसांसांधम॑गम॑
धधम॑गसासा,गंगं सांगंगंसांगंगंसांसां धम॑गम॑धधम॑ग सासा,म॑म॑गम॑म॑गं
म॑म॑गंगंसांसांम॑ध निधम॑धम॑गम॑ग।सासा

5. सांनिधसांनिधमंध निधमंनिधमंगमं धमंगधमंगसाग मंमंगमंधधमंग मंगसासाधमंधमं गमंधधनिधनिध मंधसांसांगंसांगंसां मंधसांसांगमंधध मंगसासाधृधृसासा।

राग हिंडोल मध्यलय एकताल

स्थायी–सुर की यह लगन होत नाद भेद अत जानत
गुनिजन सब यही कहत।

अंतरा–विध्या अत होत कठिन साधना ही एक मार्ग।

स्थायी

सां	सां	नि	ध	मं	मं	ग	ग	मं	ग	–	सा
सु	र	की	ऽ	य	ह	ल	ग	न	हि	ऽ	त
x		०		2		०		3		4	
धृ	–	धृ	सा	–	सा	मं	ग	मं	ग	ग	सा
ना	ऽ	द	भे	ऽ	द	अ	त	जा	ऽ	न	त
x		०		2		०		3		4	
सा	सा	ग	ग	मं	ध	नि	नि	ध	मं	ग	सा
गु	नि	ज	न	स	ब	य	ही	ऽ	क	ह	त
x		०		2		०		3		4	

अंतरा

मं	–	ध	ध	मं	ध	सां	–	सां	सां	सां	सां
वि	ऽ	ध्या	ऽ	अ	त	हो	ऽ	त	क	ठि	न
x		०		2		०		3		4	
सां	–	गं	मं	गं	सां	नि	ध	मं	ग	–	सा
सा	ऽ	ध	ना	ऽ	ही	ए	ऽ	क	मा	ऽ	न
x		०		2		०		3		4	

राग हिंडोल (मध्यलय) तानें

स्थायी

1. साग मंध।। सांसां धमं।। गमं धमं।। गमं गसा।
2. गमं धसां।। गंगं सांसां।। धमं गमं।। गसा सासा ।
3. साग मंग।। मंग गमं।। धमं धमं।। धनि सांनि।। धमं गमं।। गग गसा।
4. सांनि धसां।। निध मंध।। सांसां गंगं।। सांसां मंमं।। गंगं सांसां।। धमं गग।। सासा।
5. मंग मंग।। सासा निध।। निध मंग।। सांनि सांनि।। धमं गमं।। गग सासा।

अंतरा

1. सांनि धसां।। निध मंग।। मंग सासा।। मंध निसां।।
2. गंमं गंगं।। सांसां निध।। मंध निध।। सांसां गंगं।। सांसां
3. साग मंग।। मंध मंध।। सांध सांगं।। सांगं मंमं।। गंगं सांसां।। मंध सांसां।
4. साग मंध।। सांसां गंगं।। सांसां मंमं।। गंगं सांसां।। निध मंग।। मंध सांसां।
5. सांनि धसां।। निध मंध।। सां– गंमं।। गंगं सांसां।। निध मंग।। मंग सासा।

राग हिंडोल ध्रुवपद चौताल

स्थायी–त्यागना कर्म है महा अनिष्ट, कर्म है जीवन तत्व विशिष्ट,
कर्मा है सार अकर्म असार।

अंतरा–कर्म बिन मानव जीवन कार्य, कर्म है तत्व कर्म है अर्थ,
कर्म बिन जीवन है बेकार।

स्थायी

सां	नि	ध	सां	नि	ध	मं	ग	मं	ध	सां	सा
त्या	ग	ना	क	र्म	है	म	हा	अ	वि	ऽ	ष्ट
x		०		2		०		3		4	
सां	सां	गं	मं	गं	गं	सां	सां	नि	ध	मं	ध
क	र्म	है	जी	व	न	त	ऽ	त्व	वि	शि	ष्ट
x		०		2		०		3		4	

सां	सां	नि	ध	मं	ध	मं	ग	मं	ग	सा	सा
क	र्म	है	सा	ऽ	र	अ	क	र्म	आ	सा	र
x		o		2		o		3		4	

अंतरा

मं	ग	मं	ध	सां	सां	नि	ध	सां	सां	सां	सा
क	र्म	बि	न	मा	न	व	जी	व	न	का	र्य
x		o		2		o		3		4	
सां	सां	गं	गं	मं	मं	गं	मं	गं	गं	सां	सां
क	र्म	है	त	ऽ	त्व	क	र्म	है	अ	ऽ	र्थ
x		o		2		o		3		4	
मं	मं	गं	मं	गं	गं	सां	सां	नि	ध	मं	ध
क	र्म	बि	न	जी	ऽ	व	न	बे	का	ऽ	र
x		o		2		o		3		4	

37

राग शंकरा–राग परिचय

राग शंकरा की उत्पत्ति थाट बिलावल से मानी गई है। इसमें सभी स्वर शुद्ध लगते है। आरोह में रिषभ और मध्यम तथा अवरोह में केवल मध्यम स्वर वर्जित होने के कारण इसकी जाति औडव–षाडव है। राग का वादी स्वर पंचम तथा संवादी स्वर षडज है। गायन समय मध्य रात्रि है। राग शंकरा में धैवत स्वर सीधा नही लिया जाता है, उसे नि ध सां इस रुप में लिया जाता है। ग प ग सा इस स्वर विस्तार को लेते समय रे का कण लेते है। न्यास के स्वर सा, ग, प है। जाति भेद के कारण शंकरा तीन प्रकार से गाया जाता है। ध्रुवपद गायक रे और म स्वर वर्जित करके औडव–औडव जाति करके गाते है। दूसरे प्रकार में रे व म को वर्जित तथा ध स्वर को दुर्बल करके गाते है। तीसरे प्रकार में मध्यम स्वर वर्जित करके गाते है।

आरोह–साग, प, निध, सां।

अवरोह–सांनिप, निध, सांनिप, गप, गसा।

पकड़–निधसांनिप, गप, गसा।

राग शंकरा स्वर विस्तार/अलाप

स्थायी

1. सा, गग, प, गप, गसा, सा (सा) ऩि, ऩि ध़, सा।
2. सा(सा)ऩि, प़, नि. ऩि सा, रेसा, गप, गसा
3. सा, गप, गपनिप, सांनिप, गप, गसा।
4. गपनिधसां, सांरेंसां, सां(सां) निप, गपगसा।
5. प(प) गप, ग सा, पनिधसांनि, धप, गपगसा।

अंतरा

1. पपसां, सांरेंसां, गपनिधसां, सांनिप, गपनिधसां।
2. पनिधसांनिधप, पगनिपग, गपनिधसां।
3. सां(सां) निप, गंगंसां, सांनिप, निधसां।
4. पपसां, गंगंसां, निधसांनिप, गपनिधसां।
5. सांरेंसां, गंरेंसां, गंपंगंसां, निप, गपनिधसांनिप, निधसां।

राग शंकरा सरगम गीत एकताल

स्थायी

सां	सां	नि	नि	प	प	प	नि	ध	सां	नि	प
x		o		2		o		3		4	
ग	प	नि	नि	प	प	ग	प	ग	ग	सा	सा
x		o		2		o		3		4	
प	प	सां	नि	प	प	ग	प	ग	प	ग	सा
x		o		2		o		3		4	

अंतरा

प	प	सां	सां	सां	सां	सां	सां	सां	रें	सां	सा
x		o		2		o		3		4	
सां	गं	पं	पं	गं	पं	गं	गं	सां	गं	सां	सां
x		o		2		o		3		4	
ग	प	सां	नि	प	प	ग	प	ग	ग	सा	सा
x		o		2		o		3		4	

राग शंकरा विलंबित ख्याल (झूमरा)

स्थायी–सखी मोहे लागी मिलन की आस, आओ खेले कान्हा संग रास।

अंतरा–लाज लगत मोहे जन जन की, मैं तो राधा मेरे मोहन की।

स्थायी

ग	प	निध	सां	नि	–	प	ग	ग	ग	प	ग	ग	सा	
स	खी	मोऽ	हे	ला	ऽ	गी	मि	ल	न	की	आ	ऽ	स	
3				x				2			o			
ग	गरे	ग	प	नि	प	ग	प	नि	सां	नि	प	प	ग	
आ	ओऽ	खे	ले	का	ऽ	न्हा	सं	ऽ	ग	ऽ	रा	ऽ	स	
3				x				2			o			

अंतरा

ग	प	सां	सां	सां	सां	सां	नि	प	ग	प	सां	निध	सां	
ला	ज	ल	ग	त	मो	हे	ज	न	ज	न	की	ऽऽ	ऽ	
3				x				2			o			
गं	गं	पं	गं	पं	गं	सां	नि	प	ग	प	ग	ग	सा	
मैं	ऽ	तो	ऽ	रा	ऽ	धा	मे	रे	मो	ऽ	ह	न	की	
3				x				2			o			

राग शंकरा तानें विलंबित ख्याल

1. सागगरेसा,सासा गगपपगपगग सासा,सागपनिधसां धपपगपगगसा सा,गपनिसांगंरेंसां सांनिपगपगगसा सा,गपनिपगपग।सा
2. पपगपगग,निनि पपगपगग,निध सांनिधपगपगग, गपनिसांगंरेंसांनि पगपगग,गपनि सांगंपंपंगंपंगंरें सांनिपगपगरेसा।
3. निसांगंरेंसांसां,निसां गंपंपंगंपंगंरेंसां सांगंरेंसांनिपपग पनिधसांनिरेंसांनि धपपगपगरेसा सा,सागपप,गपनि नि,पनिसांसां,निधपप।
4. पपगपगरे,निध पपगपगरे,सांनि पपगपगरे,रेंसां निधपपगपगरे, गंरेंसांनिपपगप गरे,गंपंगंरेंसांनि पपगपगरेसासा।
5. सांनिपपगपनिसां, गंरेंसांनिपपगप निसां,गंपंगंरेंसांनि पपगपनिसां,गंगं रेंसां,रेंरेंसांनि,सांसां निप,निनिपप,गप गगसासा,गपनिसां ।

राग शंकरा मध्यलय (झपताल)

स्थायी–भोले बाबा हर हर शिव शंकर, जय जय जटा धारी शंकर।

अंतरा–भालचन्द्र जय पार्वती शंकर, कमल धारी हर हर गंगाधर।

स्थायी

सां	सां	नि	नि	प	गप	पप	सां	नि	प
भो	ले	बा	ऽ	बा	हर	हर	शि	ऽ	व
x		2			o		3		
प	–	ग	ग	प	ग	प	सा	सा	सा
शं	ऽ	क	ऽ	र	ज	य	ज	ऽ	य
x		2			o		3		
ग	ग	प	प	नि	सां	नि	प	प	ग
ज	टा	धा	ऽ	री	शं	ऽ	क	ऽ	र
x		2			o		3		

अंतरा

प	प	सां	–	सां	सां	सां	रें	सां	सां
भा	ल	च	ऽ	न्द्र	ज	य	पा	र्व	ती
x		2			o		3		
सां	सां	गं	ऽ	गं	पं	पं	गं	गं	सां
शं	ऽ	क	ऽ	र	क	म	ला	धा	री
x		2			o		3		
सां	नि	प	ऽ	प	ग	प	ग	ग	सा
ह	र	ह	ऽ	र	गं	गा	ध	ऽ	र
x		2			o		3		

राग शंकरा तानें मध्यलय

स्थायी

1. साग पनि।। धप गप निध।। सांनि धप।। गप गग सासा।
2. गप निध।। सारें सांनि पप।। गप गरे।। गरे सासा नि.सा।
3. गप गरे।। सासा सांनि धप।। गप गरे।। गप निध सांनि।
4. निसां गगं।। रेंसां निध पप।। गप निप।। गप गरे सासा।
5. गप निसां।। पनि सांसां गंगं।। सांनि पप।। गप निध सांसां।

अंतरा

1. गप निसां।। रेंसां निध पप।। गप निध सांनि रेंसां निध।
2. गरे पग।। निप सांनि रेंसां।। गरें सांनि।। पप गप निसां।
3. गंपं गरें। सांनि पप गप।। गरे सासा।। गप निसां रेंसां।
4. गग रेप।। पग निनि पसां।। सांनि गंगं।। रेंसां निप सांसां।
5. साग पनि।। निप गप निसां।। निनि पप।। गप निसां रेंसां।

राग शंकरा तराना तीनताल

स्थायी

सां	सां	नि	नि	प	प	ग	प	ग	प	नि	ध	सां	नि	प	प
त	न	न	त	न	न	दे	रे	दिर	दिर	त	न	दे	रे	ना	ऽ
०				3				x				2			
ग	ग	प	प	ग	प	ग	सा	नि	ध	प	प	ग	प	नि	सां
नों	ऽ	म्त	न	दे	रे	त	न	दीं	ऽ	म्त	न	न	न	दे	रे
०				3				x				2			
सां	गं	सां	सां	नि	नि	प	प	ग	प	नि	प	ग	प	ग	सा
त	दा	ऽ	रे	दा	रे	दा	नि	दीं	ऽ	म्त	न	दे	रे	ना	ऽ
०				3				x				2			

अंतरा

प	प	प	सां	सां	रें	सां	सां	सां	सां	नि	ध	प	सां	नि	प
ना	दिर	दिर	दिर	दिर	दिर	त	न	दीं	ऽ	म्त	दीं	ऽ	म्त	न	न
o				3				x				2			
गं	गं	पं	पं	गं	पं	गं	सां	नि	ध	सां	नि	ध	ध	प	प
ओ	दे	त	न	दी	ऽ	म्त	न	त	न	दे	रे	दे	रे	ना	ऽ
o				3				x				2			
सा	ग	प	नि	ध	सां	नि	ध	प	प	ग	प	ग	ग	सा	सा
धा	धा	तिट	कत	गदि	गन	धा	धा	धा	धा	तिट	कत	गदि	गन	धा	धा
o				3				x				2			

38

राग जयजयवंती–राग परिचय

इस राग उत्पत्ति खमाज थाट से मानी गई है। राग में दोनों गंधार तथा दोनों निषाद का प्रयोग किया जाता है। कोई भी स्वर वर्जित न होने के कारण इसकी जाति सम्पूर्ण–सम्पूर्ण है। वादी स्वर रिषभ, संवादी स्वर पंचम है। इस राग का गायन समय रात्रि के दूसरे प्रहर के अंतिम भाग में गाया बजाया जाता है। आरोह में पंचम के साथ शुद्ध निषाद और धैवत के साथ कोमल निषाद का प्रयोग किया जाता है। इसकी प्रकृति गंभीर है। इस राग को दो अंगों से गाया जाता है 1 देस 2 बागेश्री अंग इसे परमेल प्रवेशक राग कहा जाता है। कोमल गंधार का प्रयोग अवरोह में दो रिषभों के बीच होता है। इस राग से मिलते–जुलते राग गारा, सोरठ है। गारा–सा, निधगम, रेगरेसा, रेनि़सा, निध। सोरठ–अवरोहसां, रेंनिध, मपध, मरेनि़, सा। जयजयवंती–अवरोह सांनिधप, धम, रेगरेसा। न्यास के स्वर सा, रे और प है। राग देस भी मिलता–जुलता राग है।

देस–मपनिसां, धनिधप, ध–मगरे, रेग–नि़सा।

जयजयवंती–मपनिसां, धनिरे, निधप, धगमरेगरेसा।

आरोह–सा, रेरे, रेगरेसा, नि़ध़प़ रे, गमप, निसां
अवरोह–सांनिधप, धम, रेगरेसा।
पकड़– रेगरेसा, नि़ध़प़ रे।

राग जयजयवंती स्वर विस्तार/अलाप

स्थायी

1. सा, नि़सा, ध़नि़रे, सा, गमप, गम, रेगरे, नि़सा, ध़नि़रे, सा।
2. नि़सा, रेनि़ध़प़,म़प़ नि़सा, रेगरे, नि़ सा।

3. गमप, मप, निधप, धग मग, रेगरे, निसा।
4. मप, निसां, सां(सां) निधप, मप,गम,रेगरे,निसा।
5. धनिधप, मपनिसां, रेंनिधप, निध, पधमप, गम, रेगरे, निसा।

अंतरा

1. मपसां, सां(सां), निधप, रेंनिधप, मपनिसां।
2. धनिरें, सां, रेंगंरें, सांरेंसां, निधप, सां।
3. रेंगंमंगं, रेंगंरेंसां, रेंनिधप, मपनिधप, धनिरेंसां।
4. निसां, मपनिसां, रेंगंरेंसां, रेंनिधप, मप, निसां।
5. धनिरें, रेंगंरेंसां, गंमंपं, गंमंरेंगंरेंसां, निसां।

राग जयजयवंती सरगम (त्रिताल)

स्थायी

रे	ग	रे	सा	नि	सा	ध	नि	रे	–	–	–	रे	ग	म	प
o				3				x				2			
नि	नि	ध	प	म	प	म	ग	रे	ग	म	ग	रे	ग	रे	सा
o				3				x				2			

अंतरा

म	प	नि	नि	सां	–	सां	सां	ध	नि	रें	–	रें	गं	रें	सां
o				3				x				2			
रें	गं	मं	गं	रें	गं	रें	सां	ध	नि	सां	रें	सां	नि	ध	प
o				3				x				2			
सां	नि	ध	प	म	ग	रे	ग	म	प	म	ग	रे	ग	रे	सा
o				3				x				2			

राग जयजयवंती विलम्बित ख्याल (आड़ा चौताल)

स्थायी–कान्हा छेड़े तान गगन में, राधा आई नाचत मधुबन में।

अंतरा–मधुर मधुर गीत सुनाया, सुध बुध मोरा बिसराए।

स्थायी

सा रेगम	रेसा ध़नि़	रे ऽ	ग गम	प प	म (म)	ग ऽ
का न्हाऽऽ	छेऽ ड़ेऽ	ता ऽ	ऽ नऽ	ग ग	न ऽ	में ऽ
4	०	x	2	०	3	०
म प	नि सां	सां (सां)	नि ध	प ऽ	गम रेग	रेरे सा
रा ऽ	धा ऽ	आ ऽ	ई ऽ	ना ऽ	चत मधु	बन में
4	०	x	2	०	3	०

अंतरा

म प	निं नि	सां ऽ	सां सां	रेंगं रेंसां	नि ध	प़ प
म धु	र म	धु ऽ	र ऽ	गीऽ तसु	ना ऽ	या ऽ
4	०	x	2	०	3	०
म प	सां सां	नि ध	प प	रेग मप	ग म	रेग रेसा
सु ध	बु ध	मो ऽ	रा ऽ	बिऽ सऽ	रा ऽ	एऽ ऽऽ
4	०	x	2	०	3	०

राग जयजयवंती तानें (विलम्बित ख्याल)

1. नि.सारेगरेसा,रेग मपगमरेगरेसा रेगमपनिधपम पगमरेगरेसाम पनिसांरेंसांनिधप पमपगमरेगरे सामपनिसांरेंगंरें सांनिधपमपगम।
2. गमपगमपगम रेगरेसा,पनिसांप निसांपनिसांनिधप मगरेगरेसा,निसां रेंसारेंनिसांरेंसांनि धपमगमरेगरे सा,गंमंपंगंमंपंगं मरेंगंरेंसांनिधप।
3. मपगमनिधपप मपनिसांनिधपप मपनिसांरेंगंरेंसां निधपपमपनिसां रेंगंमंपंगंमंरेंगं रेंसांनिधपपमप धपमपगमरेग रेसाध़नि़रेरेसासा।
4. निसारेंगंरेंसांनिसां रेंगंमंपंगंमंरेंगं रेंसांनिसांरेंरेंसांनि धपमपधनिसांनि धपमपधनिधप मपधपमपगम रेगरेसामपनिसां निधपमगरेगरे ।सा
5. सांनिसांसांनिसांनिनि धनिधधपधपप मपममगमगग रेगरेसा,सांनिधप मपगमपनिसांसां, सा,सांनिधपमपग मपनिसां,सा,सांनिध पमपगमपनिसां।

राग जयजयवंती मध्यलय (त्रिताल)

स्थायी–श्याम न जाने बतियां मोरे मन की कछु न करत हो मोरे मन की।

अंतरा–कैसे समझाऊ प्रीत अनोखी, समझत नाही तुमरे मन की।

स्थायी

रेग मप ग म	रे ग रे–सा	नि़ साध़ नि़ नि़	रे रे रे –
श्या ऽऽ म न	जा ऽ नेऽ ऽ	ब तिया मो रे	म न की ऽ
०	3	x	2
रे ग म प	नि ध म प	रेग मप ग म	रे ग रे सा
क छु न क	र त हो ऽ	मोऽ रेऽ म न	की ऽ ऽ ऽ
०	3	x	2

अंतरा

म ऽ प प	नि नि सां सां	सारें गरें सां सां	रें नि सां सां
कै से स म	झा ऽ ऊ ऽ	प्रीऽ ऽऽ त अ	नो ऽ खी ऽ
०	3	x	2
नि सां रें सां	नि ध म प	रे ग गम प	रे ग रे सा
स म झ त	ना ऽ क छु	तु म रेऽ ऽ	म न की ऽ
०	3	x	2

राग जयजयवंती मध्यलय तानें

स्थायी

1. रेग मप निसां निध।। पम गम रेग रेसा।
2. धनि सारें सांनि धप।। मग रेग रेसा नि़सा।
3. रेंगं मंपं मंगं रेंगं।। रेंसां निध पम गम।। रेग मप गम रेग।। रेसा
4. नि़सा रेग मप गम।। पनि सांसां रेंगं मंगं।। रेंगं रेंसां निध पम।।
   गम रेग रेसा नि़सा।
5. गम प,ग मप,गम।। रेग रेसा धनि सां,ध।। निसां,धनि सांनि धप।।
   मग रेग मग रेग।। रेसा

अंतरा

1. सांनि धप मग रेग।। रेसा मप निसां रेंसां।
2. रेंगं रेंसां निसां रेंरें।। सांनि धप मप निसां।
3. रेंगं रेंसां रेंगं मंगं।। रेंगं रेंसां निध पम।। गम रेग रेसा मप।। निसां
4. मप निनि धप सांनि।। धप रेंरें सांनि धप।। रेंगं मंगं रेंगं रेंसां।।
   निध पम पनि सां–
5. निसां रेंगं रेंसां रेंगं।। मंपं गंमं रेंग रेंसां।। निसां रेंरें सांनि धप।।
   मप निध पम पनि।। सांसां

राग जयजयवंती तराना (त्रिताल)

स्थायी

रे	ग	रे	सा	नि़	सा	ध़	नि़	रे	ऽ	ऽ	ग	म	प	ग	म
त	न	न	त	न	न	त	न	तों	ऽ	ऽ	म्त	दे	रे	ना	त
o				3				x				2			
ऽ	नि	ध	प	म	प	ग	म	रे	ग	म	ग	रे	ग	रे	सा
ऽ	र्दा	ऽ	नि	ता	ऽ	नू	र्दा	ऽ	नि	त	न	दे	रे	ना	त
o				3				x				2			
म	प	नि	सां	नि	ध	प	प	ध	ध	ग	म	रे	ग	रे	सा
त	रे	दा	नि	दीं	ऽ	ऽ	म्त	न	न	त	न	ना	ऽ	रे	ना
o				3				x				2			

अंतरा

म	प	नि	नि	सां	सां	सां	सां	रें	गं	रें	सां	रें	नि	सां	सां
ओ	दे	त	न	न	न	त	न	दीं	ऽ	म्त	न	दे	रे	ना	ऽ
o				3				x				2			

रें गं मं गं	रें गं रें सां	नि ध म प	नि नि सां सां
दि या मा रे	तों ऽ म्दे रे	ना ऽ दे रे	ता रे दा नि
o	3	x	2
रेंरें गंगं रेंरें सांसां	नि – धध निनि	धध पप म ग	रेरे गग रेरे सासा
तिटकतगदि गन	धा ऽ तिट कत	गदि गन धा ऽ	तिट कत गदि गन
o	3	x	2

39

राग रामकली–राग परिचय

इस राग की उत्पत्ति थाट भैरव से मानी गई है। राग में रिषभ तथा धैवत स्वर कोमल, दोनों निषाद, दोनों मध्यम स्वर लगते है। वादी स्वर पंचम, संवादी स्वर षडज है। गायन समय दिन का प्रथम प्रहर है। आरोह में रिषभ तथा अवरोह में संपूर्ण स्वर लगने के कारण जाति षाडव–सम्पूर्ण है। राग रामकली के तीन प्रकार है 1 आरोह में मध्यम, निषाद वर्जित अवरोह संपूर्ण 2 संपूर्ण–सम्पूर्ण जाति 3–दोनों गंधार का प्रयोग 4 दोनों निषाद, दोनों मध्यम, तथा रे़, ध़ कोमल यह प्रकार प्रचार में ज्यादा है। कोमल निषाद तथा तीव्र मध्यम राग में मपधनिध प इस प्रकार लिया जाता है। यह राग प्रातःकालीन सन्धिप्रकाश राग है। यह उत्तरांग प्रधान राग है। स्वरों का अध्ययन–1 सा–सामान्य रे–आरोह में अल्प, अवरोह में अलंघन बहुत्व, ग–अलंघन बहुत्व शुद्ध म–अलंघन बहुत्व, ती म–'अल्प किन्तु विशिष्ट स्थान प अनाभ्यास बहुत्व, प–दोनों प्रकार का बहुत्व ध–अलंघन बहुत्व, नि–अलंघन बहुत्व, नि–अल्प।

आरोह–साग, मप, ध, निसां।

अवरोह–सांनिध, प, मंपधनिधपग, म,रेसा।

पकड़–धप, मंप, धनिधपग,मरेसा।

राग रामकली स्वर विस्तार/अलाप

स्थायी

1. साधसा, रेसा, गमरेसा, निधप ,सा।
2. पग, मरेसा, सागमप, मपधप, गमगरे, सा।
3. सागमपधमप, निधप, मंपधनिधप, गमप, गमरेसा।

4. धनिधप, सांनिधप, मंपधनिधप, पग, मरेसा।
5. मपगमधप, सागमपगमप, गमरेसानिधप, मपधसा, रेसा

अंतरा

1. मपधसां, सां(सां), निधप, मप, धनिसां।
2. धनिधप, धनिसां, रेंसा, निसां, धनिधप, धधसां।
3. पधधसां, रेंसां, धनिसारेंसां, निसां, धनिधप, सां।
4. गमंरेंसां, मंगंमंरेंसां, मंपधनिधप, धनिसां।
5. सांरेंसां, गमंपंगंमंरेंसां, निधप, धध सां, रेंसां।

राग रामकली विलम्बित ख्याल एकताल

स्थायी—तेरे गोकुल में गिरधारी, तेरे दर्शन को आये है।

अंतरा—नहीं कुछ पास है मेरे, तुझे पूजा चढ़ाने के लिये।

स्थायी

धनि	धप	गम	रेसा	ध	ध	प	प	गम	पप	गम	रेसा
तेऽ	रेऽ	गोऽ	कुल	में	ऽ	ऽ	ऽ	गिऽ	रऽ	धाऽ	रीऽ
3		4		x		०		2		०	
ध	नि	सा	सासा	ग	म	ध	प	ग	म	रे	सा
ते	रे	द	र्शन	को	ऽ	ऽ	ऽ	आ	ये	है	ऽ
3		4		x		०		2		०	

अंतरा

म	प	ध	नि	सां	सां	रें	सां	गं	गमं	रें	सां
न	हीं	कु	छ	पा	ऽ	स	ऽ	है	ऽऽ	मे	रे
3		4		x		०		2		०	
ध	नि	ध	पप	म	प	ग	म	प	प	गम	रेसा
तु	झे	पू	जाच	ढ़ा	ऽ	ने	के	लि	ऽ	येऽ	ऽऽ
3		4		x		०		2		०	

राग रामकली विलम्बित ख्याल तानें

1. ऩिसागगरेसा,गम पपमपगमरेसा ऩिसागमपधनिनि धपम॑पधनिधप म॑पगमरेसाऩिसा गमपधनिसारेंरें सांनिधपम॑पधनि धपम॑पगमरेसा ऩिसागमपधनिसां गंमंपंपंमंगंरेंसां निधपपम॑पधनि धपमपगमरेसा ।
2. ऩिसागमपपमप गमगग,गमपध निसांनिधमपगम गरे,धनिसारेंसांनि धपम॑पधनिधप मपगमरेसा,गंमं पंमंगंरेंरेंसांसांनि सांगंगंरेंसांनिरेंसां निधपम॑पधनिध पम॑पगमरेसासा।
3. गमरेसा,पपमप गमरेसा,धधपप मपगमरेसा,निनि धपमपगमरेसा, सांनिधम॑पधनिध पम॑पगमरेसा,गं मंरेंसांधनिसारेंसां निधप॑म॑पधनिध पम॑पगमरेसासा।
4. निसांगंगंरेंसांगंमं पंपंरेंरेंसांसांनिसां गंगंरेंसांनिधपप म॑पधनिधपम॑प गमरेसा,सागमप गमपनिपनिसांसां गंमंपंमंगमंपंमं गंमंरेंसांनिधपप म॑पधनिधपम॑प गमरेसाऩिसागम।
5. सांनिधप,रेंरेंसांनि धपगंगंरेंसांनिध पप,मंगंमंरेंसांसां निधपप,पंपंगंमंरें सांनिधपपमपध निधपम॑पगमरे सागमपपमपनि धनिधपम॑पसांनि धपम॑पगमरेसा।

राग रामकली मध्यलय तीनताल

स्थायी—चरणों में तुम्हारे जाने को, जब हमको बुलावा आता है।

अंतरा—रोम रोम तब खिल जाता है हृदय आनंद मनाता है।

स्थायी

ग	म	रे	सा	ध	ध	प	प	म॑	प	ध	नि	ध	प	म॑	प
च	र	णों	ऽ	में	ऽ	ऽ	तु	म्हा	ऽ	रे	जा	ऽ	ने	को	ऽ
०				3				x				2			
ग	म	प	प	ग	म	रे	सा	ध	ध	प	प	म	म	गम	रेसा
ज	ब	ह	म	को	ऽ	ऽ	बु	ला	ऽ	वा	ऽ	आ	ताऽ	ऽऽ	हैऽ
०				3				x				2			

अंतरा

मं	प	ध़	नि	सां	सां	सां	सां	गं	मं	पं	मं	गं	मं	रें	सां
रो	ऽ	म	रो	ऽ	म	त	ब	खि	ल	जा	ऽ	ता	ऽ	है	ऽ
o				3				x				2			
गं	मं	रें	सां	ध़	नि	सां	सां	ध़	नि	ध़	प	ग	गम	रे	सा
हृ	द	य	आ	नं	द	मे	म	ना	ऽ	ता	ऽ	है	ऽऽ	ऽ	ऽ
o				3				x				2			

राग रामकली मध्यलय तानें

स्थायी

1. ऩिसा गम पध़ मप। सांनि ध़प गम रेसा।
2. ध़नि सारें सांनि ध़प। मप गम रेरे सासा।
3. निसां गंगं रेंसां निरें। सांनि ध़प मंप ध़नि। ध़प मंप गम रेसा।
4. साग मप गम ध़प। ध़नि सांनि गरें सांनि। ध़प मंप ध़नि ध़प
   मंप गम रेरे सासा
5. मंप गम ध़ध़ पप। ध़नि सांनि ध़प मप।गंमं रेंसां निध़ पप।
   मंप धनि धप गम। रेसा

अंतरा

1. सांनि ध़प मप गम। पध़ निसां रेंसां निसां।
2. गरें सांनि ध़प मप। गम पध़ निसां रेंसां।
3. मंप ध़नि ध़प मंप। गम पध़ निसां रेंसां। गंमं रेंसां निध़ पप।
   गम पध़ निसां रेंसां।
4. मंप ध़नि ध़प मंप। ध़नि सांनि ध़प गंमं। रेंसां निध़ पप मप।
   ध़नि धप ध़नि सांसां।
5. सांनि ध़प रेंरें सांनि। गंगं रेंसां निध़ पप। गंमं पंपं गंमं रेंसां।
   गम पध़ निसां रेसां।

40

राग पूरिया धनाश्री–राग परिचय

राग पूरिया धनाश्री की उत्पत्ति पूर्वी थाट से मानी गई है। इस राग में रिषभ और धैवत स्वर कोमल तथा मध्यम स्वर तीव्र लगता है। कोई वर्जित न होने के कारण इसकी जाति सम्पूर्ण–सम्पूर्ण है। वादी स्वर पंचम तथा संवादी स्वर षडज है। गायन समय सायंकाल या दिन का चौथा प्रहर है। यह राग पूरिया तथा धनाश्री के मिश्रण से बनी है। यह सायंकाल संन्धिप्रकाश राग है। मंरेग तथा रेनि स्वरों की संगति इस राग में बार–बार दिखाई जाती है। न्यास के स्वर सा, ग, प। इस राग से मिलता–जुलता राग पूर्वी है। 1. दोनों रागों के वादी, संवादी भिन्न है। 2. राग पूर्वी में दोनों मध्यम लगते है, पूरिया धनाश्री में केवल तीव्र मध्यम का प्रयोग होता है। 3. पूरिया धनाश्री में निषाद स्वर पूर्वी की अपेक्षा कम है। 4. पूरिया धनाश्री में सासारेरेसानि़, रेग,मंरेग,प पूर्वी में सारेरे सानि़, सारेग, मग प्रयोग किया जाता है। स्वरों का प्रयोग–सा–सामान्य, रे– अलंघन बहुत्व ग– दोनों प्रकार का बहुत्व, तीव्र म–अलंघन बहुत्व, प–दोनों प्रकार का बहुत्व, कोमल ध–व नि–अलंघन बहुत्व।

आरोह–नि़रे, गमंप, धप, निसां।

अवरोह–रेंनिधप, मंग, मंरेग, रेसा।

पकड़–नि़रेग, मंप, धप, मंग, मंरेग,ध मंग, रेसा।

राग पूरिया धनाश्री स्वर विस्तार

स्थायी

1. नि़रेग, रेसा, रेनि़ध़प़, मं़ध़नि़रेग, रेसा।
2. गमंप, धप, प(प)मंग, मंरेग, रेसा।
3. प, मंधप, नि़धप, मंगमंरेग मंधमंग, मगरेसा।

4. धनिसां,रेंसां, रेंधप, मंनिगमंरेग, रेसा।

5. निरेगमंधनिधप, निरेंसां, रेंनिधप, मंगमंरेग, रेसा।

अंतरा

1. मंगमंधनिसां, सां(सां) निधप, मंधनिनिधप, मंधसां।
2. मंगमंधसां, निरेंसां, प(प)मंगमंरेग, मंधनिसां।
3. निरेंसां, गरेंसां, निरेंनिधनिधप, मंगमंरेग रेसा।
4. मंधरेंनिधप, गरेंसां,मंगंमंरेंगं, रेंसां, निधनिधप, सां
5. गंरेंसां, गंमंपं, मंगंमंरेंगं रेंसां, निधप, मंप, धनिसां।

राग पूरिया धनाश्री सरगम (त्रिताल)

स्थायी

मं	ग	प	मं	ध	–	प	प	मं	ग	मं	रे	ग	मं	प	प
रें	नि	ध	प	मं	प	ध	पं	मं	ग	मं	रे	ग	रे	सा	सां
०				3				x				2			

अंतरा

मं	–	ग	ग	मं	–	ध	ध	सां	–	सां	सां	नि	रें	सां	सां
गं	मं	पं	मं	गं	रें	सां	सां	नि	ध	रें	नि	ध	प	मं	प
०				3				x				2			

राग पूरिया धनाश्री विलम्बित ख्याल (तिलवाड़ा)

स्थायी–मोरे नैनों के आंसू से, चरण धोने आये है।

अंतरा–तुम्ही पर जान देने की, तमन्ना लेके आये है।

स्थायी

मं	प	मंधनिसां	निध	प	–	मं	ग	गमं	प	मंग	मंरे	ग	रे	सा	–
मो	ऽ	रेऽऽऽ	ऽऽ	नै	ऽ	नों	ऽ	केऽ	ऽ	ऽऽ	ऽऽ	आं	ऽ	सू	ऽ
3				x				2				०			

नि़ रे गम प	प निध प प	मं ग मं रे	ग रे सा सा
च र णऽ ऽ	ऽ धोऽ ने ऽ	आ ऽ ये ऽ	है ऽ ऽ ऽ
3	x	2	o

अंतरा

मं ग मं ध	सां – सां –	नि रें गं रेंसां	नि रें सां सां
तु म्ही प र	जा ऽ न ऽ	दे ऽ ने ऽऽ	की ऽ ऽ ऽ
3	x	2	o
गं रें सां नि	ध ध प प	मंग मं रे ग	रे रे सा सा
त म न्ना ऽ	ले ऽ के ऽ	आऽ ऽ ये ऽ	है ऽ ऽ ऽ
3	x	2	o

तानें राग पूरिया धनाश्री विलम्बित ख्याल

1. नि़रेगगरेसा,नि़रे गमंपमंगमंरेग रेसानि़रेगमंधनि निधपमंगरेसा,नि़ रेगमंपधनिसारें रेंसांनिधपमंगरे सा,गमंपधनिसारेंगं रेंसांनिधपमंगरे।सा
2. नि़रेगमंपपमंग रेगमंपनिनिधप मंपमंगरेगमंप सांसांनिधपपमंप धपमंगमंरेगमं पगंगंरेंसांनिधप मंगमरेगमंपसां निधपमंगरेसा–।
3. निरेंगंगंरेंसांसांनि रेंगंमंपंमंगंमंरें गंरेंसांगंगंरेंसांनि रेंसांनिधपमंधनि सांरेंरेंसांनिधपमं धनिनिधपमंधप मंगमंरेगरेसासा गमंपमंगरेसा–।
4. मंगमंगरेसानिनि धपमंगमंगरेसा गंरेंगंरेंसांनिधप मंगमंगरेसामंगं मंगंरेंसांनिधपप मंगमंगरेसागमं पंमंगंरेंसांनिधप मंगमंरेगरेसासा।
5. नि़रेगगरेगमंमं गमंपपमंपधध पधनिनिधनिसांसां निसांरेंरेंसांरेंगंगं रेंगंमंमंगंमंपंपं मंगंमंरेंगंरेंसांनि धपसांनिसांनिधप मंगमंरेगरेसा–।

राग पूरिया धनाश्री मध्यलय (त्रिताल)

स्थायी–शाम अब ढलने को है, घिर आये अंधेरों के साए।

अंतरा–घर नहीं आये साजन मोरे, राह निहारु बड़ी देर से।

स्थायी

म'	ग	म'	ध	सां	नि	ध	प	म'	–	ग	–	म'	रे	ग	–
शा	ऽ	ऽ	म	अ	ब	ढ	ल	ने	ऽ	ऽ	ऽ	को	ऽ	है	ऽ
o				3				x				2			
म'	ध	सां	सां	रें	नि	ध	प	म'	ग	म'	रे	ग	रे	सा	सा
घि	र	आ	ए	अं	ऽ	ध	रों	के	ऽ	सा	ऽ	ए	ऽ	ऽ	ऽ
o				3				x				2			

अंतरा

म'	म'	ग	ग	म'	म'	ध	ध	सां	–	सां	सां	नि	रें	सां	सां
घ	र	न	हीं	आ	ऽ	ए	ऽ	सा	ऽ	ज	न	मो	ऽ	रे	ऽ
o				3				x				2			
नि	रें	गं	म'	गं	रें	सां	सां	नि	रें	नि	ध	नि	ध	प	प
रा	ऽ	ह	नि	हा	ऽ	रु	ऽ	ब	ड़ी	ऽ	दे	ऽ	र	से	ऽ
o				3				x				2			

राग पूरिया धनाश्री मध्यलय तानें

स्थायी

1. ऩिरे गम' धनि रेंनि।। धप म'ग म'रे ग–।
2. धनि रेंगं रेंसां निध।। पम' गम' रेग रेसा।
3. निरें गंगं रेंसां निरें सांनि धप म'ध निसां।
4. निनि धप म'ध पप।। सारें सांनि धप म'ध।। पप गंगं रेंसां सारें।। सांनि धप म'ग पप।
5. निरें गंगं रेंसां निरें।। गंम' पंम' गंम' रेंगं।। रेंसां निनि धप म'ध।। पम गम' रेग रेसा ।

अंतरा

1. निसां गंगं रेंसां निध।। पम' गम' पध निसां।
2. म'ध निनि धप मध।। पम' गम' पध निसां।

3. ऩिरे गम॑ प– म॑प।। धप सांनि धप रेंरें।। सांनि धप धनि सांसां।
4. निनि धप रेंरें सांनि।। धप गंगं रेंसां निरें।। गंम॑ पंम॑ गंरें सांनि।।
   धप धनि सांरें सांसां।
5. धनि सांरें निसां गंगं।। रेंसां गंम॑ म॑गं रेंसां।। पंपं म॑गं रेंसां निध।।
   निध पप धनि सांरें।। निसां

41

राग बसंत–राग परिचय

राग बसंत की उत्पत्ति पूर्वी थाट से हुई है। इस राग में दोनों मध्यम तथा कोमल रिषभ, धैवत स्वरों का प्रयोग होता है। आरोह में रिषभ तथा पंचम स्वर वर्जित और अवरोह में सातों स्वर लगने के कारण इसकी जाति औडव–सम्पूर्ण है। वादी स्वर तार षडज तथा संवादी स्वर पंचम है। इस राग को रात्रि के अंतिम समय में गाते है। बसंत ऋतु में इस राग को किसी भी समय में गाया बजाया जाता है। धैवत और निषाद से तार सप्तक में जाते समय कोमल रिषभ का प्रयोग करते है जैसे–धनिरेंगं–रें सां इस राग को परज से बचाने के लिये आरोह में अधिकतर निषाद लंघन कर जाते है, मंधसां या मंधरेंसां। कुछ विद्वान इस राग की उत्पत्ति थाट मारवा से मानते है, परन्तु प्रचार में पूर्वी थाट से उत्पन्न राग को अधिक गाते है। न्यास के स्वर ग प और सां है। स्वरों का प्रयोग–सा–सामान्य किन्तु तार सां विशेष रे–लंघन अल्पत्व आरोह में तार सप्तक में अनाभ्यास बहुत्व, अवरोह में अलंघन बहुत्व, ग–दोनों प्रकार का बहुत्व, म'–अलंघन बहुत्व, प– आरोह में लंघन अल्पत्व व अवरोह में बहुत्व, ध–अलंघन बहुत्व, नि–आरोह में अधिकतर लंघन अल्पत्व, अवरोह में अलंघन बहुत्व।

आरोह–साग, मंध, रेंसां।

अवरोह–रेंनिध, प, मंग मंग, मंधमंग, रेसा।

पकड़–मंध, रें, सां, रेंनिधप, मंग, मं,ग,।

राग बसंत स्वर विस्तार/अलाप

स्थायी

1. सा, रेसा, ग, मंग, मंग, रेसा,ऩिधप़ सा,रेसा।
2. मंग, मंगरेसा, साग, गमंधगमंग, रेसा।

3. म॑ध॒सां, सां(सां)निध॒प, म॑निध॒प, गम॑ध़॒गम॑ग, रे॒सा।

4. म॑ध॒रें॒सां, रें॒निध॒प, प(प) म॑ग,म॑ग रे॒सा।

5. साम, म॑म॑ग,निध॒प, गमध॒रें॒सां, निध॒प, म॑ग म॑ग, रे॒सा।

अंतरा

1. म॑ध॒सां, रें॒सां, निध॒निध॒प, म॑ध॒रें॒सां।

2. ध॒निरें॒सां, गरें॒गरें॒सां, म॑ध॒रें॒सां, निध॒निध॒प, सां।

3. सांरें॒सां,गरें॒सां, म॑गंम॑गं ,रें॒सां, रें॒निध॒प, प,(प)म॑ग, म॑ध॒सां।

4. म॑गंम॑गंरें॒सां, निध॒निध॒प, म॑ध॒निसां।

5. निरें॒सां, गरें॒सां, म॑गंरें॒सां, प(प)म॑गंम॑गंरें॒सां

राग बसंत सरगम गीत तीनताल

स्थायी

सां	नि	ध॒	प	प	प	म॑	ग	म॑	ग	म॑	ध॒	नि	नि	सां	सां
o				3				x				2			
ध॒	नि	सां	म॑	गं	रें॒	सां	सां	रें॒	रें॒	सां	नि	ध॒	प	म॑	ग
o				3				x				2			
नि़	रे॒	ग	ग	म॑	ध॒	सां	सा	नि	ध॒	म॑	ग	म॑	ग	रे॒	सा
o				3				x				2			

अंतरा

म॑	म॑	ग	ग	म॑	म॑	ध॒	ध॒	सां	–	सां	सां	सां	रें॒	सां	सां
o				3				x				2			
नि	रें॒	गं	म॑	गं	रें॒	सां	सां	म॑	ध॒	निं	सां	नि	ध॒	प	प
o				3				x				2			
नि़	सा	ग	म़॑	ध॒	नि	सां	सां	नि	ध॒	म॑	ग	म॑	ग	रे॒	सा
o				3				x				2			

राग बसंत विलंबित ख्याल (तिलवाड़ा)

स्थायी—साज सजा धरती का, छाई बसंत बहार फूली

अंतरा—बनबन फूले गुलाब, जुई, लहराई बेलरियां,

स्थायी

मंधनिसां	–	–	नि	ध	–	–	प	मं	मं	ग	ग	मं	ग	रे	सा
साजऽऽ	ऽ	ऽ	स	जा	ऽ	ऽ	ऽ	ध	र	ती	ऽ	का	ऽ	ऽ	ऽ
3				x				2				०			
ग	–	रे	रे	सा	–	मं	ग	मं	ध	–	निध	मं	ग	रे	मंध
छा	ऽ	ई	ब	सं	ऽ	त	ब	हा	ऽ	ऽ	रऽ	फू	ऽ	ली	ऽऽ
3				x				2				०			

अंतरा

मं	ध	सांसा	धनि	रें	सां	सां	सां	निरें	गं	रें	सां	नि	ध	प	–
ब	न	बऽ	नऽ	फू	ऽ	ले	गु	लाऽ	ऽ	ऽ	ऽ	ब	ऽ	ऽ	ऽ
3				x				2				०			
मं	–	ध	नि–	सां	रे	नि	ध	प	–	मं	ग	मं	ग	रे	मंध
जु	ऽ	ई	लह	रा	ऽ	ई	ऽ	बे	ऽ	ल	रि	यां	ऽ	ऽ	ऽऽ
3				x				2				०			

तानें विलंबित ख्याल

1. ऩिरेगगरेसा,मंग मंगरेसा,गमंधनि निधपमंगमंगरे सा,मंधनिसांरेंरेंसां निधप,ऩिरेगमंध निरेंगरेंसांनिधप मंगमंगरेसा,गरे मंगपमंधपनिध।
2. गगरेगगरेसासा, मंमंगमंमंगरेसा, निनिधनिनिधनिनि धपमंगमंगरेसा गंगंरेंगंगंरेंसांनि धपमंगमंगरेसा, गंमंपंमंगंरेंसांनि धपमंगमंगरेसा।
3. निरेंगंगंरेंसां,निरें गंमंमंगंरेंसां,निरें गंमंपंमंगंमंगंरें सांनिरेंगंगंरेंसां,नि रेंसांनिधपमंगमं गरेसा,निरेगरेग मंगमंधधनिध निसांगमंधनिसांसां।
4. रेंरेंसांसांनिसांनिरें सांसांनिधनिधपप, मंधनिसांगंगंरेंसांनिसांनिधपप,मंध निसांगंमंपंपंमंगं मंगंरेंसांगंगंरेंसां रेंरेंसांनिसांसांनिध निधपपमंगरेसा ।

5. सागम॑धसां,रेंरेंसां सां,गंगरेंसांम॑म॑गं रेंसांसांगंम॑पंम॑गं म॑गंरेंसांनिरेंगंगं रेंसांम॑धनिनिधप म॑गम॑गरेसा,म॑म॑ गनिनिधसांसांनिरें रेंसांगम॑धनिसांसां।

राग बसंत मध्यलय (त्रिताल)

स्थायी—बसंत मन भावन आया सखी, मन में जागी नई उमंग।

अंतरा—रंग बिरंगी फुलवारी है, उमंग भरे है नरनारी है।

स्थायी

म॑	ध	नि	सां	नि	ध	म॑	ग	म॑	ध	नि	सां	रें	रें	सां	सां
ब	सं	ऽ	त	म	न	भा	ऽ	व	न	आ	ऽ	या	ऽ	स	खी
o				3				x				2			
नि	रे	गं	रे	सां	ऽ	सां	सां	नि	ध	सां	सां	नि	ध	धनि	म॑ध
म	न	में	ऽ	जा	ऽ	गी	ऽ	न	ई	ऽ	उ	मं	ऽ	ऽग	ऽऽ
o				3				x				2			

अंतरा

म॑	–	ग	ग	म॑	–	ध	म॑ध	सां	सां	सां	सां	नि	रें	सां	सां
रं	ऽ	ग	बि	रं	ऽ	गी	ऽऽ	फु	ल	वा	ऽ	री	ऽ	है	ऽ
o				3				x				2			
नि	रें	गं	म॑	गं	रें	सां	सां	नि	ध	सां	सां	नि	ध	प	प
उ	मं	ग	भ	रे	ऽ	है	ऽ	न	र	ना	ऽ	री	ऽ	ऽ	ऽ
o				3				x				2			

राग बसंत तानें मध्यलय

1. निरे गम॑ धनि निध।। पम॑गम॑ गरे सा–।
2. निरें गंगं रेंसां निरें।। सांनि धप म॑ग रेसा।
3. निरें गंम॑ म॑गं रेंसां।। निध प,म॑ गरे सासा।
4. निरें गंगं रेंसां निरें। गंम॑ म॑गं रेंसां गंगं।। रेंसां निध प– म॑ग मग रेसा म॑ध निसां।

5. सांनि धप निरें सांनि।। धप गरें सांनि धप।। मंग मंग रेसा निरे
गमं धनि रेंसां सां–

अंतरा

1. सांनि धप मंग मंग।। रेसा मंध निसां रेंसां।
2. गमं पमं गरें सारें।। सांनि धप मंध निसां
3. मध सां–रेंरें सां–।। गंगं रेंसां मंगं मंगं।। रेंसां गंमं पंमं गंरें।।
सांसां निध पमं धसां।
4. मंध निरें सांनि धप।। मंध सांनि धप मंध।। निध पमं गरे सासा।।
निरे गमं धनि सांसां
5. सारें सांनि सांनि धनि।। धप धप मंप मंग।। मंग रेग रेसा रेसा।।
मंध निरें गरें सांसां।

राग बसंत तराना तीनताल

स्थायी

सां	नि	ध	प	प	प	मं	ग	मं	ध	नि	सां	रें	रें	सां	सां
त	न	न	त	न	न	दे	रे	दीं	ऽ	म्त	न	दे	रे	ना	ऽ
o				3				x				2			
नि	रें	गं	गं	मं	गं	रें	सां	नि	नि	सां	रें	सां	नि	ध	प
त	दि	य	न	दे	रे	ना	ऽ	नी	ता	ऽ	न	दे	रे	ना	ऽ
o				3				x				2			
सा	सा	मं	मं	ग	ग	मं	ध	रें	रें	सां	सां	नि	ध	प	प
तों	ऽ	म्त	न	त	न	दे	रे	दीं	ऽ	म्त	दीं	ऽ	म्त	न	न
o				3				x				2			

अंतरा

मं	ग	मं	ध	सां	सां	सां	सां	नि	रें	गं	मं	गं	रें	सां	सां
त	न	दिर	दिर	तों	ऽ	म्त	न	दीं	ऽ	म्त	न	दे	रे	ना	ऽ
o				3				x				2			

मं गं <u>रें</u> सां	नि रें सां सां	मं मं ग मं	ग <u>रे</u> सा सा
त न दे रे	दीं ऽ म्त न	त दा ऽ नि	ता रे दा नी
o	3	x	2
सा सा मं ग	मं <u>ध</u> नि सां	<u>रें</u> <u>रें</u> सां सां	नि <u>ध</u> मं प
धुम किट्किटतक	गदिगन धाधातिट	कतगदिगनधाति	धाधाधिनगिन
o	3	x	2

42

राग पूरिया–राग परिचय

राग पूरिया मारवा थाट से उत्पन्न होता है। इसमें कोमल रिषभ तथा तीव्र मध्यम स्वर लगते है। पंचम स्वर आरोह–अवरोह में वर्जित होने का कारण इसकी जाति षाडव–षाडव है। वादी स्वर गंधार संवादी स्वर निषाद है। गायन समय सायंकाल। इस राग का चलन मुख्यता मन्द्र एवम मध्यम सप्तक में होता है। यह गंभीर प्रकृति तथा पूर्वांगवादी राग है। राग मारवा से बचाने के लिये इसमें ध से ग पर मींड के साथ आते है, ग मं ध ग मं–ग तथा धैवत का स्थान करने के लिये अवरोह में नि से मं पर आते समय ध स्वर का कण मात्र प्रयोग करते है। मारवा में रे ध मुख्य है, पूरिया में ग और नि इसी तरह सोहनी राग में ध और ग प्रधान है। पूरिया के अपेक्षा मारवा में धैवत स्वर अधिक प्रबल होता है, क्योंकि धैवत पूरिया में केवल अनुवादी स्वर है, मारवा में संवादी स्वर है। यदि मंधनि, सांरेंसां का प्रयोग करेंगे तो सोहनी राग का आभास होने लगता है, इस राग में मध्यम स्वर, धैवत या गंधार का कण दिया जाता है। न्यास के स्वर सा, ग और नि है। स्वरों का प्रयोग–सा–सामान्य, रे– अलंघन बहुत्व, ग–दोनों प्रकार का बहुत्व, मं–अलंघन बहुत्व, ध–अलंघन बहुत्व, नि–दोनों प्रकार का बहुत्व।

आरोह–ऩिरेसा, ग, मंध, निरेंसां।

अवरोह–सांनिध,मंग, रेसा।

पकड़–ग, ऩिरेसा, ऩिध़ऩि, मं़ध़, रेसा।

राग पूरिया स्वर विस्तार

स्थायी

1. सा, ऩिरेसा, मं़ध़ऩिरेसा, गरेसा,।
2. ऩिरेग, मंरेग, गमंधगमंग, ऩिरेसा।

3. म॑निम॑म॑ग, म॑ध, गम॑ग नि़रे॒सा, ध़,नि़रे॒सा।
4. गम॑धगम॑ग, निनिम॑म॑ग, गम॑धनि, म॑धसां, निम॑धग, नि़रे॒सा।
5. म॑म॑धरें॒सां, सां(सां), निध, म॑ग, गरे॒सा, नि़रे॒सा।

अंतरा

1. म॑धसां, निधनिरें॒नि, धनिम॑धग, म॑ध निरें॒सां।
2. निरें॒सां, रें॒रें॒सां, निरें॒निम॑ध, निरें॒सां।
3. निनिधनिरें॒सां, गंरें॒सां, निध, म॑धसां।
4. म॑रें॒गं, निरें॒सां, गम॑धनि, सां।
5. म॑म॑ग, म॑धनिरें॒निध, म॑धसां, म॑रें॒गं, निरें॒सां,निधनिधम॑धग,
   म॑धसां निसांनिरें॒सां, निरें॒गं।

राग पूरिया सरगम गीत झपताल

स्थायी

म॑	म॑	ग	रे॒	सा	नि़	ध़	नि़	रे॒	सा
x		2			o		3		
ध़	नि़	रे॒	ग	ग	म॑	ध	ग	म॑	ग
x		2			o		3		
नि	नि	म॑	म॑	ग	म॑	ग	नि़	रे॒	सा
x		2			o		3		

अंतरा

म॑	ध	सां	–	सां	नि	ध	नि	रे॒	सां
x		2			o		3		
मं॑	मं॑	गं	रें॒	सां	नि	रें॒	सां	–	सां
x		2			o		3		
नि	ध	म॑	म॑	ग	म॑	ग	नि़	रे॒	सा
x		2			o		3		

राग पूरिया विलम्बित ख्याल तिलवाड़ा

स्थायी–सुबह शाम में मधुर मिलन का,

अंतरा– मौलिक चित्र दिखाया है। शब्दों के सुमनों में मैंने,
सौरभ को बिखराया है।

स्थायी

गमंधग	मंग	रेसा	नि़रे	सा	–	नि़	ध़	मं़	ध़	सा	सा	नि़	रे	सा	–
सुऽऽऽ	बऽ	हऽ	ऽऽ	में	ऽ	ऽ	ऽ	म	धु	र	मि	ल	न	का	ऽ
3				x				2				o			
नि़	रे	ग	रे	मं	–	ध	ग	मं	ग	रे	सा	ध़	नि़	रे	सा
मौ	ऽ	लि	क	चि	ऽ	त्र	दि	खा	ऽ	ऽ	या	है	ऽ	ऽ	ऽ
3				x				2				o			

अंतरा

मं	ध	सां	सां	सां	–	रें	सां	नि	रें	गं	रें	सां	सां	सां	सां
श	ऽ	ब्दों	ऽ	के	ऽ	ऽ	ऽ	सु	म	नों	में	मैं	ऽ	ने	ऽ
3				x				2				o			
नि	रें	नि	धमं	सां	सां	नि	ध	नि	मं	ग	मं	ग	रे	सा	सा
सौ	ऽ	र	भऽ	को	ऽ	ऽ	ऽ	बि	ख	रा	ऽ	या	ऽ	है	ऽ
3				x				2				o			

राग पूरिया विलम्बित ख्याल तानें

1. नि़रेगगरेसानि़रे गमंमंगनि़रेसासा, नि़रेनि़ध.मं़ध़नि़रेसासा,नि़रेगमंधगमं गनि़रेसानि़रेगमं धनिनिधमंगनि़रेसा,नि़रेगमंधनिरें निधमंगरेनि़रेसा नि़रेगमंधनिरें गं रेंसांनिधमंगरेसा ।

2. नि़रेगनि़रेसानि़ध. मं.ध,नि़सारेसामंमं गरेसानि़रेगमंग रेनि़रेसागमंधग मंगरेनि़रेसामंध निमंधगमंधगमं गनि़रेसामंधनिरें सांगंनिरेसांमंधनि रेंसांनिधमंगमंध गमंगनि़रेसामंध निरेंगंमंमंगंरेंसां।

3. म॑गम॑गरे॒सानिध निधम॑गगरे॒सासां निसांनिधम॑गरें॒गं रें॒सांनिम॑गम॑गरे॒ सांनिनिधनिनिधनि निधम॑गरे॒सानि़रे॒ गम॑रे॒गम॑म॑गम॑ धधधनिरें॒रें॒गंगं रें॒सांनिधम॑गगम॑ धगम॑गरे॒सानि़रे॒ ।स

4. निरें॒गंरें॒सांसांनिरें॒गं म॑म॑गंरें॒सांगंगंरें॒ सांनिधम॑गम॑रे॒ग रे॒सानि़रे॒गम॑धध गम॑धनिरें॒रें॒धनि रें॒गंम॑गंरें॒सांनिध म॑गरे॒सानि़रे॒गरे॒ गम॑गम॑धमधनि धनिरें॒गंरें॒सांनिध म॑गरे॒नि़रे॒सासा–।

5. म॑गम॑धम॑सागम॑ धमनि़रे॒गम॑धम॑ ध़नि़सारे॒गम॑धम॑ग म॑धनिरें॒निधम॑ध म॑म॑धनिरें॒गंरें॒गं रें॒सांनिधम॑धम॑नि रें॒गंम॑गंरें॒सांनिध म॑गम॑गरे॒साधध म॑धनिनिधनिसांसां निधम॑गरे॒सानि़सा।

राग पूरिया मध्यलय तीनताल

स्थायी–हम अपने मन में आशा के, माँ पुष्प खिलाये बैठे है।

अंतरा–दर्शन को तुम्हारे माता, हम आँख बिछाये बैठे है।

स्थायी

म॑	–	ग	म॑	ग	रे॒	सा	सा	नि़	ध़	नि़	रे॒	ग	ग	ग	–
ह	म	अ	प	ने	ऽ	म	न	में	ऽ	आ	ऽ	शा	ऽ	के	ऽ
o				3				x				2			
म॑	म॑	ध	म॑	नि	नि	म॑	ग	म॑	ध	म॑	ग	म॑	ग	रे॒	स
माँ	ऽ	ऽ	पु	ऽ	ष्प	खि	ऽ	ला	ऽ	ये	ऽ	बै	ऽ	ठे	है
o				3				x				2			

अंतरा

म॑	म॑	ग	ग	म॑	–	ध	ध	सां	–	सां	सां	नि	रें॒	सां	सां
द	र	श	न	को	ऽ	ऽ	तु	म्हा	ऽ	रे	ऽ	ऐ	ऽ	मा	ता
o				3				x				2			
नि	रें॒	नि	ध	म॑	ध	म॑	ग	म॑	रे॒	ग	म॑	ग	रे॒	सा	सा
ह	म	आँ	ऽ	ख	बि	छा	ऽ	ये	ऽ	बै	ऽ	ठे	ऽ	है	ऽ
o				3				x				2			

राग पूरिया मध्यलय तानें

स्थायी

1. नि़रें॒ गम॑ धनि रें॒नि। धम॑ गम॑ गरे॒ सासा।
2. गम॑ धनि रें॒गं रें॒सां। निध म॑ग म॑ग रे॒सा।
3. म॑ध निध म॑ग नि़रे॒। गरें॒ सांनि धम॑ गम॑। धग म॑ग रे॒ सा नि़सा।
4. म॑म॑ गरे॒ निनि धम॑। गरें॒ गंगं रें॒ सां निरें॒। निध म॑ग म॑ध निध।
   गम॑ धध म॑ग रे॒सा।
5. म॑म॑ गम॑ म॑ग म॑म॑। गरे॒ सासा निनि धनि। निध निनि धम॑ गंगं।
   रेंगं गरें रेंगं रेंसां। निध म॑ग नि़रे॒ सासा।

अंतरा

1. नि़रे॒ गम॑ धनि रें॒गं। मं॑गं रें॒सां निध म॑ग। रे॒सा म॑ध निरें॒ सांसां।
2. मं॑मं॑ गरें सांनि गंगं। रें॒सां निध सांसां निध।म॑ग म॑ध निरें॒ सां–
3. मं॑मं॑ गरे॒ निनि धम॑। गंगं रें॒सां मं॑मं॑ गरें। सांनि धं॑मं॑ धम॑ गरे॒।
   सा– नि़रे॒ गम॑ धनि। सां–
4. नि़रे॒ गम॑ म॑ग गम॑। धनि निध म॑ध निरें॒। रें॒सां मं॑गं रें॒सां निध।
   म॑ध म॑ग रे॒ग नि़रे॒। सा–
5. गंगं रें॒सां मं॑मं॑ गरें॒ । सां– गंगं रें॒सां निरें॒ । निध म॑ध निध म॑ग।
   म॑ध म॑ग रे॒सा नि़रे॒। सासा

राग पूरिया तराना तीनताल

स्थायी

म॑	ग	ग	म॑	ग	रे	सा	सा	नि़	ध़	नि़	रे॒	ग	ग	ग	ग
त	न	दे	रे	दिर	दिर	त	न	दीं	ऽ	म्त	न	त	न	दे	रे
o				3				x				2			
म॑.	ध.	सा	सा	रे॒	रे॒	सा	सा	नि़	रें॒	ग	म॑	ग	रे॒	सा	सा
नों	–	म्त	न	दे	रे	गा	ऽ	दीं	ऽ	म्त	न	न	न	दे	रे
o				3				x				2			

म॑	रे॒	ग	ग	ध	नि	नि	ध	म॑	ग	रे॒	ग	नि़	रे॒	सा	सा
त	दा	ऽ	रे	दा	रे	दा	नी	दीं	ऽ	म्त	न	दे	रे	ना	ऽ
०				3				x				2			

अंतरा

म॑	ध	सां	सां	रें॒	रे॒	सां	सां	म॑	ध	नि	सां	रें	रें॒	सां	सां
नादिर		दिर	दिर	दिर	दिर	त	न	दीं	ऽ	म्त	न	त	न	दे	रे
०				3				x				2			
नि	नि	रें॒	नि	–	नि	म॑	ध	ग	ग	म॑	ग	नि़	रे॒	सा	सा
त	न	दे	रे	ना	ऽ	दे	रे	ना	दीं	ऽ	म्त	ना	ऽ	दी	ऽ
०				3				x				2			
नि़	रे॒	ग	ग	म॑	रे॒	ग	ग	नि	नि	ध	म॑	ग	रे॒	सा	सा
त	न	दे	रे	ना	ऽ	त	न	दे	रे	त	न	दे	रे	ना	ऽ
०				3				x				2			

43

राग ललित–राग परिचय

इस राग की उत्पत्ति मारवा थाट से मानी गई है। दोनों मध्यम इस राग में लगते है, कोमल रिषभ लगता है। राग में पंचम स्वर आरोह, अवरोह में स्वर वर्जित होने के कारण इस राग की जाति षाडव–षाडव स्वर मध्यम संवादी स्वर षडज है। गायन समय रात्रि का अंतिम प्रहर है। इस राग में मध्यम स्वर एक के बाद एक गाये जाते है। जैसे नि़रेगममं'मंग। उत्तरांग में सोहनी राग से बचाने के लिये धमं'ध, मंधसां, सां, रेंनिध, मंधमंमग, मंगरेसा। प्रचार में कोमल धैवत लगाकर राग को अधिक गाते है। न्यास के स्वर ग और म है। नीचे राग की विस्तृत जानकारी कोमल धैवत स्वर लगाकर किया गया है।

आरोह–नि.रेगमं, मंमग, मंधनिसां।

अवरोह–रेंनिधमंधमंमग, रेसा।

पकड़–नि़रेगम, मंमग, मंधमंमग, ग, मंगरेसा।

राग ललित स्वर विस्तार/अलाप

स्थायी

1. सा, नि़रेसा, नि़रेनि़ध़, म़ंध़नि़सा, रेसा।
2. नि़रेगम, मंमग, मंधमंधमंमग, मंगरेसा।
3. ध,मंधसां, निरेंसां, निध, मंध, मंमग, मंगरेसा।
4. नि़रेगमंध, मंधनिध, सां, सां(सां)निध, मंधमंमग, मंगरेसा
5. मंधमंधमंमग, गमंधसां, निरेंसां, निधमंधमंमग, मगरेसा।

अंतरा

1. मंधसां, सांरेंसां, निरेंनिध, गमंधसां।
2. मंगमंधसां, निरेंसां, रेंनिधमंमग, गमंधनिसां।
3. निरेंसां, गंरेंसां, निरेंनिध, मंधमंमग, मंधनिसां।
4. गंरें सां, निरेंगंमं, मंमंगं, मंगंरेंसां, निधमंमग, मंधसां।
5. निरेंगंमं, मंमंगं, मंगंरेंसां, निध, मंधनिसां।

राग ललित सरगम (एकताल)

स्थायी

ऩि	रे	ग	रे	सा	सा	ग	म	मं	म	ग	ग
x		०		2		०		3		4	
मं	ध	सां	ऽ	सां	सां	नि	रें	नि	ध	मं	ध
x		०		2		०		3		4	
सां	ऽ	रें	नि	ध	ध	मं	ध	मं	म	ग	ग
x		०		2		०		3		4	

अंतरा

ग	ग	मं	ध	मं	ध	सां	ऽ	नि	रें	सां	सां
x		०		2		०		3		4	
नि	नि	रें	गं	रें	सां	सां	रें	सां	नि	ध	ध
x		०		2		०		3		4	
गं	गं	रें	सां	नि	ध	मं	ध	मं	म	ग	ग
x		०		2		०		3		4	

राग ललित विलम्बित ख्याल तिलवाड़ा

स्थायी—भूल गए मोहे सावरियाँ, दरस बिना मोहै चैन नही आवे।

अंतरा— मोहे लागी मिलन की आस, पिया को याद करु बार बार।

स्थायी

ग	रे	सा	नि़रे	ग	—	म॑	म	ध	—	म॑	ध	सां	—	सां	—
भू	ऽ	ल	गऽ	एं	ऽ	मो	हे	सा	ऽ	व	री	याँ	ऽ	ऽ	ऽ
3				x				2				०			
रें	नि	ध	ध	म॑	म॑ध	म॑	ग	ग	—	म॑	म॑म	ग	रे	सा	—
द	र	स	बि	ना	ऽ	मो	हे	चै	ऽ	न	हीऽ	आ	ऽ	वे	ऽ
3				x				2				०			

अंतरा

ध	—	म॑	ध	सां	—	सां	सां	नि	रें	गं	रें	सां	रें	सां	सां
मो	ऽ	हे	ऽ	ला	ऽ	गी	ऽ	मि	ऽ	ल	न	की	आ	ऽ	स
3				x				2				०			
रें	नि	ध	म॑ध	नि	सां	नि	ध	म॑	—	म॑ध	म॑म	ग	—	रे	सा
पि	ऽ	या	ऽऽ	को	या	ऽ	द	क	ऽ	रुऽ	बार	बा	ऽ	र	ऽ
3				x				2				०			

राग ललित विलम्बित ख्याल तानें

स्थायी

1. नि़रेगरेसासा,नि़रे गम॑म॑मगरेगरे सा,नि़रेगमधधम॑ म॑गरेसानि़रेगम॑
धनिनिधम॑धम॑म गम॑रेसा,नि़रेगम धनिरेंनिधम॑मग म॑गरेसानि़रेगम
धनिरेंगंरेंसांनिध म॑धम॑मगम॑गरे ।सा

2. नि़रेगम॑म॑मगध म॑धम॑मगधम॑ध निधम॑धम॑म॑धम॑ धनिसांनिधम॑धम॑
म॑गधम॑धनिसारें रेंसांसांनिधम॑धम॑ मगम॑धनिरेंगंगं रेंसांनिधम॑धम॑म
गम॑धनिरेंगंम॑मं गंम॑गंरेंसांनिधम॑ धम॑मगम॑गरेसा ।

3. सांसांनिधम॑धनिनि धम॑धनिनिधम॑म ग,रेंरेंसांसांनिधम॑ धनिरेंधनिधम॑ध
म॑मगरेंगंगंरेंसां निरेंनिधम॑धम॑म गम॑म॑गंरेंगंरेंसां निरेंनिधम॑धम॑म
गम॑गरेसानि़रेग ।म

4. गगरेगगरेगग रेसा,मंमंगमंमंग मंमंगमंमंगगग मंधमंमगमंगरे सा,निनिधनिनिधनि निधमंधमंमगमं गरेसा,रेंरेंसारेंरें सांरेंसांसांनिरेंनिध मंधमंमग,गंगंरे गंगंरेंगंगंरेंसां निधमंधमंमगम।गरेसा

5. मंधनिसांरेंसांनिसां मंमगमंधनिसांरे गमंधनिरेंसांसांनि रेगममंगमंधनि सांगंगंरेंसांरेंरेंसां निसांसांनिधनिनिध मंधधमंगमंमग रेमंगरेसानिरेग मंमंमगधमंधनि सांरेंरेंसांसांगंगंरे रेंसांसांमंमंगंमंगं।रेंसां

राग ललित मध्यलय (त्रिताल)

स्थायी—साच का काम तो अच्छा ही है, काज करत सुख पावत है।

अंतरा—काज कठिन है जीवन छोटा, तब काहे का झूठ का सहारा।

स्थायी

मं	—	ग	रे	नि	रे	ग	म	ध	—	—	ध	मंध	निध	मंम	ग
सा	ऽ	च	का	का	ऽ	म	तो	अ	ऽ	ऽ	च्छा	ऽऽ	हीऽ	ऽऽ	है
o				3				x				2			
ध	—	मं	धनि	सां	सां	सां	सां	नि	रें	नि	ध	मंध	मंम	ग	ग
का	ऽ	ज	कऽ	र	त	सु	ख	पा	ऽ	व	त	हैऽ	ऽऽ	ऽ	ऽ
o				3				x				2			

अंतरा

ध	ध	मं	ध	ध	नि	सां	सां	नि	रें	गं	रें	गं	रें	सां	सां
का	ऽ	ज	क	ठि	न	है	ऽ	जी	ऽ	व	न	छो	ऽ	टा	ऽ
o				3				x				2			
नि	रें	नि	ध	मंध	निध	मं	ध	मं	म	ग	मं	ग	रे	सा	सा
त	ब	का	ऽ	हेऽ	ऽऽ	का	ऽ	झू	ठ	का	स	हा	ऽ	रा	ऽ
o				3				x				2			

राग ललित स्वर मध्यलय तानें

स्थायी

1. मंध निरें निध मंध।। निध मंम गमं गरे।। सासा

2. मंध निरें गरें सांनि।। धमं मंम गरे सासा।।

3. मंध निरें गमं मंगं।। रेंसां निध मंम गरे।। सासा

4. मंध निसां गंगं रेंसां।। निध मंध निसां निध।। मंध मंम गमं गरे।। सासा

5. गंगं रेंसां निरें निध।। मंध निसां निध मंध।। निध मंध मंम गमं।।
गरे सासा मंध निसां।

अंतरा

1. गमं धनि सांरें सांनि।। धम गमं धनि सांसां।

2. गंगं रेंसां निध मंध।। निसां निध मंध निसां।

3. मंध मंम ग,ध मंध।। निसां निध मंध निसां।। रेंसां निध मंध निसां।

4. गंगं रेंगं गरें सांनि।। धमं धनि सांनि धमं।। धमं मग मंध निसां।।
रेंगं रेंसां मंध निसां।

5. गमं मंम ग,ध मंध।। मंम ग,नि धनि धमं।। धनि सांनि धमं रेंसां।।
रेंगं रेंसां मंध निसां

44

राग गौड़मल्हार–राग परिचय

राग गौड़ मल्हार थाट खमाज और काफ़ी इन दोनों थाटों से अलग–अलग बना हैं। प्रचार में दोनों प्रचलित है। इस राग में दोनों निषादों का प्रयोग होता हैं। राग का वादी स्वर मध्यम तथा संवादी स्वर षड्ज हैं। जाति संपूर्ण–संपूर्ण है। अवरोह में धैवत के साथ कोमल निषाद का प्रयोग करते है। गायन समय रात्रि का द्वितीय प्रहर है। वर्षा ऋतु में इसे हर समय गा सकते है। अध्ययनः–सा–सामान्य, रे–अलंघन, ग–अलंघन बहुत्व, कभी–कभी अभ्यास बहुत्व, म–दोनों प्रकार का बहुत्व, प–दोनों प्रकार का बहुत्व ध–अलंघन बहुत्व, नि–अनाभ्यास अल्पत्व।

आरोह–रेगरेमगरेसा,रेपमप धसां।

अवरोह–सांधनिपम,गमरेसा।

पकड़–रेगरेमगरेसा, पमपधसां,धपम।

राग गौड़मल्हार स्वर विस्तार/अलाप

स्थायी

1. सा, रेसा, ध़नि़प़ सा,रेसा, रेगरेमगरेसा।
2. रेरेप, मपमग, रेगरेमरे, सारेसा, म.प.ध.सा।
3. धधपमप, मग, रेगम, प(प) मग, रेगसा।
4. मपधधसां, धनिप, मग, रेमगरे, गरेसासा।
5. धपमग, रेगमप, धसां, रेंसां, धनिपमप, गरेगरेसा।

अंतरा

1. मपनिसां, रेंसां, सां(सां) धनि॒प, मपधसां।
2. सांरेंसां, धनि॒प, मप, मग, नि॒धनि॒प, धनिसां।
3. सांरेंगंरेंसां, धप, धनि॒पमप, धसां, रेंसां।
4. रेंगंरेंमंगंरेंसां, मंरेंसां, धनि॒प, मपधसां।
5. मंरेंसां, पंमंगंरेंमंगंरेंसां, मपनि॒प, सां।

राग गौड़मल्हार सरगम गीत तीनताल

स्थायी

ग	रे	सा	सा	प	प	म	प	ध	सां	ध	प	म	प	म	ग
०				3				x				2			
सां	–	सां	सां	ध	नि॒	प	प	रे	ग	म	प	ग	म	रे	सा
०				3				x				2			

अंतरा

प	–	प	प	सां	ध	सां	सां	सां	सां	सां	सां	सां	रें	सां	सां
०				3				x				2			
नि	सां	रे	मं	रें	रें	सां	रें	नि	नि	सां	सां	ध	नि॒	प	म
०				3				x							
प़	नि़	प़	नि़	सा	सा	नि़	सा	म	प	ग	म	रे	रे	सा	सा
०				3				x				2			

राग गौड़मल्हार विलम्बित ख्याल तिलवाड़ा

स्थायी–पुरण ब्रम्ह निरंजन निर्गुण गुणराशी

अंतरा–सकल जगत प्रतिपालन के कारण अविनाशी।

स्थायी

रे	गमप	म	ग	रे	–	ग	रे	म	म	प	प	म	प	म	ग
पू	ऽऽऽ	र	ण	ब्र	ऽ	ऽ	म्ह	नि	रं	ऽ	ज	न	ऽ	ऽ	ऽ
3				x				2				०			

सां	–	सां	सां	ध	प	म	प	रे	ग	रे	म	ग	रे	सा	सा
नि	ऽ	ऽ	ऽ	र्गु	ऽ	ण	ऽ	गु	ऽ	ण	ऽ	रा	ऽ	शी	ऽ
3				x				2				o			

अंतरा

प	प	प	प	ध	ध	सां	सां	सां	सां	सां	रें	सां	सां	धनि॒	प
स	क	ल	ऽ	ज	ग	त	ऽ	प्र	ति	ऽ	पा	ल	न	केऽ	ऽ
3				x				2				o			
म	रे	प	प	प	–	मप	धनि	सां	सांध	प	म	ग	म	ग	–
का	ऽ	ऽ	र	ण	ऽ	ऽऽ	ऽऽ	अ	ऽऽ	वि	ऽ	ना	ऽ	शी	ऽ
3				x				2				o			

राग गौड़मल्हार विलंबित ख्याल तानें

1. सारेसासारेगरेम गरेसाधधपपम पमगरेगरेमग रेसासामपधसांध पमगरेगरेमग रेसासासांरेंसांधनि॒ पपमगरेगरेम गरेसासापधमप।
2. धनिसांरेंसांसांधप मगगरेंसांरेंसांनि धपरेंगंरेंमंगंरें सांनिधपमंपंमंगं रेंगंरेंमंगंरेंसांनि धपमगमरेसासा।
3. सांरेंनिसांधनि॒पध मपरेगरेमगरे सारेसासागरेंगंरें सांरेंपधमपमग रेगरेमगरेसासा पंपंमंगंरेंसांधनि॒ पपमगरेमगरे ।सासा
4. धनिसांधनिसांधनि सांसांरेंसांधपगरें सांगंरेंसांगंरेंसांसां धपधनि॒धपरेंगं पंमंगंसांरेंसांसांध पधनिसांरेंसांसांध पमपधनिसांनिध पमगरेमगगरे ।सासा
5. सांरेंगंरेंसांसांरेंगं रेमंगंमंगंरेंसांध पधनिसांरेरेंसांसां धपमगगंमंपंपं मंगंगंरेंसांसांसांध पमगरेगरेमग । रेसा

राग गौड़मल्हार मध्यलय तीनताल

स्थायी–दुनिया से हार करके अब द्वार तेरे आये,

अंतरा–श्रद्धा के सुमन चुनके सदभाव से है लाये।

स्थायी

म	रे	प	प	म	ग	रे	सा	रे	रे	प	प	ध	<u>नि</u>	प	प
दु	नि	या	ऽ	से	ऽ	ऽ	हा	ऽ	र	क	र	के	ऽ	ऽ	ऽ
o				3				x				2			
सां	सां	सां	सां	ध	<u>नि</u>	प	प	रे	ग	रे	म	ग	रे	सा	सा
अ	ऽ	ऽ	ब	द्वा	ऽ	ऽ	र	ते	ऽ	रे	ऽ	आ	ऽ	ये	ऽ
o				3				x				2			

अंतरा

प	–	प	प	ध	–	ध	ध	सां	सां	सां	सां	सां	रें	सां	सां
श्र	ऽ	द्धा	ऽ	के	ऽ	ऽ	सु	म	न	चु	न	के	ऽ	ऽ	ऽ
o				3				x				2			
मं	–मं	मं	मं	रे	रें	सां	सां	ध	सां	ध	प	म	प	म	ग
स	ऽद	भा	ऽ	व	से	ऽ	है	ऽ	ऽ	ऽ	ऽ	ला	ऽ	ये	ऽ
o				3				x				2			

राग गौड़मल्हार मध्यलय तानें

स्थायी

1. मप धनि सांसां धप मप मग रेग सासा।
2. धनि सारें सांनि धप मग रेम गरे सासा।
3. सारें गरें सांसां धप <u>नि</u>ध <u>नि</u>प मप मग रेम गरे सारे सासा।
4. मप मग ध<u>नि</u> पध मप मग सारें सांनि धप ध<u>नि</u> पध मप
   धसां ध<u>नि</u> पप मप मग रेम गरे सासा।
5. सांसां ध<u>नि</u> पध मप गरें सांसां ध<u>नि</u> पध मप रेंपं मंगं रेंसां
   सांसां ध<u>नि</u> पध मप मग रेग रेम गरे ।सासा

अंतरा

1. सांसां ध<u>नि</u> धप मप मग धनि सारें सांसां।
2. धनि सारें गरें सांसां गरें मंगं सारें सांसां ।

3. गरें मंगं सारें सांसां धप धनि सारें सांसां धप मप धनि सांसां।
4. गरें मंगं रेंसां मप धनि सांसां धप मग रेम गरे सासा मप धनि सारें गरें सांसां।
5. सारें सांसां रेंपं मंगं रेंमं गरें सारें सांसां धनि पप रेग रेम गरे सासा मप धनि सारें सांसां मप धसां।

45

राग बहार—राग परिचय

इस राग की उत्पत्ति काफ़ी थाट से मानी गई है। आरोह में रिषभ और अवरोह में धैवत स्वर वर्ज्य होने के कारण इस राग की जाति षाडव–षाडव है। इस राग में गंधार कोमल तथा दोनों निषाद स्वर का प्रयोग होता है। इस राग का वादी स्वर मध्यम और संवादी स्वर षडज है। गायन समय मध्य रात्रि का है। यह राग तीन रागों के मिश्रण से बनी है। बागेश्री+अडाना+मियांमल्हार। बागेश्री से साम और गमध, मियांमल्हार से निधनिसां निप गमरेसा, अडाना से निसां, रेंनिसांनिप स्वर समूह लिया जाता है। यह उत्तरांग प्रधान होने के कारण इस राग का स्वर विस्तार मध्य व तार सप्तक में अधिकतर किया जाता है। इस राग को वसंत ऋतु में हर समय गाया जाता है। स्वर विस्तार करते समय आरोह में शुद्ध निषाद तथा अवरोह में कोमल निषाद करके गाया जाता है। इस राग की प्रकृति चंचल है। आरोह में पंचम स्वर वक्र होने के कारण म प ग म, ध–अवरोह में गंधार स्वर वक्र है, मप, गमरेसा। न्यास के स्वर सा, म, और प है।

आरोह—नि़सा, गम, पगम, ध,निसां।
अवरोह—सां, निपमप, गम, रेसा।
पकड़—मपगम, ध, निसां।

राग बहार स्वर विस्तार

स्थायी

1. साम, मपगम, निधनिप,मप, गम, रेसा।
2. नि़सा रेसा, नि़.प़, म़प़, ध़नि़ सा,गमरेसा।
3. मपगम, निधनिप, मपग, मरेसा।

4. निनिप, मपगम, धनिसां, निधनिप,गमप, गमरेसा।
5. धनिसां सां(सां) निप, मप,गम रेसा।

अंतरा

1. निसां, मपगम, निधनिप, धनिसां।
2. सारेंसां,गं गंमंरेंसां, निनिप, मपगम, धनिसां।।
3. धनिसारेंनिसां निप, रेंरेंसां, निधनिप, मपगम, धनिसां।
4. धनिसां, रेंसां, गंमंरेंसां, निप, मपगम, ध, निसां।
5. निसां, गंमंरेंसां, गंमंपं, गंमंरेंसां, निधनिप, मप, गम, धनिसां।

राग बहार सरगम (त्रिताल)

स्थायी

नि सां नि प	म प ग म	ध – नि –	सां रें नि सां
o	3	x	2
नि नि सां सां	गं मं रें सां	नि सां रे सां	नि नि प प
o	3	x	2
म प सां ऽ	नि प म प	ग ऽ ग म	रे रे सा सा
o	3	x	2

अंतरा

ग म ध नि	सां – सां –	नि नि सां सां	गं मं रे सां
o	3	x	2
गं मं पं गं	मं रें सां सां	नि सां रे सां	नि नि प प
o	3	x	2
सां सां नि प	म प नि प	ग ऽ ग म	रे रे सा सा
o	3	x	2

राग बहार विलम्बित ख्याल तिलवाड़ा

स्थायी–फूलों की बहार आई, सावन की ऋतु आई।

अंतरा–बन में कूंजन कोयलिया, मन में हूक उठत है आज।

स्थायी

धनि सां सां निप	म प ग म	ध नि सां सां	नि नि पप मप
फूऽ ऽ लों ऽऽ	की ऽ ऽ ब	हा ऽ ऽ र	छा ऽ ईऽ ऽऽ
3	x	2	o
म प ग गम	रे रे सा सा	म प ग म	ध नि सां सां
सा ऽ व नऽ	की ऽ ऽ ऽ	ऋ ऽ तु ऽ	आ ऽ ई ऽ
3	x	2	o

अंतरा

म प निध नि	सां – सां सां	गं गंगं रें सां	ध नि सां सां
ब न मेंऽ ऽ	कूं ऽ ज न	को ऽऽ य लि	या ऽ ऽ ऽ
3	x	2	o
गं मं पं गंमं	रें रें सां सां	नि नि पं प	ग गम रेरे सासा
म न में ऽऽ	हू ऽ क ऽ	ऊ ऽ ठ त	है आऽ ऽऽ जऽ
3	x	2	o

राग बहार विलंबित ख्याल तानें

1. निसाममरेसागम पगमरेसासानिसा, गमधनिसांसांनिनि पमगमरेसानिसा गमधनिसांरेंरेंसां निनिपमगमरेसा निसागधनिसांसां गंमंपंपंगंमंरेंसां निनिपमगमरेसा।
2. निसागमपपमप गमनिधनिपमप गमधनिसांसांनिध निपमपगमधनि सांसांरेंरेंसांसांनिध निपधनिसांसांरेंरें सांसांनिधनिपगम धनिसांसांरेंसांनिध निप,गमधनिसांसां गंमंपंपंगंमंरेंसां निधनिपमपगम ।रेसा
3. ममरेममरेपप मपपमनिनिपनि निपसांसांनिसांसांनि रेंरेंसांरेंरेंसांमंमं रेंमंमंरेंसांनिनिप मगमरेसाधनिसां सांगंमंरेंसांमंपंगं मरेंसांनिधनिपम पनिनिपमगमरे ।सा

4. निनिपमगमरेसा रेंरेंसांनिनिपमग मरेसा,गंमंरेंसांनि निपमगमरेसागं मंपंगंमंरेंसांनिनि पमगमरेसानिध निपमपगमधनि सांसांनिधनिप,गम धनिसांरेंनिसांनिध निपमपगमरेसा।

5. मपनिधनिपमप धनिसांसांधनिनिप मपधनिसांरेंनिसां निधनिपमपधनि सांसांगंमंरेंसांनिध निपमपधनिसांसां गंमंपंगंमंरेंसांनि धनिप,सांनिपमग।

राग बहार मध्यलय (त्रिताल)

स्थायी—ऋतु बहार आई बेलरियां, डाल डाल पर फुलवा लागे।

अंतरा—भंवरा फ़िरत है बगीयन में, सुन्दर अतिमन भावना की।

स्थायी

निसां	रेंसां	नि	प	म	प	ग	म	ध	–	ध	नि	सां	रें	नि	सां
ऋऽ	तुऽ	ब	हा	ऽ	र	आ	ऽ	ई	ऽ	ऽ	बे	ल	रि	या	ऽ
o				3				x				2			
नि	–	सां	सां	नि	नि	प	प	प	प	मप	निप	म	प	ग	म
डा	ऽ	ल	डा	ऽ	ल	प	र	फू	ल	वाऽ	ऽऽ	ला	ऽ	गे	ऽ
o				3				x				2			

अंतरा

म	प	ध	नि	सां	सां	सां	सां	नि	सां	रें	सां	नि	ध	नि	प
भं	व	रा	फ़ि	र	त	है	ऽ	ब	गी	य	न	में	ऽ	ऽ	ऽ
o				3				x				2			
म	प	नि	सां	गं	मं	रें	सां	निसां	रेंसां	नि	सां	नि	नि	प	प
सु	ऽ	न्द	र	अ	ति	म	न	भाऽ	ऽऽ	व	न	की	ऽ	ऽ	ऽ
o				3				x				2			

राग बहार मध्यलय तानें

स्थायी

1. मनि धनि सारें निसां।। निनि पम गम रेसा।
2. मंमं रेंसां निसां रेंसा।। निनि पम गम रेसा।

3. गंमं पंगं मरें सांसां।। निध निप गम रेसा।
4. निध निप मप धनि।। सांसां निध निप मप।। गंमं रेंसां निध निप।। मप गम रेसा नि.सा।
5. गम पग मरे सासा।। निध निसां धनि सारें।। मंमं रेंसां निसां रेंसां निनि पम गम रेसा।

अंतरा

1. धनि सांसां निध निप। मप धनि सारें निसां।
2. गंमं रेंसां निनि पम।। गम रेसा धनि सांसां।।
3. निध निसां धनि सारें।। निसां निनि पम गम।। रेसा मप गम धनि।। सांसां
4. निनि पम गम रेसा।। रेंरें सांनि सांसां गंमं।। रेंसां गंमं पंगं मरें। सांसां धनि सारें निसां।
5. निसां मंमं रेंसां गंमं।। पंगं मरें सांसां निसां।। मंमं रेंसां निनि पम।। गम रेसा धनि सांसां।

राग बहार तराना (त्रिताल)

स्थायी

धनि।।सां रें नि सां	नि प म प	नि नि नि ध	नि नि सा सा
तदि।।त न दे रे	दे रे ना त	त न दे रे	ना ऽ ऽ ऽ
o	3	x	2
गं गं गं मं	रें रें सां सां	नि सां रें सां	नि सां नि प
दिर दिर त न	दे रे ना ऽ	दीं ऽ म्त न	न न दे रे
o	3	x	2
सा सा म म	म प ग म	ध नि सां रे	नि सां नि प
ना द्रे द्रे द्रे	तुम द्रे द्रे द्रे	दीं ऽ म्त न	दे रे त दि
o	3	x	2

अंतरा

ग ग म म	नि ध नि नि	सां सां सां सां	रे रें सां सां
उ त नि त	त न दे रे	त नों ऽ म्त	दे रे ना त
०	3	x	2
गं मं रें सां	रें रें सां सां	ध नि सां रें	नि सां नि प
त द रे दा	ऽ नि दि न	दि म त न	न न न न
०	3	x	2
सा सा म म	म प ग म	ध नि सां सां	नि प म प
धा किटतक धुम	तिटकतगदिगन	धागेनधातिरकिट	गदिगनतकधा
०	3	x	2

46

राग मियाँमल्हार–राग परिचय

राग मियाँमल्हार की उत्पत्ति काफ़ी थाट से हुई है। राग में कोमल ग तथा दोनों नि का प्रयोग होता है। आरोह में सातों स्वर तथा अवरोह में धैवत स्वर वर्जित होने के कारण इस राग कि जाति संपूर्ण–षाडव है। वादी स्वर षडज तथा संवादी स्वर पंचम है। गायनं समय मध्य रात्रि है। इस राग को तानसेन ने बनाया है। शुद्ध निषाद आरोह में, कोमल निषाद अवरोह में लिया जाता है। वर्षा काल में इस राग को किसी भी समय गाया जाता है। पूर्वांग सारंग से बचाने के लिये प – – प (पा)गगम, म(म)रेसा। राग बहार से बचाने के लिये प,निधनिसां, स्वर लेना चाहिये। न्यास के स्वर सा, रे प, और नि। स्वरों का प्रयोग–सा–सामान्य, रे–दोनों प्रकार का बहुत्व, ग–आरोह में अलंघन बहुत्व अवरोह में लंघन अल्पत्व, म–अलंघन बहुत्व, प–दोनों प्रकार का बहुत्व, ध–आरोह में अलंघन बहुत्व, और अवरोह में लंघन अल्पत्व, नि–दोनों प्रकार का बहुत्व।

आरोह–रेमरेसा, मरे, प, निध, निसां।
अवरोह–सांनिप, मप, गम, रेसा।
पकड़–रेमरेसा, ऩिप़,म़ प़, ऩि ध़, ऩि सा, प, गमरेसा।

राग मियाँमल्हार स्वर विस्तार

स्थायी

1. ऩि सा, सा(सा), ध़,ऩिप़, म़ प़, ऩि ध़ नि. सा, रेसा।
2. सारेप, गगम(म)रेसा, ऩि ध़ ऩि सा, रेसा, प, गमरेसा।
3. मपनिधनिधनिसां, सां(सां)निप, मप, गगमरेसा, ऩि ध़ ऩि सा।
4. निसां, रेंरेंसां, धनिप, पनिधनिसां, निप, मप, गगमरेसा।
5. धनिसां, मपधधनिसां, सांरेंसां, सांधनिप, मपगमरेसा।

अंतरा

1. निसां, सां(सां), धनिप, मपधनिसां, रेंसां।
2. निधनिसां, सांरेंनिसां, गंमंरेंसां, मपनिधनिसां।
3. निधनिसां, मपधनिसां, रेंनिसां, गंगंमंरेंसां, निधनिसां।
4. सांरेंपं, गंगंमं(मं)रेंसां, रेंनिसां, निमप, निधनिसां।
5. रेंमंरेंसां, रेंपंगंमंरेंसां, निधनिप, मपनिधनिसां।

राग मियाँमल्हार सरगम (त्रिताल)

स्थायी

रे	म	रे	सा	नि	ध	नि	नि	सा	–	सा	सा	रे	रे	सा	सा
o				3				x				2			
म	रे	प	प	म	प	नि	ध	नि	नि	सां	सां	रें	नि	सां	सां
o				3				x				2			
रें	मं	रें	सां	नि	ध	नि	प	म	प	ग	म	रे	रे	सा	सा
o				3				x				2			

अंतरा

म	प	नि	ध	नि	नि	सां	सां	रें	रें	सां	सां	गं	मं	रें	सां
o				3				x				2			
सां	मं	रें	पं	गं	मं	रें	सां	नि	ध	नि	सां	ध	नि	प	प
o				3				x				2			
गं	गं	मं	मं	रें	रें	सां	सां	नि	प	म	प	ग	म	रे	सा
o				3				x				2			

राग मियाँमल्हार विलम्बित ख्याल (तिलवाड़ा)

स्थायी—बादल गरजे छा गई घटाएँ, रिम झीम रिम झीम मेहरा बरसत।

अंतरा—चमकत चमकत नभ में बिजुरिया, पपिहा बोले दादुर मोर।

स्थायी

प	ग	म	रेसा	रे	–	सा	सा	ऩि	ध़	ऩि	सा	ग	गम	रे	सा
बा	ऽ	द	लऽ	ग	र	जे	ऽ	छा	ऽ	ग	ई	ऽ	घऽ	टा	एँ
3				x				2				o			
म	म	प	प	म	प	धनि	सां	नि	नि	प	प	ग	म	रे	सा
रि	म	झी	म	रि	म	झीऽ	म	मे	ह	रा	ऽ	ब	र	स	त
3				x				2				o			

अंतरा

म	प	निध	नि	सां	सां	सां	सां	गं	मं	रें	सां	रें	रें	सां	सां
च	म	कऽ	त	च	म	क	त	न	भ	में	बि	जु	रि	या	ऽ
3				x				2				o			
रें	सां	नि	प	म	प	धनि	सांसां	निनि	पम	प	प	ग	म	रे	सा
प	पी	हा	ऽ	बो	ऽ	लेऽ	ऽऽ	दाऽ	ऽऽ	दु	र	मो	ऽ	ऽ	र
3				x				2				o			

राग मियाँमल्हार विलम्बित ख्याल तानें

1. ऩिसारेमरेसाऩिध़ऩिप़म़प़ऩि ध़नि..सारेमपनिधनिप पगमरेसासारे मपनिधनिसारेंरें सांसांनिधनिपगम रेसासारेमपधनि सारेंनिसांनिनिपम।
2. मरेपपमपनिध निपमपगमरेसा धनिरेंसांनिधनिप मपगमरेसारेंमं पंपंगंमंरेंसांनिध निपमपगमरेसा मपनिधनिसांनिनि पमगमरेसाऩि सा।
3. निसांमंमंरेंसांनिसां रेंमंपंगंरेंसांनिध निपमपधनिसारें रेंसांनिसांनिधनिप मपधनिसांसांनिध निपमपनिधनिप मपगमरेसामरेपपनिधनिसांधनिसां
4. ममरेममरेमम रेसानिनिधनिनिध निनिधपमपगम रेसारेंरेंसांरेंरेंसां रेंरेंसांनिधपमप गमरेसामंमंरेंमं मंरेंमंमंरेंसांनिध निपमपगमरेसा ।
5. मरेपपनिधनिसां रेंरेंसांसांनिधनिसां मंपंगंमंरेंसांनिध निपमपनिधनिसां रेंमंपंगंमंरेंसांनि धनिपमपगमरे साममरेपपमनि निधसांसांनिरेंरेंसां।

राग मियाँमल्हार मध्यलय (त्रिताल)

स्थायी—बरसन लागे मेहा अब तो, लौट आई है सुख की फुहार।

अंतरा—हरित तृणों की शोभा न्यारी, देख देख हरसत है नरनारी।

स्थायी

रे म रे सा	नि़ ध़ नि़ नि़	सा – सा सा	रे रे सा सा
ब र स न	ला ऽ गे ऽ	मे ऽ हा ऽ	अ ब तो, ऽ
o	3	x	2
म रे प प	निध निसां नि प	म प ग म	रे रे सा सा
लौ ऽ ट आ	ऽऽ ई है ऽ	सु ख की फु	हा ऽ ऽ र
o	3	x	2

अंतरा

म रे प प	निध निध नि नि	सां – सां सां	नि नि सां सां
ह रि त तृ	णोंऽ ऽऽ की ऽ	शो ऽ भा ऽ	न्या ऽ री ऽ
o	3	x	2
सां मं रें सां	निसां रेंसां नि प	ग ग ग म	रे रे सा सा
दे ऽ ख दे	ऽऽ खऽ ह र	स त है ऽ	न र ना री
o	3	x	2

राग मियाँमल्हार मध्यलय तानें

स्थायी

1. सारे मप धनि सांसां।। निनि पम गम रेसा।
2. मप निध निसां निध।। निप मप गम रेसा।
3. गमं रेंसां निध निप।। मप गम रेसा नि़सा।
4. धनि सांसां निध निप।। गमं रेंसां निध निप।। गमं पगं मरें सांसां।।
5. सांगं मरें सांनि धनि।। पम गम रेसा मरे।। पप निध निसां गमं।। रेंसां मप धनि सारें।। निसां

अंतरा

1. निसां रेंसां निध निप।। मप गम निध निसां।
2. मनि धनि सांसां निप।। मप गम धनि सांसां।
3. मंमं रेंसां निसां रेंसां।। निध निप मप धनि।। सांसां।
4. सारे मप निध निप।। मप निसां निध निप।। गंमं रेंसां निध निप।। मप धनि सांरें निसां।
5. निध निप मप गम।। धनि सांसां मंमं रेंसां।। पंपं गंमं रेंसा निध।। निप मप धनि सांसां।

47

राग दरबारी कान्हड़ा–राग परिचय

राग दरबारी कान्हड़ा की रचना आसावरी थाट से मानी गई है। राग में ग ध नि कोमल स्वर लगते है। आरोह–अवरोह में सातों स्वर लगने के कारण इसकी जाति सम्पूर्ण–सम्पूर्ण है। राग का गायन समय मध्य रात्रि है। वादी स्वर रिषभ और संवादी स्वर पंचम है। गंधार स्वर आरोह–अवरोह में तथा धैवत स्वर अवरोह में वक्र है। इस राग में कोमल गंधार अति कोमल तथा आंदोलित होता है जैसे सारे ग–ग–रेसा धैवत स्वर भी आंदोलित होता है ध – ध नि प। इस राग का चलन अधिकतर मंद्र और मध्य सप्तक में होता है। न्यास के स्वर सा, रे, और प है। इस राग का मिलता–जुलता राग अड़ाना है।

दरबारी कान्हड़ा–मपध–धनिप, निनिपमप, ग– गमरेसा।

अड़ाना–मपधनिसां,निसांरेंसांधनिप,निनिपमप,गम, रेसा।

आरोह–निसा,रेगरेसा,मप,धनिसां।
अवरोह–सां,ध,नि,प,मप,ग,मरे,सा।
पकड़–ग,रेरे,सा,ध.,नि.सा,रेसा।

राग दरबारी कान्हड़ा स्वर विस्तार

स्थायी

1. सा, निरे, सा, ध नि सा, म प ध नि सा, गरेसा।
2. नि सा रे ग– ग – ग–, मरेसा, नि साध नि रेसा।
3. सारेमप, ध –ध –निप, मपगमरे, सा, ध नि सारेग, मरेसा।
4. मपध–ध–ध–निसां, रेंसां, धनिप, मपध, गमरे, ध नि रे,सा।
5. मपनिग–, मपधनिसां, रेंसां, निप, गमरेसा।

अंतरा

1. धनिप, मपध–धनिसां, ध निप, मपसां।
2. निसां रेंरेंसां, निधनिप, मपधनिसां।
3. निसांरेंध, धनिप, रेंगंरेंसां, निधनिप, सां
4. धनिसां, गंमंरेंसां, निसांरें, धनिप, मप, धनिसां।
5. सांरेंगं–गं–मंरेंसां, मंपंगंमंरेंसां, धनिप, मपधनि, सां।

राग दरबारी कान्हड़ा सरगम (त्रिताल)

स्थायी

ग म रे सा	नि सा रे सा	ध – नि नि	सा सा सा –
o	3	x	2
म प ध नि	सा – नि सा	ग – ग म	रे रे सा सा
o	3	x	2
म म प नि	नि प म प	म प ध ग	म रे सा सा
o	3	x	2

अंतरा

म म प प	ध ध नि नि	सां – सां सां	रें रें सां सां
o	3	x	2
गं मं रें सां	रें रें सां सां	नि सां रें सां	ध ध नि प
o	3	x	2
म प सां सां	नि प म प	ग – ग म	रे रे सा सा
o	3	x	2

राग दरबारी कान्हड़ा विलम्बित ख्याल (तिलवाड़ा)

स्थांयी–चैन कहाँ से पाऊं, पल पल बाट निहारु।

अंतरा–रैना जागू कैसे काटू, साजन साजन रहत पुकारु

स्थायी

रे सा रेरेसानि़सा रेरे	ग – ग –	म प ग म	रे रे सा –
चै ऽ नऽऽऽऽ ऽक	हा ऽ से ऽ	पा ऽ ऽ ऽ	ऊं ऽ ऽ ऽ
3	x	2	०
ध़ नि़ प़ –सा	रे – रे रे	ग गम रे सा	रे रे सा –
प ल प ऽल	बा ऽ ऽ ट	नि ऽऽ ऽ ऽ	हा ऽ रु ऽ
3	x	2	०

अंतरा

म प ध निनि	सां – सां –	गं गंमं रें सां	नि नि सां सां
रै ऽ न ऽऽ	जा ऽ गू ऽ	कै ऽऽ से ऽ	का ऽ टू ऽ
3	x	2	०
निसां रेंसां ध नि	प प म प	निनिपम प ग म	रे रे सा सा
सा ऽ ऽऽ ज़न	सा ऽ ज न	रऽऽऽ ऽ ह त	पु का ऽ रु
3	x	2	०

तानें राग दरबारी कान्हड़ा विलम्बित ख्याल

1. नि़सारेमरेसानि़ सा रेमपपगमरेसा सारेमधधनिपम पगमरेरेसासासा रेमपधनिसारेंगं रेंसांनिधपमपग मरेसासारेमपध निपमपगमरेसा।
2. ममरेसानि़साध़नि़ रेरेसापपमपग मरेसाध़ नि़ रेसानि निपपमपगमरे सानि़ साध़ नि़ रेसागं मरेंसांनिनिपमप गमरेसाध़ नि़ रेसा सारेमपगमरेसा।
3. निसांगंमरेंसांनिसां रेंमंपंगंमंरेंसांमं मरेंसांनिनिपपम पधनिसारेंसांनिध पमपधनिसारेंसां निधपगमरेसासा रेमपधधमपध निसांसांगंमंरेंसां–।
4. सारेममरेमपप मपधधपधनिनि धनिसांसांसारेंमंपं गंमंरेंसांसांनिधनि सांसांरेंरेंसांसांगंमं रेंसांरेंरेंसांसांनिप निनिपमपपगम मरेसामपधनिसां।
5. सारेंगंरेंसारेंगंरें सांनिधपमगरेसा, धनिरेंसांधनिरेंसां निधपमगरेसाम पधनिसारेंमंपंमं गंरेंसांधनिसारेंनि सांधनिपधमपग मरेसासारेमपध

राग दरबारी कान्हड़ा मध्यलय (त्रिताल)

स्थायी–तेरा जनम मरन मिट जाए, तू हरि का नाम सुमर प्यारे।

अंतरा–जग में आया नर तन पाया, भाग बड़े भारे प्रभुजी।

स्थायी

ऩि	सा	रेम	रेसा	ऩि	सा	रे	सा	ध़	ध़	ऩि	ऩि	सा	सा	सा	–
ते	ऽ	राऽ	ऽऽ	ज	न	म	म	र	न	मि	ट	जा	ऽ	ए	ऽ
o				3				x				2			
म	प	सां	सां	ध	ध	नि	प	म	प	ध	ग	म	म	रे	सा
तू	ऽ	ह	रि	का	ना	ऽ	म	सु	म	र	प्या	ऽ	रे	ऽ	ऽ
o				3				x				2			

अंतरा

म	म	प	प	ध	ध	नि	नि	सां	सां	सां	सां	रें	नि	सां	सां
ज	ग	में	ऽ	आ	ऽ	या	ऽ	न	र	त	न	पा	ऽ	या	ऽ
o				3				x				2			
गं	–	गं	मं	रें	रें	सां	सां	नि	प	म	प	ग	रे	सा	सा
भा	ऽ	ग	ब	ड़े	ऽ	भा	ऽ	रे	ऽ	ऽ	3	प्र	भु	जी	ऽ
o				3				x				2			

राग दरबारी कान्हड़ा मध्यलय तानें

स्थायी

1. मप धनि सांध निप।। मप गम रेसा ऩि सा।
2. मप धनि सांरें गरें।। सांनि धप गम रेसा।
3. धनि सांरें गं– मरें।। सांनि पम गम रेसा।
4. सांनि धनि सां– सांनि।। धनि धनि सांरें गंमं रेंसां।।
   निनि पम गम रेसा।
5. धनि सांरें निसां गंमं ।। रेंसां पंपं गंमं रेंसां।।
   धनि सांरें निसां निनि।। पम गम रेसा ऩि सा।

अंतरा

1. धनि सारें सांनि पम।। गम रेसा मप धनि। सां–।
2. गंमं रेंसां निनि पम।। गम रेसा मप धनि।। सां–
3. सारे मप धध निप।। सांसां निप रेंरें सांसां।। निप गंमं रेंसां मप।। धनि सारें निसां धनि।
4. सांसां निसां धनि पध।। मप गम रेसा मरे।। पम धप निध सांनि। रेंसां गंमं रेंसां धनि।
5. मप धनि सारें गं–।। मंमं रेंसां निसां रें–। सांनि धनि सां– निध। पध नि– मप धनि।। सां–

राग दरबारी कान्हड़ा तराना तीनताल

स्थायी

ग	म	रे	सा	नि	सा	ध	नि	रे	रे	म	प	ग	म	रे	सा
त	नों	ऽ	म्त	न	न	दे	रे	दीं	ऽ	म्त	न	दे	रे	ना	ऽ
०				3				x				2			
म	म	म	म	प	प	प	प	नि	प	सां	सां	ध	ध	नि	प
ता	–	न्ना	ता	ऽ	न्ना	दे	रे	नि	त	दे	रे	त	न	दे	रे
०				3				x				2			
सां	सां	नि	प	म	प	ग	म	प	प	म	प	ग	म	रे	सा
ना	ऽ	ता	रे	दा	ऽ	न्नी	ऽ	त	न	दे	रे	दे	रे	ना	ऽ
०				3				x				2			

अंतरा

म	म	प	प	ध	ध	नि	नि	सां	सां	सां	सां	रें	रें	सां	सां
द्रे	द्रे	त	न	द्रे	द्रे	त	न	दीं	ऽ	म्त	न	त	न	दे	रे
०				3				x				2			
गं	–	गं	मं	रें	रें	सां	सां	नि	नि	सां	रें	ध	ध	नि	प
दीं	ऽ	म्त	न	दे	रे	ना	ऽ	ता	दि	य	न	य	ल	ली	–
०				3				x				2			

सां सां सां सां	ध ध नि प	ग ग ग म	रे रे सा सा
धिर कटतक धिर	कट तक धिरधिर	धागेनधातिरकट	गदि गन धा धा
o	3	x	2

राग दरबारी कान्हड़ा ध्रुपद चौताल

स्थायी—दीनों के प्रभु तुम्ही सहारे, ढूंढे तुमको नैन हमारे
तुम बिन जीवन है अंधियारा।

अंतरा—डग मग है जीवन नैया, तुम बिन कोई नहीं खिवैया
तुम ही मेरा किनारा, प्रभुजी तुम ही मेरा सहारा।

स्थायी

ग	म	रे	सा	ध़	नि़	सा	रे	गम	रेसा	नि़	सा
दी	नों	ऽ	के	प्र	भु	तु	म्ही	ऽऽ	सऽ	हा	रे
o		3		4		x		o		2	
म	म	प	प	ध	ध	नि	नि	ध	प	म	प
ढूं	ऽ	ढे	तु	म	को	नै	न	ह	मा	ऽ	रे
o		3		4		x		o		2	
सां	सां	ध	नि	प	पप	ग	ग	म	रे	सा	सा
तु	म	बि	न	जी	वन	है	अं	धि	या	ऽ	रा
o		3		4		x		o		2	

अंतरा

म	प	ध	ध	नि	नि	सां	नि	सां	सां	नि	सां
ड	ग	म	ग	है	ऽ	जी	व	न	नै	ऽ	या
o		3		4		x		o		2	
गं	गं	मं	रें	सां	सां	नि	सां	ध	नि	सां	सां
तु	म	बि	न	को	ई	न	हीं	खि	वै	या	ऽ
o		3		4		x		o		2	

सां	सां	ध	ध	नि	प	म	प	ग	म	रे	सा
तु	म	ही	ऽ	मे	ऽ	रा	ऽ	ऽ	कि	ना	रा
०		3		4		x		०		2	
सा	रे	म	प	ध	नि	प	प	गम	रेसा	नि	सा
प्र	भु	जी	ऽ	मे	रा	तु	म	हीऽ	सऽ	हा	रा
०		3		4		x		०		2	

48

राग अडाना–राग परिचय

अडाना राग की उत्पत्ति आसावरी थाट से मानी गई है। ग, ध, कोमल तथा दो निषाद स्वरों का प्रयोग होता है। आरोह में गंधार स्वर वर्ज्य तथा अवरोह में वक्र है इसलिये इसकी जाति षाडव–सम्पूर्ण है। वादी स्वर तार षडज तथा संवादी पंचम है। रात्रि के तीसरे प्रहर इसे गाया जाता है। शुद्ध निषाद आरोह में, कोमल निषाद अवरोह में प्रयोग किया जाता है। यह राग चंचल प्रकृति का है तथा रागप्रधान भी है। इस राग का समप्रकृति राग दरबारी कानडा है। दरबारी कानडा–मप ध–ध–निसां, ध–निप। अडाना–मपध–निसां, रेंसांनिसां, धनिप। स्वरों का अध्ययन–सा–सामान्य, रे–अलंघन बहुत्व, ग–आरोह में लंघन अल्पत्व और अवरोह में अलंघन बहुत्व, म–अलंघन बहुत्व, प–दोनों प्रकार का बहुत्व ध–अलंघन बहुत्व नि–अलंघन बहुत्व

आरोह–सारेमप,धनिसां।

अवरोह–सांध निप,मप, गमरेसा।

पकड़–सां,ध निसां,धनिप,मप, गमरेसा।

राग अडाना स्वर विस्तार/अलाप

स्थायी

1. सारेसा, गमरेसा, रेमप, मप, ग, मरे,सा।
2. निसा, रेरेसा,गम, प, मपधनि,प, मप, गम रेसा
3. सारेमपधनिप, ध,निसां, निपमपग, मरेसा

4. धनिसां, निरेंसां, निसां, निप, ग, मरेसा।

5. सांधनिप, धनिरेंसां, सांध निप,मप, गमरेसा।

अंतरा

1. मपसां, धनिप, रेंनिसां, पनिसां।

2. धनिसां, गं,मरेंसां, रेंधनि प, मपधनिसां।

3 सां, निसां, धनिसां, गंमरेंसां, पनिसांरेंनिसां।

4. गंमरेंसां, निनिपमप, मप, धनिरेंसां, धनिसां।

5. धनिरेंसां, पंगंमरेंसां, निसां, धनिसां, निप, मपधनिसां।

राग अडाना सरगम गीत झपताल

स्थायी

सां	सां	रें	नि	सां	नि	प	ग	ग	म
x		2			०		3		
म	प	सां	ऽ	सां	रें	सां	ध	नि	प
x		2			०		3		
नि	सां	रें	रें	सां	नि	सां	ध	नि	सां
x		2			०		3		

अंतरा

म	प	ध	ध	नि	सां	ऽ	रें	नि	सां
x		2			०	v	3		
गं	गं	गं	मं	पं	गं	मं	रें	रें	सां
x		2			०		3		
ध	ध	रें	रें	सां	नि	सां	ध	नि	सां
x		2			०		3		

राग अडाना विलम्बित ख्याल तिलवाड़ा

स्थायी—बतिया मानत ना मोरी, करे बरजोरी सैय्या।

अंतरा—छेड़त मग में राह पनघट में, ठीठोरी करत हरजाई।

स्थायी

म प निनिपमप मप	सां ध नि प	नि नि प मप	ग गम रे सा
ब ति याऽऽऽऽ ऽऽ	मा ऽ ने ऽ	ना ऽ ऽ ऽऽ	मो ऽऽ री ऽ
3	x	2	०
ऩि सा ग मप	ध नि सां सां	निनिपम प म प	सां ध नि प
क ऽ रे ऽऽ	ब र जो री	सैऽऽऽ ऽ ऽ ऽ	या ऽ ऽ ऽ
3	x	2	०

अंतरा

म प निप नि	सां सां नि सां	गं गंमं रें रें	सां सां सां निसां
छे ऽ ड़ऽ त	म ग में ऽ	रा हऽ प न	घ ट में ऽऽ
3	x	2	०
नि नि म प	ध नि सां सां	निनिपम प प मप	ग गम रेरे सासा
ठि ऽ ठो री	क र त ऽ	हऽऽऽ र ऽ ऽऽ	जा ऽऽ ईऽ ऽऽ
3	x	2	०

राग अडाना विलम्बित ख्याल तानें

1. ऩिसाममरेसा,ऩिसा रेमपपमपगम रेसा,सारेमपधध निपमपगमरेसा, मपनिसांधधनिप मपगमरेसामप निसांरेंरेंसांनि पम पगमरेसामपसां सांमंमंरेंसांनिनिप मगमरेसासारेम।प
2. निसांनिरेंसांसांधध निपमपगमरेसा, मपनिसांगंमंरेंसां धधनिपमपगम रेसाधनिसांसांगंमं रेंसांपंगंमंरेंसांनि सांधनिरेंसां,सांसांधं निसांसांधनिपपम
3. पगमरेसापनिसां मपधधनिपमप सांसांधनिपपमप धनिसांसांधनिपप निसांरेंनिसांधनिप पनिसांगंमंरेंसांनि सांरेंसांधनिपपनि सांरेंमंपंगंमंरेंसां धनिनिनिनिपमपसां।
4. रेमपरेमपरेम पपगमरेसाधनि सांधनिसांधनिसांसां निपगमरेसा,मंमं रेंमंमंरेंमंमंरेसां निनिपमपगमरे सा,रेंमंपरेंमंपरें मंपंपंगंमंरेंसांनि निनिपमपसांसां–।
5. निनिपमगमरेसा रेंरेंसांसांसांनिनिप मगमरेसागंमंरे सांनिनिपमगमरे सा,मंमंरेंसांनिनिप मगमरेसा,रेंमंपं पंगंमंरेंसांनिनिप मग मरेसासापनि ।सां

राग अडाना मध्यलय तीनताल

स्थायी–पडे जब कष्ट तुम्हारे भक्तों पर,
तुम दौड़ पड़ते हो भक्तों की सेवा में।

अंतरा–सुना है भक्त से सबसे, बड़ा नाता तुम्हारा है।

स्थायी

म म प सां	सां ध नि प	नि नि म प	सां सां सां सां
प ड़े ज ब	क ऽ ष्ट तु	म्हा ऽ रे भ	ऽ क्तों प र
o	3	x	2
म म प प	निनि पम प प	ग म रे सा	रे रे सा सा
तु म दौ ड़	पऽ ड़ऽ ते हो	भ क्तों की से	वा ऽ में ऽ
o	3	x	2

अंतरा

म प ध नि	सां – सां सां	नि सां रें सां	ध ध नि प
सु ऽ ना ऽ	है ऽ ऽऽ भ	ऽ क्तों से ऽ	स ब से ऽ
o	3	x	2
म प नि सां	गं मं रे सां	नि सां रें सां	सां ध नि सां
ब ड़ा ऽ ना	ऽ ता है तु	म्हा ऽ रा ऽ	है ऽ ऽ ऽ
o	3	x	2

राग अडाना मध्यलय तानें

स्थायी

1. मप सांसां निनि पम। गम रेसा मप धनि। सां
2. निसां मंमं रेंसां निप। मप गम रेसा निसा।
3. मप सांसां मंमं रेंसां। निनि पम गम रेसा। सारे मप निनि सांसां।
4. मंमं रेंसां रेंरें निसां। सांसां निप निनि पम। गम रेसा सारे मप। निप मप गम रेसा।

5. गम रेसा मप सांसां। निनि पम गम रेसा। सारें निसां गंमं रेंसां। निनि पम गम रेसा।

अंतरा

1. निनि पम गम रेसा। सारे मप धनि सांसां।
2. गंमं रेंसां निप मप। सांनि सांनि मप सांसां।
3. मंमं रेंसां पंपं गंमं। रेंसां पंमं पंगं मरें। सांसां धनि सारें निसां।
4. निनि पप मप सांसां। मंमं रेंसां निसां रेंसां। गंमं रेंसां पनि सांसां।
5. निप मप निनि पम। धध निसां रेंनि सांसां। मंमं रेंसां निप मप। निसां पनि सांसां निसां।

राग अडाना तराना एकताल

स्थायी

सां	सां	नि	प	म	प	ग	ग	म	रे	सा	सा
दी	ऽ	म्त	दीं	ऽ	म्त	दी	म	त	न	दे	रे
x		०		2		०		3		4	
सा	रे	म	प	ध	ध	नि	नि	सां	सां	रें	सां
दिर	दिर	त	न	न	न	दीं	म	त	दीम	ऽ	म्त
x		०		2		०		3		4	
गं	गं	मं	रें	सां	सां	ध	ध	नि	नि	सां	सां
त	न	दे	रे	नी	ता	दे	रे	त	दि	य	न
x		०		2		०		3		4	
नि	प	म	प	ग	ग	म	म	रे	सा	ऩि	सा
ता	ना	दि	या	न्या	रे	आ	दा	नी	दा	दि	या
x		०		2		०		3		4	

अंतरा

म	प	ध	ध	नि	नि	सां	सां	नि	सां	नि	सां
दीं	म	ता	ना	दिर	दिर	ता	ना	ता	ना	दे	रे
x		०		2		०		3		4	

गं	मं	पं	गं	गं	रें	सां	सां	नि	सां	नि	प
दीं	ऽ	म	दीं	ऽ	म्त	न	न	त	न	दे	रे
x		o		2		o		3		4	
नि	नि	प	प	म	प	नि	प	म	प	ग	म
दीं	म	ता	ना	ता	ना	त	दि	य	न	ता	ना
x		o		2		o		3		4	
सासा	रेरे	मम	पप	धध	निनि	सांसां	निप	मप	गम	रेसा	ऩिसा
धींऽ	तिर	कट	तक	धीन	गीन	किट	तक	धुम	किट	तक	धाऽ
x		o		2		o		3		4	

49

राग मुलतानी–राग परिचय

राग मुल्तानी की उत्पत्ति तोड़ी थाट से मानी गई है। राग रे ग ध कोमल तथा मं तीव्र लगते है। आरोह में रिषभ और धैवत स्वर वर्जित, तथा अवरोह में सातों स्वर लगने के कारण इस राग की जाति औडव–सम्पूर्ण है। वादी स्वर पंचम, संवादी स्वर षडज है। इस राग को दिन के चौथे प्रहर में गाते है। इस राग को मेलप्रवेशक राग माना गया है। न्यास के स्वर सा,ग, प। समप्रकृति का राग तोड़ी है। मुलतानी–ऩिसा, गमंप, मंग, मं'गरेसा। तोड़ी–सारेग, मंग, रेगरेसा। स्वरों का प्रयोग–सा–सामान्य, रे– आरोह में लंघन अल्पत्व, अवरोह में अलंघन बहुत्व, ग– दोनों प्रकार का बहुत्व, म–अलंघन बहुत्व, प–दोनों प्रकार का बहुत्व, ध–आरोह में लंघन अल्पत्व और अवरोह में अलंघन बहुत्व, नि–दोनों प्रकार का बहुत्व।

आरोह–नि.सा, गमंप, निसां।

अवरोह–सांनिधप,मंग, रेसा।

पकड़– नि.सा, मंग, पग, रेसा।

राग मुलतानी स्वर विस्तार/अलाप

स्थायी

1. नि.सा, गरेसा, ऩिधऩिधप़, मं़प़ऩिसा, गरेसा।
2. नि.सा मंग, मंप, धप, प(प)मंग, मंगरेसा।
3. गमंपनि, धप, मंपधप, मंगमंगरेसा।
4. मंपनि, पनिसां, सां(सां), निधप, मंपधप, मंगरेसा।
5. मंपधप, निधप, पनिसां, रेंसांनिधप, मंगमंगरेसा।

अंतरा

1. मंपसां, निसांरेंसां, निधप, गमंपनिसां।
2. गमंपसां, पनिसां, प(प)मंगमंपनिसां।
3. पनिसांगंरेंसां, निनिधप, मंपनिनिसां, रेंसा, निधप, सां।
4. गंरेंसां, मंगंमंगंरेंसां, निधप, सां।
5. निसांगंमंपं, मंगंरेंसां, पनिसां, रेंसां,निधप, मंपनिसां, निसां।

राग मुलतानी सरगम (एकताल)

स्थायी

प	–	मं	ग	प	–	ग	–	रे	सा	–	सा
x		०		2		०		3		4	
नि.	सा	मं	ग	रे	सा	नि़	सा	ग	मं	प	प
x		०		2		०		3		4	
प	नि	सां	गं	रें	सां	नि	नि	ध	प	मं	प
x		०		2		०		3		4	

अंतरा

प	प	मं	प	मं	ग	प	नि	प	नि	सां	सां
x		०		2		०		3		4	
नि	नि	सां	गं	रें	सां	नि	सां	नि	ध	प	प
x		०		2		०		3		4	
सां	नि	ध	प	मं	ग	मं	ग	रे	सा	नि.	सा
x		०		2		०		3		4	

राग मुलतानी विलम्बित ख्याल (एकताल)

स्थायी–ना लागे मोरा जिया, उन बिन भाए न नगरिया।

अंतरा–मैं दुखियारी फ़िरु बावरी, किसे सुनाऊ बतिया मोरी।

स्थायी

प	(प)	मंग	रेसा	रे	–	सा	–	निसा	मंग	प	प
ना	ऽ	लाऽ	गेऽ	मो	ऽ	रा	ऽ	जीऽ	ऽऽ	या	ऽ
3		4		x		o		2		o	
ग	मं	पनिसां	सां	सां	नि	ध	प	मं	–ग	रे	सा
उ	न	बिऽऽ	न	भा	ऽ	ए	न	न	ऽग	री	या
3		4		x		o		2		o	

अंतरा

प	(प)	ग	मं	प	नि	सां	सां	निसां	गं	रें	सांसा
मैं	ऽ	दु	खि	या	ऽ	री	ऽ	फ़िऽ	रु	बा	वरी
3		4		x		o		2		o	
सांसां	निध	नि	ध	प	प	मं	ग	मंमं	गग	रे	सा
किऽ	सेऽ	सु	ऽ	ना	ऽ	उ	ऽ	बति	याऽ	मो	री
3		4		x		o		2		o	

तानें राग मुलतानी विलम्बित ख्याल

1. निसामंगरेसा,निसा गमंपमंगरेसासा, नि.सागमंपनिसांनि धपमंगरेसा,निसा गमंपनिसांगरेंसां निधपमंगरेसा,ग मपनिसांनिधपमं गरेसानिसागमपं।

2. पमंगमंपपमंग मंपनिधपमंपसां निधपमंपसांरेंसां निधपमंपनिसांगं मंपंमंगंमंगंरेंसां निधपमंपनिनिध पमंपधपमंपमं गमंगरेसानि.सा–।

3. निसांमंगंरेंसां,निसां गंमंपंमंगंरेंसांसां, निसांगंगंरेंसांनिध पपमंगमंगरेसा मंपगमंपनिसां,प निसांगंरेंसांनिधप मंगमंगरेसा,निसा गमंपमंगरेसासा।

4. नि.सागमंपगमंप गमंपमंगरेसाग मंपनिसांपनिसांप निसांनिधपमंगरे सांनिसांगंमंपं,गंमं पंगंमंपंमंगंरेंसांसां,सांरेंसांसांनिसांनि पनिधपमंगरेसा

5. गगरे,मंमंग,पप मं,धधप,निनिध,सां सांनि,रेंरेंसां,गंगंरें, मंमंग,पंपंमंगंरें सांनिधपमंगमंग रेसामंगपमंधप निधसांनिरेंसांगंरें मंगंरेंसांनिधपप।

राग मुलतानी मध्यलय (त्रिताल)

स्थायी–बात समझ लो मन कि सजनवा, यू म मोहे तड़पावो।

अंतरा–कब से तुम्हरी बाट निहारु, लौट आओ अपने घरवा।

स्थायी

म॑	म॑	ग	म	ग	रे	सा	सा	ऩि	सा	म॑	ग	प	प	प	–
बा	ऽ	त	स	म	झ	लो	ऽ	म	न	की	स	ज	न	वा	ऽ
3				x				2				o			
प	नि	सां	गं	रें	सां	नि	ध	प	म॑	ग	म॑	ग	रे	सा	सा
यू	ऽ	ऽ	न	मो	ऽ	है	ऽ	त	ड	पा	ऽ	वो	ऽ	ऽ	ऽ
3				x				2				o			

अंतरा

म॑	ग	म॑	प	नि	सां	सां	सां	प	नि	सां	गं	रें	रें	सां	सां
क	ब	से	ऽ	तु	म्ह	री	ऽ	बा	ऽ	ट	नि	हा	ऽ	रु	ऽ
3				x				2				o			
म॑	गं	रें	सां	नि	रें	सां	सां	नि	ध	म॑	ग	म॑	ग	रे	सा
लौ	ऽ	ऽ	ट	आ	ऽ	ओ	ऽ	अ	प	ने	ऽ	घ	र	वा	ऽ
3				x				2				o			

राग मुलतानी मध्यलय तानें

स्थायी

1. ऩिसा गम॑ पनि सांनि।। धप म॑ग म॑ग रेसा।
2. गंगं रेंसां निध पम॑।। गम पम॑ गरे सासा।
3. गम॑ पम॑ गरें सांनि।। धप म॑ग म॑ग रेसा।
4. गम॑ पनि धप सांनि।। धप रेंरें सांनि धप।। गंगं रेंसां निध पम॑।।
   गम॑ पम॑ गरे सासा।

5. नि़सा मंग पमं धप।। सांनि रेंसां गंरें मंगं।। रेंसां निसां रेंरें सांनि।।
धप मंग मंग रेसा।

अंतरा

1. सांनि धप मंग मंग।। रेसा नि़सा गमं पनि।। सांसां
2. गंरें सांनि धप मंप।। गमं पनि पनि सांसां।
3. पमं गमं प– धध।। पप निनि धप मंप।। गमं पनि सांरें सांनि।।
धप मंप निसां रेंसां।
4. मंमं गमं मंमंगप।। पमं पप मंध धप।। धध पसां सांनि सांसां।।
निगं गंरें सांनि धप।। पमं गमं पनि सांसां।
5. पनि सां– सांरें सां।।।। गंरें सां– मंगं मंगं।। रेंसां पंमं गंरें सां–।।
गंगं रेंसां निसां रेंसां।

राग मुल्तानी तराना झपताल

स्थायी

प	–	मं	–	प	मं	ग	रे	–	सा
ता	ऽ	नू	ऽ	म्त	न	न	नू	ऽ	म्त
x		2		०			3		
नि़	सा	मं	ग	मं	प	–	प	–	प
त	न	दे	रे	ना	दीं	म्त	दीं	ऽ	म्त
x		2		०			3		
मं	प	नि	–	नि	सां	सां	गं	रें	सां
दिर	दिर	दीं	–	म्त	न	न	दे	रे	ना
x		2		०		3			
नि	सां	नि	ध	प	मं	ग	रे	रे	सा
तों	म्त	त	न	न	त	न	दे	रे	ना
x		2		०		3			

अंतरा

प	प	ग	–	मं	प	नि	सां	–	सां
दिर	दिर	दा	ऽ	नि	तों	म्त	दा	ऽ	नि
x		2			o		3		
नि	सां	गं	रें	सां	नि	सां	नि	ध	प
त	न	दे	रे	ना	त	न	तों	ऽ	म्त
x		2			o		3		
गं	रें	सां	नि	ध	प	मं	ग	रे	सा
दीं	म्त	त	न	न	दिर	दिर	त	न	न
x		2			o		3		
प	ध	पप	मंप	गमं	पनि	सांसां	निनि	ध	प
क्डा	न	तिर	कट	तक	क्डा	तिर	किट	धा	धा
x		2			o		3		

50

राग मारूबिहाग–राग परिचय

राग मारूबिहाग की उत्पत्ति थाट कल्याण से मानी गई है। इसमें दोनों मध्यम तथा शेष स्वर शुद्ध लगते है। आरोह में ऋषभ और धैवत स्वर वर्ज्य तथा अवरोह में सम्पूर्ण स्वर होने के कारण इसकी जाति औडव–सम्पूर्ण है। वादी स्वर पंचम संवादी स्वर षडज है। गायन समय रात्रि का दूसरा प्रहर है। शुद्ध मध्यम का प्रयोग म गप इस तरह किया जाता है। तीव्र मध्यम का प्रयोग अधिक किया जाता है तथा शुद्ध मध्यम का प्रयोग कम होने के कारण इस राग की उत्पत्ति कल्याण थाट से मानी हुई है। मंग मंग इस स्वर समुदाय द्वारा यह तत्काल पहचाना जाता है। इस राग का समप्रकृति राग बिहाग है। राग बिहाग में निषाद स्वर की संगति अधिक होती है। परन्तु मारु बिहाग में कम तथा इसी राग में तीव्र मध्यम सरल होने से यह एक दूसरे से भिन्न हो जाते है। बिहाग में अवरोह–में ऋषभ और धैवत स्वर दुर्बल है, परन्तु मारुबिहाग में नही। स्वरों का प्रयोगः–रिषभ –दीर्घ प्रयोग, गंधार–सम्पूर्ण न्यास बहुत्व, शुद्ध मध्यम–अल्पत्व, तीव्र मध्यम–आरोह में अलंघन, अवरोह में अनाभ्यास तथा लंघन दोनों प्रकार का अल्पत्व, पंचम–आंशिक न्यास बहुत्व, धैवत–दीर्घ बहुत्व, निषाद–लंघन अल्पत्व।

आरोह–नि.साग, मंप,नि,सां।
अवरोह–सां,निधप,मंग,मंगरेसा।
पकड़– मंग,मंगरे,सा,सानि.सामगप,मंग,मंगरे,सा।

मारु बिहाग स्वर विस्तार/अलाप

स्थायी

1. सा,रेसा,ऩिधप़,मंप़ऩिसाग,मंगमंग, रेसा।
2. गमंप, मंप,ग मंपनिधप, मंपधधप,मंगमंग, रेसा।

3. सामगप,धमंप,निध, मंप, मंग, मंगरेसा।
4. गमंपनि, सां, सां(सां)निधप, मंग, मंगरेसा।
5. पनिसां, रेंसां,निधप, मंप, गमंप,मंगरेसा।

अंतरा

1. निसां, गमंपनि, सां, निधप, गमंपनि, निसां।
2. रेंरेंसां, पनिसांनिधप, मंपगमंपनिधधप, निसां।
3. मंगमंग, रेसा, निधनिधप, गमंपनि, सां, गरेंसां।
4. पनिसां, गरेंसां, मंगंमंगंरेंसां, गमंपनिधधप, मंगरेसा।
5. निसां, मंगंमंगंरेंसां, गंमंपंमंगंरेंसां, नि, मंपधनिसां।

राग मारु बिहाग सरगम गीत एकताल

स्थायी

मं	ग	रे	सा	प	प	मं	ग	मं	ग	रे	सा
x		०		2		०		3		4	
प.	नि़	सा	म	मं	प	ग	मं	प	नि	ध	प
x		०		2		०		3		4	
सां	सां	नि	ध	प	प	मं	ग	मं	ग	रे	सा
x		०		2		०		3		4	

अंतरा

ग	मं	प	नि	सां	सां	प	नि	सां	गं	रें	सां
x		०		2		०		3		4	
मं	गं	मं	गं	रें	सां	गं	रें	सां	नि	ध	प
x		०		2		०		3		4	
सा	म	ग	प	मं	ध	प	प	मं	ग	रे	सा
x		०		2		०		3		4	

राग मारूबिहाग विलम्बित ख्याल (तिलवाड़ा)

स्थायी–आन परी हूं तुमरे द्वारे, तुम बिन दूजो कौन संभारे।

अंतरा–नित करती हूं सांझ सकारे, सुमिरन चरनन का प्रभु जी तुमरे।

स्थायी

म॑	ग	रे	सा	गम॑	प	–	प	प	–	प	प	म॑	–	ग	–
आ	ऽ	न	प	रीऽ	ऽ	हू	ऽ	तु	ऽ	म	रे	द्वा	ऽ	रे	ऽ
3				x				2				०			
ग	म॑	प	नि	सां	सां	नि	ध	म॑	ग	म॑	ग	रे	–	सा	–
तु	म	बि	न	दू	ऽ	जो	ऽ	कौ	ऽ	न	सं	भा	ऽ	रे	ऽ
3				x				2				०			

अंतरा

ग	म॑	प	नि	सां	–	सां	–	प	नि	सां	म॑	गं	रें	सां	–
नि	त	पु	ऽ	का	ऽ	रु	ऽ	ते	ऽ	रो	ऽ	ना	ऽ	म	ऽ
ग	म॑	पनि	सां	नि	नि	ध	प	ध	–	म॑प	म॑	ग	रे	सा	–
सु	मि	रऽ	न	क	रु	में	ऽ	सु	ऽ	बे	ह	षा	ऽ	म	ऽ
3				x				2				०			

राग मारुबिहाग तानें विलम्बित ख्याल

1. ऩिसाम॑गम॑गरेसा, ऩिसागम॑पम॑गम॑ गरेसाऩिसागम॑प निधपम॑गम॑गरे सा,ऩिसागम॑पनिसां निधपम॑गम॑गरे,ऩिसागमपनिसारेंसांनिधपम॑ग ।रेसा
2. ऩिसागम॑पम॑पग म॑प,म॑प निनिधप म॑पगम॑प,म॑पसां निधपम॑पगम॑प, पनिसांगंरेंसांनिध पम॑पगम॑पम॑प निसांम॑गंम॑गंरेंसां निधपम॑गम॑गरे। सा
3. निसांगंगंरेंसांनिसां निसांगंम॑पंम॑गंम॑ गंरेंसांपनिसांगंरें सांनिधपगम॑पनि सांगंरेंसांनिधपग म॑पनिधपगम॑प म॑गम॑गरेसानि.सा गम॑गम॑पनिसां–।
4. सांनिधपम॑गम॑ग रेसा,रेंरेंसांनिधप म॑गम॑गरेसा,गंरें गंरेंसांनिधपम॑ग म॑गरेसा,म॑गंम॑गं रेंसांनिधपम॑गम॑ गरेसा,गम॑प निसां निधपम॑गम॑गरेसा।
5. गम॑प,गम॑प,गम॑पम॑गम॑प,पनिसां,पनिसां,पनिसांनिपम॑पगम॑प,गंम॑ पंगंम॑पंगंम॑पंम॑ रेंसांनिधपम॑ग म॑रेसागगरे,म॑ म॑ग,पपम॑,धधप।

राग मारूबिहाग मध्यलय (त्रिताल)

स्थायी–प्यारे पिया बसो मोरे मन में, उनकी छबि निहारु सपनों में।

अंतरा–कासे कहूं मैं मन की बतियां, बावरे मन को कैसे समझाऊं।

स्थायी

म॑	ग	रे	सा	प	प	प	–	म	नि	ध	(प)	प	म॑	ग–	सासा
प्या	रे	पि	या	ऽ	ब	सो	ऽ	मो	ऽ	रे	ऽ	म	न	मेंऽ	ऽऽ
3				x				2				o			
रे	ऩि	ऩि	सा	म॑	म॑	ग	ग	म॑	धध	नि	ध	म॑	ध	प	म
उ	न	की	छ	बि	ऽ	नि	ऽ	हा	ऽऽ	रु	ऽ	स	प	नों	में
3				x				2				o			

अंतरा

म॑	म॑	ग	ग	म॑	म॑	ध	ध	सां	सां	सां	सां	सां	रे	सां	सां
का	ऽ	से	क	हूं	ऽ	मैं	ऽ	म	न	की	ऽ	ब	ति	या	ऽ
3				x				2				o			
सां	सां	ध	नि	म॑	ध	प	प	म॑	ग	म॑	ग	रे	रे	सा	म॑
बा	ऽ	व	रे	म	न	को	ऽ	कै	ऽ	से	ऽ	स	म	झा	ऊं
3				x				2				o			

राग मारूबिहाग तानें मध्यलय

स्थायी

1. ऩिसा गम॑ पनि सांनि।। धप म॑ग म॑ग रेसा ।
2. गम॑ पनि सांगं रेंसां।। निध प,म॑ गम॑ गरे सा–
3. निसां गंम॑ं पं,मं गंमं।। गरें सांनि धप पम॑।। गम॑ गरे सा– नि,सा।
4. ऩिसा गम॑ पप म॑प।। गम पनि सांसां निसां।। गंमं पंगं गरें सांनि।
   धप म॑ग म॑ग रेसा।
5. पनि सांनि धप म॑प।। गम॑ पनि सांसां निसां।। गंगं रेंसां म॑ंगं म॑ंग।।
   रेंसां निध पम॑ गरे।। सा–

अंतरा

1. पनि सांनि धप म॑ग।। म॑ग रेसा गम॑ पनि।। सांसां
2. गरें सांनि धप म॑ग।। म॑ग रेसा गम॑ पनि।। सांसां
3. म॑ग म॑ग रेसा नि.सा।। सांनि सांनि धप म॑प, गरें गरें सांनि धप।।
4. साम॑ गप म॑ध पसां।। निरें सांम॑ं म॑ंगं रेंसां।। निध पम॑ गम॑ गरे।
   सा– गम॑ पनि सां–।
5. नि.सा गम॑ पप गम॑।। पनि सांसां पनि सांगं।। म॑ंपं म॑ंगं म॑ंगं रेंसां।
   निध पम॑ गरे सासा।

राग मारुबिहाग तराना एकताल

स्थायी

म॑	ग	म॑	ग	रे	सा	नि़	सा	ग	म॑	प	प
दिर	दिर	तों	ऽ	म्त	न	दे	रे	दे	रे	त	न
x		०		2		०		3		4	
ग	म॑	प	नि	सां	नि	ध	प	म॑	ग	रे	सा
तो	म	त	न	न	न	दिर	दिर	त	न	त	न
x		०		2		०		3		4	
गं	रें	सा	नि	ध	प	म॑	ग	म॑	ग	रे	सा
दीं	म	त	न	न	न	उ	दा	नि	दा	दा	नि
x		०		2		०		3		4	

अंतरा

ग	म॑	प	नि	सां	सां	म॑ं	गं	म॑	गं	रें	सां
दीं	म	त	न	न	न	द्रे	द्रे	द्रे	द्रे	त	न
x		०		2		०		3		4	

गं	रें	सां	नि	ध	प	ग	मं'	प	नि	सां	सां
त	दि	य	न	ता	ना	दे	रे	त	न	त	न
x		०		2		०		3		4	
सा	सा	मं'	ग	प	प	नि	ध	मं'	ग	रे	सा
धा	धा	तिर	किट	तक	तिर	किट	तक	गदि	गन	धा	धा
x		०		2		०		3		4	

51

राग श्यामकल्याण–राग परिचय

यह राग कल्याण थाट से उत्पन्न हुआ है। इस राग के आरोह में मध्यम तीव्र और शेष स्वर शुद्ध लगते है। इस राग के आरोह में गंधार और धैवत स्वर वर्जित है। अवरोह में गंधार तथा शुद्ध मध्यम स्वर पगमरे अथवा गमप, गमरे, इस प्रकार से प्रयोग में लिये जाते है। अवरोह सम्पूर्ण है इसलिये इस राग की जातिऔडव–सम्पूर्ण है। अवरोह में धैवत स्वर का प्रयोग सांनिधप अथवा सांधप इस प्रकार से किया जाता है। वादी संवादी कुछ गुणीजन लोग वादी षडज संवादी मध्यम कुछ वादी ऋषभ संवादी पंचम, कुछ पंचम वादी संवादी षड्ज मानते है, परन्तु पंचम वादी संवादी षडज मानना उचित है। गायन समय रात्रि का प्रथम प्रहर है। अवरोह में धैवत के साथ विवादी के नाते क्वचित कोमल निषाद का भी प्रयोग किया जाता है। इस राग में कल्याण, कामोद शुद्ध सारंग मल्हार इन रागों के कुछ स्वर समुदाय होने से उन रागों का आभास होता है। पसां, सांरेंसां इस प्रकार कल्याण के अंतरे शुरु होते है, इसलिये वहां पसां, सां, रेनिसां स्वर लेने से श्याम कल्याण स्पष्ट हो जाता है। गमप गमप, गमरे, मपध, मपगमरे स्वर समुदाय द्वारा कामोद का आभास होता है, परन्तु इस राग में कामोद जैसा निषाद का अल्पत्व गंधार का अल्पत्व तथा रे प की संगति नही है। इस राग में निषाद स्वर स्पष्ट रुप से जोरदार तथा ग रे म, म रे की संगति है। इस राग से मिलता जुलता राग शुद्ध सारंग। ऩिसारे, मरे, प, मरे, मप, धप, मरे, इस प्रकार ऋषभ पर न्यास करने से तीव्र निषाद जोरदार होने से शुद्धसारंग का आभास होता है, परन्तु शुद्ध सारंग में गंधार वर्ज्य है कोमल निषाद का भी अल्प प्रमाण में नि,प म रे इस प्रकार होता है इसके अतिरिक्त प म, म रे इस प्रकार दोनों मध्यम साथ–साथ लिये जाते है। ये बातें श्यामकल्याण में नही होती है। मरे स्वर संगति मल्हार का आभास उत्पन्न करती है परन्तु इसके आगे तीव्र निषाद स्वर स्पष्ट रुप से होने से यह मल्हार से भिन्न हो जाता है। मरे ऩिसारे, ऩिसा राग की उत्पत्ति हमीर, केदार गौड़सारंग रागों के मिश्रण से होती है। कामोद राग से अलग करने

के लिये गमप, गमरे स्वर समूह के स्थान पर केवल ग म रेसा स्वर समूह का बार–बार प्रयोग किये जाते है। स्वर–शुद्ध मध्यम–अलंघन बहुत्व, तीव्र मध्यम–अलंघन बहुत्व, पंचम–आंशिक न्यास बहुत्व, धैवत–अलंघन बहुत्व, निषाद–न्यास अभ्यास बहुत्व।

आरोह–नि़सा, रे, मंप, निसां।
अवरोह–सांनिधप, मंप, धमंप, ग, मरे, नि़, सारे, नि़सा।
पकड़–मरे, नि़, सारे, नि़, सा, रेमंप ।

श्याम कल्याण स्वर विस्तार/अलाप

स्वर विस्तार/अलाप

स्थायी

1. प़नि़सा, सा(सा)नि़ध़प़,मं़प़ ,नि़सा।
2. मरे, नि़सा, रेमंप, पगमंरे, नि़सा।
3. धमंप, निनिमंप, रेमंपधमंप, गमरे, नि़सा।
4. रेमंप, धमंप, निधप, गमंप, गमरे, नि़सा।
5. मंपनिसां, सां(सां), निधप, धमंगमरे, नि़सा।

अंतरा

१. मंपनि, निसां, पनिसां, रेंसां, निधप, सां।
2. रेनि़सा, रेमंपनिसां, मंरेंनिसां।
3. सांनिधप, मंप,गमरे, मंपनिसां, पनिसां।
4. मंमंरेंसां, निसांरेंसां, निधप, मंपनिसां।
5. निसांरेंमंपं, गंमंरें, निसां, मंरेंसां, निधप,सां।

राग श्यामकल्याण सरगम गीत तीनताल

स्थायी

सा	रे	सा	प	प	प	ध	प	ध	मं	प	ग	म	रे	सा	सा
०				3				x				2			
प़	नि़	सा	सा	रे	रे	सा	सा	प	ग	म	रे	सा	रे	सा	सा
०				3				x				2			
नि	नि	मं	प	ध	मं	प	ग	म	रे	प	ग	म	रे	सा	सा
०				3				x				2			

अंतरा

मं	प	सां	सां	सां	रें	नि	सां	रें	मं	पं	गं	मं	रें	सां	सां
o				3				x				2			
मं	रें	सां	रें	सां	नि	ध	प	ध	मं	प	ग	म	रे	सा	सा
o				3				x				2			
नि़	सा	रे	मं	प	नि	सां	सां	नि	ध	मं	प	ग	म	रे	सा
o				3				x				2			

राग श्याम कल्याण विलंबित ख्याल एकताल

स्थायी–बंशी मधुर बजाए श्याम, मुरली की धुन–सुन में खोई आज।

अंतरा–प्रेम रंग की धुन में, खोई थी आज मंदिर में।

स्थायी

ममरेसा	नि़सा	रेमंपध	मंप	म	रे	नि़	सा	रेरे	मं	प	मंप
बंऽऽऽ	ऽशी	मऽधुर	बऽ	जा	ऽ	ई	ऽ	श्याऽ	ऽ	म	ऽऽ
3		4		x		o		2		o	
मं	प	नि	सां	सां	(सां)	नि	धमं	प	प–	गम	रेसा
मु	र	ली	की	धु	न	सु	नऽ	में	खोई	आऽ	जऽ
3		4		x		o		2		o	

अंतरा

मं	प	नि	निनि	सां	सां	सां	सां	मं	रें	सां	सां
प्रे	म	रं	गऽ	की	ऽ	धु	ऽ	न	ऽ	में	ऽ
3		4		x		o		2		o	
नि	सां	रें	सां	नि	नि	ध	प	ध	मंप	गम	रेसा
खो	ऽ	ई	ऽ	थी	ऽ	आ	ज	मं	दिर	मेंऽ	ऽऽ
3		4		x		o		2		o	

राग श्यामकल्याण विलंबित ख्याल तानें

1. नि़सामरेसा,प़नि़, सारेम॑पगमरेसा,ममरेसारेम॑पध,म॑पगमरेसानि़सा धपम॑पधपगम, रेसासांनिधपम॑प, धम॑पगमरेनि़सा,सांरेंसांनिधम॑प धम॑पगमरेनि़सा, मंमंरेंसांनिधपम,पधम॑पगमरेनि़सा।
2. गमरेनि़सापध,म॑पगमरेसानि़सा, सांनिधपम॑पधम॑,पगमरेसानि़सासा, रेंसांनिधपम॑पध,पगमरेनि़सामं,मंरेंसांनिधपम॑प,धम॑पगमरेनि़सा, रेम॑पगमरेसानि,धपम॑पगमरेसा।
3. ममरेसानि़सा,पप ममरेसानि़साधध ममरेसानि़सानिनि, धपम॑पममरेसा रेंरेंसांनिधपम॑प,गमरेसानि़सा,मंमंरेंसांनिधपम॑पगम रेसाम॑पंमंमंरेंसांनिधप म॑पगमरेसा।
4. निसांमंमंरेंसांनिसां रेंम॑पंमंमंरेंसांनि,सारेंरेंसांनिधपम॑,पनिसांरेंरेंसांध,प पम॑पनिनिधपम॑ पनिनिधपम॑पम॑ पधधम॑पगमरे साममरेपपम॑ध धपनिनिधधसांसांनि, रेंरेंसांनिधपगम।
5. नि़सारेम॑परेम॑प निम॑पनिसांरें पनिसांरेंमंमंरेंसां,पनिसांरेंम॑पंगंमं रेंसां,रेंरेंसांनिसांसां निधनिनिधपधध,म॑पममरेसानि़सा,रेम॑पनिसांरेंम॑पं, गंमंरेंसांनिधपप।

राग श्यामकल्याण मध्यलय तीनताल

स्थायी–श्याम सुंदर की सावरी मूरत, अखियां मोरी देखन लागी।

अंतरा–कानन कुण्ड्ल पाय पैंजनियां, गले विराजे वैजयंती माला।

स्थायी

म॑पनिसां	निध	प	प	म	म	म	रे	रे	–	म॑	म॑	प	–	प	प
श्याऽऽऽ	मऽ	सु	ऽ	न्द	र	की	ऽ	सा	ऽ	व	री	मू	ऽ	र	त
o				3				x				2			
नि़	सा	रे	म॑	प	–	प	प	रेम॑	पध	म॑प	मग	ग	म	रे	सा
अ	खि	यां	ऽ	मो	ऽ	री	ऽ	देऽ	ऽऽ	खऽ	नऽ	ला	ऽ	गी	ऽ
o				3				x				2			

अंतरा

मं	प	नि	नि	सां	–	सां	सां	प	नि	सां	रें	सां	नि	मं	प
का	ऽ	न	न	कु	ऽ	ण्ड	ल	पा	ऽ	य	ल	पैं	ज	नि	यां
o				3				x				2			
प	नि	सां	रें	सां	नि	ध	प	मं	प	ध	प	ग	म	रे	सा
ग	ले	ऽ	वि	रा	ऽ	जे	ऽ	वै	ज	यं	ती	मा	ऽ	ला	ऽ
o				3				x				2			

राग श्यामकल्याण मध्यलय तानें

स्थायी

1. ऩिसा रेमं पनि सांनि। धप मंप गम रेसा।
2. सारे मंप धमं पग। मरे सारे ऩिसा रेमं। पप
3. सारें सांनि धप मंप। निनि धप मंप गम। रेसा रेमं पध मंप
4. निसां मंमं रेंसां निध।पप मंप सारें सांनि।धप मंप गम रेसा
5. निसां रेंमं पंगं मरें।सांसां निध पप रेंरें।सांनि धप मप गम।रेसा

अंतरा

1. सांनि धप धमं पग। मरे सासा पनि सांसां।
2. सारें सांनि धप मंप। गम रेसा सारें निसां।
3. मंमं रेंसां रेंमं पंगं। मरें सांसां निध पप।मंप निसां रेंसां निध।
   पप मंप निसां रेंसां
4. मम रेसा पप मंप।गम रेसा निनि धप।मंप गम रेसा मंमं।
   रेंसां निध पप मप। गम रेसा पनि सांसां
5. निसां रेंनि सांसां मंमं।रेंसां निसां रेंमं पंपं।मंपं गंमं रेंसां निसां।
   रेंरें सांनि धप मंप।गम रेसा पनि सांसां

राग श्यामकल्याण तराना एकताल

स्थायी

म	म	रे	सा	नि़	सा	रे	म॑	प	प	म॑	प
त	दि	य	न	ता	ना	दे	रे	ता	नो	ऽ	म्त
x		०		2		०		3		4	
रे	म॑	प	ध	म॑	प	सां	नि	ध	प	म॑	प
दीं	ऽ	म्त	दीं	ऽ	म्त	त	दि	य	न	दे	रे
x		०		2		०		3			
मं	मं	रें	सां	नि	सां	रें	सां	ध	प	म॑	प
त	न	न	तों	ऽ	म्त	दीं	ऽ	म्त	दीं	ऽ	म्त
x		०		2		०		3		4	
म॑	प	ध	म॑	प	ग	म॑	प	ग	म	रे	सा
दिर	दिर	त	न	न	न	त	न	न	तों	ऽ	म्त
x		०		2		०		3		4	

अंतरा

प	प	सां	सां	सां	सां	प	नि	सां	रें	सां	सां
ना	दिर	तुं	दिर	दिर	दे	रे	ना	दे	रे	ना	ऽ
x		०		2		०		3		4	
मं	रें	सां	सां	ध	प	म॑	प	ध	प	सां	सां
त	दि	य	न	दे	रे	दे	रे	त	न	ना	ऽ
x		०		2		०		3		4	
नि़	सा	रे	म॑	प	ध	म॑	प	म॑	प	म	रेसा
किड	नग	तिर	किट	तक	ता	धिट्	धिट्	तिर	कट	गदि	न
x		०		2		०		3		4	

52

राग नंद–राग परिचय

राग नंद की उत्पत्ति थाट कल्याण से मानी जाती है। इस राग में दोनों मध्यम तथा बाकी स्वर शुद्ध लगते है। आरोह में ऋषभ स्वर वर्ज्य और अवरोह में वक्र रुप संपूर्ण है। इसकी जाति षाड्व–संपूर्ण है। वादी षड्ज संवादी पंचम। गायन समय रात्रि का दूसरा प्रहर है। इसका चलन वक्र है। इसके आरोह में बिहाग व अवरोह में गौड़सारंग का समिश्रण है। इस राग में बीच–बीच में थोड़ा–थोड़ा राग हमीर और कामोद का भी आभास होता है। इसके आरोह में प़नि़साग, साम, गप नि़सा, गमप, निसां इत्यादि स्वर समुदायों से बिहाग का अंग आता है, वहां अवरोह में मपधनिप, धमपग, मपसां इस प्रकार लेने से यह राग स्पष्ट हो जाता है। इस राग में ध निप धर्म पग इस स्वर समुदायों से गौडसारंग का अंग आता है, वहां इस स्वर समुदाय के आगे ग म ध प रेसा, गम यह स्वर समुदाय जोड़ने से यह राग स्पष्ट हो जाता है। गमधप इस स्वर समुदाय से थोड़ा हमीर का व मप, गमप,गम इस स्वर समुदाय द्वारा कामोद का आभास होता है, वहां गमधप के आगे गरेसा, गम व मंप, धमंप गमपगम के आगे धप, गरेसा, गम यह स्वर लेने से यह राग स्पष्ट हो जाता है। इस राग में शुद्ध मध्यम बहुत्व का विश्रांति स्थान है। प रे, सा, धपरे, सा इस स्वर समुदाय द्वारा कल्याण का अंग आता है वहां ग, मधप, रेसा, गम सा लेने से यह राग स्पष्ट हो जाता। सा, ग, म, धप, रेसा, गम यह इसका राग वाचक स्वर समुदाय है स्वरों का प्रयोगः–ऋषभ–अनाभ्यास अल्पत्व गंधार–अभ्यास बहुत्व शुद्ध मध्यम–अभ्यास बहुत्व, तीव्र मध्यम–अनाभ्यास अल्पत्व, पंचम–आंशिक न्यास तथा सम्पूर्ण न्यास बहुत्व, धैवत–अनाभ्यास तथा लंघन दोनों ही प्रकार का, निषाद–दोनों प्रकार का अल्पत्व।

आरोह–सा,ग,मधप,रेसा,ग,म,पनि,सां।
अवरोह–सांध, निप, धमं, पग,ग, मधप,रेसा।
पकड़–सा, ग, मधप, रेसा, गम।

नंद स्वर विस्तार/अलाप

स्थायी

1. सा, प़नि़सा, गमप, मग, प, पधमं, पगमरेसा।
2. सामगप, पधमंप, गमपधनिप, गमधपरेसा।
3. मपधनि़प, सांधनिप, धमंपग, मधपरेसा।
4. धनिप, ध, मं, पग, सांधनिप, पधप, रेसा।
5. पनिसां, रेंसां, धनिप, ध, मंप, गमधप, रेसा।

अंतरा

1. पपसां, सांरेंसां, धनिप, गमपनिसां।
2. सां, रेंसां, गंरेंसां, सांध, निप, धमंपसां।
3. गंरेंसां, सांध, निप, मंपसां, रेंसां।
4. गमग, मंपसां, गंरेंसां, सांधनिप, धमंपग, पध, मंपसां।
5. सांरेंसां, गंमंपंरेंसां, रेंनि, सांध, निप, धमंपसां।

राग नंद सरगम गीत तीनताल

स्थायी

ग	म	ध	प	रे	रे	सा	सा	ग	म	प	ध	नि	नि	प	प
o				3				x				2			
प.	नि़	सा	ग	म	ग	प	प	ध	नि	प	ध	ग	म	रे	सा
o				3				x				2			
सां	ध	नि	प	ध	मं	प	ग	ग	म	ध	प	रे	रे	सा	सा
o				3				x				2			

अंतरा

ग	म	प	नि	सां	सां	सां	सां	प	नि	सां	सां	गं	गं	सां	सां
o				3				x				2			
गं	मं	पं	रें	–	रें	सां	सां	प	नि	सां	सां	नि	नि	प	प
o				3				x				2			

राग नंद विलंबित ख्याल (तिलवाड़ा)

स्थायी—घर आए मोरे बालम आज
कब से खड़ी हूं सज सिंगार।

अंतरा—पहनाऊंगी उनको मोतीयन के हार,
और करुंगी बातें चार।

स्थायी

गमपधनि	पध	ग	म	ग	–	रे	सा	ग	म	प	प	सां	ध	नि	प
घऽऽऽ	रऽ	आ	ए	मो	ऽ	रे	ऽ	बा	ऽ	ल	म	आ	ऽ	ज	ऽ
3				x				2				०			
म	म	प	प	नि	प	ध	मं	प	ग	ग	म	ध	प	रे	सा
क	ब	से	ख	ड़ी	ऽ	हूं	ऽ	स	ज	ऽ	सिं	गा	ऽ	र	ऽ
3				x				2				०			

अंतरा

ग	म	प	नि	सां	–	सां	सां	पपनिनिसांसांगंगं	रें	रें	सां सां
प	ह	ना	ऽ	ऊं	ऽ	गी	ऽ	उनकोऽ मोतीयन	के	हा	ऽ र
3				x				2	०		
रें	नि	सां	ध	नि	प	ध	मं	ग म ध प	रें	रें	सा सा
औ	ऽ	र	क	रुं	ऽ	गी	ऽ	बा ऽ तें ऽ	चा	ऽ	र ऽ
3				x				2	०		

राग नंद विलम्बित ख्याल तानें

1. ऩिसागगरेसा,गम परेरेसासा,गमप निसांधनिपधमंप गमधपरेसा,सांरें निसांपधमंपगम धपरेसा,गंरेंसांरें निसांपधमंपगम धपरेसागंमंगं रेंसांपनिसारेंनिसां पधमंपगमधप।
2. गमपनिसांधनिप गमपनिसांगरेंसां धनिपगमपनिसां गंमंगंपरेंसांधनि पधमंपगमधप रेसा,सागमप,गम पनि,पनिसांगं,गंमं परेंसांनिधपम धमंपगमपरेसा गमपधनिधपध मंपधनिसांधनिप धमंपगमधपरेसा

3. निसांगंगरेंसां,गमं पंरेंरेंसां,गरेंसारें निसांधनिपधम॑प गमधपरेसानि़सा गमपप,गमपनि सांसांपनिसांगंरेंसां गंमंपंगंमंरेंसांनि धपमपधम॑पग मधपरेरेसासा,नि़ साग,सागम,गमप मपनि,पनिसां,गमं रेंसांनिधपरेसा

4. सारेंनिसांधनिपध म॑पगमधपरेसा गरेंसारेंनिसांपध मपगमधपरेसा गंमंपंरेंसारेंनिसां धम॑पगमधपरेसा, निसागग,सागमम,गमपप,मप निनि, पनिसांसां,निसां गंगंसारेंनिसांपध म॑पगमधपरेरे सासा।

5. पधनिनिपधमप पनिसांपधम॑प सारेंनिसांपधमप गरेंगरेंसारेंनिसां पधम॑प,पनिसांगं रेंनिसांधनिपधम॑ पगमपमगरे,सां रेंनिसांपधम॑पग मधपरेंरेंनिनिसां सां,गमधपरेरेसासा।

राग नंद मध्यलय (तीनताल)

स्थायी—मेरी विनति सुनो बनवारी, दी ज्यो दरस गिरधारी।

अंतरा—ना जाओ छोड़ के कान्हा, दुजा न कोई मेरा सहारा।

स्थायी

प	गम	ध	प	रे	रे	सा	सा	ग	म	प	ध	नि	नि	ध	प
मे	SS	री	S	वि	न	ति	सु	नो	S	ब	न	वा	S	री	S
o				3				x				2			
सां	–	प	सां	प	ध	म॑	प	ग	म	ध	पप	रे	रे	सा	सा
दी	S	S	S	ज्यो	S	S	S	द	र	स	गिर	धा	S	री	S
o				3				x				2			

अंतरा

ग	म	प	नि	सां	सां	सां	सां	सां	गं	रें	मं	गं	रें	सां	सां
ना	S	जा	S	ओ	S	S	S	छो	S	ड़	के	का	S	न्हा	S
o				3				x				2			
ग	म	ध	प	रे	रे	सा	सा	ग	म	ध	प	नि	नि	प	प
दु	S	जा	न	को	S	ई	S	में	S	रा	स	हा	S	रा	S
o				3				x				2			

राग नंद मध्यलय तानें

स्थायी

1. गम पध निप धर्म। पग गम धप रेरे । सासा
2. गम पनि सारें निसां। पध मंप गम धप। रेसा
3. ऩिसा गम पनि सागं।रेंसां रेंनि सांध निप।धम पग गम धप।रेसा
4. गम परे सा,ध धप। पग मध परे सासा। रेंनि सांप धर्म पग।
   गम धप रेरे सासा।
5. साग मप गम पध। मंप निसां गंमं परें। सां– सारें निसां पध।
   मंप गम धप रेसा।

अंतरा

1. सारें निसां पध मंप। गम धप निनि सांसां।
2. गंमं सारें निसां पध। मप गम धप रेसा।गम पनि सागं रेंसां।
3. गंमं परें सांध सांप। निप धर्म पग गम। पनि सागं रेंसां निसां।
4. पध मंप गम पनि। सांध निप धर्म पग।मरे सासा निसां पध।
   पध मंप पनि सां।
5. साग मम गम पप। मप निनि पनि सांसां।निसां गंगं गंमं परें।
   सारें निसां पध मंप। गम पनि सारें निसां।

53

राग बिहागडा–राग परिचय

राग बिहागडा की उत्पत्ति बिलावल थाट से मानी गयी है। इसमें दोनों निषाद तथा अन्य स्वर शुद्ध लगते है। इसके आरोह में ऋषभ स्वर वर्ज्य व अवरोह सम्पूर्ण होने के कारण इसकी जाति षाडव–सम्पूर्ण है। वादी स्वर गन्धार तथा संवादी स्वर निषाद है। गायन समय रात्रि का दूसरा प्रहर है। इस राग का चलन बिहाग राग के समान है। आरोह अवरोह में शुद्ध निषाद का प्रयोग हमेशा करते है, जब की कोमल निषाद का प्रयोग प्रायः अवरोह में करते है। इस राग में अवरोह में कोमल निषाद तथा अवरोह में धैवत लेने के कारण यह राग बिहाग भिन्न हो जाता है। इसके अतिरिक्त अवरोह में कोमल निषाद लगने से राग खमाज का अंग भी आता है जैसे–नि॒धप, गमग, सांनि॒धप, नि॒धप, गमग, इत्यादि परन्तु उसके आगे पम, गसा (मींड), सांनिप, यह स्वर स्वर समुदाय होने से बिहागडा स्पष्ट हो जाता है। यह राग खमाज तथा बिहाग के मिश्रण से बना है। इस राग के आरोह में धैवत स्वर दुर्बल है। इस राग का मूल स्वरुपः–ऩिसाग, गसा(म), ऩिसाग, गमपमपग, रेसा, गमप, धनि॒धप, गमग, पमपग, रेसा,। उतरांग में पनिसां की चलन हमेशा रहती है। राग बिहाग से पृथक करने के लिये मध्यम को बीच–बीच में दीर्घ करते रहना चाहिये, तथा पग की संगति तथा सांनिपधनि॒ धप, धपमप, ग, रेसा व सांनिपधमपग, रेसा, अथवा गमपसांनि पग, मधमप, गरेसा, इसके आगे (सा) ऩिसा मगरेसा यह बिहाग का अंग जोड़ते रहना चाहिये। गंधार स्वर बिहागडा का प्राण आंशिक न्यास बहुत्व स्वर है। स्वरों का प्रयोगः–गंधार–आंशिक न्यास बहुत्वस्वर, मध्यमः–अभ्यास बहुत्व पंचमः–न्यास बहुत्व, धैवतः–अनाभ्यास अल्पत्व, कोमल निषादः–अल्प प्रयोग, शुद्ध निषादः–उत्तरांग में सर्वागिक न्यास स्वर।

आरोह–साग, म, प, निसां।

अवरोह–सांनि, धप, धनि॒धप, गमग, रेसा।

पकड़–गमपधनि॒ ध(प), गमग, पमपग, रेसा।

राग बिहागडा स्वर विस्तार/अलाप

स्थायी

1. प़ नि़सा, रेनि़सा, गम, गरेसा।
2. गमग, गमप, मग, सा, नि़प़ नि़,सा।
3. गमपध, नि॒ धप, गमप, गमग, धनि॒ धपग, रेसा।
4. गमप, निप, सां, निप, नि॒ धप, गमप, रेसा।
5. निप, नि॒ धप, गमग, पमग, रेसा।

अंतरा

1. पनि, सां, रेंसां, निप,नि॒ धप, सां।
2. सांरेंसां, सांरेंसांनिधप, नि॒धप, गमपनिसां।
3. गमपसां, गंसां, गंमंगंसां, सां(सां) निप, पनिसां।
4. गंमंगंरेंसा, निप ,निप, पधनि॒धप, गमपसां।
5. गंमंपंगंमं, गंसां, सांनिधप, नि॒ धप, गमपनि, सां।

राग बिहागडा सरगम गीत तीनताल

स्थायी

ग	म	प	नि	नि॒	ध	प	प	ग	म	प	म	ग	ग	रे	सा
o				3				x				2			
प़	नि़	सा	रे	नि़	सा	ग	ग	म	प	ग	म	ग	रे	सा	सा
o				3				x				2			
ग	म	प	नि	सां	नि	प	प	नि॒	ध	प	प	म	ग	रे	सा
o				3				x				2			

अंतरा

ग	म	प	नि	सां	सां	सां	सां	प	नि	सां	रें	सां	नि	ध	प
o				3					x				2		

गं	मं	गं	सां	गं	सां	नि	प	ग	म	प	नि	सां	गं	रें	सां
०				3				x				2			
नि़	सा	ग	म	प	प	नि	प	नि॒	ध	प	म	ग	ग	रे	सा
०				3				x				2			

राग बिहागडा विलंबित ख्याल एकताल

स्थायी—हे मन गाये प्रभु के गुण को,
जासो पावेगी अपने हित को।

अंतरा—जनम न आवत फ़िर फ़िर नर को,
सार्थक कर ले अपने देह को।

स्थायी

ग	म	प	प	नि	—	पग	प	गम	प	मग	रेसा
हे	ऽ	म	न	गा	ऽ	येप्र	भु	केऽ	ऽ	गुन	काऽ
3		4		x		०		2		०	
प	—	गम	पध	नि॒	—	धप	ग	म	प	मग	रेसा
जा	सो	पाऽ	ऽऽ	वे	गी	अप	ने	हि	त	कोऽ	ऽऽ
3		4		x		०		2		०	

अंतरा

प	प	नि	नि	सां	—	सां	सां	निसां	रेंसां	नि॒ध	प
ज	न	म	न	आ	ऽ	व	त	फ़िर	फ़िर	नरऽ	को
3		4		x		०		2		०	
गं	—	रें	सां	नि	ध	प	—	गम	पध	नि॒ध	प
सा	—	र	थ	क	र	ले	ऽ	अप	नेऽ	देह	को
3		4		x		०		2		०	

राग बिहागडा विलंबित ख्याल एकताल

स्थायी—भजो रे मन हरिगुण सदा, ये जीवन का सुख है साचा।

अंतरा—जग में आकर नरतन पाकर, यही है भाग्य हमारे।

स्थायी

ग	म	प	पप	नि	—	पप	ग	गम	प	मग	रेसा
भ	जो	रे	मन	ह	ऽ	रिऽ	ऽ	गुऽ	ण	सऽ	दाऽ
3		4		x		०		2		०	
प	—	गम	पध	नि	नि	धप	ग	मम	प	मग	रेसा
ये	ऽ	जीऽ	ऽऽ	व	न	काऽ	ऽ	सुख	है	साऽ	चाऽ
3		4		x		०		2		०	

अंतरा

पप	पप	नि	निनि	सां	सां	सां	सां	निसां	रेंसां	निध	प
जग	मेंऽ	आ	कर	न	र	त	न	पाऽ	ऽऽ	कऽ	र
3		4		x		०		2		०	
गं	गं	रें	सां	नि	ध	प	—प	गम	पध	निध	प
य	ही	ऽ	है	भा	ऽ	ग्य	ऽह	माऽ	ऽऽ	रेऽ	ऽ
3		4		x		०		2		०	

राग बिहागडा विलम्बित ख्याल तानें

1. ऩिसागगरेसागम,पपमगरेसागम,पधनिधधगमप,गरेसासागमपनि सांगरेंसांनिधनिध,पमगरेसासानिसा,गंमंपंमंगंरेंसांनि,धपगमपधनिध पगमगरेरेसासा।

2. ऩिसागमपपगम पनिसांसांपनिसांगं मंपंपंमंपंमंगंरें सांनिधपधनिधप गमपपमगरेसा सागममगमपप मपनिनिनिपनिसांसां।

3. ऩिसागमपमगम गमपनिधमप मपनिसांनिधपम गमपनिसांरेंसांनि धपगमपसांनिसां गंमंपंमंगंरेंसांनि धपगमपधनिध गमपगमगरेसा

4. निसांगंगंरेंसांगंमं पंपंमंगंरेंसांनिसां, गंगंरेंसांनिसांरेंरें सांनिधपगमपध निधपपगमपध पमगमपमगरे सासागमपनिसांरें सांनिधपमगरेसा।

5. ऩिसागमपनिसांरें सांनिधपधनिधप गमगरेसासागम गमपनिसांरेंसांनि धपपधनि धपग मगरेसागंरेंसांनि धपगमपनिसांनि धपगममगगमप धनि धपगमपग मगरेसाऩिसागम।

राग बिहागडा मध्यलय तीनताल

स्थायी—कान्हा तेरी बंशी मधुर बाजे, व्याकुल मनवा सुध बिसराए।

अंतरा—हरि तोरे चरनन में बसूंगी, छोड़ के सारे बिद्रावन को।

स्थायी

ग	म	प	ध	नि	–	ध	प	ग	ग	ग	म	ग	रे	सा	सा
का	न्हा	ते	री	बं	ऽ	शी	म	धु	र	बा	ऽ	जे	ऽ	ऽ	ऽ
०				3				x				2			
ग	म	प	नि	सां	सां	नि	प	ग	म	प	ध	नि	–	ध	प
व्या	ऽ	कु	ल	म	न	वा	ऽ	सु	ध	बि	स	रा	ऽ	ए	ऽ
०				3				x				2			

अंतरा

प	प	ग	म	प	प	नि	नि	सां	सां	सां	सां	सां	रें	सां	सां
ह	रि	तो	रे	च	र	न	न	में	ऽ	ऽ	ब	सूं	ऽ	गी	ऽ
०				3				x				2			
गं	मं	पं	पं	मं	रें	सां	सां	ध	धनि	धं	प	नि	–	ध	प
छो	ऽ	ड़	के	सा	ऽ	रे	ऽ	ब्रिं	ऽऽ	द्रा	ऽ	व	न	को	ऽ
०				3				x				2			

राग बिहागडा मध्यलय तानें

स्थायी

1. ऩिसा गम पप निनि। सांनि धप मग रेसा।
2. गम पनि सांगं रेंसां। निध पप मग रेसा।
3. निसां गंमं पंमं गरें। सांनि धप गम पध। निध पम गरे सासा।
4. सांनि धप गरें सांनि। धप गंमं पंमं गरें। सांनि धप धनि पम। गरे
5. ऩिसा गम पप गम। पनि सांसां पनि सांगं। मंपं गरें सांसां निध। पप गम पध निध। पप गम गरे सासा।

अंतरा

1. सांनि धप मप गम। पध पध निनि सांसां।
2. गरें सांनि धप मप। गम पनि सांगं रेंसां।
3. मंगं रेंसां गरें सांनि। धप गम पनि सांसां।
4. धनि धप गम पप। सांरें सांनि धनि धप।
5. ऩिसा गम पम गम। पनि धप मप गम। सांरें सांनि धप मप।
   गम पध निध पम। गम गरे सासा ऩिसा।

54

राग नारायणी–राग परिचय

राग नारायणी थाट खमाज से उत्पन्न होता है। इसके आरोह में गंधार व निषाद स्वर वर्ज्य, अवरोह में केवल गंधार स्वर वर्ज होने के कारण इसकी जाति औड्व–षाडव है। वादी स्वर ऋषभ व संवादी स्वर पंचम है। गायन समय रात्रि का दूसरा प्रहर है। प्रचार में दो प्रकार से नारायणी राग गाया जाता है। थाट खमाज और काफ़ी थाट, परन्तु खमाज थाट से गाने वाला राग अधिक प्रचार में है। इस राग समप्रकृति राग सूर मल्हार है। दोनों रागों के आरोह एक से है तथा रेमपनिधमप या सांनिधमपनि धप यह स्वर समूह दोनों राग में प्रयोग होते है सिर्फ़ अंतर यह है कि सूर मल्हार के उत्तरांग में सारंग अधिक होने से धैवत का महत्व कम हो जाता है तथा सांनिध मपनिधप इस स्वर समुदाय से हमेशा धैवत या तो मध्यम या पंचम स्वर के साथ जुड़ा होता है, जिससे राग में धैवत अस्तित्वहीन हो जाता है। नारायणी दुर्गा अंग का राग होने के कारण इसमें धैवत दीर्घ पूर्ण है। रेमपनिध मपनि–ध–प, मपधसांनिनिधध प,पधनिध–प स्वरों का प्रयोगः–षडज–आंशिक न्यास बहुत्व, रिषभ–अलंघन बहुत्व, मध्यम–अल्पत्व, पंचम–न्यास बहुत्व, धैवत–अलंघन तथा दीर्घ बहुत्व, निषाद–अनाभ्यास अल्पत्व।

आरोह–सारे, मपधसां।
अवरोह–सांनिधप,मरे, सा।
पकड़–निधप,मपधप,मरे,सा।

राग नारायणी स्वर विस्तार/अलाप

स्थायी

1. सारेसा, सानिध़ प़, म़प़ध़सा, रे, मरे, सा।
2. मरे, मपध, प, मरे, ध़सा।

3. धप, मरे, निधप, पधप, मरे, मरे, सा।
4. रेमप, धसां, निध, मप, मरे, सा।
5. धप, मपधसां, निधप, धप, मरे, सा।

अंतरा

1. मपध, प, सां, रेंसां, निध प, सां।
2. सांरेंसां, सांनिध, मपनिधप, सां।
3. रें, मंरेंसां, निधप, मपध, सां।
4. मपधसां, रें, मरें, सां (सां), निधप, धसां।
5. धसां, रें, मरें,पं, मरें, सांनिधप, मपध, सां।

राग नारायणी सरगमगीत तीनताल

स्थायी

सा	रे	सा	सा	रे	म	रे	सा	म	रे	म	प	म	रे	सा	सा
o				3				x				2			
म़	प़	ध़	सा	म	रे	म	प	ध	प	म	रे	म	प	ध	प
o				3				x				2			
रे	म	प	नि	ध	प	म	रे	नि	ध	म	प	म	रे	सा	सा
o				3				x				2			

अंतरा

म	प	ध	ध	सां	–	सां	सां	सां	नि	ध	प	म	प	ध	सां
o				3				x				2			
रे	मं	रें	सां	नि	ध	प	प	प	नि	ध	प	म	प	म	रे
o				3				x				2			
ध.	सा	रे	म	रे	म	प	प	सां	नि	ध	प	म	रे	ध़	सा
o				3				x				2			

राग नारायणी विलंबित ख्याल तीलवाडा

स्थायी–समझे मन की बात मोरी।

अंतरा–दिन बितेना रात कटेना,
एक पल लागे युग जैसा।

स्थायी

ध	म	म	पनि	ध	–	प	–	मप	ध	सां	–	निनि	धप	म	रे
स	म	झे	ऽऽ	म	ऽ	न	ऽ	कीऽ	ऽ	ऽ	ऽ	बाऽ	तऽ	मो	री
3				x				2				०			

अंतरा

ध	म	प	ध	सां	–	–	–	रें	मं	रें	सां	नि	–	ध	प
दि	न	बि	ते	ना	ऽ	ऽ	ऽ	रा	ऽ	त	क	टे	ऽ	ना	ऽ
3				x				2				०			
रें	–	सां	सां	नि	ध	ध	प	ध	–	प	प	म	म	रे	सा
ए	ऽ	क	ऽ	प	ऽ	ल	ऽ	ला	ऽ	गे	ऽ	यु	ग	जै	सा
3				x				2				०			

राग नारायणी विलंबित ख्याल तानें

1. सारेममरेसा,मप धपममरेसा,मप धसांनिधपमपम मरेसामपधधसां सारेंरेंसांनिधपमं मंरेंसांमधसारेंमं मंरेंसांनिधपमप धपममरेसा,सारे मपधसारेंमंपंपं मंमंरेंसांनिधपम।मरेसा
2. सारेमपरेमपध मपधसांपधसारे धसारेंमंरेंमंपंपं मंमंरेंसांनिधपम पधसारेंसांनिधप धमपममरेसा,म मरे,पपम,धप, सांसांनिरेंरेंसांमंमं रेंसांनिधपममरेसा।
3. सारेंमंमंरेंसांधसां रेंरेंसांनिपधसांसां निधमपधधपम सारेममरेसा,सारे मपधधसांसारेंरें मंमंपंपंमंमंरेंसां निधपमपधपम। मरेसा
4. ममरेममरेमम रेसा,पपमपपम पपमरेसाधधप धधपधपमरे रेसासांनिसांसांनि सांसांनिधपमरेंरें सां,रेरेंसां,रेंरेंसांनि मंमंरेंमंमंरेंमंमं रेंसांनिधपमरेसा।

5. सारेमरेसारेमरे रेमपमरेमपम मपधपमपधप धसांरेंसांधसांरेंसां सारेंमंरेंसांमंरेंरें सांसांनिधरेमप मरेमपमसांनिध पमपधसांरेंरेंसां निधपमपधसांनि धपमपधपमरे। स

राग नारायणी मध्यलय एकताल

स्थायी—बार—बार न छेड़ो ना मोहे, अति न सताओ मोहे पिया।

अंतरा—पनघट पर जाऊं मैं, बाट न रोको रसिया।

स्थायी

म	प	ध	सां	नि	ध	प	प	ध	ध	म	प
बा	ऽ	र	बा	ऽ	र	छे	ड़ो	ना	मो	ऽ	हे
x		o		2		o		3		4	
ध	ध	म	प	सां	सां	रें	सां	नि	ध	प	प
अ	ति	न	स	ता	ओ	मो	ऽ	हेऽ	पि	ऽ	या
x		o		2		o		3		4	

अंतरा

म	म	प	प	ध	ध	सां	सां	सां	रे	सां	सा
प	न	घ	ट	प	र	ज	ब	जा	ऊं	मैं	ऽ
x		o		2		o		3		4	
रे	—	मं	रें	सां	—	नि	नि	धप	मप	रे	सा
बा	ऽ	ट	न	रो	ऽ	को	ऽ	रऽ	सिऽ	या	ऽ
x		o		2		o		3		4	

राग नारायणी मध्यलय तानें एकताल

स्थायी

1. सारे मप धध सांसां रेंरें सांनि धप मप धप मम रेसा ध़ सा।
2. मप धसां निध पप मप धसां रेंरें सांनि धप मप मम रेसा।

3. धसां रेंमं पंमं रेंसां निध पप मप धप मम रेसा सारे मप।
4. सारें मरें मंपं मरें मप धसां रेंसां निध पप मप मम रेसा।
5. मरे पम निध सांनि रेंसां मरें पंमं रेंसां निध पम रेम रेसा।

अंतरा

1. सांनि धप मप धप मम रेसा सारे मप धध सांसां रेंरें सांसां।
2. रेंमं पंमं रेमं रेंसां धसां रेंसां निध पम पध सांसां रेंरें सांसां।
3. धध सांसां रेंमं पंमं रेंरें सांनि धप मप धसां रेंरें सांनिधप। सां
4. रेम पनि धप मप धसां रेंसां निध पम पध सांसां रेंरें धसां।
5. मप धप सांसां निध पप मप धसां रेंमं पंमं रेंसां निध पप।

राग नारायणी तराना तीनताल

स्थायी

ध	सां	ध	प	म	प	ध	प	म	रे	सा	सा	नि	ध़	सा	सा
दीं	ऽ	म्त	न	न	न	दे	रे	उ	द	नि	त	दे	रे	ना	ऽ
o				3				x				2			
म़	प़	ध़	सा	रे	म	प	ध	सां	नि	ध	प	म	रे	सा	सा
दे	रे	ना	त	दा	रे	दा	नि	दिर	दिर	त	न	न	न	दे	रे
o				3				x				2			
ध	सां	नि	ध	प	ध	म	प	म	प	ध	प	म	म	रे	सा
द्रि	तों	ऽ	म्त	न	न	दे	रे	तो	ऽ	म्त	न	दे	रे	ना	ऽ
o				3				x				2			

अंतरा

म	प	ध	प	सां	सां	सां	सां	सा	नि	ध	प	म	प	ध	सां
दिर	दिर	दा	नी	तुंम	दिर	दा	नी	दे	रे	ना	दे	रे	ना	त	न
o				3				x				2			

मं रें सां सां	नि ध प प	सां नि ध प	म रे सा सा
द्रे द्रे त न	द्रे द्रे त न	त न दे रे	ना दा ऽ नि
o	3	x	2
सा रे म प	ध सां नि ध	प प म प	म म रे सा
किटतकतिरकिट	तकधित्तागदिगन	धातिधाधाघिड़नग	तकतिरकटधाधा
o	3	x	2

55

राग हंसध्वनि–राग परिचय

राग हंसध्वनि बिलावल थाट से उत्पन्न माना गया है। इस राग के आरोह अवरोह में मध्यम व धैवत स्वर वर्जित है, इसलिये इसकी जाति औडव–औडव है। वादी स्वर षडज संवादी स्वर पंचम सर्व सम्मति से माना गया है। गायन समय रात्रि का प्रथम प्रहर है। यह दक्षिण पद्धति का राग है। इस राग में गपनिप, गपनिसांनिप यह स्वर लेने से राग का शंकरा का आभास होता है, परन्तु शंकरा राग में धैवत स्वर लेते है राग हंसध्वनि में धैवत स्वर वर्जित होने के कारण यह एक दूसरे से भिन्न हो जाते है। इस राग स्वर विस्तार अधिकतर मध्यम तथा तार सप्तक में अधिक किया जाता है। इसमें ऋषभ स्वर पर बार–बार न्यास किया जाता है। इस में मींड आदि का प्रयोग कम होता है। उत्तरांग में गपनिप, सांनिप, पनिसांरेंसांनिप इस स्वर समूह से शंकरा का आभास उत्पन्न होता है, लेकिन गपरेसा, गरेंनिप स्वर संगति द्वारा शंकरा की छाया दूर हो जाती है । शंकरा में ग नि पर न्यास होता है, परन्तु हंसध्वनि में षडज, पंचम, रिषभ पर होता है। स्वरों का प्रयोगः–षडज तथा रिषभः–सर्वांगन्यास स्वर है। गंधार तथा निषादः–अलंघन बहुत्व, पंचमः–न्यास (अभ्यास) बहुत्व।

आरोह–सा, गरे, गपनिसां।

अवरोह–सां,निपगरे,गपगरे,गरेसा।

पकड़–सा,गरेसाऩिप़ऩिसागरे,गपगरे,गरे,सा।

राग हंसध्वनि स्वर विस्तार/अलाप

स्थायी

1. सा, रेसा, प़ऩिसा, रेरे, गरे, ऩिप़ सा।
2. प़ऩिसागरे, रेगरे, ऩिप़, प़ऩिसा, रेरेसा।
3. गप, निनिप, गप, गरे, गरे, ऩिप़, सारेसा।

4. गपनि, सां, पनिसां, निनिप, गपगरे, गरेसा।
5. निसांपनिसां, गपनि, सां, निप, गपरे, ऩिप़सा।

अंतरा

1. पनिसां, रेंसां, निनिप, गपनिप, सां।
2. पनिसांगरें, सां, निप, गपनिनिसां, पनिसां।
3. गरेंगरेंसां, निनिसां, निप, सारेंसां, निपसां।
4. सां(सां) निप, गरे, गप, निप, गपनिसां, रेंसां।
5. गंपंगरें, गरेंसां, निनिप, गपनिसां, रेंरेंसां।

राग हंसध्वनि सरगमगीत तीनताल

स्थायी

ग	प	ग	रे	ग	रे	सा	सा	ग	प	नि	प	ग	प	ग	रे
o				3				x				2			
प़	ऩि	सा	सा	ग	प	नि	प	ग	प	ग	रे	ग	रे	स	सा
o				3				x				2			
प	नि	सां	गं	रें	रें	सां	सां	नि	प	ग	प	रे	रे	सा	सा
o				3				x				2			

अंतरा

ग	प	नि	नि	सां	–	सां	सां	प	नि	सां	गं	रें	रें	सां	सा
o				3				x				2			
पं	गं	गं	पं	गं	रें	सां	सां	नि	प	ग	प	नि	नि	सां	सां
o				3				x				2			
ग	प	नि	सां	गं	रें	सां	नि	प	प	ग	प	ग	रे	सा	सा
o				3				x				2			

राग हंसध्वनि विलंबित ख्याल एकताल

स्थायी–एक हरि है कितने नाम, सब रुपों में एक ही राम।

अंतरा–शरण प्रभु की मांगू में, अपना लो है दाता राम।

स्थायी

ग	ग	प	रे	सासा	रे	रे	गग	.गग	प	नि	प
ए	क	ऽ	ह	रीऽ	के	ऽ	हैऽ	कित	ने	ना	म
3		4		x		०		2		०	
सा	सा	सा	सा	प़नि़सारे	ग	रेसा	नि	प	गप	गरे	सा
स	ब	रु	पों	मेंऽऽऽ	ऽ	एक	ही	ऽ	राऽ	मऽ	ऽ
3		4		x		०		2		०	

अंतरा

प	नि	सां	सां	रें	–	सां	सां	पनिसांरें	सां	नि	प
श	र	ण	प्र	भु	ऽ	कीं	ऽ	मांऽऽऽ	गु	में	ऽ
3		4		x	०		2		०		
ग	ग	प	प	नि	प	ग	परे	सा	रे	सा	सा
अ	प	ना	ऽ	लो	ऽ	है	ऽ	दा	ता	रा	म
3		4		x	०		2		०		

राग हंसध्वनि विलंबित ख्याल तानें

1. सारेगरेसा,प़नि़ सारेगरेगरेसासा, गपनिसांनिपगप गरेगरेसासा,गरें सांनिपपगपगरे गरेसारेसासागप निसांगंपंगरेंगरें पगपगरेगरेसासा।
2. सारेगपगरेगप सांनिपपगपनिसां गंगंरेंसांनिपगप गरेगरेसासागग रे,पपग,निनिप,सां सांनि,रेंरेंसां,गंगंरें, पंपंगंरेंरेंसांनिनि गपगरेगरेसासा।
3. निसांगंगंरेंसांनिसां रेंगंपंपंगरेंसांसां गपनिसांगंरेंसांनि पपगपनिपगप गपगरेगरेसासा सागपप,गपनिनि पनिसांसां,निसांगंरें सांनिपपगपगरे गरेसासागपनिसां।
4. पनिसांगंरेंसानिसा गंरेंसांनिपनिरेंसां निपगपनिसांनिप गपगरेगरेसासा गगरेसापपगरे निनिपपसांसांनिप गंरेंसांरेंनिसांनिनि पगपगरेनि़प़सासा।
5. गपगरेगपनिप गपगरेगपनिसां गंरेंसांपपगपनि सांगंगंपंपंगंपंगं रेंगंरेंसांनिपगपग रेगपनिसांनिपग पनिनिपगरेगरे सासा,गपनिपसांसां।

राग हंसध्वनि मध्यलय तीनताल

स्थायी–नैनों में बसे है गिरधर प्यारे, अति सुन्दर अति सुकुमारे।

अंतरा–बावरी हुई राधा रानी, कहां छुपे हो कृष्ण मुरारी।

स्थायी

ग	प	रे	सा	रे	रे	रे	रे	ग	रे	ग	प	रे	रे	सा	सा
नै	ऽ	नों	में	ऽ	ब	से	है	गि	र	ध	र	प्या	ऽ	रे	ऽ
o				3				x				2			
प	नि	सां	गं	रें	रें	सां	सां	प	प	ग	प	रे	रे	सा	सा
अ	ति	सु	ऽ	न्द	र	अ	ति	सु	कु	मा	ऽ	रे	ऽ	ऽ	ऽ
o				3				x				2			

अंतरा

प	प	नि	नि	सां	सां	सां	सां	प	नि	सां	गं	रें	रें	सां	सां
बा	ऽ	व	री	हु	ऽ	ई	ऽ	रा	ऽ	धा	ऽ	रा	ऽ	नी	ऽ
o				3				x				2			
गं	रें	सां	नि	प	प	ग	रे	ग	रे	ग	प	रे	रे	सा	सा
क	हां	ऽ	छु	पे	ऽ	हो	ऽ	कृ	ऽ	ष्ण	मु	रा	ऽ	री	ऽ
o				3				x				2			

राग हंसध्वनि मध्यलय तानें

स्थायी

1. गप निसां निप गप। निप गरे गरे सासा।
2. गप निसां गरें सांनि। पग पग रेग रेसा।
3. गग रे,प पग निनि। पसां सांनि रेंरें सांगं। गरें सांनि पग रेसा।
4. साग पप गप निनि। पनि सांगं रेंसां निप। गप गरे गरे सासा।
5. गरें सांसां गंपं गरें। गरें सांसां निनि पप। गप निरें सांनि पप। गप गरे गरे सासा।

अंतरा

1. गप निसां रेंसां निप। गप निसां गरें सांसां।
2. गप निसां रेंगं पंपं । गरें सांनि पप गप। निसां
3. गरें गरें सांसां गंपं। गरें गरें सांसां निप। गप गरे गरे सासा।
4. साग पग पनि पनि। सांनि सारें सारें गरें।गंपं गरें सांसां निप। गप निसां गरें सां
5. गप निप सांनि पप। सारें गरें सांनि पप।गप निसां गंपं गरें। गरें सांनि पप गप।

राग हंसध्वनि तराना तीनताल

स्थायी

प	प	ग	प	नि	–	प	प	प	प	ग	प	ग	रे	सा	–
त	न	दे	रे	दीं	ऽ	म्त	न	दीं	ऽ	म्त	न	दे	र	ना	ऽ
o				3				x				2			
प़	नि़	सा	ग	रे	रे	सा	सा	नि	सां	गं	रें	सां	नि	प	प
दिर	दिर	त	न	दे	रे	ना	त	त	न	दीं	ऽ	म्त	न	दे	रे
o				3				x				2			
प	नि	सां	गं	रें	रें	सां	सां	नि	प	ग	प	ग	रे	सा	सा
दीं	ऽ	म्त	न	त	न	न	न	त	न	दिरे	दिर	त	न	दे	रे
o				3				x				2			

अंतरा

ग	प	नि	नि	सां	सां	सां	सां	प	नि	सां	गं	रें	रें	सां	सां
त	न	न	त	न	न	दिर	दिर	दीं	ऽ	म्त	न	दे	रे	ना	ऽ
o				3				x				2			
गं	रें	सां	नि	प	प	ग	ग	प	नि	सां	नि	प	ग	रे	सा
दीं	–	म्त	न	दे	रे	ना	ऽ	दा	नी	दा	नी	त	न	दे	रे
o				3				x				2			

56

राग गोरखकल्याण–राग परिचय

गोरखकल्याण राग खमाज थाट से उत्पन्न होता है। आरोह अवरोह में गंधार स्वर वर्जित होने के कारण इसकी जाति षाडव–षाडव है। आरोह में पंचम तथा निषाद स्वर दुर्बल है। वादीस्वर मध्यम संवादी निषाद स्वर है। गायन समय मध्य रात्रि का है। इस राग में राग केदार और बागेश्री राग का आभास होता है। साम, मपधम धपम, पम, मपम इन स्वर समुदायों से राग केदार का आभास होता है, परन्तु इसके आगे रेम, रेसानि़, नि़धसा, यह स्वर लेने से गोरखकल्याण स्पष्ट होता है। सारेम, रेमध, धमरे इस स्वर समुदाय द्वारा दुर्गा राग का भास होता है, परन्तु इसके आगे म,रे सानि़ नि़ध,सा यह स्वर समुदाय लेने से गोरखकल्याण स्पष्ट हो जाता है। सा, नि़धसा, नि़ध़म़म़ध़नि़ध़म़, सानि़ध़म़ मधनि॒धम, मधनि॒ध सांनि॒धम इस स्वर समुदाय से राग बागेश्री का भास होने लगता है, परन्तु इसके आगे रेंनि॒सांधम, रेम रेसानि़, यह स्वर समुदाय लेने से गोरखकल्याण स्पष्ट हो जाता है। मन्द्र निषाद में बार–बार न्यास किया जाता है। यह दक्षिण पद्धति का अत्यन्त मधुर राग है। स्वरों का प्रयोगः–ऋषभ–अभ्यास बहुत्व, मध्यम–आंशिक न्यास तथा सम्पूर्ण न्यास बहुत्व, धैवत–अभ्यास बहुत्व, निषाद–अनाभ्यास एवं लंघन अल्पत्व।

आरोह–सा,रेम, ध, नि॒धसां।
अवरोह–सां, नि॒धम, धपम, रेम, रेसानि़॒, ध़सा।
पकड़–रेम, रेसानि़॒, नि़॒ध़सा।

राग गोरखकल्याण स्वर विस्तार/अलाप

स्थायी

1. नि़॒सा, सा(सा)नि़॒ध़, म़ध़नि़॒ध़सा।
2. ध़नि़॒रे, म(म)रे, पमरे, मरे, नि़॒ध़सा।

3. सारेरेम, रे, नि़ध़सा, रेम, रेसा।
4. मरे, मधनिनि, धमरे, नि़सा, धनि़रेसा।
5. मधनिध, सां, रेंसा, निधमरे, मरेसा।

अंतरा

1. धनिसां, सां(सां), निधमधनिध, सां।
2. मधनिध, सां, रेंसां, निनिध, मरे, निध, सां।
3. धनिरें, सां, निनिध, मधनिध, सां, रेंरेंसां।
4. निसां, रें, मंरें, सां, नि(नि) ध, मरे, पमरे, मधनिध, सां
5. सांनिसां, रेंमंरें, निधसां, निध, मधनिध, सां।

राग गोरखकल्याण सरगमगीत झपताल

स्थायी

म	रे	सा	–	सा	नि़	ध़	सा	–	सा
x		2			०		3		
म	ध	नि	नि	ध	म	प	म	–	रे
x		2			०		3		
ध	नि	सां	–	सां	नि	ध	म	रे	सा
x		2			०		3		

अंतरा

म	ध	नि	नि	ध	सां	सां	सां	–	सां
x		2			०		3		
रे	मं	रें	रें	सां	नि	ध	सां	रें	सां
x		2		०		3			
नि	ध	म	रे	रे	प	म	रे	रे	सा
x		2			०		3		

राग गोरखकल्याण विलंबित ख्याल एकताल

स्थायी–नैनों के रस्ते बह निकला प्यार, उनसे हो गई आंखें चार।

अंतरा–प्रेम की मारी में पछताऊं, कहां बिताऊ अब दिन रात।

स्थायी

ममरेसा	नि़सा	रे	रे	म	म	मम	रेरे	म	–	ध	ध
नैSSS	नोंS	के	र	स्ते	S	बह	निक	ला	S	प्या	र
3		4		x		o		2		o	
मधनिसां	सां	सां	सां	नि	सां	सां	सां	नि	नि	ध	म
उ	न	से	ही	हो	S	ग	ई	आं	खें	चा	र
3		4		x		o		2		o	

अंतरा

म	ध	नि	ध	सां	सां	सां	सां	निसां	रें	सां	सां
प्रे	म	की	S	मा	री	मैं	S	पछ	ता	ऊ	S
3		4		x		o		2		o	
मध	निध	सांसां	निध	म	रे	म	प	म	रे	सा	सा
कS	हांS	बिS	ताS	ऊ	S	अ	ब	दि	न	रा	त
3		4		x		o		2		o	

राग गोरखकल्याण विलम्बित ख्याल तानें

1. सारेममरेसाध़नि़ सारेमपममरेसा रेमधनिधममरे सामधनिसांनिधप
ममरेसामधनि सांरेंमंरेंसांनिधप ममरेसाध़नि़रेसा।
2. ममरेसानि़साध़नि़ सारेमधनिधपम मरेसानि़ध़सारेमधनि़धसांनि
धमपममरेसाध़ नि़सारेम,मधनिसां रेमंरेंसांनिधपम ममरेसानि़ध़सासा।
3. सारेममरेसामध निनिधमधनिसांसां निधनिसांमंमंरेंसां धनिसांसांनिधमध
निसांनिधमधनिमप ममरेसाममरेध धमनिनिधसांसांनि रेंरेंसांमंमंरेंसांसां
निधममरेसानि़ध़ ।सा
4. ममरेसानि़सारेसा ध़नि़सारेममरेसा मधनिधसांसारेंरें सांनिधनिसांनिधम
रेमरेसामधनिसां रेंमंरेंसांनिधमध निधमधनिधमध ममरेसामधनिसां।

5. धनिसांमधनिसांरे मधनिसांसारेमध धनिधसांसांमंरेंमं रेंसारेंसारेंनिसांनि
सांधनिधनिमधम धरेमरेमसारेसा रेनिधसारेसासा–

राग गोरखकल्याण मध्यलय तीनताल

स्थायी–सुर संगत में भई प्रेम की संगत, गीत सुनु नित साजन संग।

अंतरा–गुरु ग्यान मिले सत संग मिले, रस पान करु राग रंजन में।

स्थायी

मध	निध	म	रे	नि	सा	रे	रे	म	–	म	म	मध	निध	मरे	सासा
सुऽ	ऽऽ	र	सं	ग	त	भ	ई	प्रे	ऽ	म	की	संऽ	ऽऽ	गऽ	तऽ
०				3				x				2			
नि	सानि	सा	रे	म	–	म	म	मध	निसां	नि	ध	म	रे	सा	सा
गी	ऽऽ	त	सु	नु	ऽ	नि	त	साऽ	ऽऽ	ज	न	सं	ऽ	ग	ऽ
०				3				x				2			

अंतरा

रे	म	ध	निध	सां	–	सां	सां	ध	सारें	मं	रें	नि	ध	सां	सां
गु	रु	ग्या	नऽ	मि	ऽ	ले	ऽ	स	तऽ	सं	ग	मि	ऽ	ले	ऽ
०				3				x				2			
म	ध	नि	सां	नि	धप	म	रे	रे	–	प	म	रे	रे	सा	सा
र	स	पा	न	क	ऽऽ	रु	ऽ	रा	ऽ	ग	रं	ज	न	में	ऽ
०				3				x				2			

गोरखकल्याण मध्यलय तानें

स्थायी

1. सारे मम निनि सांसां। निनि धप मम रेसा
2. मध सारें सांनि धम। निध पप मम रेसा
3. धसां रेंमं रेंसां निध। पप मम रेसा निसा
4. मम रेसा निसा रेरे। धनि धप मम रेसा। निसा रेम धनि सांसां
रेंरें सांनि धप मम। रेसा

5. सांनि धप मम रेसा। रेंमं रेंसां निध पम। रेसा मध निसां रेंसां
निध मध निध सांसां

अंतरा

1. धनि सांनि धप मम। रेसा मध निसां धनि।
2. रेंमं रेंसां निध मम। रेसा मध निध सांसां।
3. मध निध मध निसां। निध मध निसां मंमं। रेंसां निध मध निध
पम मरे साध़ नि़ सा
4. मम रेम मरे धध। मध धम निनि धनि। निध रेंरें सांरें रेंसां।
मंमं रेंमं मंरें सांसां। निध पम धनि सांसां।
5. धनि सांरें मंमं रेंसां। निसां रेंरें सांनि धनि। सांसां निध मध निसां।
निध पम धनि सांसां।

57

राग कलावती–राग परिचय

राग कलावती खमाज थाट से उत्पन्न होता है। ऋषभ व मध्यम स्वर आरोह अवरोह में वर्जित होते है। इस राग में कोमल निषाद तथा अन्य स्वर शुद्ध लगते है। वादी स्वर गंधार व संवादी स्वर धैवत है। गायन समय रात्रि का दूसरा प्रहर है। राग झींझोटी में रिषभ और मध्यम वर्जित करने से इस राग का स्वरुप स्पष्ट हो जाता है। पूर्वांग में रिषभ, मध्यम वर्जित होने के कारण गपगसा स्वर समूह से शंकरा का आभास होता है जो धैवत के दीर्घ एवम कोमल निषाद के प्रयोस से दूर हो जाता है। षड्ज, गंधार, तथा पंचम इसके न्यास बहुत्व स्वर है। धैवत दीर्घ बहुत्व, निषाद–लंघन व अनाभ्यास अल्पत्व के स्वर है।

आरोह–साग, प, धनिध, सां।
अवरोह–सांनिधप, ग, सा।
पकड़–गप, धनिध, प, गसा।

राग कलावती स्वरविस्तार/अलाप

स्थायी

1. सानि़सा, प़ध़नि़ध़ सा।
2. गगप, सागपधधप, गप, गसा।
3. गप, धधप, निधनिध, प, गप, नि़ध़सा।
4. गपधनिध, प, धग, गगप, गसा।
5. धनिध, सां, गपधनिसां, निधप, गसा।

अंतरा

1. गपधनिधप, सां, निधनिधप, गपनिध,सां।
2. धनिसां, निसां, गपधनिसां, निधप, सा।
3. गंगंसां, धनिप, गपनिधप, गप, निध, सां।
4. सां(सां), निधप, सांनिधप, गंगंसां, निध, सां।
5. गंसां, गपं, गंगंसां, निधनिधप, गपनिध, सां।

राग कलावती विलंबित ख्याल तिलवाडा

स्थायी—माथे मुकुट गलमान, कटि में काछनी सोहे।

अंतरा—कानों में कुंडल घूम के, नैन मेरे को मोहे।।

स्थायी

गपधनिसां	नि	ध	प	ग	ग	प	प	ग	ग	सा	सा	नि	ध	सा	सा
माSSSS	S	S	थे	मु	कु	ट	S	ग	S	ल	S	मा	S	न	S
3				x				2				o			
ग	प	ध	निध	सां	—	सां	—	नि	ध	प	प	ग	प	गग	सासा
क	S	टि	SS	में	S	का	S	छ	S	नी	S	सो	S	हैS	SS
3				x				2				o			

अंतरा

ग	प	निध	सां	—	सां	सां	गं	गं	सां	सां	नि	ध	सां	सां
का	S	नोंS	में	S	S	S	कुं	S	ड	ल	झू	म	के	S
3			x				2				o			
ग	प	निध	प	—	प	—	ग	ग	प	प	ग	प	ग	सा
नै	S	नS	मे	S	रे	S	को	S	S	S	मो	S	है	S
3			x				2				o			

राग कलावती विलम्बित ख्याल तानें

1. निसागगसासा,निधनिनिसासासागपप गपगगसासासा गपधनिधपधपप गपगगसासासाग पधनिधसांसांगंगं सांसांनिधपपगप गगसासागपधसां गंगंपंपंगंपगंगं सांसांनिधपगपग गसासानिधसासा–।
2. गपधपगपधनि धपगपधनिधसां सांसांधपपगपध निधसांसांगंगंसांसां निधसांसांनिधपगं पंगंगंसांसांनिधसां सांनिधगपधधप पगपगगसासाग पधनिसांसांनिधप गपगगसासानिसा।
3. सागपपगपगग सासानिधनिधपप गपगगसासासांनि सांनिधनिधपगप गगसासागंगंसांगं धसांधनिपधपप गगसासापंपंगंपं गंगंसांसांधनिपध पपगपधनिधप गपगगसासानिसा।
4. सागपसागपसाग पपगपगगसासा निनिधनिनिधनिनि गपगगसासासांसां धसांसांधसांसांधनि धपगपगगसासा गंगंसांगंगंसांगंगं सांसांनिधपधनिध गपगगसासापंपं गंपंपंगंपंपंगंपं गंगंसांसांनिधगप धनिधपगपगग। सासा
5. सांनिधनिसांसांसांनि धपगपधनिसांसां सांनिधपगपगग सासासागपधनिध सांसांपंपंगंपंगंगं सांसांनिधगपधनि धपपपपगपग गसासासागपधनि धसांसांनिधपपग पगगसासानिधसासा

राग कलावती मध्यलय तीनताल

स्थायी–कब से निहारु रह सखीरी, कब आयेंगे सजना मोरे।

अंतरा–आस लगी है मिलन की, उन बिन सुरतिया मुरझाई।

स्थायी

ग	ग	प	प	धनि	सांनि	ध	प	ध	–	ध	ध	नि	ध	प	प
क	ब	से	नि	हाऽ	ऽऽ	रु	ऽ	रा	ऽ	ह	स	खी	ऽ	री	ऽ
o				3				x				2			
सा	सा	नि	ध़	सा	–	सा	सा	प	प	प	–	धध	पग	प	प
क	ब	आ	ऽ	यें	ऽ	गे	ऽ	स	ज	ना	ऽ	मोऽ	ऽऽ	रे	ऽ
o				3				x				2			

अंतरा

ग	ग	प	ध	नि	ध	सां	–	निसां	गं	गं	गं	(सा)	–	निध	प
आ	ऽ	स	ल	गी	ऽ	है	ऽ	मिऽ	ऽ	ल	न	की	ऽ	हैऽ	ऽ
०				3				x				2			
ध	ध	ध	ध	धनिसां	निसां	ध	प	ग	प	ग	सा	नि़	ध़	सा	सा
उ	न	बि	न	सुऽऽ	ऽऽ	र	ति	यां	ऽ	मु	र	झा	ऽ	ई	ऽ
०				3				x				2			

राग कलावती मध्यलय तानें

स्थायी

1. साग पध निध सांसां। निनि धप गप गसा।
2. गप निसां गंगं सांसां। निध पध गप सासा।
3. गप धनि धप गप। धनि सांनि धप धनि। सांगं सांनि धनि धप।
   गप धप पग सा।
4. साग पप गप धध। पध निनि धनि सांसां। निसां गंगं सांसांनिध।
   पप गप गग सासा।
5. सांनि धनि सांसां निध। पध निनि धप गप। धध पप गप गसा।
   साग पध निध सांसां।

अंतरा

1. सांनि धनि धप गप। गसा गप निध सांसां।
2. धनि सांगं सांसां निध। पप गप निध सांसां।
3. गंपं गंगं सांसां निध। निध पप धनि सांसां।
4. साग पग पध पध। निध निसां गंगं सांसां। पंपं गंपं गंगं सांसां।
   निध पध गप गसा।
5. सांनि धप धनि सांसां। गंगं सांसां निध पध। निध सांसां गंगं पंपं।
   गंप गंगं सांसां निध। सांसां

राग कलावती तराना तीनताल

स्थायी

ध।।ग प ध नि	सां – – सां	नि – ध प	ग प ग सा
त।।न न दे रे	दीं ऽ ऽ म्त	दीं ऽ म्त न	दे रे ना त
3	x	2	o
नि – सा सा	ग ग सा सा	ग प ध नि	ध ध प प
दीं ऽ म्त न	तों म तों म	त न न न	दीं म दीं म
3	x	2	o
गं – सां सां	नि – ध ध	प – ग प	ग ग सा सा
ता रे दा नी	दीं ऽ म्त न	तों ऽ म्त न	दे रे ना ऽ
3	x	2	o

अंतरा

पग प ध –	नि सां – सां	नि नि सां सां	गं गं सां सां
दिर त न न	न तों ऽ म्त	न न त न	दे रे ना ऽ
3	x	2	o
पं पं गं पं	गं गं सां सां	नि – ध प	ग प ध प
त न दे रे	ना ऽ त न	दीं ऽ म्त न	दे रे ना ऽ
3	x	2	o
सासासासागगपप	गपपधधनिनि	गं – सां सां	नि ध प प
धाकिट्तकधुम	किटतक्गदिगन	धा ऽ क्डा ऽ	धा ऽ धा दिर
3	x	2	o

58

राग रागेश्री–राग परिचय

यह राग खमाज थाट से उत्पन्न हुआ है। आरोह में रिषभ व पंचम स्वर वर्जित तथा अवरोह में केवल पंचम स्वर वर्जित रहने के कारण इसाकी जाति औडव–षाडव है। इस राग को दोनों तरह से गाया जाता है–बागेश्री अंग से, खमाज अंग से, बागेश्री अंग से गाते समय आरोह–अवरोह में केवल कोमल निषाद का प्रयोग होता है। खमाज अंग से गाते समय आरोह में शुद्ध निषाद तथा अवरोह में कोमल निषाद लगाकर गाया जाता है। इस राग का गायन समय रात्रि का द्वितीय प्रहर है। इस राग का वादी स्वर मध्यम और संवादी स्वर षडज है। प्रचार में बागेश्री अंग से ही राग अधिक गाया–बजाया जाता है। इस राग में गंधार स्वर वक्र रुप में प्रयोग होता है। जैसे–गमरेसा स्वरों का प्रयोगः–रिषभ–अल्पत्व, गंधार–आरोह में अपन्यास बहुत्व अवरोह में लंघन दिखाई पड़ता है। मध्यम–आंशिक न्यास बहुत्व, धैवत तथा निषाद–अभ्यास बहुत्व।

आरोह–साग, म, धनि, सां।
अवरोह–सांनिधम, गरेसा।
पकड़–सागम, धगम, मगरेसा।

राग रागेश्री स्वरविस्तार/अलाप

स्थायी

1. ध़नि़सा, सा(सा)नि़ध़, म़ध़नि़ध़,सा।
2. गमरेसा, नि़सागम, रेसा, ध़नि़सागरेसा।
3. गमध, सागमध, ध़नि़साग, मरेसा।
4. मगमध, गमध, निनिध, गमरेसा।
5. धधनिध, गमध, गमरे सा,ध़नि़सा, गमरेसा

अंतरा

1. धनि॒सां, सां(सां)नि॒ध, मगमरेसा, धनि॒सां।
2. नि॒नि॒सां, गमधनि॒नि॒ध, मधनि॒ध, सां।
3. धनि॒सांगंरेंसां, नि॒नि॒सां, नि॒ध, गमधनि॒सां।
4. धनि॒सां, गं, गंमं, रेंरेंसां, नि॒ध, म, धनि॒सां।
5. गंमंरेंसां, धनि॒सांगंरेंरेंसां, नि॒ध, गमधगमध, नि॒ध, सां।

राग रागेश्री सरगमगीत तीनताल

स्थायी

ग म रे सा	नि़॒ सा ध़ नि़॒	सा – ग ग	म – म –
०	3	x	2
म ध नि॒ सां	नि॒ ध म ग	म ग म ग	रे रे सा सा
०	3	x	2
ध़ नि़॒ सा ग	म ध नि॒ ध	सां नि॒ ध म	ग म रे सा
०	3	x	2

अंतरा

ग म ध नि॒	सां – सां –	ध नि॒ सां गं	रें रें सां सां
०	3	x	2
मं गं रें सां	नि॒ ध म ध	नि॒ सां नि॒ ध	म ग रे सा
०	3	x	2
ध़ नि़॒ सा ग	म ध नि॒ सां	नि॒ ध म ग	म ग रे सा
०	3	x	2

राग रागेश्री विलम्बित ख्याल एकताल

स्थायी–मनमोहन की सूरत प्यारी, सुन्दर लागी कृष्ण मुरारी

अंतरा–दरशन को तरसे अखियां, बाट जोहते है सब सखियां।

स्थायी

सां	(सां)	नि	धध	ग	गम	रे	—	सा	सा	ध़नि़	सा
म	न	मो	हन	की	ऽऽ	सू	ऽ	र	त	प्याऽ	री
3		4		x		०		2		०	
ध़	नि़	सा	ग	म	म	ग	म	रे	रे	सा	सा
सु	ऽ	न्द	र	ला	गी	कृ	ष्ण	मु	रा	ऽ	री
3		4		x		०		2		०	

अंतरा

ग	म	ध	नि	सां	सां	सां	सां	धनि	सां	गंमं	रेंसां
द	ऽर	श	न	को	ऽ	त	र	सेऽ	ऽ	अखि	यां–
3		4		x		०		2		०	
ध	—	ध	ध	नि	ध	म	म	ग	म	रेरे	सासा
बा	ऽ	ट	जो	ह	त	है	ऽ	स	ब	सखि	यांऽ
3		4		x		०		2		०	

राग रागेश्री विलम्बित ख्याल तानें

1. मगमगरेसानि़सा ध़नि़सागममगम धधमगमगरेसा नि़साध़नि़सागमम मधनिनिधमगम धधगमरेसानि़सा ध़नि़सागममग मरेसामधनिसांरेंरेंसांनि धमगमरेसानि़सा।
2. सागमगमगरेसा नि़सागमधधमग मगरेसानि़साध़नि़ सासानिधमगम रेसानि़सामधनिसां रेंरेंसांसांनिधमम गमरेसानि़सानिसां मंगंमंगंरेंसांनिध मधगमरेसानि़सा।
3. मधनिधसांसांनिसां गंमंरेंसांनिसांधनि मधनिधसांसांनिध गमधधगमरेसा सागममगमधध मधनिनिधनिसांसां सांगंमंमंगंमंरेंसां निधमधनिधमग।रेसा
4. निसांगंरेंसांनिसां मंगंमंगंरेंसांनिसां गंरेंगंरेंसांनिधसां निधनिधमधनिध धमधमगमधध मगमगरेसानि़सा सागमगमधमध निधनिसांगंमंरेंसां।
5. धनिसांधनिसांधनि सांनिधमगमधध मधनिमधनिमध निधमगमगरेसा गमधनिधमधनि सांनिधनिसांगंरेंसां निधमगमगरेसा।

राग रागेश्री मध्यलय तीनताल

स्थायी–श्याम सुन्दर की मुरत प्यारी, दीप जगे मंदिर में।

अंतरा–ढोल मृदंग संग डोले मनवा, हर पल होवे प्रभु की सेवा।

स्थायी

धनि̱	सां	नि̱	ध	म	ग	रे	सा	ग	–	म	ध	नि̱	सां	नि̱	ध
श्याऽ	ऽ	म	सु	न्द	र	की	ऽ	मु	ऽ	र	त	प्या	ऽ	री	ऽ
3				x				2				o			
म	ध	नि̱	सां	गं	मं	रें	सां	म	ध	नि̱	ध	म	ग	रे	सा
दी	ऽ	प	ज	गे	ऽ	ऽ	ऽ	मं	ऽ	दि	र	में	ऽ	ऽ	ऽ
3				x				2				o			

अंतरा

ग	म	ध	ग	म	ध	नि̱	नि̱	सां	–	सां	सां	गं	मं	रें	सां
ढो	ऽ	ल	मृ	दं	ग	सं	ग	डो	ऽ	ले	ऽ	म	न	वा	ऽ
3				x				2				o			
सांगं	मंगं	रे	सां	नि̱	ध	सां	सां	नि̱	ध	म	ग	म	ग	रे	सा
हऽ	रऽ	प	ल	हो	ऽ	वे	ऽ	प्र	भु	की	ऽ	से	ऽ	वा	ऽ
3				x				2				o			

राग रागेश्री मध्यलय तानें

स्थायी

1. मध नि̱सां नि̱ध मग। नि̱ध मग मग रेसा।
2. गम धनि̱ सांगं रेंसां । नि̱ध मग मग रेसा।
3. गम धनि̱ सांगं मंगं । सांनि̱ धम गम रेसा।
4. नि̱नि̱ धनि̱ धम गम। धनि̱ सांसां नि̱सां नि̱ध। धनि̱ सांगं रेंसां नि̱ध। मग मग रेसा ऩि̱सा।
5. नि̱सां गंमं रेंसां गंरें। सांसां रेंसां नि̱ध मध। नि̱सां नि̱ध मग रेसा। मध नि̱सां धनि̱ सांसां।

अंतरा

1. धनि सांनि धम गम। रेसा गम धनि सांसां।
2. धनि सांगं रेंसां निध। मध निसां धनि सांसां।
3. सांगं मंगं रेंसां निध। गम धनि सांसां निसां।
4. साग मम गम धध। मध निनि धनि सांसां। धनि सांगं मंगं रेंसां।
निध गम धनि सांसां।
5. निसां मंगं रेंसां निसां। गरें सांनि धनि रेंसां। निध मध निसां निध।
मध निसां धनि सांसां।

राग रागेश्री तराना तीनताल

स्थायी

ग – ग म	रे रे सा सा	नि़ सा ध़ नि़	सा ग म म
तों ऽ म्त न	न न दे रे	दीं म त न	दे रे ना ऽ
o	3	x	2
ग म ध नि	सां नि ध म	ग ग ग म	रे रे सा सा
दीं ऽ म्त न	न न न न	त दि य न	दे रे ना ऽ
o	3	x	2
गं मं रें सां	नि ध ग म	ध ध ग म	रे रे सा सा
दिर दिंर तो –म	त न न न	दिं ऽ म्त न	दे रे ना ऽ
o	3	x	2

अंतरा

ग म ध नि	सां सां सां सां	ध नि सां गं	रें रें सां सां
ना दिर दिंर त	न न दिर दिंर	तों म त न	न न न न
o	3	x	2

मं	गं	रें	सां	नि॒	ध	म	म	ग	–	ग	म	रे	रे	सा	सा
त	न	न	त	न	न	दे	रे	ना	ऽ	त	न	दे	रे	ना	ऽ
०				3				x				2			
नि॒̣	सा	ग	म	ध	नि॒	सां	सां	नि॒	ध	ग	म	रे	रे	सा	सा
दीं	म	त	न	दे	रे	ना	ऽ	दे	रे	ना	दे	रे	ना	दे	रे
०				3				x				2			

59

राग अहिर–भैरव परिचय

इस राग की उत्पत्ति थाट भैरव से हुई है। राग में रे॒,नि॒ कोमल स्वर तथा सम्पूर्ण–सम्पूर्ण स्वर लगने के कारण इसकी जाति सम्पूर्ण–सम्पूर्ण है। यह राग दो रागों के मिश्रण से बनी है। पूर्वांग में भैरव और उत्तरांग में काफ़ी राग है। वादी संवादी में कुछ मतभेद है। कोई षड्ज वादी मध्यम संवादी, कोई षडज वादी पंचम संवादी, परन्तु मध्यम वादी, षदज संवादी मानना उचित है। गायन समय प्रातःकाल का प्रथम प्रहर है। इसमें भैरव का अंग रिषभ पर आन्दोलन लेने से स्पष्ट होता है, मरे॒, सा, पम, पग, म,रे॒ सा, सारे सा। न्यास के स्वर रे, ग म ,प है। आरोह में पंचम स्वर अल्प लगता है। यह प्रातः कालिन सन्धिप्रकाश राग है। समप्रकृति राग भैरव, खमाज, काफ़ी आनंद भैरव और बागेश्री है। इसमें गमरे॒–रे॒– तथा ध़नि॒रे॒–रे॒सा बार–बार लेते है। स्वरों का प्रयोग;– रे– आरोह में अलंघन बहुत्व अवरोह में न्यास (अभ्यास बहुत्व) गंधार–आरोह में बहुत्व, मध्यम–आंशिक न्यास बहुत्व, पंचम–पूर्व न्यास बहुत्व धैवत और निषाद–अलंघन बहुत्व।

आरोह–सारे॒गम,पधनि॒सां।

अवरोह–सांनि॒धप, मग,मरे॒, सा।

पकड़–सा,ध़नि़॒सारे॒गम,पम,पग,मरे, सा।

राग अहिरभैरव स्वरविस्तार/अलाप

स्थायी

1. सा, रे॒सा, नि़॒धप, ध़नि़॒सा, गमरे॒सा।
2. सारे॒गम, पग, ममरे॒सा, ध़नि़॒सारे॒गम, पग, मरे॒सा।
3. मप, धमप, गमरे॒, सा, नि॒धप, मग, मरे॒, सा।

4. मपधनिसां,सां(सां), निधप, धनिधप, पग, मरे, सा।
5. धनिसां, निधनिधप, मपगम, रेसा।

अंतरा

1. सां(सां), निधप, धनिसां, रेंसां।
2. धनिसां, रेंसां, गरेंसां, निधप, मपधनिसां।
3. सांरेंसां, गंमंरेंसां, निधप, सां।
4. गंमंरेंसां, पंगं, मंरें, सां, निधप, धनिसां।
5. गंमंपं, गं, मंरें, निधप, मप, धनिसां।

राग अहिरभैरव सरगमगीत तीनताल

स्थायी

ग	म	रे	सा	रे	रे	सा	सा	म	प	म	ग	म	रे	सा	सा
०				3				x				2			
प़	ध़	नि़	सा	ध़	नि़	सा	रे	रे	ग	म	प	ग	म	रे	सा
०				3				x				2			
प	ध	नि	सां	नि	ध	प	प	प	म	ग	म	रे	रे	सा	सा
०				3				x				2			

अंतरा

म	प	ध	नि	सां	–	सां	सां	ध	नि	सां	रें	सां	सां	सां	सां
०				3				x				2			
रें	गं	मं	मं	रें	रें	सां	सां	प	ध	नि	सां	रें	रें	सां	सां
०				3				x				2			
प	ध	नि	सां	गं	मं	रें	सां	ध	म	प	ग	म	रे	सा	सा
०				3				x				2			

राग अहिरभैरव विलम्बित ख्याल एकताल

स्थायी—आज आवत है पिया मोरे घर, खिले मन मोरा जैसे फुलवा।

अंतरा—गाऊ गीत मिलन की सखियां, मन में फुले सुख की कलियां।

स्थायी

गमपध	निध	म	पप	ग	म	रे	सा	ग	ग	म	म
आऽऽऽ	जऽ	आ	वत	है	ऽ	पि	या	मो	रे	घ	र
3		4		x		o		2		o	
ग	म	प	प	ध	नि	ध	प	प	गम	रेरे	सा
खि	ले	म	न	मो	ऽ	रा	ऽ	जै	से	फुल	वा
3		4		x		o		2		o	

अंतरा

गम	पध	नि	निनि	सां	–	रें	सां	गं	मं	रें	सां
गाऽ	उऽ	गी	तमि	ल	न	की	ऽ	स	खि	यां	ऽ
3		4		x		o		2		o	
प	ध	नि	प	ध	म	प	ग	म	(म)	रे	सा
म	न	में	ऽ	फु	ले	सु	ख	की	क	लि	यां
3		4		x		o		2		o	

राग अहिरभैरव विलम्बित ख्याल तानें

1. सारेगरेसासासारे गमपमगमरेसा सारेगमपधनिध पमगमरेसासारे गमपधनिसांनिध पमगमपधपम गमपगमगरेसा।
2. सारेगमपमगम निनिधपमपधनि सांरेंसांनिधपमप धनिसांरेंगंसांरें सांनिधपमपधनि सांरेंगंमंपंमंगंरें सांनिधपमगरेसा।
3. सांरेंगंगंरेंसां,सांरें गंमंपंगंमंरेंसांगं गंरेंसांसांरेंसांनिध पमपधनिसांरेंसां निधपमपधनिसां निधपमपधनिध पमपधपगमरे।सा
4. सांनिधपमपधनि सांसांरेंरेंसांनिधप मपधनिसांसांगंगं रेंसांनिधपमगम पधनिसांगंमंपंमं गंरेंसांनिधपमप धनिसांनिधमपसां।
5. सारेगरेगमगम पमपधपधनिध निसांनिसांरेंसांरेंगं रेंगंमंगंमंपंमंप मंगंरेंगंमंगंरेंगं निसांरेंसांरेंरेंसांनि धपमपधनिसांसां।

राग अहिरभैरव मध्यलय तीनताल

स्थायी–भोर भई है सुन्दर प्यारी, प्रभु चिन्तन से मिटे चिन्ता सारी।

अंतरा–छोड़ो सारे अन्य विचार हरि भक्ती से परलोक सुधार।

स्थायी

म	–	गरे	सारे	ग	–	म	–	पध	नि	ध	प	म	गम	रे	सा
भो	ऽ	रऽ	भऽ	ई	ऽ	है	ऽ	सुऽ	ऽ	न्द	र	प्या	ऽऽ	री	ऽ
०				3				x				2			
ग	म	पध	नि	ध	ध	प	प	ध	म	प	ग	म	रे	–	सा
प्र	भु	चिंऽ	त	न	से	मि	टे	ऽ	चि	ऽ	न्ता	सा	ऽ	ऽ	री
०				3				x				2			

अंतरा

म	प	ध	नि	सां	–	सां	–	सां	रें	गं	मं	रें	रें	सां	सां
छो	ऽ	ड़ो	ऽ	सा	ऽ	रे	ऽ	अ	ऽ	न्य	वि	चा	ऽ	ऽ	र
०				3				x				2			
निसां	रेंसां	नि	सां	नि	नि	ध	ध–	प	म	प	ग	म	रे	सा	सा
हऽ	रिऽ	भ	ऽ	क्ती	ऽ	से	पर	लो	ऽ	क	सु	धा	ऽ	ऽ	र
०				3				x				2			

राग अहिरभैरव मध्यलय तानें

स्थायी

1. सारे गम पध निसां। निध पम गम रेसा।
2. गम पध निध पम। गम पग मरे सासा।
3. रेंगं मंगं रेंगं रेंसां। निध पम गम रेसा
4. सारे गम पप गम। पध निनि धनि सारें। गंगं रेंसां निध पम। गम पम गम रेसा।
5. सांनि धनि रेंरें सांनि। गंगं रेंसां निध पम। गमपधं निसां निध। पम गम गरे सासा।

अंतरा

1. सांनि धप मग मरे। सासा गम पध निसां।
2. गमं पमं गरें सांनि। धप मप धनि सांसां।
3. गम पध निध पध। निसां रेंसां गमं गरें। सांनि धप मप धनि। सां
4. सारे गम प– गम। पध नि–मप धनि। सां– धनि सारें गं–।
   गमं पमं गरें सां–
5. सारें निसां धनि पध। मप गम रेग रेसा। गग रे,म मग, पप।
   म,ध धप निनि ध,सां। मध धप निनि धसां। सांनि रेंरें सांगं रेंसां।

राग अहिरभैरव तराना झपताल

स्थायी

ग	रे	सा	सा	सा	ग	ग	म	–	म
त	न	दे	रे	ना	त	न	ता	ऽ	रे
x		2			o		3		
ग	म	प	–	प	म	ग	म	रे	सा
दा	ऽ	नि	ऽ	त	दा	रे	त	न	न
x		2			o		3		
ध	नि	सां	सां	सां	गं	मं	रें	रें	सा
त	न	त	न	न	त	न	दे	रे	ना
x		2			o		3		
ध	प	ध	म	प	म	ग	रे	रे	सा
दिर	दिर	त	न	न	दे	रे	दे	रे	ना
x		2			o		3		

अंतरा

म	प	ध	ध	ध	नि	नि	सां	सां	सां
तों	म	त	न	न	दीं	म	त	न	न
x		2			o		3		

रें	रे	सां	सां	सां	नि	सां	नि	ध	प
दा	नी	दीं	ऽ	म्त	त	न	दे	रे	ना
x		2			o		3		
गं	मं	रें	—	सां	ध	नि	सां	—	सां
तो	म	त	ऽ	न	नी	ऽ	नी	ऽ	म्त
x		1			o		3		
म	प	ध	नि	प	म	ग	म	रेरे	—सा
धा	ऽ	धिट	तिट	धिट	तिट	कत	धा	कृधा	ऽन
x		2			o		3		

60

राग विभास–राग परिचय

राग विभास भैरव थाट का जन्य माना गया है। इसके आरोह अवरोह में मध्यम और निषाद स्वर वर्जित होने के कारण औडव–औडव जाती है। इस राग में रिषभ तथा कोमल धैवत स्वर लगते है। राग का वादी स्वर धैवत तथा संवादी स्वर गंधार है। गायन समय प्रातःकालिन सन्धि प्रकाश है। इस राग से मिलता जुलता राग रेवा है जिसमें यही स्वर लगाये जाते है। सिर्फ़ अंतर वादी संवादी का है। विभास राग में वादी संवादी स्वर धैवत गंधार है, जब की राग रेवा में वादी संवादी गंधार धैवत है। विभास उत्तरांग प्रधान राग है, जब कि राग रेवा पूर्वांग प्रधान राग है इन्ही कारणों से राग एक दूसरे से भिन्न है। यह गम्भीर प्रकृति का राग है। इस राग के दो प्रकार और है 1. पूर्वी थाट से 2. मारवा थाट से उत्पन्न, प्रचार में भैरव थाट से उत्पन्न अधिक चलता है।

आरोह–सारेग, प, धसां।

अवरोह–सांधप, गपधप, गरेसा।

पकड़–सां,धप, गपधप।

राग विभास स्वर विस्तार/अलाप

स्थायी

1. सारेरे, सा, धधसा, रेसा, गरेसा।
2. गरेसा, गगरे, सा, धधसारेग, रेसा।
3. गप, धधप, गपगरे, गरेसा।
4. धधप, गपधप, सांध, प, गपगरे, ग, रेसा।
5. गपधसां, रेंसां, सां(सां)धप, गपधप, गरेगरे,सा।

अंतरा

1. पधसां, सांसांधप, गपधप, धधसां ।
2. धधसां, रेंसां, धधप, गपगरे, गपधप, सां।
3. रेंरेंसां, गंरेंगंरेंसां, धधप, धधसां।
4. गंरेंसां, गपधसां, रेंगंरेंसां, धधप, गपधप, सां।
5. गंपं, गंरेंगंरेंसांसां, धसांरेंसां, धप, गपधधसां।

राग विभास सरगमगीत तीनताल

स्थायी

प	ध	प	प	ग	प	ध	प	ग	प	ध	प	ग	रे	सा	सा
0				3				x				2			
ध	ध	सा	सा	रे	रे	सा	सा	प	प	ग	प	ग	रे	ग	ग
0				3				x				2			
सां	सां	रें	सां	ध	सां	ध	प	ग	प	ध	प	ग	रे	सा	सा
0				3				x				2			

अंतरा

प	प	ग	प	सां	–	सां	सां	रें	रें	सां	सां	गं	गं	रें	सां
0				3				x				2			
गं	पं	गं	रें	गं	रें	सां	सां	ग	प	ध	प	ग	रें	सा	सा
0				3				x				2			
सा	रे	ग	प	ध	सां	रें	सां	ध	प	ग	प	ग	रे	सा	सा
0				3				x				2			

राग विभास विलंबित ख्याल एकताल

स्थायी–गिरधर गोपाल आओ, बांसुरी की धुन सुनाओ।

अंतरा–बंशी की धुन सुन गोपियां होने लगी मगन।

स्थायी

सांसा	धप	गप	धप	ग	–	रे	–	सा	–	गप	धप
गिऽ	रऽ	धऽ	रऽ	गो	ऽ	पा	ऽ	ल	ऽ	आऽ	ओऽ
3		4		x		०		2		०	
ग	प	ध	सां	रें	रें	सां	सां	ध	प	गरे	सासा
बां	ऽ	सु	री	की	ऽ	धु	न	सु	ऽ	नाऽ	ओऽ
3		4		x		०		2		०	

अंतरा

ग	प	धध	पप	सां	–	सां	सां	गं	रें	सां	सां
बं	ऽ	शीऽ	कीऽ	धु	ऽ	न	ऽ	सु	ऽ	न	ऽ
3		4		x		०		2		०	
गं	पं	गं	रें	गं	रें	सां	सां	ध	प	गरे	सासा
गो	ऽ	पि	या	हो	ऽ	ने	ऽ	ल	गी	मग	नऽ
3		4		x		०		2		०	

राग विभास विलंबित ख्याल तानें

1. सारेगरेसासा,सारे गपधपगपगरे सासा,सारेगपधसां धपगपधपगप गरेसासा,सारेगप धसांरेंसांधपगप धपगपगरेसासा,सारेगपधसांरेंगं रेंसांधपगपधप गपगरेगरेसासा।

2. गगरेसापपगरे धधपपसांसांधप रेंरेंसांसांगंगंरेंरें पंपंगंरेंसांसांधसां रेंगंरेंरेंसांसांधप गपधसांधपगप धपगरेसासासारे गपधसांधपगरे।सा

3. सारेंगंरेंसांसांसारें गंपंगंरेंगंरेंसांसां गंगंरेंसांगपधसां रेंरेंसांसांधपगप धसांधपगपधप गपगरेगरेसासा सारेसापधपसारें सांरेंगंरेंगंपंगंसां रेंसांपधपगरेसा।

4. सारेगरेगरेसारे सासागपधपधप गपगरेसासापध सांधसांधपधपप सांरेंगंरेंगंरेंसारें सांसांपंपंगंपंगंरें गंगंरेंगंगंरेंसांसां सांरेंसांसांधपगप धपगपगरेसासा।

5. सारेगगरेगपप गपधधपधसांसां धसांरेंरेंसांरेंगंगं रेंगंपंपंगंपंगंरें गंरेंसांसांधधसांसां रेंरेंसांसांधपगप धपगपगरेगरे सासा,सारेगपधसां धपगपधपगरे।सा

राग विभास मध्यलय तीनताल

स्थायी—सुन्दर सपने देखत देखत, बीते सारी उमरियां।

अंतरा—मन भावना के दरसन पाऊं, ऐसा सपना दिखाजा।

स्थायी

ध	प	ग	प	ध	ध	प	प	प	—	ग	प	ग	रे	सा	सा
सु	ऽ	न्द	र	स	प	ने	ऽ	दे	ऽ	ख	त	दे	ऽ	ख	त
3				x				2				०			
सा	रे	ग	ग	प	—	प	—	धध	सांसां	धप	गप	धसां	धप	ध	—
बी	ऽ	ते	ऽ	सा	ऽ	री	ऽ	उऽ	ऽऽ	मऽ	रिऽ	यांऽ	ऽऽ	ऽ	ऽ
3				x				2				०			

अंतरा

प	प	प	प	ध	ध	ध	ध	सां	सां	सां	सां	रें	रें	सां	सां
म	न	भा	व	ना	ऽ	के	ऽ	द	र	स	न	पा	ऽ	ऊं	ऽ
3				x				2				०			
सां	रें	गं	रें	गं	रे	सां	सां	ध	ध	सां	सां	ध	ध	प	ध
ऐ	ऽ	सा	ऽ	स	प	ना	ऽ	दी	ऽ	ऽ	ऽ	खा	ऽ	जा	ऽ
3				x				2				०			

राग विभास मध्यलय तानें

स्थायी

1. सारे गप धसां धप। गप धप गरे सासा
2. गप धसां रेंग रेंसां। धप गप गरे सासा
3. धध पप गप धप। गप धसां धप धसां। रेंगं रेंसां धप गप।
   धप गप गरे सासा।

4. सारे गरे गरे गप। गप धप धप धसां। रेंसां रेंगं रेंसां धप।
   गप धप गरे सासा।

5. सांरें गंगं रेंसां रेंग। पंपं गंरें सांसां धसां। रेंगं रेंसां धध पप।
   गप धप गरे सासा।

अंतरा

1. सांसां धप गप धप। गरे सासा गप धसां।

2. सांरें गंरें सांसां धप। गप धसां रेंरें सांसां।

3. गरे गग धध पप। गरे गग सांसां धप।गप धप गरे गग।
   रेंगं रेंसां धप गप।

4. धध पप गप धप। धसां रेंरें सांध पग। पध सांरें गंपं पंगं।
   रेंसां धप गप धसां।

5. गग रे,प पग, धध। प,सां सांध, रेंरें सां,गं। गंरें, पंपं गं,रें रेंसां।
   धप गप धसां रेंसां।

61

राग आनंद भैरव–राग परिचय

राग आनंद भैरव थाट भैरव से उत्पन्न होता है। इसमें केवल कोमल रिषभ ही लिया जाता है, बाकी स्वर शुद्ध लगते है। इस राग में दो रागों का मिश्रण है, आरोह में भैरव और अवरोह में बिलावल है। कोमल निषाद कभी–कभी लिया जाता है। इस राग की जाति सम्पूर्ण–सम्पूर्ण है। वादी स्वर मध्यम और संवादी स्वर षड्ज है। इस राग को भैरव अंग से गाया जाता है, इसलिये रिषभ स्वर आन्दोलित करके ही गाया जाता है। आरोह में शुद्ध निषाद स्वर का प्रयोग करते है। इस राग गायन का गायन समय प्रातःकाल का प्रथम प्रहर है। आरोह में धैवत और निषाद अल्प प्रयोग इस राग को प्रातः सन्धिप्रकाश राग माना गया है। न्यास के स्वर ग, म, प है। इस राग को भैरव से बचाने के लिये शुद्ध धैवत तथा बिलावल से बचाने के लिये कोमल रिषभ लगाते है। अहिर भैरव से बचाने के लिये शुद्ध निषाद का प्रयोग करते है।

आरोह–सारे, गम, प, ध, निध, निसां।
अवरोह–सांध, निप, मग, मरे, सा।
पकड़–सारे, गम, प, सांधनिप, मग, मरे, सा।

राग आनंद भैरव स्वरविस्तार/अलाप

स्थायी

1. सा, रेसा, निधप,सा, मगरेरेसा, सा।
2. गमप, धधप, गमप, गमरेसा।
3. निनिधप, सांधनिप, मगमरे, सारेसा।
4. धधनिप, सां(सां)ध, निप, गमरेसा।
5. धमपग, पधनिध, निसां, ध,धनिप, गमप, गमरेसा।

अंतरा

1. सांरेंसां, निसां, धनिप, सां।
2. गंमंगरें, गरेंसां, निसां, धधप, निसां।
3. गरेंसां, गंमंपं, गंमंरेंसां, सांधनिप, रेंसां।
4. मपमग, सांधनिप, रेंसां, गंमंरेंसां, निधनिसां।
5. गंगरेंसां, रेंरेंसां, पंगंमंरेंसां, धनिप, सां।

राग आनंद भैरव सरगमगीत तीनताल

स्थायी

ग	म	प	ग	म	रे	सा	सा	ध़	ध	प	प	ग	म	प	प
o				3				x				2			
सा	रे	सा	सा	नि़	ध़	प़	प़	ग	म	प	प	ध	ध	प	प
o				3				x				2			
नि	नि	ध	प	म	प	ध	प	ग	म	रे	सा	रे	रे	सा	सा
o				3				x				2			

अंतरा

ध	ध	प	प	सां	रें	सां	सां	प	ध	नि	ध	नि	नि	सां	सां
o				3				x				2			
मं	गं	मं	गं	रें	रें	सां	सां	नि	ध	नि	सां	ध	नि	प	प
o				3				x				2			
सा	रे	ग	रे	ग	म	प	प	ध	ध	प	प	ग	म	रे	सा
o				3				x				2			

राग आनंद भैरव विलंबित ख्याल तिलवाडा

स्थायी–मन घबराए है सारी दिन रात, उनके बिना चैन नही आवे।

अंतरा–मन तड़पत है उनके बिना, कब आवेंगे मोरे पिया।

स्थायी

प	प–	म–	रेसा	रे	–	ग	–	म	म	प	प	ग	गम	रे	सा
म	नऽ	घऽ	बऽ	रा	ऽ	ए	ऽ	है	ऽ	सा	री	दि	नऽ	रा	त
3				x				2				o			
म	प	ध	नि–	सां	–	सां	सां	ध	–	नि	प	रे	रे	सा	सा
चै	ऽ	न	नहि	आ	ऽ	वे	ऽ	सा	ऽ	ज	न	ऽ	बि	ना	ऽ
3				x				2				o			

अंतरा

प	ध	नि	ध	नि	नि	सां	–	गं	गं	मं	गं	रें	–	सां	सां
म	न	त	ड़	प	त	है	ऽ	उ	न	के	ऽ	बि	ऽ	ना	ऽ
3				x				2				o			
रें	–	सां	सां	ध	–	नि	प	म	–	प	म	रे	–	सा	सा
क	ऽ	ब	ऽ	आ	ऽ	यें	गे	मो	ऽ	रे	ऽ	पि	ऽ	या	ऽ
3				x				2				o			

राग आनंदभैरव विलंबित ख्याल तानें

1. सारेगगरेसा,सारे गमपपमपमग रेसा,सारेगमपध निनिधपधनिपम सारेगमपधनिसां रेंमंगंरेंसांनिनिप धनिपमगरेसा,सा रेगमपधनिसारें गंमंपंमंगंमंगंरें सां,धनिपमगरेसा।
2. गगरेसागमपध धपमपधनिपम पधधपमपधनि सांसांनिधधनिपप मपधनिसारेंगंगं रेंसांधनिपधमप धनिसांगंमंमंगंरें धनिपपमप,मप धनिसारेंगंमंपंपं मंपंमंगंरेंसांधनि पपमपमगरेसा।
3. मगमगरेसानि़ध़ निधपपमगमग रेसा,गंगंरेंसांनिध निपमपमगमग रेसा,गंमंपंपंनिध निपमपमग रेसा,मपधनिसांनि धपधनिपपमप मगमगसानि़सा।
4. सारेंगंरेंसांसां,सारें गंमंपंमंगंरेंसांसां धनिपपमपधनि निधपसांनिधपरें रेंसांनिधपधनिप प,मपधनिसांनिध पसांधनिपमपम गरेसासारेगगरे गममगमपपम पधधपनिनिधप निसांसांधनिप मपगमरेसानि़सा।
5. गमपमगमपध पमगमपधनिध प,सांधनिपमपम गगमपधनिसांध निपमपमगगम पधनिसांगंमंपंपम मंगंरेंसांधनिपम पपमगमगरेसा।

राग आनंदभैरव मध्यलय तीनताल

स्थायी–आये है आज मोरे पिया, मैं करुंगी सोलह श्रृंगार।

अंतरा–अब मैं डारुंगी मोतीयन का हार, उनके गले में,
होत है अति आनंद।

स्थायी

म	प	म	ग	रे	–	सा	–	ग	म	प	प	ध	नि	प	ध
आ	ऽ	ये	ऽ	है	ऽ	ऽ	ऽ	आ	ज	मो	रे	पि	या	ऽ	ऽ
3				x				2				o			
म	म	प	प	सां	सां	ध	निप	म	–	प	म	रे	–	सा	सा
मैं	क	रुं	ऽ	गी	ऽ	ऽ	ऽऽ	सो	ल	ह	श्रृं	गा	र	ऽ	ऽ
3				x				2				o			

अंतरा

ग	म	प	ध	नि	ध	नि	सां	गं	मं	गं	रें	गं	रें	सां	सां
अ	ब	मैं	ऽ	डा	ऽ	रुं	गी	मो	ती	य	न	का	हा	ऽ	र
3				x				2				o			
म	म	प	प	सां	सां	धनि	प	म	–	प	मम	रे	रे	सा	सा
उ	न	के	ग	ले	ऽ	में	ऽ	हो	ऽ	त	अति	आ	ऽ	नं	द
3				x				2				o			

राग आनंदभैरव मध्यलय तानें

स्थायी

1. सारे गम पध निसां। धनि पप मग रेसा।
2. गम पध निसां रेंगं। रेंसां धनि पप मग। रेसा
3. पध निसां रेंगं मंगं। रेंसां सांध निप मप। धनि पप मग रेसा
4. सारे गम पप गम। पध निसां धनि सांरें। गंमं पंपं मंगं रेंसां।
   सांध निप मप मग। रेसा
5. सारे गरे पम गम। निनि धप मप सांध। निप मप गंगं रेंसां
   धनि पप गम पध। निसां गंमं गंरें सांध। निप मप गम रेसा।

अंतरा

1. सांनि धप ध<u>नि</u> पप। मप धनि सां<u>रें</u> सांसां
2. ग<u>रें</u> सांनि धप धनि। सांसां ध<u>नि</u> पप मप। मप धनि सांसां <u>रें</u>सां
3. गंमं पंपं मंगं <u>रें</u>सां। ध<u>नि</u> पप मप धनि। सां<u>रें</u> गं<u>रें</u> सांसां निसां
4. गम पग मप गम। ग<u>रे</u> सासा धनि सांध। निसां सांनि धप।
   पप मप धनि सांसां।
5. साध <u>नि</u>प धम पग। म<u>रे</u> ग<u>रे</u> सासा सारे। गम पप मप धनि।
   सांसां गंमं गं<u>रें</u> सांनि। धप मप धनि सांसां

62

राग बैरागी (भैरव)–राग परिचय

इस राग की उत्पत्ति थाट भैरव से मानी गई है। इस राग में कोमल रिषभ और कोमल निषाद स्वर लगाये जाते है। आरोह अवरोह में गंधार और धैवत स्वर वर्जित होने के कारण इस राग की जाति औडव–औडव है। वादी स्वर रिषभ तथा संवादी स्वर पंचम है। इस राग का गायन समय प्रातः काल है। इस राग को अधिकतर भैरव अंग से गाते है।

आरोह–सारेमप, निसां।
अवरोह–सांनिप, मरेसा।
पकड़–मपनिप, मरेसा।

राग बैरागी स्वरविस्तार/अलाप

स्थायी

1. सा, निसा, पनिसा, मपनिनिसा, रेसा।
2. प.निनिसा, रेसा, निप निनि, सा, मरेनिसा।
3. निसारेरेसा, मप, मरेरेसा, पमपनिसा।
4. सारेमप, मप, मरे, सा, निसारेसा, निपसा।
5. मपनिनिप, सां, निप, मरेरे, निसा।

अंतरा

1. पनिसां, रेंरेंसां, सां(सां)निप, मप, निनिसां।
2. रेंनिसां, निप, मपनिसां, रेंसां, निप, मपनिसां।
3. पनिसारें, सां, मरें, मरें, सां,निपमरे, मपनिनि, सां।

4. रेंमंरेंरें, सां, निनिसां, रेंसां, मपनिसां।

5. मंपं, मंरेंरें, सां, निपमप, निनिसां, रेंसां।

राग बैरागी सरगमगीत ताल–तीनताल

स्थायी

म म रे सा	रे – सा सा	सा रे म प	नि नि सां सां
०	3	x	2
प नि सां सां	रें रें सां सां	नि नि सां सां	नि प म प
०	3	x	2
रे – म प	नि नि प म	रे रे म प	म म रे सा
०	3	x	2

अंतरा

म म प नि	प नि सां सां	रें रें सां सां	मं मं रें सां
०	3	x	2
रें मं पं पं	मं मं रें सां	नि नि प नि	म प म म
०	3	x	2
सा रे म प	नि नि सां सां	नि नि प म	रे रे सा सा
०	3	x	2

राग बैरागी विलंबित ख्याल एकताल

स्थायी–अजहून आये मोरे बालम, तरसत है मोरा जिया।

अंतरा–घबरावत है जिया बिन पिया, नीर बहत है नैन से।

स्थायी

निपमप निनि	प म	रे –	सा सा	प़ नि़	सा सासा
आऽऽऽ जऽ	हू न	आ ऽ	ये ऽ	मो रे	बा लम
3	4	x	०	2	०

सा	रे	मम	प	नि	नि	सां	सां	निनि	पम	रे	सा
त	र	सत	है	मो	ऽ	रा	ऽ	जीऽ	ऽऽ	या	ऽ
3		4		x		o		2		o	

अंतरा

मम	पप	निनि	नि	सां	–	सां	सां	रें	रें	सां	सां
घब	राऽ	वत	है	जि	ऽ	या	ऽ	बि	न	पि	या
3		4		x		o		2		o	
मं	मं	रें	सां	नि	नि	म	प	म	रेरे	सा	सा
नी	ऽ	र	ब	ह	त	है	ऽ	नै	नन	से	ऽ
3		4		x		o		2		o	

राग बैरागी विलंबित ख्याल तानें

1. सारेममरेसासा,सा रेमपममरेसासा रेमपनिनिपमरे रेसासा,सारेमपनि निसांसांनिनिपमरे रेसासा,सारेमपनि निरेंरेंसांसांनिनिप मरेरेसासा,सारेम पनिनिसांसांरेंमंरें सांनिनिपमरेरेसा ।सा
2. ममरेसानिनिसासा रेरेसासारेमपप मपमरेमरेसासा निनिसासामपनिसां रेंरेंसांसांनिसांनिप मपमरेमरेसासा निनिसासा,रेंमंरेंसां निसांरेंसांनिसांनिप मपनिनिपमरेम पमरेसानिनिसासा।
3. निसांमंमंरेंसांनिसां रेंमंपंपंमंमंरेंसां निसांरेंरेंसांनिपम पनिसांनिपमरेम पनिपमरेमपम रेमरेसा,सारेमप, रेमपनिमपनिसां पनिसांरेंनिसांरेंमं रेंरेंसांसांनिपमरेसासा।
4. सारेमपनिपमप निसांपनिसांसांनिसां मपनिनिसांसांनिसां सारेमरेमपनिप निसांरेंसांरेंमंरेंसां रेंमंपंपंमंमंरेंसां निसांरेंसांनिसांपनि मपरेमरेसानिसा।
5. ममरेममरेमम रेसा,निनिपनिनिप निनिपमसांसांनिसां सांनिसांसांनिप,रेंरें सारेंरेंसांरेंरेंसांनि, मंमंरेंमंमंरेंमंमं रेंसां,पंपंमंपंपंमं पंपंमंरेंसांनिपम ।रेसा

राग बैरागी मध्यलय तीनताल

स्थायी–हर समय प्रभु का ध्यान कीजे, हरिनाम का गुन गान कीजे।

अंतरा–द्वार खुलेंगे सुख के सारे, जब हरि का नाम लीजे।

स्थायी

नि	नि	प	म	रे	सा	नि	सा	रे	–	रे	रे	म	–	म	–
ह	र	स	म	य	प्र	भु	का	ध्या	ऽ	ऽ	न	की	ऽ	जे	ऽ
०				3				x				2			
रे	म	प	प	म	प	नि	सां	निनि	पम	प	म	रे	रे	सा	सा
ह	रि	ना	म	का	ऽ	गु	न	गाऽ	ऽऽ	–ऽ	न	की	ऽ	जे	ऽ
०				3				x				2			

अंतरा

म	म	प	प	नि	–	नि	नि	सां	सां	सां	सां	रें	रें	सा	सां
द्वा	ऽ	र	खु	लें	ऽ	गे	ऽ	सु	ख	के	ऽ	सा	ऽ	ऽ	रे
०				3				x				2			
निसां	रे	सां	सां	नि	नि	प	म	रे	म	प	मरे	रे	रे	सा	सा
जऽ	ब	ह	रि	का	ऽ	ऽ	ऽ	ना	ऽ	ऽ	ऽम	ली	ऽ	जे	ऽ
०				3				x				2			

राग बैरागी मध्यलय तानें

स्थायी

1. सारे मप निसां रेंसां। निनि पम रेसा निसा।
2. मंमं रेंसां निप मप । निसां निप मरे सासा।
3. सारें निसां पनि मप। रेम रेसा मप निसां।
4. सारे मम रेसा रेम। पप मरे मप निनि । पम पनि सांसां निप।
   मप निप मम रेसा।
5. सारे मप निरे मप। निसां मप निसां रें–। मंमं रेंसां रेंरें सांनि।
   सांसां निप निप मम रेसा।

अंतरा

1. सांसां निप मम रेसा। सारे मप निनि सांसां।
2. निसां रेंमं रेंसां निनि। पम पनि सारें निसां।

3. सारें सांनि सांनि पनि। पम पम रेम रेसा। सारे मप निसां रेंसां।

4. मंपं मंमं रेंसां निसां। रें– सांनि पनि सां– । निप मप नि– पम। रेम प– मप निसां

5. सारे मप निसां रेम। पनि सारें मप निसां। रेंमं पनि सारें मंपं। मंमं रेंसां निसां रेंसां।

राग बैरागी तराना तीनताल

स्थायी

नि।।प म रे सा	रे – – सा	सा रे म प	नि म प प
त।। न न दे रे	ना ऽ ऽ त	न न दे रे	त न न न
3	x	2	o
म प नि सां	नि नि प म	सां रें नि सां	प नि म प
दे रे दा नी	तों मं तों म	म्त न न न	दे रे दा नी
3	x	2	o
सा रे म प	नि नि म प	नि नि सां सां	नि प म प
दिरदिर त न	दे रे ना ऽ	तों ऽ म्त न	दे रे ना त
3	x	2	o

अंतरा

प प प म	– प नि नि	सां सां सां सां	रें रें सां सां
त न न तों	ऽ म्त न न	ता रे दा नी	दे रे दा नी
3	x	2	o
सां – रें मं	रें रें सां –	नि नि सां सां	नि प म प
तों ऽ म्त न	दे रे ना ऽ	त न न त	न न दे रे
3	x	2	o
सा रे म प	नि नि सां सां	नि नि प म	रे – सा नि
धा धा तिर किट	तकतिरकिट्तक	धीत्ता गदिगन	धा ऽ धा त
3	x	2	o

63

राग रेवा–राग परिचय

यह राग पूर्वी थाट से उत्पन्न होता है। आरोह अवरोह में मध्यम और निषाद स्वर वर्जित होने के कारण इस राग की जाति औडव–औडव कहलाती है। वादी स्वर षडज तथा संवादी स्वर पंचम है। इस राग का गायन समय सायंकाल है। यह राग विभास राग से मिलता जुलता है। दोनों रागों के स्वर एक ही है, परन्तु अन्तर केवल वादी संवादी का है। राग विभास में धैवत वादी संवादी स्वर कोमल रिषभ है जब की राग रेवा में वादी षडज संवादी पंचम है। रेवा पूर्वांग प्रधान और राग विभास उत्तरांग प्रधान है। विभास राग प्रातःकालिन है जब की रेवा सायंकालीन राग है। राग रेवा में गरेग स्वरों का बार–बार प्रयोग होता है, परन्तु राग विभास में गपधपग स्वरों का प्रयोग होता है।

आरोह–सारेसा, ग रेग, पधप, सां।
अवरोह–सां, पधपग, रेग, रेसा।
पकड़–सा, ग, रेग, पग, पधपग, रे, ग, रेसा।

राग रेवा स्वरविस्तार/अलाप

स्थायी

1. सारेसा, गप, पग, रेगरेसा।
2. पधपग, सांपधपग, पग, रेसा।
3. धप, रेपग,, सां, रेंसां, पधप, ग, रेग, रेसा।
4. पधप, सां, रेंसा, रेंगंरेंसां, पधपग, रेगरेसा।
5. सांप, धपग, रेपग, पधपग, पग, रेसा।

अंतरा

1. पधप, सां, रेंसां, धपग, पधप, सां।
2. रेंसां, गं, रेंसां, धपग, प, धप, सां।
3. गं, रेंसां, रेंगंरेंसां, पधप, सां, रेंसां।
4. पं, गं, रेंगं, रेंसां, सांरेंसां, पधप, सां।
5. रेंगं, रेंसां, सांरेंसां, पधप, ग, प, धप, सां।

राग रेवा सरगमगीत झपताल

स्थायी

प	ग	रे	रे	सा	प	ग	प	ध	प
x		2			०		3		
प	ध	प	–	प	सां	सां	रें	रें	सां
x		2			०		3		
गं	रें	सां	–	सां	रें	सां	ध	ध	प
x		2			०		3		
ग	ग	रे	ग	प	ग	रे	ग	रे	सा
x		2			०		3		

अंतरा

ध	ध	प	ध	प	सां	सां	रें	रें	सां
x		2			०		3		
सां	सां	रें	सां	सां	गं	रें	सां	–	सां
x		2			०		3		
पं	गं	रें	–	गं	रें	सां	सां	रें	सां
x		2			०		3		
प	ध	प	प	ग	रे	ग	रे	रे	सा
x		2			०		3		

राग रेवा विलंबित ख्याल एकताल

स्थायी–बता दे सजनी कब घर आयेंगे पिया।

अंतरा–तरसत हूं निसदिन कैसे, कटेरी दिन रात पिया।

स्थायी

प	ग	रे	सा	सा	सा	सा	–	ग	–	प	–
ब	ऽ	ता	दे	स	ज	नी	ऽ	क	ऽ	ब	ऽ
3		4		x		०		2		०	
प	ध	प	प	सां	सां	रे	रें	सां	सां	पध	पग
घ	र	आ	ऽ	ये	ऽ	गे	ऽ	पि	ऽ	याऽ	ऽऽ
3		4		x		०		2		०	

अंतरा

प	ध	प	सां	सां	–	सां	सां	रें	रें	रें	सां
त	र	स	त	हूं	ऽ	नि	स	दि	न	कै	से
3		4		x		०		2		०	
गं	रेंरें	सां	–	सां	रें	ध	प	ग	प	गरे	सा–
क	टेऽ	री	ऽ	दि	ऽ	न	ऽ	रा	त	पिऽ	याऽ
3		4		x		०		2		०	

राग रेवा विलम्बित ख्याल तानें

1. सारेसासा,सारेपप गरेगरेसा,सारेग पधपगरेगरेसा सारेगपधसांसांध पगरेगरेसा,सारे गपधपधसारेंसां धपगरेगरेसा,सा रेगपधपधसारें गरेंसांसांधपगरे गरेसा,सारेगपध पधसारेंगंपंपंगं रेंसांसांधपगरेग। रेसा
2. गगरेगपपगप धपगरेगरेसाप पगपधसारेंसांध पगपगरेगरेसा पगपधसारेंगं रेंसांसांधपगरेग रेसापपगपधसां रेंगंपंपंगंरेंसांध पगरेगरेसापप गपगरेसासा।
3. सारेंसांसांसारेंगरें गरेंसारेंसांसांसारें गंपंरेंगंरेंसारेंसां सांधपगपधसारें रेंसांसांधपगपध सांधपगपधपग पगरेगरेसासाप धपपसारेंगंरेंसां रेंसांधपगपधप गपगरेगरेसासा।

4. गगरेगरेपपग पगरेगसांसांधप गपगरेगसारेंसां सांधगरेगगंगंरें सांधपगरेगपंपं गरेंसारेंसांधपग रेगसारेसासारेंगं रेंसांसांधपगपग रेगरेसासाधधप। गपग

5. पधपपगपगरे गरेसासांसांधपप रेगरेसारें रेंसांधपगपगरे गरेसागंगंरेंसांध पगपगरेगरेसा सा,पंपंगंपंगंरेंगं रेंसांसांधपगपग रेगरेसाधधसासा।

राग रेवा मध्यलय तीनताल

स्थायी—अवध बिहारी मुझको देना सहारा,
कही छूट न जाये दामन तुम्हारा।

अंतरा—तेरा नाम है मुझको प्राणों से प्यारा,
बांके बिहारी मुझको देना सहारा।

स्थायी

प	ध	प	ग	रे	सा	सा	सा	प	प	ग	प	प	ध	प	ग
अ	व	ध	बि	हा	ऽ	री	मु	ऽ	झ	को	दे	ना	स	हा	रा
3				x				2				०			
प	ध	प	सां	सां	सांसां	रें	सां	प	—ग	प	ग	रे	—	सा	सा
क	हि	ऽ	छू	ऽ	टन	जा	ये	दा	ऽम	न	तु	म्हा	ऽ	रा	ऽ
3				x				2				०			

अंतरा

प	ग	प	ध	प	सां	सां	सां	रेंरें	रें	रें	गं	रें	रें	सां	सां
ते	रा	ऽ	ना	ऽ	म	है	ऽ	मुझ	को	ऽ	प्रा	णों	से	प्या	रा
3				x				2				०			
सां	—	रें	सां	प	—	ध	प—	प	प	ग	—प	ग	रे	सा	सा
बां	ऽ	के	बि	हा	ऽ	री	मु	ऽ	झ	को	ऽस	हा	ऽ	रा	ऽ
3				x				2				०			

राग रेवा मध्यलय तानें

स्थायी

1. सारे गप धप सांसां। पध पप रेग रेसा।
2. गप धप सांसां गंगं। रेंगं रेंसां पध पप।
3. सारें सांसां रेंगं रेंसां। पध पप रेग रेसा।
4. पध पप सांसां पध। रेंगं रेंसां धप गरे । सासा
5. रेंगं पंपं गंपं गरें। सांसां गंगं रेंसां पध। पप रेग पग रेग। रेसा

अंतरा

1. सांसां रेंसां पध पप। गप गरे पध सांसां।
2. पध पप सांसां रेंसां। पध पग पध सांसां।
3. पंपं गरें सांसां रेंसां। पध पग पध सांसां।
4. पध पप गप गरे। सांसां रेंसां गरें सांसां। पध पग पग रेसा।
   पध पग पध सांसां
5. सारे गग पप गग। पध पप गग सांसां। रेंसां पध पप गग।
   रेंगं रेंसां धप गप

64

राग जेताश्री–राग परिचय

राग जेताश्री की उत्पत्ति पूर्वी थाट से मानी गई है। इसके आरोह में रिषभ और धैवत स्वर वर्ज्य तथा अवरोह में सातों स्वर लगने के कारण इसकी जाति औडव–सम्पूर्ण है। वादी स्वर गंधार और संवादी निषाद है। गायन समय सायंकाल है। इसमें राग जैत और श्री दो रागों का मिश्रण है। पूर्वांग में जैत उत्तरांग में श्री राग 1 मंपनिसां 2 रेंनिधप श्री राग और गप, पगरेसा, जैत रागांग है। यह संधि प्रकाश राग है। इस राग में गप पग और रेंनि की संगति प्रमुख है। यह एक गंभीर प्रकृति का राग है। न्यास के स्वर ग,प है। प, धप, मंग, मंग, मंधप, मंपधप, यह स्वर समुदाय द्वारा इस राग में पूरियाधनाश्री का आभास होता है परन्तु राग पूरियाधनाश्री सम्पूर्ण है, और जैताश्री औडव–सम्पूर्ण है। इस राग के उत्पत्ति के बारे में कई मत है। कोई मारवा थाट से, कोई पूर्वी थाट् से, पूर्वी थाट अधिक प्रचलित है।

आरोह–ऩिसा, गप,मंधप, निसां।

अवरोह–सांनिध,पमंग,मंग, रेसा।

पकड़–ऩिसा,गप,पधप,मंग,मंग,रेसा।

राग जेताश्री स्वरविस्तार/अलाप

स्थायी

1. ऩिसा, प. ऩिसा, गमंग, मंग, रेसा।
2. मंधप, निधप, मंधमंग, पगरेसा।
3. सागप, मंधप, सांनिधप, मंग, मंधमंग, रेसा।
4. गमंगप, धप, मंप, निधप, धपमंप, मंग, मंगरेसा।
5. धप, मंप, रेंनिधप, धधप, मंधमंग, मंगरेसा।

अंतरा

1. मंधप, सां, रेंनिधप, सां।
2. सां, रेंसां, गंरेंसां, निधप, मंधमंग, सां।
3. पग, मंधपसां, गंरेंसां, मंधप, सां।
4. गंरेंसां, मंगंरेंसां, निधप, सां।
5. मंगंरेंसां, पंगंरेंसां, रेंनिधप, मंधप, सां।

राग जेताश्री सरगमगीत एकताल

स्थायी

प	प	ग	रे	सा	सा	नि़	सा	मं	ग	रे	सा
x		o		2		o		3		4	
मं़	प	नि़	सा	रे	सा	मं	ग	रे	सा	नि़	सा
x		o		2		o		3		4	
मं	प	मं	ध	प	प	मं	ग	प	ग	रे	सा
x		o		2		o		3		4	

अंतरा

मं	ग	मं	ध	प	प	सां	सां	सां	रें	सां	सां
x		o		2		o		3		4	
पं	गं	रें	सां	नि	सां	मं	ध	प	प	सां	सां
x		o		2		o		3		4	
नि़	सा	ग	प	मं	ध	प	प	मं	ग	रे	सा
x		o		2		o		3		4	

राग जेताश्री विलम्बित खयाल ताल–तिलवाडा

स्थायी–काहे बोलत नाही मोसे पिया

अंतरा–रुठत है निसदिन मोसे मीठे बोलत है औरन से

स्थायी

पग पधपप ग –	रे रे सा गमं	प – प –	मं ग मं ग
काऽ हेऽऽऽ बो ऽ	ल त ना ऽऽ	ही ऽ मो ऽ	से पि या ऽ
3	x	2	o

अंतरा

प प ग ग	प – सां सां	सां सां सां –	रें नि ध प
रु ठ त ऽ	है ऽ नि स	दि न मो ऽ	से ऽ ऽ ऽ
3	x	2	o
मं ग रे रे	सा – नि ध	प – मं ग	रे रे सा सा
मी ऽ ऽ ठेऽ	बो ऽ ल त	है ऽ औ ऽ	र न से ऽ
3	x	2	o

राग जैताश्री विलम्बित ख्याल तानें

1. ऩिरागगरेसागमंगरेसागमंप पनिनिधपमंगरे सा,पमसांगमंपनिनिसां' गंगंरेंसांनिधपमं गरेसागमंपनिनि सां,गंमंपंमंगंरेंसां निधपमंगरेसासा।
2. निधपगप रेंरें सांनिधपगपनिसा गंगंरेंसांनिधपमं गरेगपनिसांगंमं पंपंमगंरेंसांनिध पपमंपमंपमंगरेसा।
3. ऩिसागमंपमंगमं निनिधपमंपगमं परेंरेंसांनिधपग मंपनिसांगंगंरेंसां निधपमंपगमें गंरेंसांनिधपमंप गमंपनिसांगंमंपं मंगमंगरेसानिध पपमंगमंगरे।
4. गमंगमंपपमंप निधनिधपधमंप सांनिसांनिधपमंप रेंसांरेंसांनिधमंप गंरेंगंरेंसांनिधप मंगमंगरेंसांनिसां पंमंपमंगंरेंसांनि सांगंरेंगरेंसानिधप पमंगमंगरेसानि। सा
5. पमंगरेगमंपध धपपमंपमंगरे सागमंपनिनिधप पमंपमंगरेसा गंगंरेंसांनिधपपमं पमंगमंगरेसाग मंपपमंगनिनिध पमंपमंगंमगरेसा

राग जेताश्री मध्यलय झपताल

स्थायी–तेरे द्वारे ज्योत जगाते युग बीते तेरे गुण गाते,
ना मांगू हीरे मोती।

अंतरा–खाली हाथ न जाऊंगा मैं दाता द्वार से तेरे।

स्थायी

ध	ध	प	—	प	म॑	ग	म॑	म॑	ग
ते	रे	द्वा	ऽ	रे	ज्यो	त	ज	गा	ते
x		2			०		3		
ऩि	सा	ग	—	ग	म॑	म॑	पप	पप	——
यु	ग	बी	ऽ	ते	ते	रे	गुंण	गाते	ऽ
x		2			०		3		
म॑	ग	प	—	ध	प	प	सां	नि	ध
ना	ऽ	मां	ऽ	गू	ही	रे	मो	ऽ	ती
x		2			०		3		

अंतरा

म॑	ग	प	ध	प	सां	—	सां	सां	सां
खा	ली	हा	ऽ	थ	न	ऽ	जा	ऊं	गा
x		2			०		3		
नि	सां	गं	म॑	गं	रें	रें	सां	सां	सां
मैं	ऽ	दा	ऽ	ता	द्वा	र	से	ते	रे
x		2			०		3		
म	ध	प	—	सां	नि	ध	नि	ध	प
हे	ऽ	प्र	ऽ	भु	क	ब	हो	ऽ	गे
x		2			०		3		

राग जेताश्री मध्यलय तानें (झपताल)

स्थायी

1. ऩिसा गम॑ पप निसां रेंसां निध पप म॑ग म॑ग रेसा।
2. गम॑ पनि सांगं रेंसा निध पप म॑ग म॑ग रेसा ऩिसा।

3. पनि सांगं मंगं रेंसां निध पमं गमं धमं गरे सासा
4. मंप निसां रेंरें सांनि धप गंगं रेंसां निध पमं गरे सासा
5. मंध पनि सारें सांगं रेंसां मंगं रेंसां निध पमं गरे सासा।

अन्तरा

1. सांनि धप मंग रेसा निसा गमं पनि सांसां रेंसां निसां।
2. सांगं मंपं मंगं रेंसां निध पप गमं पनि सांगं रेंसां।
3. निसा गग साग मंमं गमं पप मंप निसां निध पमं गरे सासा
4. सांसां रेंसां निध पमं गमं धमं गरे धमं गरे साप निसां रेंसां
5. मंध पनि सारें सांगं रेंसां मंगं रेंसां निध पमं गरे सासा

65

राग पूरियाकल्याण–राग परिचय

पूरियाकल्याण राग की उत्पत्ति थाट मारवा से हुई है। यह राग पूरिया तथा कल्याण रागों के मिश्रण से बनी है। पूर्वांग में पूरिया और उत्तरांग कल्याण होता है। वादी षडज, संवादी पंचम है। गायन समय सायंकाल है। पूरिया का अंग अवरोह में दिखाने के लिये पंचम स्वर दुर्बल रखना पड़ता है। यह एक परमेल प्रवेशक राग है। स्वरों का स्थान–सा–अल्पत्व, रे–अल्पत्व, ग–आंशिक न्यास बहुत्व, म–अलंघन बहुत्व, प–सम्पूर्ण न्यास बहुत्व, ध–अलंघन बहुत्व, नि–न्यास बहुत्व के साथ लंघन अल्पत्व। इस राग का समप्रकृति राग पूरिया कल्याण और पूरियाधनाश्री, है, परन्तु रिषभ से कल्याण पंचम से पूरिया और शुद्ध धैवत से पूरिया धनाश्री अलग होता है।

आरोह–ऩिरे॒ग मंधनिसां।

अवरोह–सां,निधप,मंग, रे॒सा।

पकड़–ऩिरे॒ग, मंधप,मंग, रे॒गरे॒मंग, रे॒सा।

राग पूरियाकल्याण स्वर विस्तार

स्थायी

1. ऩि, रे॒ग, रे॒सा, सा(सा), ऩिध़ऩिध़प़, मं़ध़ऩि, रे॒ग, रे॒सा।
2. गरे॒सा, ऩिरे॒ग, मंग, मंरे॒ग, मंप, मंग, मंगरे॒सा।
3. गमंधनि, मंधनि, धप, धमंपमंग, मंरे॒, ऩिरे॒सा।
4. धनिसां, सां(सां)निधनिध(प), मंधनिधप, मंगरे॒, सा।
5. मंधनिसां, धनिरें॒नि, मंधसां, निधमंग, मंरे॒ग, रे॒सा।

अंतरा

1. मंधसां, (सांसां)निधनिधप, निरेंसां।
2. निरेंसां, गंरेंसां, निरेंनिधनिधप, मंधनिरेंसां।
3. निधमंग, रेगमंप, गमंधनि, सां,रेंगंरेंसा।
4. निरेंगंरेंसां, मंगंमंरेंगं, रेंसां, मंधनिधप, मंधनिसा।
5. निरेंगं, रेंगंमंपं, मंगंमंरेंगं, रेंसां, रेंनिधप, मंधसां।

राग पूरियाकल्याण विलंबित ख्याल एकताल

स्थायी–कैसे बताऊ मन की बातें, चैन पड़ेना उनके बिना।

अंतरा–दरस बिना तरसत नैना, घर गई हूं बाट तकत मैं।

स्थायी

गमं	मंधनिध	(प)	प	मं	ग	रे	रे	गमंप	मंमं	प	प
कैऽ	सेऽऽऽ	ऽ	ब	ता	ऽ	ऊ	ऽ	मनऽ	कीऽ	बा	तें
3		4		x		o		2		o	
ग	मंध	ध	धनिसां	सां	नि	ध	(प)	मंमं	ग	मंरे	गग
चै	ऽऽ	न	पऽऽ	ड़े	ऽ	ना	ऽ	उन	के	ऽबि	नाऽ
3		4		x		o		2		o	

अंतरा

मं	गमं	निध	सांसां	सां	सां	सां	निसां	रेंरें	सारें	सां	सां
द	रऽ	सऽ	ऽबि	ना	ऽ	ऽ	ऽऽ	तर	सत	नै	ना
3		4		x		o		2		o	
रें	निध	प	मंध	निध	(प)	मं	ग	मं	रेरे	गरे	सासा
हा	ऽऽ	र	ऽग	ईऽ	ऽ	हूं	ऽ	बा	टत	कत	मैंऽ
3		4		x		o		2		o	

राग पूरियाकल्याण विलंबित ख्याल तानें

1. नि़रे॒गरे॒सासा,नि़रे॒ गम॑म॑गरे॒सा,नि़रे॒ गम॑धनिनिधपम॑ गम॑रे॒गरे॒सानि़रे॒
गम॑निरें॒निधपम॑ गरे॒नि़रे॒सा,नि़रे॒ग म॑धनिरें॒गंरें॒सांनि धपगम॑धगम॑ग
नि़रे॒सा,नि़रे॒गम॑ध निरें॒गंम॑ंम॑ंगंम॑ंगं रें॒निरें॒सांनिधपम॑ गरे॒नि़रे॒सा।

2. नि़रे॒गम॑ध,गम॑ध निसां,धनिसांरें॒गं,गं म॑ंपंम॑ंगंम॑ंरें॒गंरें॒ सांनिधपगम॑धनि
धपम॑रे॒सासा,सारे॒ गग,रे॒गम॑म॑,गम॑ धध,म॑धनिनि,धनि
सांसां,गंगंरें॒सां,म॑ंम॑ं गंरें॒सांनिधप,म॑ग रे॒सा,।

3. नि़रे॒गग,रे॒गम॑ग, म॑धनिध,धनिसांनि, सांनिरें॒सां,गंरें॒सांसां, म॑ंगंरें॒सां,पंम॑ंगंरें॒
सांनिधपम॑गरे॒ग सारे॒नि़रे॒सासा,नि़रे॒ गम॑धनिसांसांनिध म॑गरे॒गरे॒सा।

4. निरें॒गंरें॒सांसां,निरें॒गंम॑ंम॑ंगंरें॒सां,निरें॒गंम॑ंपंम॑ंगंरें॒,निरें॒सांसांगंरें॒सांसांनिधपप
म॑धनिसांरें॒सांनिसांधनिम॑धगम॑रे॒गसारे॒नि़सा।

5. गंपंम॑ंम॑ंपंम॑ंगंम॑ंरें॒गं, रें॒सांनिधपम॑गम॑,रे॒गरे॒सासानि़रे॒ग, रे॒गम॑,गम॑ध,म॑धनि
धनिरें॒रें॒गंम॑ंम॑ंगंरें॒गंरें॒सांनिधपम॑गरे॒नि़रे॒गरे॒नि़रे॒सासा।

राग पूरियाकल्याण मध्यलय तीनताल

स्थायी—सूरज ढलने लगा है, शाम अब होने लगी है।

अंतरा—बीत गए कितने बरस, बहुत लम्बी जुदाई ।

स्थायी

म॑	ध	म॑धनि	ध	(प)	प	प	प	म॑	ग	ग	ग	म॑	ग	रे॒	ग
सू	ऽ	रऽऽ	ज	ढ	ल	ने	ल	गा	ऽ	ऽ	ऽ	है	ऽ	ऽ	ऽ
o				3				x				2			
नि़	रे॒	गम॑	प	प	–	प	–	म॑ध	निसां	नि	ध	म॑	ग	रे॒	सा
शा	ऽ	ऽऽ	म	अ	ऽ	ब	ऽ	होऽ	ऽऽ	ने	ल	गी	है	ऽ	ऽ
o				3				x				2			

अंतरा

म॑	–	ग	ग	म॑	–	ध	म॑ध	सां	सां	सां	सां	गं	रें॒	सां	सां
बी	ऽ	त	ग	ए	ऽ	ऽ	ऽऽ	कि	त	ने	ऽ	ब	र	स	ऽ
o				3				x				2			

रें	गं	मं	गं	रें	गं	रें	सां	नि	ध	नि	ध	मं	ग	रे	सा
ब	ऽ	हु	त	ल	ऽ	म्बी	ऽ	जु	ऽ	दा	ऽ	ई	ऽ	ऽ	ऽ
०				3				x				2			

राग पूरियाकल्याण मध्यलय तानें

स्थायी

1. निरे गमं धनि सांनि। धप मंग रेनिरेसा।
2. निरे गमं धनि रेंगं। रेंसां निध पमं गरे। सासा
3. निरें गमं पंमं गरें। सांनि धप मंग रेसा।
4. गग रेसा निरे गमं। पध निध पमं धनि। रेंसां धप मंग रेसा।
5. निरे गमं धनि सांगं। मंपं मंगं रेंसां निध। परें रेंसां निध पंम।
धनि निध पमं गमं।

अंतरा

1. सांनि धप मंग मंरे। गंम धनि सागं रेंसां।
2. गरें सांनि धप मंग। रेसा गमं धनि सांसां।
3. निरे गमं धनि निध। पमं गमं रेग रेसा। गंगं रेंसां निध पमं।
गमं रेग रेसा निसा।
4. गमं मंग मंध धमं। धनि 'निध निरें रेंसां। गंगं रेंसां निध पमं।
गमं रेग मंप मग।
5. मंग मंग रेसा निध। निध पप गरें गरें। सांनि धप मंध निसां
निध पमं गरे सासा।

66

राग भटियार–राग परिचय

राग भटियार की उत्पत्ति थाट मारवा से मानी गई है। इस राग में दोनों मध्यम व दोनों निषाद स्वर लगते है। इसमें सातों स्वर लगने का कारण इसकी जाति सम्पूर्ण–सम्पूर्ण है। वादी स्वर शुद्ध मध्यम व संवादी स्वर षडज है। आरोह में रिषभ व निषाद स्वर दुर्बल है। इस राग में मांड भंखार राग का आभास होता है। सांध, निप ,धम, पग, मांड के स्वर परन्तु इसके आगे पग, रेसा यह स्वर समुदाय आगे लगाने से राग भटियार का स्वरुप आता है, क्योंकि मांड राग में शुद्ध रिषभ लगता है। पम,पग,पग,रेसा यह स्वर समुदाय भंखार राग में लगते है, परन्तु भंखार राग में वादी स्वर पंचम तथा संवादी स्वर षडज है, भटियार राग में वादी स्वर मध्यम संवादी स्वर षडज होने के कारण एक दूसरे से भिन्न है। भंखार राग में विश्रांति स्वर सा,ग,प, है, परन्तु राग भटियार में सा,म,प है। यह राग प्रातःकालिन राग है। यह वक्र जाति का राग है। स्वरों का प्रयोगः–षड्ज–लंघन, रिषभ–आरोह में अल्पत्व अवरोह में अलंघन बहुत्व, शुद्ध मध्यम–आंशिक न्यास बहुत्व, तीव्र मध्यम–अल्पत्व पंचम–अवरोहात्मक न्यास बहुत्व, धैवत–दीर्घ बहुत्व, निषाद–लंघन अल्पत्व, अवरोह में अनाभ्यास अल्पत्व।

आरोह–साध, धनिपम, पग, मंधसां।
अवरोह–सां, रेंनिधप, धनिपम, पग, मंगरेसा।
पकड़–साध, धपम, पग, रेसा।

राग भटियार स्वरविस्तार/अलाप

स्थायी

1. सारेसा, रेनिध मंधसा, रेसा, म, पग पग, रेसा।
2. साम, मप, धधप, मपधप, पग, पग, रेसा।

3. धधपमप, धनिपम, पग, मंगरेसा।

4. धनिप, मंधसां, निधप, रेंनिधप, म, पग, रेसा।

5. मंधसां, सारेंसां, सां(सां), निधनिधप, मंधसां

अंतरा

1. सां, रेंसां, रेंनिधप, मंधप, मंधसां।

2. सां रेंसां, निरेंगंरेंसां, निधप, धम,पग, मंधसां।

3. निरेंगंरें, गंरेंसां, सांनिधनिरेंसां, निधप मंधसां।

4. सां, गंरेंसां, मंगंमंगंरेंसां, सारेंसां।

5. गंरेंसां, मंगंरेंसां, मंपं, मंग, मंगंरेंसां, निधप, मंधसां।

राग भटियार सरगमगीत तीनताल

स्थायी

ध ध प प	म प ध प	प ग प ग	रे रे सा सा
0	3	x	2
मं ग रे सा	रे नि़ ध़ प़	सा – सा सा	मं ग रे सा
0	3	x	2

अंतरा

मं ध सां सां	सां रें सां सां	नि रें गं रें	गं रें सां सां
0	3	x	2
मं मं पं गं	मं गं रें सां	रें नि ध प	मं ध सां सां
0	3	x	2
सां ध नि प	ध म प ग	ग म ध प	मं ग रे सा
0	3	x	2

राग भटियार विलंबित ख्याल तिलवाडा

स्थायी–आस लगी हरि दरशन की, ढूंढत ढूंढत फिरु बावरी।

अंतरा–कहां छिपे हो श्याम मुरारी, रात अंधेरी बाट निराली।

स्थायी

धधपमप	प	ध	प	म	म	म	म	म॑	ध	सां	सां	रें	नि	ध	प
आऽऽऽऽ	ऽ	स	ल	गी	ऽ	ह	रि	द	र	श	न	की	ऽ	ऽ	ऽ
3				x				2				०			
म	प	ध	ध	प	—	प	प	म॑	ध़	नि	रें	नि	ध	प	प
ढूं	ऽ	ढ	त	ढूं	ऽ	ढ	त	फ़ि	ऽ	रु	ऽ	बा	ऽ	व	री
3				x				2				०			

अंतरा

म	म	ध	म	सां	—	सां	सां	नि	रें	गं	रें	सां	रें	सां	सां
क	हा	छि	पे	हो	ऽ	ऽ	ऽ	श्या	ऽ	म	मु	रा	ऽ	री	ऽ
3				x				2				०			
नि	रें	नि	ध	नि	ध	प	प	प	ग	प़	ग	रे	रे	सा	सा
रा	ऽ	त	अं	धे	ऽ	री	ऽ	बा	ऽ	ट	नि	रा	ऽ	ली	ऽ
3				x				2				०			

राग भटियार विलम्बित ख्याल तानें

1. नि़रेगगरेसासा,ध धपपमपधपध मपगमरेसा,रेंरेंसां निधपमपधमप गरेसा,गंगंरेंसांनि धपपमपधमप गरेसा,म॑ंगंम॑ंगंरें सांनिधपमपगरे सासा,नि़सागमधनि रेंगंमंपंम॑ंगंरेंसां निधपम॑म॑गरेसा।
2. गगरेसाधधपप गगरेसा,निनिधध पधनिनिधनिसांसां निसांगंगंरेंसांनिध पपमपधपमप मरेसा,नि़रेगम॑ध नि,म॑धनिरेंगंगंरें सांनिधपपम॑गम॑ गरेसानि़रेगमध पमगरेसानि़रे। सा
3. नि़रेगगरेगमम गमपपमपधध पधनिनिधनिसांसां निसांगंगंरेंसांनिध पपमपधमपध मपगम॑गरेसा,नि़रेगमधनिमधनि रेंगं़गंरेंसांनिधप पगरेसानि़रेगम।
4. नि़रेगरेसासा,नि़रे गमम॑गरेसा,नि़रे गमपगम॑गरेसा सा, निधपपधरेंसां निधप, धसांनिधप प, गमधनिरेंसांनि धपपमपपगम॑ गरेसा, गमधनिरे सांनिधपम॑गरेसा।

5. मंगरेसासाधधप पमपधपगपग रेसा, निरेंनिधपप मपधपमपगरे सा, गंगरेंसांनिधप पमपधधपपग पगरेगरेसा,मम पगमधनिसांसारें रेंसांनिधपमपध पमपगपरेसासा।

राग भटियार मध्यलय तीनताल

स्थायी—काहे छेड़त बंशी कान्हा, सुधबुध बिसर नाचे राधा।

अंतरा—शीश मुकुट साजे अति सुन्दर, बंशी बाजे शाम अधर।

स्थायी

ध	ध	प	प	म	प	ध	प	ग	—	ग	मं	ग	रे	सा	सा
का	ऽ	हे	ऽ	छे	ऽ	ड़	त	बं	ऽ	शी	ऽ	का	ऽ	न्हा	ऽ
3				x				2				०			
ध़	ध़	सा	सा	रे	रे	सा	सा	प	प	ग	प	ग	रे	सा	सा
सु	ध	बु	ध	बि	स	र	ऽ	ना	ऽ	चे	ऽ	रा	ऽ	धा	ऽ
3				x				2				०			

अंतरा

म	—	म	ग	प	प	प	—	सां	—	सां	सां	रें	रें	सां	सां
शी	ऽ	श	मु	कु	ट	सा	ऽ	जे	ऽ	अ	ति	सु	ऽ	न्द	र
3				x				2				०			
नि	रें	गं	रें	सां	—	सां	सां	नि	रें	नि	ध	नि	ध	प	पप
बं	ऽ	शी	ऽ	बा	ऽ	जे	ऽ	शा	ऽ	ऽ	म	अ	ध	र	ऽऽ
3				x				2				०			

राग भटियार मध्यलय तानें

स्थायी

1. नि़रे गमं धनि सांसां। निध पग मंग रेसा
2. गरें सांनि धप मप। धंध पप गरे सासा
3. गमं पमं गरें सांनि धप निनि धपं मध। पप गप गरे सासा

4. ऩिरे गग रेग मम। गम धध मंध निनि। धनि सांसां गंगं रेंसां ।
   निध पम पग रेसा।

5. धनि सांसां गंगं रेंसां मंगं मंगं रेंसां पंपं। मंगं मंगं रेंगं रेंसां।
   निध पध मप गम। धध पप मंमं गरे। सा।

अंतरा

1. सांनि धप धम पग। रेसा ऩिरे गमं धनि। सां

2. निरें गरें सांनि धप। मंध निसां रेंगं रेंसां।

3. मंमं गरें सांनि धप। धम पग धनि सांसां।

4. धध पप मप धप। सांनि धप रेंरें सांनि। धप मप धप गप।
   गरे गरे सासा साग

5. निरें गंगं रेंसाधनि। रेंरें सांसां पध निनि। धप मप धध पप।
   मंध निसां रेंरें सांसां।

67

राग जोग–राग परिचय

राग जोग काफ़ी थाट से उत्पन्न माना गया है। इसमें दोनों गंधार तथा कोमल निषाद स्वर लगते है। ऋषभ व धैवत स्वर वर्ज्य होने के इसकी जाति औडव–औडव है। वादी मध्यम व संवादी स्वर षडज है। गायन समय रात्रि का दूसरा प्रहर है। शुद्ध गंधार का प्रयोग प्रायः आरोह में किया जाता है और कोमल गंधार का प्रयोग अवरोह में किया जाता है। इसमें गमप, निप,म, सांनिपम इस स्वर समुदाय द्वारा राग तिलंग का आभास होता है, तिलंग राग में दोनों निषाद का प्रयोग होता है, परन्तु राग जोग में केवल कोमल निषाद स्वर लगता है। राग तिलंग में शुद्ध गंधार लगता है, जब की राग जोग में दोनों गंधार का प्रयोग होता है। राग तिलंग खमाज थाट का है, राग जोग काफ़ी थाट का है। सांनिपमग यह स्वर समुदाय राग में आने के कारण राग धानी राग का आभास होता है, राग जोग में दोनों गंधार तथा राग धानी में केवल कोमल गंधार स्वर लगने से एक दूसरे से भिन्न है। गमगसागम, प, म ग, म, साग सा यह राग जोग स्वर समुदाय जोगकंस राग में आता है। स्वरों का प्रयोगः–कोमल गंधार–अनाभ्यास अल्पत्व, शुद्ध गंधारः–आरोह में दीर्घ बहुत्व, शुद्ध मध्यम;–आरोह में दीर्घ बहुत्व, अवरोह में लंघन एवं अनाभ्यास अल्पत्व, पंचमः–सम्पूर्ण न्यास बहुत्व स्वर, कोमल निषादः–अनाभ्यास एवं लंघन अल्पत्व, शुद्ध निषादः–अनाभ्यास अल्पत्व।

आरोह–निसा, गम, प, निसां।

अवरोह–सां, निपम, गम, गसा।

पकड़–निपम, पम, गम, सागसा।

राग जोग स्वर विस्तार/अलाप

स्थायी

1. नि़नि़सा, सा(सा)नि़प़, म़प़नि़नि़ सा।
2. प़नि़सा, गगसा, नि़सा, नि़प़, नि़नि़सा, गसा।
3. गम, मप, मग, गमप, गमसागसा, नि़प़नि़नि़सा।
4. मप, निनिप, मपगमप, गम, सागसा, नि़सा।
5. गमपनि, सां, (सां)निप, मप, गमप, गम, सागसा।

अंतरा

1. पनिसां, निसांनिप, मपगमपनि, निसां।
2. गमपनिनिसां, निसां, गंगंसां, निसांनिप, मपगमप, निनिसां।
3. सां,पनिसां, गंगंसां, निपमप, गमपनि, सां।
4. गंसां, पनिसांगंगं, निसां, निनिप, निसां।
5. गंमंपं, मंपं, गंमंगंगं, सां, निनिपमपगमप, निसां ।

राग जोग सरगमगीत तीनताल

स्थायी

ग	म	प	नि	सां	सां	नि	प	ग	म	प	म	ग	ग	सा	सा
o				3				x				2			
प़	नि़	सा	सा	ग	ग	सां	सा	ग	म	प	म	सा	ग	सा	सा
o				3				x				2			
प	नि	सां	सां	नि	प	म	प	नि	प	म	प	ग	म	ग	सा
o				3				x				2			

अंतरा

ग	म	प	नि	सां	सां	सां	सां	प	नि	सां	सां	गं	गं	सां	सां
o				3				x				2			

गं मं पं पं	सां गं सां सां	नि नि सां सां	नि सां नि प
०	3	x	2
ग म प नि	सां नि प म	ग म प म	सा ग सा सा
०	3	x	2

राग जोग विलंबित ख्याल तीलवाडा

स्थायी—मन में पावन राखिये, सब काम बने क्षण में।

अंतरा—सुर की साधना सुन्दर साधना, ईश मिले प्रभु गान में।

स्थायी

सा ग गमपगम गसा	ग – ग ग	म प गमपनि सां	नि – प –
म न कोऽऽऽऽ ऽऽ	पा ऽ व न	रा ऽ ऽऽऽऽ खि	ये ऽ ऽ ऽ
3	x	2	०
ग म प निप	सां – सां सां	नि – प –	ग म ग सा
स ब का मऽ	ब ऽ नेऽ ऽ	क्ष ऽ ण ऽ	में ऽ ऽ ऽ
3	x	2	०

अंतरा

म प गमपनि प	सां – सां सां	नि नि सां सां	गं मं गं सां
सु र की–ऽऽऽ ऽ	सा ऽ ध ना	सु ऽ न्द र	सा ध ना ऽ
3	x	2	०
ग म पनि सां	नि नि प –	म ग म प	ग गम साग सा
ई ऽ शऽ मि	ले ऽ ऽ ऽ	प्र भु गा ऽ	ऽ नऽ में ऽऽ
3	x	2	०

राग जोग विलंबित ख्याल तानें

1. निसागगसासा,निसा गमपमगमगग सासा,निसागमपनि निपमपगमगग सासा,निसागमपनि सांनिनिपमगमगगसासा,निसागमपनिसांगंगंसांसांनि निपपमपगमग गसासा,गमपनिसां गंमंपंगंमंगंगंसां निपमपसागसासा।
2. गमपपमप,निनि पमप,गमपनिसां निनिपमप, गमप निसांगंगंसांनिनिप मप,गमपनिसांगं मंपंगंमंगंगंसांनि निपमपगमपग मसागसासानिसा–।

3. निसागंगंसांसांनिसां गंमंपंमंगंमंसांगं सांसां,सांसांनिपमप
निसां,गमपनिपनि सांसांगंगंसांसांनिसां निपमपगमसाग
सासा,गमपनिपनि सांसांनिपमपगम गगसासागमपप।

4. पपमपगमपप,सागमपगमपप,प़नि़सागमपगम पपनिनिपमगम
पप,सांनिपमगम पप,गंगंसांसांनिप मपगमपप,गंमं पंगंमंसांगंसांसांनि
पमपगमपप,ग मपमसागसासा

५. गमपगमपगम पगमसागसासा,प निसांपनिसांपनिसां सांनिपमपगमसा
गसासा,गंमंपंगंमं पंगंमंगंगंसांसांनि पमपगमसागसा सा,गमपनिसांसां–

राग जोग मध्यलय तीनताल

स्थायी–गाओ गीत नित नये प्रभु के, जानों सुर के भेद को।

अंतरा–चंचल मन को बांधेंगे सुर, सरल नही यह खेल सुरो का।

स्थायी

नि	सां	नि	प	म	–	नि	पम	ग	ग	गं	म	ग	ग	सा	सा
गा	ऽ	ओ	ऽ	गी	ऽ	त	निऽ	ऽ	त	न	ये	प्र	भु	के	ऽ
०				3				x				०			
सा	–	ग	म	प	प	प	प	नि	सां	नि	प	म	गम	ग	सा
जा	ऽ	नो	ऽ	सु	ऽ	र	के	भे	ऽ	ऽ	द	को	ऽऽ	ऽ	ऽ
०				3				x				०			

अंतरा

ग	म	प	नि	सां	सां	सां	सां	नि	सां	गं	मं	गं	गं	सां	सां
चं	ऽ	च	ल	म	न	को	ऽ	बां	ऽ	धें	ऽ	गे	ऽ	सु	र
०				3				x				2			
गं	मं	गं	सां	नि	सां	नि	प	ग	म	प	म	सा	ग	सा	सा
स	र	ल	न	ही	ऽ	य	ह	खे	ऽ	ल	सु	रो	ऽ	का	ऽ
०				3				x				2			

राग जोग मध्यलय तानें

स्थायी

1. निसा गम पनि सांसां। निनि पम गम गसा।
2. पनि सांगं मंपं गंमं। गंसां निनि पम गम।गसा
3. साग मप गम पप। गम पनि पनि सांसां। पनि सांगं सांनि पम।
गम पम गम गसा।
4. गम पम पनि पम। पनि सांनि पम पनि। सांगं सांनि पम पनि।
पम गम साग सासा।
5. पनि सांसां गंगं सांसां। गंमं पंमं गंमं गंसां। सांसां निप मप गम।
पम गम साग सासा।

अंतरा

1. सांसां निप मप निनि। पम गम गसा पनि। सांसां
2. सांगं मंपं गंमं गंसां। निप मप निनि सांसां।
3. निनि पनि निप मप। गम साग सासा गंगं। सांगं गंसां निसां निप।
मप गम पनि सांसां।
4. निनि पम गम पनि। सांसां गंमं गंसां गंमं। पंगं मंगं सांसां निसां।
निनि पनि पप मप। निसां
5. गम पप मप निसां। निप गंमं गंसां गंमं। पंमं गंमं सांगं सांसां।
निप गम पनि सांसां ।

राग जोग तराना तीनताल

स्थायी

ग	म	प	ग	–	सा	ग	ग	सा	–	–	सा	सा	ग	म	प
त	न	न	ता	ऽ	न	दे	रे	ना	ऽ	ऽ	त	दे	रे	ना	ऽ
०				3				x				2			
प़	नि़	सा	ग	म	प	ग	म	प	–	प	प	नि	नि	प	प
उ	दा	नि	त	त	न	दे	रे	दीं	ऽ	म्त	न	त	न	दे	रे
०				3				x				2			

ग म प नि	सां नि प म	ग – ग म	ग ग सा सा
तुम दिरर्दिरर्दिर	दिरर्दिर त न	तों ऽ म्त न	दे रे ना ऽ
०	3	x	2

अंतरा

ग म प नि	सां सां सां सां	नि – सां सां	गं गं सां सां
ना दिर दिर दिर	दिर दिर त न	दीं ऽ म्त त	न न त न
०	3	x	2
गं मं पं पं	गं मं गं सां	नि नि सां सां	नि सां नि प
उ दा नी त	नि त दा नी	दिर दिर त न	तों ऽ म्त न
०	3	x	2
ग म प प	म प नि नि	प नि सां सां	गं गं सां सां
धा धा कीट्तक	तक धुमकिट्तक	तक क्डाऽ न धाऽ	किट तकधा–धा–
०	3	x	2

राग जोग ध्रुपद चौताल

स्थायी–वेदना के टीस जो जाने वही इन्सान है,
देखकर जलना किसी को ही महा अग्यान है।

अंतरा–मांग कर पूजा करे पूजा उसकी आर्त है,
साध्य को साधन बनाना ही महा एक स्वार्थ है।

स्थायी

ग	–	म	ग	ग	सा	नि़	प़	नि़	सा	सा	सा
वे	ऽ	द	ना	ऽ	के	टी	ऽ	स	जो	ऽ	ऽ
x		०		2		०		3		4	
ग	म	प	प	म	प	नि	प	म	प	ग	म
जा	ऽ	ने	व	ही	ऽ	इ	न्सा	ऽ	न	है	ऽ
x		०		2		०		3		4	

प	नि	सां	सां	नि	सां	नि	—	प	प	म	प
दे	ख	क	र	ज	ल	ना	ऽ	की	सी	ऽ	को
x		०		2		०		3		4	
ग	म	प	प	म	प	ग	म	ग	ग	सा	सा
ही	ऽ	म	हा	ऽ	अ	ग्या	ऽ	न	है	ऽ	ऽ
x		०		2		०		3		4	

अंतरा

ग	म	प	नि	प	नि	सां	सां	नि	नि	सां	सां
मां	ग	ऽ	क	ऽ	र.	पू	जा	ऽ	क	रे	ऽ
x		०		2		०		3		4	
सां	गं	मं	गं	मं	गं	सां	सां	नि	सां	नि	सां
उ	स	ऽ	की	ऽ	ऽ	आ	ऽ	र्त	है	ऽ	ऽ
x		०		2		०		3		4	
नि	प	म	प	ग	म	प	नि	प	नि	सां	सां
सा	ऽ	ध्य	को	ऽ	सा	ध	न	ब	ना	ऽ	ना
x		०		2		०		3		4	
नि	नि	प	प	म	प	ग	म	ग	ग	सा	सा
ही	ऽ	म	हा	ऽ	ऽ	ए	ऽ	क	स्वा	र्थ	है
x		०		2		०		3		4	

68

राग शुद्ध सारंग–राग परिचय

शुद्ध सारंग यह राग काफ़ी थाट से उत्पन्न होता है। इसमें गंधार स्वर वर्जित होने के कारण इसकी जाति षाडव–षाडव है। इसमें दोनों मध्यम तथा निषाद लगते है। वादी ऋषभ, संवादी पंचम है। गान समय दिन का दूसरा प्रहर है। शुद्ध मध्यम का प्रयोग अधिकतर अवरोह में किया जाता है। तीव्र मध्यम का प्रयोग आरोह अवरोह में किया जाता है, परन्तु अवरोह में सांनिधप, म'रेसा इस प्रकार नहीं किया जाता है। धैवत स्वर का प्रयोग आरोह में किंचित किया जाता है। कोमल निषाद का प्रयोग अवरोह में किया जाता है। शुद्ध निषाद का प्रयोग आरोह अवरोह में सरलता से होता है। इसमें रेप तथा रे व पमरे यह स्वर संगति आती है। शुद्ध सारंग राग मेनि़सा,रेम'प,धम'प,रेम'पनि इस प्रकार लेकर निषाद स्वर जोरदार रखने से श्यामकल्याण का आभास होता है, परन्तु श्यामकल्याण में गंधार स्वर लगता है और शुद्धसारंग में वह गंधार वर्ज्य है। जैसे नि़सा, रेम'प,धम'प,रेम'पनि इसके आगे म'प,मरे,नि़सारे, नि़सा इस प्रकार लिया तो श्यामकल्याण होगा और नि़सा,रेम'प,धम 'प, रेम'पनि इसके पमरे अथवा पम'मरे इस प्रकार लिया तो शुद्धसारंग होगा। इसके अतिरिक्त श्यामकल्याण में आरोह में धैवत वर्ज्य है और शुद्धसारंग में धैवत आरोह में लिया जा सकता है। श्यामकल्याण में म'मर इस प्रकार दोनों मध्यम एक के आगे एक नहीं लिये जाते है, शुद्धसारंग जाते परन्तु शुद्धसारंग में लिये जाते है। दोनों रागों में थाट, समय भिन्न–भिन्न है। राग शुद्धसारंग में जब गुनीजन रेप,म'पधप स्वर लेने से राग कामोद का आभास होता है परन्तु कामोद में भी गंधार स्वर लिया जाता है, और शुद्धसारंग में गंधार स्वर वर्जित है। रेप, म'पधप इसके आगे यदि गमप, गमरेसा लिया तो कामोद होगा और म'मरे, रेमरेसा लेने से शुद्धसारंग होगा। इसके अलावा दोनों के थाट, समय भिन्न–भिन्न है। स्वरों का प्रयोग ऋषभः–आंशिक न्यास बहुत्व, पंचम, निषादः–पूर्ण न्यास, शुद्ध मध्यमः–अवरोह में अभ्यास बहुत्व, तीव्र मध्यमः–अलंघन बहुत्व, धैवतः–दोनों में अल्पत्व।

आरोह–ऩिसा, रे, मरे, मंप, निसां।

अवरोह–सांनिधप, मंमरे, सा।

पकड़–ऩिसा, रेमरेसा, ऩि, ऩि सारे, सारेमंप, मंमरे, रेपमरे, सा।

राग शुद्धसारंग स्वरविस्तार/अलाप

स्थायी

1. सा(सा)ऩि, मंप़, ऩिसा, रे, मरे, सा।
2. रेमंप, प (प), मंमरे, रेपमरे, सा।
3. मंमंप, रेमंपनि, धप, मंपमंमरे, सा।
4. रेमंपनि, मंपनि, सांनिप, मंमरे, सा।
5. पनिसां, सां(सां), निधप, रेमंप, मंप, निनिधप,।

अंतरा

1. निसां, सारेंसां, रेमंपनिसां।
2. पसां, मंपनिसां, सारेंसां, निध निध, मंपनिसां
3. पनिसारें, मरेंनिसां, निप, मरे, मंपनिसां।
4. रेंमरेंसां, रेंपरें, मरेंसां, निधप, मंपनिसां।
5. मंमरेसा, ऩिसारेमंपनिसां, सां(सां), निप, मंपनिसां, रेंसां।

राग शुद्धसारंग सरगमगीत तीनताल

स्थायी

म	म	रे	सा	रे	मं	प	प	ध	ध	प	प	म	म	रे	सा
०				3				x				2			
प़	ऩि	सा	सा	रे	रे	सा	सा	मं	–	प	प	मं	म	रे	सा
०				3				x				2			
सां	नि	ध	प	मं	म	रे	सा	रे	मं	प	प	ध	ध	मं	प
०				3				x				2			

अंतरा

मं	प	नि	नि	सां	–	सां	सां	नि	सां	रे	सां	नि	प	म	रे
०				3				x				2			
रें	मं	रें	सां	मं	रें	सां	सां	नि	ध	प	प	मं	म	रे	सा
०				3				x				2			

राग शुद्धसारंग विलंबित ख्याल तिलवाडा

स्थायी–श्याम सुन्दर की छबि सुकुमार, मन को मोहे बार बार।

अंतरा–सीस मुकुट पिताम्बर सोहे, अधर मुरलियां धुंधुर बाजे।

स्थायी

म	रे	सा	सा	रे	मं	म	रे	प	प	प	प	मं	म	रे	सा
श्या	ऽ	म	सु	न्द	र	की	ऽ	छ	बि	सु	कु	मा	ऽ	ऽ	र
3				x				2				०			
मं	प	नि	धप	मं	मं	प	प	मं	–	प	प	मं	म	रे	सा
म	ऽ	न	कोऽ	मो	ऽ	हे	ऽ	बा	ऽ	रं	ऽ	बा	ऽ	ऽ	र
3				x				2				०			

अंतरा

प	–	नि	नि	सां	सां	सां	सां	नि	नि	सां	सां	नि	ध	प	प
सी	ऽ	स	मु	कु	ट	पि	ऽ	ता	ऽ	म्ब	र	सो	ऽ	हे	ऽ
3				x				2				०			
मं	रें	सां	सां	नि	ध	प	प	मं	प	निसां	रेंसां	नि	ध	प	प
अ	ध	र	मु	र	लि	या	ऽ	घुं	ऽ	घुऽ	रऽ	बा	ऽ	जे	ऽ
3				x				2				०			

राग शुद्धसारंग विलंबित ख्याल तानें

1. ऩिसारेमरेसा,ऩिसा रेमंपमंपमरेऩिसा, ऩिसारेमंपनिनिध पमरेमरेसासाऩि सा,ऩिसारेमंपनिसां रेंसांनिधपमरेमरे ऩिसा,ऩिसारेमंपनि सांमंमंरेंसांनिनिध पमंपमंमरेऩिसा।

2. मंमरेसानि़सा,पपमं मरेसानि़सानिनिध पमंपमंमरेसानि़सारेंरेंसांनिधपमं पमंमरेनि़सा,मंमं रेंसांनिसारेंरेंसांनि, मंपनिनिधपमंप मंमरेनि़सा,नि़सारे मंप,मंपनिसारेंमं मरेंसांनिनिपमंप मंमरेसारेमंपप।

3. निसांमंमंरेंसांनिसां, रेंरेंसांनिपनिसांसां निपमंपनिनिपम, सारेपधपधधमं पनिधनिनिपनिसारें सांनिरेंमंरेंसांनिनि पपमंपनिसारेंरें सांनिधपमंपनिनि धपमंपमंमरेसा।

4. ममरेममरेमम रेसानि़सा,निनिपनि निपनिनिधपमंम रेनि़सा,रेंरेंसारेंरें सारेंरेंसांनिधपम पमंमरेनि़सा,मंमंरें मंमंरेंमंमंरेंसांनि धपपमंपनिसारें सांनिधपपमंपनि निधपमंपमंम रेनि़सामरेपमध पनिधसांनिरेंसांमं रेंसांनिधपमंपमं मरेनि़सारेमंपप।

5. नि़सारेमंपपमंप, पपमंपनिनिधप मंधपमंपसारेंसां निधपमंपपमंप मंमंरेंसांनिधपप मंपपमंपरेंमंपं मंपंमंमंरेंसांनिध पपमपपरेमरे सा,नि़सारेमरेमंप निमंपनिसारेंसांनि धपमंपमरेनि़सा।

राग शुद्धसारंग मध्यलय तीनताल

स्थायी–मैं आई तुम्हरे मिलन को बलमा, जागत–जगत बीती रैना

अंतरा–आज मिलन का दिन है सुहाना, अब न कभी मोहे बिसराना।

स्थायी

म	म	रे	सा	–	सा	नि़	सा	रे	मं	प	नि	ध	प	मं	प
मैं	ऽ	आ	ई	ऽ	तु	म्ह	रे	मि	ऽ	ल	न	को	ब	ल	मा
o				3				x				2			
रे	मं	प	नि	सां	सां	रें	सां	रे	मं	प	ध	मं	म	रे	सा
जा	ऽ	ग	त	ज	ग	त	ऽ	बी	–	ती	ऽ	रै	ऽ	ना	ऽ
o				3				x				2			

अंतरा

मं	प	नि	नि	सां	सां	सां	सां	नि	सां	रें	मं	रें	रें	सां	सां
आ	ऽ	ज	मि	ल	न	का	ऽ	दि	न	है	सु	हा	ऽ	ना	ऽ
o				3				x				2			

प	नि	सां	रे	सां	नि	ध	प	मं	प	मं	म	रे	रे	सा	सा
अ	ब	न	क	भी	ऽ	मो	हे	बि	ऽ	ऽ	स	रा	ऽ	ना	ऽ
०				3				x				2			

राग शुद्धसारंग मध्यलय तानें

स्थायी

1. ऩिसा रेमं पनि सांसां। निध पम रेम रेसा।
2. मंप निसा रेंमं रेंसां। निध पमं मरे सासा।
3. रेंमं पंरें मंरें सांसां। निध पप रेम रेसा। सारे सासा रेमं पप।
4. निसां रेंमं रेंसां निसां। रेंमं पंपं रेंमं रेंसां। मंमं रेंसां निध पप।
   सांनि धप मंम रेसा।
5. ऩिसा रेमं पप रेम। पनि सांसां पनि सांरें। मंप रेंमं रेंसां निध।
   पप रेमं पम रेसा।

अंतरा

1. सांनि धप मरे मरे। सासा रेमं पनि सांसां।
2. रेंमं रेंसां निध पप। मंप निसां रेंरें सांसां।
3. रेंमं रेंपं मंपं रेंमं। रेंसां मंप निसां रेंसां।
4. निसां रेंमं रेंसां निसां। रेंमं पंरें मंरें सांसां। मंमं रेंसां रेंरें सांनि।
   धप रेमं पनि सांनि। धप रेमं पनि धप।सां
5. मम रेसा पप मंप। मरे सासा निनि पप। मरे मरे सासा मंमं।
   रेंसां निध पप मरे। सासा पनि सांरें सांसां।

69

राग नायकी कानडा–राग परिचय

इस राग उत्पत्ति काफ़ी थाट से मानी गई है। इसमें गंधार एवम निषाद स्वर कोमल लगते है। आरोह अवरोह दोनों में धैवत स्वर वर्ज्य होने के कारण इसकी जाति षाडव–षाडव है। वादी स्वर मध्यम और संवादी स्वर षडज है। गायन समय मध्यरात्रि का है। इस राग की उत्पत्ति दो रागों के मिश्रण सूहा और सारंग से हुई है। सूहा राग के स्वर गम,पगम,निप सां,निप,मपग,म तथा सारंग के स्वर उत्तरांग में मपनिप,निसां,सारें सां,निप। इस राग में रे प की संगति होती है। नायकी कानडा में रेप की संगति, वादी मध्यम रहने के कारण यह राग एक दूसरे से भिन्न राग होते है। यह राग गंभीर प्रकृति का राग है। कुछ विद्वान कोमल धैवत का वक्र प्रयोग अल्प रूप में करते है जैसे धनिप। स्वरों का प्रयोगः–षडज–सामान्य, रिषभ–आरोह में लंघन रहित एवं अवरोह में दीर्घ, गंधार–न्यास बहुत्व, मध्यम–आंशिक न्यास बहुत्व पंचम–न्यास बहुत्व, कोमल निषाद–अनाभ्यास व लंघन दोनों है।

आरोह–नि़सा,रेप,ग, म, निप, सां।
अवरोह–सां,निप, मपगम, रेसा,रे,सा।
पकड़–नि़सा, रेप, गम रेसा,रे, सा।

राग नायकी कानडा स्वरविस्तार/अलाप

स्थायी

1. सा(सा), नि़प़, म़प़,सा, रेसा।
2. नि़सा, रेप, गगम, प, गग, मरेसा।
3. मप, निपसां, निपमप, गमरेसा।
4. मपसां, रेंसां, रेंसां, निसां, निप, गमरेसा।
5. गगम, प, निप, निसां, निप, गम, रेसा

अंतरा

1. निप, निसां, रें, रेंसा, निप, सां।
2. सां, रेंसां, निप, मप, निसां।
3. सांरेंगंगंमंरेंसां, निसां, निप, सां।
4. मपसां, निसां, रेंपं, गंगंमंरेंसां।
5. गंगंमं, रेंसां, निसां, निप, मपसां।

राग नायकी कानडा स्वरमालिका तीनताल

स्थायी

नि़	सा	रे	प	ग	म	रे	सा	नि़	प़	म़	प़	नि़	नि़	सा	सा
o				3				x				2			
रे	प	ग	ग	म	म	नि	प	म	प	ग	म	रे	रे	सा	सा
o				3				x				2			
म	प	नि	प	म	प	सां	सां	नि	प	म	प	ग	म	रे	सा
o				3				x				2			

अंतरा

म	प	नि	प	सां	–	सां	सां	रें	रें	सां	सां	नि	सां	नि	प
o				3				x				2			
रें	पं	गं	मं	रें	रें	सां	सां	नि	प	म	प	नि	नि	सां	सां
o				3				x				2			
नि़	सा	रे	प	नि	प	म	प	ग	म	प	म	ग	म	रे	सा
o				3				x				2			

राग नायकी कानडा विलंबित ख्याल तिलवाडा

स्थायी–घड़ी घड़ी याद वो आये मोहे, चैन पड़े ना पलभर उन बिन।

अंतरा–राह निहारु सारी रैना, आ जाओ ना अब तो सजना।

स्थायी

प–	मप	नि	नि	प	प	ग	म	म	रे	सा	सा	ऩि	प़	ऩि	सा
घ–	ड़ी–	घ	ड़ी	या	ऽ	द	ऽ	वो	ऽ	आ	ये	मो	ऽ	हे	ऽ
3				x				2				०			
म	प	नि	नि	प	–	म	प	म	प	म	रे	सा	रे	सा	सा
चै	ऽ	न	प	ड़े	ऽ	ना	ऽ	प	ल	भ	र	उ	न	बि	न
3				x				2				०			

अंतरा

म	प	नि	नि	सां	–	सां	सां	नि	सां	रें	सां	नि	नि	प	प
रा	ऽ	ह	नि	हा	ऽ	रु	ऽ	सा	ऽ	री	ऽ	रै	ऽ	ना	ऽ
3			x			2			०						
मं	–	मं	मं	मं	मं	रें	सां	नि	नि	प	प	ग	म	रे	सा
आ	ऽ	जा	ओ	ना	ऽ	अ	ब	तो	ऽ	ऽ	ऽ	स	ज	ना	ऽ
3				x				2				०			

राग नायकी कानडा विलंबित ख्याल तानें

1. ऩिसारेपगमरेसा, रेपमपनिसांनिनि पमपगरेसारेप मपनिसांगंमंरेंसां निनिपमपगमरे सा,रेपमपनिसांमं मंरेंसांनिनिपमप गमरेसाऩिसारेप मपनिसारेंपंगंमं रेंसांनिनिपमप।
2. पपमपगमरेसा निनिपमपगमरे सा,रेंरेंसांनिनिपम पगमरेसागंगंमं रेंसांनिनिपमपग मरेंसांनिनिपमप गमरेसा,मंपंगंमं रेंसांनिनिपमपग मपगमरेसाऩिसा।
3. निनिपमपमपसां रेंरेंसारेंनिसांनिनि पमपसांमंमंरेंसां निनिपमपसांगंगं सांनिनिपमप सारेंपंगंमंरेंसांनि निपमपसांनिनिप मपगमरेसाऩिसा।
4. ममरेपपमनिनि प,सांसांनिरेंरेंसां,मं मरेंपंपंमंपंगंमं रेंसां,निनिपनिसारें सांनिनिपमनि सारेंरेंसांनिनिपम पसारेंमंरेंसांनिनि पमपसारेंमंपंम मरेंसांनिनिपमप।
5. निसांमंमंरेंसांनिसां रेंपंगंमंरेंसारेंरें सारेंरेंसांनिसांनिनि पनिनिपमपमम मरेसासा,मम रेपमपनिसारेंमं रेंसारेंपंगंमंरेंसां पनिमपगमरेसा।

राग नायकी कानडा मध्यलय तीनताल

स्थायी–बड़ा नटखट है गिरधारी, रुठ गई है गोपियां सारी।

अंतरा–रोकत टोकत छेड़त कान्हा, ठाड़ो बीच में पनघट की राह पर।

स्थायी

नि़	सा	रे	प	प	प	प	–	ग	ग	ग	म	रे	रे	सा	–
ब	ड़ा	न	ट	ख	ट	है	ऽ	गि	र	धा	ऽ	री	ऽ	ऽ	ऽ
3				x				2				o			
म	प	नि	सां	रें	–	सां	सां	नि	नि	प	म	ग	म	रे	सा
रु	ऽ	ठ	ग	ई	ऽ	है	ऽ	गो	पि	यां	ऽ	सा	ऽ	री	ऽ
3				x				2				o			

अंतरा

प	–	नि	नि	सां	–	सां	सां	नि	सां	रें	सां	नि	नि	प	–
रो	ऽ	क	त	टो	ऽ	क	त	छे	ऽ	ड़	त	का	ऽ	न्हा	ऽ
3				x				2				o			
रें	रें	पं	पं	गं	मं	रें	सां	पप	निनि	म	प	ग	म	रे	सा
ठा	ड़ो	ऽ	बी	ऽ	च	में	ऽ	पन	घट	की	रा	ऽ	ह	प	र
3				x				2				o			

राग नायकी कानडा मध्यलय तानें

स्थायी

1. मप निसां निनि पम। मप गम रेसा नि़सा
2. निसां रेंरें सांनि सांनि। निप मप गम रेसा
3. निसां गंपं गंमं रेंसां। निनि पम पग मरे।सा–
4. निनि पम सांसां रेंरें। सां,नि निप मप सांगं। मरें सांसां निनि पम।
5. गंमं रेंसां निनि मप। रेंरें सांनि निम परें। पंगं मरें सांनि निसां।
   मप गम रेसा नि़सा।

अंतरा

1. सांनि निप मप गम। रेसा मप सारें सांसां
2. मंमं रेंसां निनि पम। गम रेसा मप सां–
3. पंपं मंपं गंमं रेंसां। निनि पम पनि सांसां
4. रेंरें सांनि सांसां निप। निनि पम गम रेसा। सारे मप सारें निसा।
5. पप मप निनि पप। मप सांसां निनि पप। मप रेंरें सांसां निनि।
   पप मप निनि सांसां।

70

राग मियां की सारंग—राग परिचय

इस राग की उत्पत्ति काफ़ी थाट से मानी गई है। इस राग में दोनों निषाद तथा बाकी स्वर शुद्ध लगते है। आरोह में शुद्ध निषाद तथा अवरोह में कोमल निषाद लगते है। इस राग के आरोह, अवरोह में गंधार स्वर वर्जित होने के कारण इस राग कि जाति षाडव—षाडव है। वादी स्वर ऋषभ एवम संवादी स्वर पंचम है। इस राग को प्रचार में मियां तानसेन ने लाया था। सारंग में मध्यम के अल्पत्व को तथा रेप के स्थान परे स्वर संगति को अधिक महत्व देना चाहिये। इस राग का गायन समय दोपहर का है। इस राग में रे,रेप,सांध,निमप,निध,निध इत्यादी स्वर संगतिया मुख्य रुप से आती है। स्वरों का प्रयोगः—षडज—सामान्य, रिषभ—आंशिक न्यास बहुत्व मध्यम—लंघन तथा अनाभ्यास दोनों प्रकार का अल्पत्व, पंचम—सम्पूर्ण न्यास हुत्व, धैवत—अल्पत्व, कोमल निषाद—अलंघन बहुत्व, शुद्ध निषाद—अभ्यास बहुत्व।

आरोह—सानि़ध़, नि़सा, रे, मरे,प,निध,निसां
अवरोह—सां,निध,निप, मरे,सा।
पकड़—सा,नि़ध़नि़सा,रे मरे,पमरे,सा

राग मियां की सारंग स्वरविस्तार/अलाप

स्थायी

1. नि़सा, नि़ध़ नि़प, ध़नि़सा, मरे, नि़सा।
2. नि़सारे, मरे, नि़सा, नि़प़, ध़ध़नि़सा।
3. मप, मरे, निनिपम, प, मरेनि़सा।
4. सारेमप, निधनिसां, निपमरे, निनि़सा।
5. मपनि़सां, निप, रेंसां, निधनिप, रेमरेसा।

अंतरा

1. पनिसां, सारें, सां, निधनिसां।
2. सारेंसां, निपमरे, निधनिसां।
3. रेंमरें, (नि), धनिसां, निपमरे, निधनिसां।
4. निधनिसां, रेंसां, मरें, सां, निनिप, निसां।
5. पनिसां, मरें, पंमरें, सां, निधनिसां।

राग मियां की सारंग सरगमगीत झपताल

स्थायी

म	रे	म	प	प	म	रे	सा	रे	सा
x		2			०		3		
म	म	प	–	प	नि	ध	नि	नि	प
x		2			०		3		
म	प	सां	–	सां	नि	प	म	रे	सा
x		2			०		3		

अंतरा

म	प	नि	नि	प	नि	प	नि	नि	सां
x		2			०		3		
रें	मं	रें	रें	सां	नि	ध	नि	सां	सां
x		2			०		3		
नि	प	नि	सां	सां	नि	प	म	रे	सा
x		2			०		3		

राग मियां की सारंग विलंबित ख्याल एकताल

स्थायी–बात न छुपाओ बलमा, मन कि बात कहो।

अंतरा–बरस बीते उम्र बीती, अब तो जल्दी करो।

स्थायी

नि़सारेसा	नि़प़	नि़	नि़	सा	–	नि़ध़	नि़नि	सा	सा	रे	सा
बाSSSS	SS	त	न	छु	S	पाS	ओ	ब	ल	मा	S
3		4		x		o		2		o	
म	रे	प	प–	निध	निप	मम	रेसा	रे	रे	सा	सा
म	न	S	कीS	SS	SS	SS	बाS	त	क	हो	S
3		4		x		o		2		o	

अंतरा

म	निध	नि	–	सां	सां	रें	मं	रें	सां	निनि	पप
ब	SS	र	स	बी	S	ते	S	उ	म्र	बीS	तीS
3		4		x		o		2		o	
रे	–	सां	सां	नि	नि	प	म	म	रे	सा	सा
अ	S	ब	S	तो	S	ज	S	ल्दी	S	क	रो
3		4		x		o		2		o	

राग मियां की सारंग विलंबित ख्याल तानें

1. नि़सारेमपनिधनि सांसांनिनिनिपमरेसा नि़सारेमपनिधनिसांसांरेंरेंसांसांनिनि पमपमरेसासानि़ सारेमपनिधसांरेंमं मंरेंसांनिनिनिपमरे सा।
2. ममरेममरेमम रेसा,निनिपनिनिप निनिपमपमरेसा, मंमंरेंमंमंरेंमंमं रेंसांनिधनिसांनिनि पमपममरेसानि़ सारेसासानि़सारेसा।
3. मपनिधनिपमप निधनिसांनिधनिप मपनिसांरेंरेंसांनि धनिसांनिधनिप मपनिसांरेंमंमंरेंसां सांनिधनिपमपनि सांरेंमंपंपंमंमंरें सांनिधनिसांनिधनि पमपममरेसासा।
4. सारेसासामरेपप रेमरेसामरेपप निधनिपमपमम रेसामरेपपनिध निसांनिनिनिपमपम मरेसामरेपपनि धनिसांरेंरेंसांनिध निपमपमरेसासा मरेपपनिधनिसां रेंमंरेंसांनिधनिप मपममरेसामरे पपनिधनिसांरेंमं पंपंमंमंरेंसांनिध निपमपममरेसा।

5. निसारेंमंरेंसांनिसां निसारेंमंपंमंरेंसांनि सांनिसारेंरेंसांनिध पमपनिधनिसां निधनिपमपनिध निपमपममरेसा ममरेपपमनिनि पसांसांनिरेंरेंसां,मं मंरेंसांनिपमपम ममरेसानि़सारेसा।

राग मियां की सारंग मध्यलय तीनताल

स्थायी–बात न मोरी मानत हो, सदा करत अपने मन की।

अंतरा–प्रीत की रीत निराली तुम्हरी, जानु न तुम्हरे मन की।

स्थायी

नि	–	सां	रें	प	–	प	–	म	–	मरे	सारे	सा	–	सा	–
बा	ऽ	त	न	मो	ऽ	री	ऽ	मा	ऽ	नऽ	तऽ	हो	ऽ	ऽ	ऽ
3				x				2				०			
नि	ध	नि	सां	रें	रें	रें	रे	मं	–	रें	–	सां	रें	सां	सां
स	दा	ऽ	क	र	त	अ	प	ने	ऽ	ऽ	ऽ	म	न	की	ऽ
3				x				2				०			

अंतरा

म	–	प	प	नि	ध	नि	नि	सां	–	सां	सां	रें	रें	सां	सां
प्री	ऽ	त	की	री	ऽ	त	नि	रा	ऽ	ली	ऽ	तु	म्ह	री	ऽ
3				x				2				०			
पं	मं	रें	सां	नि	ध	नि	प	म	म	रे	सा	नि़	ध.	नि़	सा
जा	ऽ	नु	ऽ	न	ऽ	तु	म्ह	रे	ऽ	म	न	की	ऽ	ऽ	ऽ
3				x				2				०			

राग मियां की सारंग मध्यलय तानें

स्थायी

1. नि़सा रेम पनि धनि। सांसां निनि पम रेसा
2. नि़सा रेम पनि सारें। मंमं रेंसां निनि पम। रेसा
3. पनि सारें मंपं मंमं। रेंसां निनि पम रेसा

4. मम रे,प पम,निनि। प,सां सांनि, रेंरें सारें। मंपं मंसां निप मरे। सा
5. धनि सारें मंमं रेंसां। रेंमं पंपं मरें सांनि। पंमं रेंसां धनि सारें।
   सांनि पम रेम रेसा।

अंतरा

1. सांनि पम रेम पनि। सारें मरें सांसां निसां।
2. निध निसां रेंसां निप। मप निसां रेंसां निसां
3. मंपं मंमं रेंसां निप। मप निनि पम निध। निसां रेंरें सांसां निध।निसां
4. रेम पप मप निप। निध निसां निध निप। मप निसां रेंरें सांनि।
   धनि पप मप धनि। सांसां
5. मम रेसा पप मरे। निनि पम पनि सांसां। मरें सारें पनि मप।
   मरें सारें निनि सारें। मप निध निसां रेंसां।

71

राग आभोगी कानडा–राग परिचय

आभोगी कानडा दक्षिण भारत का राग है। इस राग की उत्पत्ति काफ़ी थाट से मानी गई है। इसके आरोह अवरोह में पंचम और निषाद स्वर वर्जित होने के कारण इसकी जाति औडव–औडव है। वादी स्वर मध्यम संवादी स्वर षडज है। गायन समय रात्रि का द्वितीय प्रहर है। यह कानडा अंग का राग इसलिये कानडा का अंग अधिक आता है साध़, सारेग,रेगरेसा,ध,सारेगगगम रेसा। राग आभोगी कानडा में निषाद वर्जित तथा धैवत स्वर शुद्ध होने के कारण राग दरबारी से भिन्न हो जाता है। इसमें मगरेसा, साम, मध, गमध, सां, धमग स्वर समुदाय से राग बागेश्री व श्रीरंजनी रागों का आभास होता है, राग बागेश्री में पंचम निषाद लगते है व श्रीरंजनी में पंचम स्वर वर्जित, निषाद स्वर लगने के कारण एक दूसरे से भिन्न हो जाते है। इस राग को गाते समय सारेध़सा स्वर संगति बार–बार आती है, जिससे दुर्गा राग का भास होता है इसलिये सारेध़ स्वर के बाद सारेग–ग–अवश्य जोड़ देना चाहिये। इस राग में गंधार स्वर पर अधिक आंदोलन करना अति आवश्यक है, न करने पर शिव रंजनी राग का पूर्ण आभास दिखाई पड़ेगा। स्वरों का प्रयोग रिषभ–न्यास बहुत्व, मध्यम–आंशिक न्यास बहुत्व, धैवत–अनाभ्यास अल्पत्व इस राग में अवरोह में गंधार स्वर वक्र रुप में लिया जाता है गमरेसा।

आरोह–सारेग, म, धसां।
अवरोह–सां, धम, गम, रेसा।
पकड़–सा, ध़सारेग, म, रेसा।

राग आभोगी कानडा स्वरविस्तार/अलाप

स्थायी

1. ध़ध़सा, रेगगमरे, सा, म़ध़सा।
2. ध.सा, रेग, मगरे, गमरेसा।

3. ध़सारेग, मग, मध, मग, रेगमग, रेगरेसा।
4. गमधधसां, सांरेंसां, धसांधम, ग, मरेसा।
5. धधसां, सां(सां)ध, मधसां, रेंरेंसां, धम, गमरेसा

अंतरा

1. गमधधसां, रेंधसां, धम, धधसां।
2. सांरेंसां, धसांरेंगंगंमंरेंसां, गमधसां।
3. रेंरेंधधसां, रेंगंरें, गंरेंसां, धम, धधसां।
4. सांरेंसां, ध, सांरेंगं, मंरेंसां, धसां, रेंधसां, ।
5. धधसांरेंगं, मंरेंसां, सांरेंधसां, धम, गमरेसा।

राग आभोगी कानडा विलम्बित ख्याल (तिलवाडा)

स्थायी–नैय्या पार लगावो दाता, तू ही सबका तारक विधाता।

अंतरा–पूरी कर दो मन की आशा, जीवन है खेल तमाशा।

स्थायी

मगरेगम	रेसा	ध़ध	सारे	ग	ग	म	म	ध	सां	ध	म	ग	म	रे	सा
नैSSSS	SS	SS	याS	पा	S	र	S	ल	गा	वो	S	दा	S	ता	S
3				x				2				o			
ग	गम	रे	सा	रे	–	रे	–	गम	ध	ग	ग	ग	म	रे	सा
तू	SS	ही	S	स	ब	का	S	ताS	S	र	क	वि	धा	ता	S
3				x				2				o			

अंतरा

म	–	ध	ध	सां	–	सां	सां	गं	मं	रें	सां	रें	ध	सां	सां
पू	S	री	S	क	र	दो	S	म	न	की	S	आ	S	शा	S
3				x				2				o			
ध	सां	रें	गं	रे	रें	सां	सां	ध	सां	ध	म	ग	म	रे	सा
जी	S	व	न	है	S	S	S	खे	S	ल	त	मा	S	शा	S
3				x				2				o			

राग आभोगी कानडा विलम्बित ख्याल तानें

1. सारेगरेसासाधृधृ सारेगमरेसा,सारे गमधसांधमगम रेसा,सारेगमधसां रेंसांसांधमगमरेसा,सारेगमधसारें गरेंसांसांधमगम रेसा,सारे
2. गमरेसाधृधृसारे ग,मधगमरेसाधृ ध,सारेगधसांधम गमरेसाधृधृसारे ग,धसारेंगरेंसांध मगमरेसाधृधृसा रेग,धधसारेंगमं रेंसांधसां
3. सारेगधधमग,मध सांसारेंरेंसांधधध सारेंगंगरेंसांसांरें गंमंमंगरेंसां,सा सांसांधसांधधमध ममगमगगरेग रेरेसारेसासाध,धृ सारेगमरेसाधृधृ।सा
4. सारेंगरेंसांसांधध सारेंगंमंरेंसांसां,ध धसारेंगरेंसांसांध धसारेंरेंसांधम रेसा,सारेगमधग मधधसां–सारेंगं मंगंरेंसारेंगंरेंसां धसांधमगरेसा–।
5. सांसांधमगमधध सारेंसांधमगमध धसारेंगरेंसांधसां धमगमधधसारें गंमंरेंगंरेंसांधसां धमगमधधसांसां रेंसांधगमरेसाधृ धृसारेगमधसां–।

राग आभोगी कान्हडा मध्यलय एकताल

स्थायी–मन आनंद रस घोले, सुख तरंगों का हिंडोला डोले।

अंतरा–छूकर मन को सुनहरी आवे, शीतल शीतल घूंट पिलाए।

स्थायी

ग	म	रे	रे	सा	सा	रे	साधृ	सा	रे	ग	ग
म	न	आ	ऽ	नं	द	र	सऽ	घो	ऽ	ले	ऽ
x		०		2		०		3		4	

ग	म	ध	–	सां	सां	ध	सां	ध	म	गम	गसा
सु	ख	त	रं	गों	का	हिं	डो	ला	ऽ	डोऽ	लेऽ
x		०		2		०		3		4	

अंतरा

म	–	ध	ध	सांसां	सां	सारें	गं	रें	सां	सां	सां
छू	ऽ	क	र	मन	को	सुऽ	न	ह	रि	आ	वे
x		०		2		०		3		4	

ग	रेंसां	रें	रें	सां	सां	ध	सां	ध	म	गम	रेसा
शी	तऽ	ल	शी	त	ल	घूं	ट	पि	ला	एऽ	ऽऽ
x		o		2		o		3		4	

राग आभोगी कान्हडा मध्यलय तानें

स्थायी

1. ध़ध सारे गम धसां धसां धम गम धध मम गम रेसा ध़सा।
2. धध सारें गंमं गंमं रेंसां धम गम रेसा ध़ध़ सारे गम रेसा।
3. सारे गम धम धसां धम गम धसां रेंगं रेंसां धसां धम गम।। रेसा
4. सारे गम रेसा धसां रेंगं रेंसां गंरें सांसां धम गम रेसा ध़ध़ सारे।
5. सांसां धम गम धसां रेंगं रेंसां धसां धम गम धसां रेंगं रेंसां।

अंतरा

1. धसां रेंसां धसां धम गम धध गम रेसा धध सारें गंरें सांसां।
2. सारें गंरें सारें गंरें धध सारें गंमं रेंसां धसां रेंसां धध सांसां।
3. सारें गंमं सारें सांसां मध सारें सांसां धसां धम गम धसां।
4. गम धध मध सांसां धध सारें गंमं रेंसां धसां मध सांसां रेंसां।
5. सारें गंमं गंरें सारें गंरें सारें सांसां धध सांसां धम गम धध। सांसां।

राग आभोगी कानडा तराना तीनताल

स्थायी

ग	म	रे	सा	ध़	ध़	सा	रे	ग	–	ग	म	रे	रे	सा	–
दे	रे	त	न	दीं	ऽ	म्त	न	दीं	ऽ	म्त	न	दे	रे	ना	ऽ
o				3				x				2			
ध़	ध़	सा	रे	ग	म	ध	ध	रें	रें	सां	सां	ध	सां	ध	म
ता	ना	दे	रे	य	ल	ल	ल	य	ल	लू	ऽ	त	दी	य	न
o				3				x				2			

गं मं रें सां	ध सां रें सां	ग – ग म	रे रे सा –
नो म त न	त न न न	नों ऽ म्त न	दे रे ना ऽ
०	3	x	2

अंतरा

ग म ध ध	सां सां सां सां	गं – गं मं	रें रें सां सा
त न दीं म	त न दे रे	दीं ऽ म्त न	रें रे सां सां
०	3	x	2
रें रें सां सां	ध ध सां सां	ग – ग म	रे रे सा सा
तों ऽ म्त न	त न दे रे	द्रे ऽ द्रे द्रे	त न न न
०	3	x	2
ग म ध ध	म ध सां सां	ध सां ध म	ग म रे सा
दा ऽ नी ऽ	दीं म दीं म	त न दे रे	दे रे ना ऽ
०	3	x	2

72

राग सूहा—राग परिचय

इस राग की उत्पत्ति काफ़ी थाट से मानी गई है। आरोह में ऋषभ दुर्बल व आरोह, अवरोह में धैवत स्वर वर्ज्य होता है, इसलिये इसकी जाति षाडव—षाडव है। इस राग में ग नि कोमल स्वर तथा शेष स्वर शुद्ध लगते है। वादी स्वर मध्यम और संवादी स्वर षडज है। गायन समय दिन का द्वितीय प्रहर के अंतिम समय में गाते है। राग सूहा को दो प्रकार से गाते है 1 शुद्ध धैवत लगाकर 2 कोमल धैवत लगाकर, प्रचार में शुद्ध धैवत स्वर लगाकर अधिक गाया जाता है। यह राग दरबारी और मेघमल्हार के मिश्रण से बना है। इसके पूर्वांग में बहार तथा उत्तरांग में सारंग राग का अंग आता है। जैसे गम, रेसा, साम, मपनिनिपमपगम, निसा, गमपगम, रेसा इस प्रकार बहार का अंग आता है, परन्तु बहार में धैवत लगता है तथा राग सूहा में वर्जित है। इस राग का वादी स्वर मध्यम और संवादी स्वर षडज है। राग सूहा में दोनों निषाद लगते है परन्तु प्रचार में केवल कोमल निषाद लगने वाला अधिक है। अवरोह में गंधार स्वर वक्र प्रयोग किया जाता है तथा नि पर पंचम व ग पर म का कण दर्शाया जाता है। न्यास के स्वर सा, ग,म, और प है। स्वरों का प्रयोगः—षडज—मान्य, रिषभ—अनाभ्यास अल्पत्व, गंधार—न्यास बहुत्व, मध्यम—न्यास बहुत्व पंचम—न्यास बहुत्व, निषाद—लंघन तथा अनाभ्यास अल्पत्व।

आरोह—निसा, गम, पनिमप,सां।
अवरोह—सां, निप, मप, गम पगम,रे,सा।
पकड़—निप, मप, सां, निप, मप, गम, रेसा।

राग सूहा स्वरविस्तार/अलाप

स्थायी

1. निसा, निनिप मप, सा, रेसा।
2. सा, गम, प, मपग, मरेसा।

3. मपगम, रेसा, निप, मपसां, निप, मप, गमरेसा।
4. निप, मपसां, रेंसां, निप, मप, गमरेसा।
5. गमप, गम, निप, निमप, गम, रेसा।

अंतरा

1. सां, रेंसां, निप, निसां, रेसां।
2. मपसां, रेंसां, निप, मपसां, रेसां।
3. रेंनिसां, निप, मपगम, रेसा, पनि, मपसां।
4. गंमंरेंसां, पं, गंमंरेंसां, निसां, निप, मपसां।
5. पनिमपसां, गंमंरेंसां, निप, निसां।

राग सूहा सरगमगीत एकताल

स्थायी

नि़	सा	ग	म	प	ग	म	प	म	रे	सा	सा
x		o		2		o		3		4	
नि	प	सां	सां	नि	नि	प	प	म	प	ग	म
x		o		2		o		3		4	
सां	सां	रें	सां	सां	प	नि	प	ग	म	रे	सा
x		o		2		o		3		4	

अंतरा

म	प	नि	प	नि	सां	रें	सां	नि	प	म	प
x		o		2		o		3		4	
गं	मं	रें	सां	सां	सां	नि	प	म	प	ग	म
x		o		2		o		3		4	
नि	प	म	प	सां	सां	ग	म	रे	सा	रे	सा
x		o		2		o		3		4	

राग सूहा विलंबित ख्याल एकताल

स्थायी–बाट तकत हूं तोरी पिया, दरसन को तरसे अखियां।

अंतरा–आने का संदेशा नाही कैसे धीर धरु सजना।

स्थायी

मप	निसां	निनि	प	प	–	प	प	ग	म	रे	सा
बाऽ	टत	कत	हूं	तो	ऽ	री	ऽ	पि	ऽ	या	ऽ
3		4		x		०		2		०	
सा	म	म	म	प	नि	निनि	प	प	मप	ग	म
द	र	स	न	को	ऽ	तर	से	अ	खिऽ	यां	ऽ
3		4		x		०		2		०	

अंतरा

मप	नि	नि	–नि	सां	–	सां	सां	गं–	मं	रें	सां
आऽ	ने	का	ऽसं	दे	ऽ	शा	ऽ	नाऽ	ऽ	ही	ऽ
3		4		x		०		2		०	
नि	–	प	प	ग	म	रे	रे	सा	सा	रेसा	सासा
कै	ऽ	से	ऽ	धी	ऽ	र	ध	रु	ऽ	सज	नाऽ
3		4		x		०		2		०	

राग सूहा विलंबित ख्याल तानें

1. निसागमरेसानिसा निसागमपमपग मरेसानिसानिसाग मपनिनिपमपग मरेसानिसागमप निसांनिनिपमपग मरेसानिसागमप निनिसांसांरेंरेंसांनि निपमपगमरेसा निसागमपमपनि। सां
2. मपसांसांनिनिपम गमपसांसांरेंरेंसां सांनिनिपमपगम मपसांसांगंमंपंपं मंपंगंमंरेंसांनिनि पमपगमरेसासा।
3. ममरेसापपमरे सा,निनिपमपगम रेसा,रेंरेंसांनिनिप मपगमरेसागंमं रेंसांनिनिपमपग, मरेसामंरेंसांरेंसां सांनिपमपनिसांनि निपमपगमरेसा पंपंमंपंगंमंरेंसां निनिपमपगमरे।सा

4. मपनिसारेंरेंसांनि निपमपगमरेसा मपनिसारेंमंरेंसां निनिपमपगमरे सा,मपनिसांगंमंपं मंपंगंमंरेंसांनिनिप मपगमरेसामप निसांपनिसारेंनिसां रेंमंगंमंरेंसांनिनि पमपगमरेसासा।

5. निसांगंमंरेंसांनिसां गंमंपंपंमंपंगंमं रेंसांनिसांनिसांगंगं रेंसांनिसांनिनिपम पसांसारेंरेंसांनिप मपगमरेसामम रेपपमनिनिपसां सांसारेंरेंसांगंमंरें सां, निपमपगमरे। सा

राग सूहा मध्यलय एकताल

स्थायी—चाहता तो परम सुख, तू जप हरि का नाम का।

अंतरा—परम पावन, परम सुन्दर, मंगल धाम का,
साथ मिलकर प्रेम से हरिनाम जप ले।

स्थायी

नि	नि	म	प	सां	सां	नि	नि	प	प	म	प
चा	ह	ता	ऽ	जो	ऽ	प	र	म	सु	ऽ	ख
x		o		2		o		3		4	
ग	म	रे	सा	म	म	प	प	म	प	ग	म
तू	ऽ	ज	प	ह	रि	का	ऽ	ना	म	का	ऽ
x		o		2		o		3		4	

अंतरा

म	प	ग	म	नि	प	नि	नि	सां	सां	सां	सां
प	र	म	पा	व	न	प	र	म	सु	न्द	र
x		o		2		o		3		4	
गं	मं	रें	सां	नि	प	म	प	ग	मम	रे	सा
मं	ग	ल	धा	म	का	सा	ऽ	थ	मिल	क	र
x		o		2		o		3		4	
सा	म	म	प	ग	म	नि	ध	नि	सां	नि	सांसां
प्रे	ऽ	म	से	ह	रि	ना	ऽ	म	ज	प	लेऽ
x		o		2		o		3		4	

राग सूहा मध्यलय तानें

स्थायी

1. नि़सा गम पप मप निसां रेंरें सांसां निनि पप मप गम रेसा।
2. निनि पप मप सांसां गंमं रेंसां निनि पम पग मरे सासा नि़सा।
3. मप निसां गंमं पंगं मंरें सांसां निसां रेंसां निप मप गम रेसा।
4. सांसां निनि पप मप रेंरें सांसां निसां निप मप गम रेसा नि़सा।
5. मम रे,प पम, निनि प,सां सांनि, रेंरें सांगं मंरें सांनि मप गम। रेसा

अंतरा

1. रेंरें सांनि पम गम रेसा सारे मप निसां रेंसां निनि पम पनि। सां–
2. गंमं रेंसां पंपं गंमं रेंसां मप सांसां निप मप निसां रेंरें सांसां।
3. सांसां निप मप निनि पप मप रेंरें सांसां गंमं रेंसां निसां रेंसां।
4. गंमं रेंसां निनि पम गम रेसा गंमं पंपं गंमं रेंसां निप मप। सां
5. रेंरें सां,रें रेंसां निसां निप मंमं रेंमं मंरें, सांसां निप मप निसां।

73

राग मेघमल्हार–राग परिचय

इस राग की उत्पत्ति काफ़ी थाट से मानी गई है। इस राग के आरोह अवरोह में गंधार और धैवत स्वर वर्जित होने के कारण इसकी जाति औडव–औडव मानी जाती है। वादी स्वर षडज संवादी स्वर पंचम है। इस राग में दोनों निषाद का प्रयोग होता है। शुद्ध निषाद आरोह में और कोमल निषाद अवरोह में लगता है। इस राग की प्रकृति गंभीर है। राग मेघमल्हार में रिषभ स्वर पर आन्दोलित करके मध्यम स्वर का कण लगाकर गाया जाता है। गंधार व धैवत स्वर वर्जित होने के कारण शुद्धसारंग, गौडसारंग और मियांमल्हार राग से भिन्न हो जाता है। गायन समय वर्षा ऋतु है। मध्यम स्वर इस राग का न्यास स्वर है। इस राग के बहुत निकट राग बिंद्रावनी सारंग है, ऋषभ का कण लगाकर गाना बिंद्रावनी सारंग को अलग करता है। जैसे रेरे, मरे, सा और प. बिंद्रावनी सारंग के अवरोह में सांनि॒पमरेसा परन्तु मेघमल्हार में सां, पनि॒पमरेसा निषाद पर पंचम का कण अलग करता है।

आरोह–सा, रे रे रे रे मरेसा, नि़॒प़, नि़सा, रेमप, निसां।
अवरोह–सां, नि॒प, मरेसा।
पकड़–सा, रे रे रे रे, मरेसा, नि़॒प़, मरेप, रेम, रे, सा।

राग मेघमल्हार स्वरविस्तार/अलाप

स्थायी

1. सा, नि़सा, रे, मरेसा, नि़॒प़नि़सा।
2. रेरेरे, मरेप, नि॒नि॒प, मप, मरेसा।
3. रेप, मप, नि॒नि॒प, रेमप, मरेसा।
4. मरेप, मरे, मरे, नि॒नि॒प, निसां, नि॒प, रेमरेसा।
5. मपनिसां, रेंसां, नि॒प, मरेसा।

अंतरा

1. सारेंसां, निप, मपनिसां, रेंरेंरें, मरेंसां।
2. रेरेरे, मप, निसांमरेंसां, निप, निसां।
3. निप, मपसां, निप, मरे, पप, निसां।
4. निपनिसां, मंरेंसां, पंमंरेंसां, निप, सां।
5. पं, मंपं, मरेंसां, रेंरेंरेंसां, मप, सां।

राग मेघमल्हार सरगमगीत तीनताल

स्थायी

रे	रे	रे	रे	म	रे	सा	सा	नि़	प़	सा	सा	म	रे	सा	सा
o				3				x				2			
म	रे	प	प	नि	नि	प	प	म	प	रे	म	रे	रे	सा	सा
o				3				x				2			

अंतरा

प	नि	नि	सां	सां	सां	सां	सां	नि	प	म	प	नि	नि	सां	सां
o				3				x				2			
रें	रें	मं	रें	सां	रें	सां	सां	नि	प	म	प	म	रे	सा	सा
o				3				x				2			

राग मेघमल्हार विलम्बित ख्याल एकताल

स्थायी–ना बरसो रे मेघा अब तुम, भींजे तन मेरा व्याकुल हो मन।

अंतरा– उनकी राह तकत हूं मेघा, कब आवेंगे मोरे सजना।

स्थायी

रे	मम	रे	सा	प	प	नि	नि	पम	मप	मरे	सासा
जा	बर	सो	रे	मे	ऽ	घा	ऽ	अऽ	बऽ	तुऽ	मऽ
3		4		x		o		2		o	

ऩिप़	ऩिसा	रेरे	रेरे	म	प	नि	प	मम	रेरे	सा	सासा
भीऽ	जेऽ	तऽ	नऽ	मे	ऽ	रा	ऽ	व्याऽ	कुल	हो	मन
3			4		x		o		2		o

अंतरा

मम	पप	नि	–प	नि	नि	सां	सां	पंपं	मंपं	मरें	सांसां
उन	कीरा	ह	ऽत	क	त	हूं	ऽ	मेऽ	ऽऽ	घाऽ	ऽऽ
3		4		x		o		2		o	
नि	नि	प	प	म	प	म	रे	म	रे	सारे	सासा
क	ब	आ	ऽ	वें	ऽ	गे	ऽ	मो	रे	सज	नाऽ
3		4		x		o		2		o	

राग मेघमल्हार विलम्बित ख्याल तानें

1. ऩिसारेमरेसाऩिसा प़ऩिसारेममरेसा ऩिसा,निनिपनिनिप निनिपमपरेमरे साऩिसा,ऩिसारेमप सांनिसांपनिमपरे मरेसाऩिसा,रेमप निसांरेंमंमंरेंसांनि निपमरेमरेसाऩिसा।

2. मपनिनिपमपसां सां, निनिपमपरेंरें सांसांनिनिपमपमं मरेंसांनिनिपमप रेंमंपंरेंमंरेंसांसां निनिपमपमपनि सां, निसांनिनिपमप सांनिसांरेंनिसांपनि मपरेमरेसाऩिसा रेमरेमपनिमप।

3. निसांरेंसांपनिपम रेमरेसापनिसांरें मंमंरेंसांनिसांनिनि पमपनिसांसांनिप मपनिनिपमरेम रेसा, ऩिसाऩिसारेम पपमपपनिसांरें निसांनिपमपरेंमं पंमंरेंमंरेंसांनिनि पमपनिसांसांनिप रेमरेसापनिसांसां।

4. ममरे,ममरे,मम रेसाऩिसा,निनिप,नि निप,निनिपमरेम रेसाऩिसा,रेंरेंसां,रें रेंसांरेंरेंसांनिपम रेमरेसा,मंमंरें,मं मंरेंमंमंरेंसांनिनि पमरेसा,ऩिसारेम पनिसांरेंमंमंरेंसां निनिपमरेमरेसा।

5. निसांरेंमंरेंसांनिसां रेंमंपंमंरेंमरेंसां निसांरेंरेंसांनिसां, प निसांसांनिनिपमप मपनिनिपमरेम पपमरेसारेमम रेसा,ममरेपपम निनिपसांसांनिरेंरें सांमंमंरेंपंपंमंमं रेंसांनिसांनिनिपम।

राग मेघमल्हार मध्यलय तीनताल

स्थायी–जाओ जाओ रे कारी बदरियां, मत बरसो तुम मेरी नगरियां।

अंतरा–घन गरजे चमके बिजुरियां, घर आओ रे सावरियां।

स्थायी

रे	रे	रे	रे	म	म	रे	सा	नि़	प़	नि़	नि़	सा	सा	सा	सा
जा	ऽ	ओ	जा	ऽ	ओ	रे	ऽ	का	ऽ	रि	ब	द	रि	यां	ऽ
o				3				x				2			
म	रे	प	प	प	प	म	प	नि	नि	प	म	रे	म	रे	सा
म	त	ब	र	सो	ऽ	तु	म	मे	ऽ	री	न	ग	रि	यां	ऽ
o				3				x				2			

अंतरा

म	प	नि	नि	सां	नि	सां	सां	रें	मं	रें	सां	नि	ध	म	प
घ	न	ग	र	जे	ऽ	च	म	के	ऽ	ऽ	बि	जु	रि	यां	ऽ
o				3				x				2			
मं	मं	रें	सां	रें	रें	सां	सां	नि	नि	प	म	रे	म	रे	सा
घ	र	आ	ऽ	वो	ऽ	रे	ऽ	सा	ऽ	व	री	यां	ऽ	ऽ	ऽ
o				3				x				2			

राग मेघमल्हार मध्यलय तानें

स्थायी

1. नि़सा रेम पनि सांसां। निनि पम रेम रेसा
2. रेम पनि सारें सांसां। निनि पम रेम रेसा।
3. पनि सारें मंमं रेंसां। निप मप रेम रेसा।
4. मम रेसा निनि पम। पनि सारें मंमं रेंसां। निसां रेंसां निसां निप। मप रेम रेसा नि़सा।
5. नि़सा रेम पनि मप। निसा रेंरें निसां निसां। निप मप निप मप। मरे मप रेरे सासा।

अंतरा

1. सांसां निसां निप मप। रेम पनि सांरें सांनि। सांसां
2. मंमं रेंसां निनि पम। पनि सांनि सांनि रेंसां।
3. सांमं रेंपं रेंमं रेंसां। निनि पम पनि सांसां।
4. ऩिसा रेम रेम पनि। मप निसां पनि सांरें। मंमं रेंपं मंमं रेंसां।
   निप मप रेम रेसा।
5. सारे मरे मप मप। निप निसां निसां रेंसां। रेंमं रेंमं पंपं मंमं।
   रेंसां मप निसां रेंसां।

74

राग कौंसी कानडा–राग परिचय

कौंसी कानडा राग दो अलग–अलग थाट काफ़ी और आसावरी से होता है। प्रचार में आसावरी थाट से उत्पन्न होने वाला राग अधिक गाया जाता है। इस राग में ग, ध, और नि कोमल स्वर लगते है। अन्य सभी स्वर शुद्ध लगते है। आरोह में रे प स्वर वर्जित होने के कारण इस राग की जाति औडव–सम्पूर्ण है। वादी स्वर मध्यम और संवादी स्वर षडज है। गायन समय मध्यरात्रि है। अधिकतर आरोह में मालकौंस और अवरोह में कानडा दिखाया जाता है। सागमधमगम,रेसा, धम, धनिसां अवरोह में सांधनिधम मालकौंस अंग दिखाते है। कभी–कभी सांधनिपम इस प्रकार कानडा अंग दिखाया जाता है। स्वरों का प्रयोगः– रिषभ–अनाभ्यास अल्पत्व, गंधार–अभ्यास बहुत्व, मध्यम–आंशिक एवं सम्पूर्ण न्यास बहुत्व, पंचम–अनाभ्यास अल्पत्व, धैवत–अभ्यास बहुत्व, निषाद–अभ्यास बहुत्व।

आरोह–निसा, गम, धनिसां।
अवरोह–सां,निधपमगरे, ग, म,रे, सा।
पकड़–मधनिसांनिधम, प, गम, रे,सा।

राग कौंसीकानडा स्वरविस्तार/अलाप

स्थायी

1. गगसानिसा, निधम, धनिसा, गमरेसा।
2. साम, धनिधम, निसां, निधम, प, गमरेसा।
3. म, गमधम, धनिधम, गमरेसा।
4. गमधनिसां, निसां, निधम, पग, मरेसा।
5. मधनिसां, निधम, प, गमरेसा।

अंतरा

1. धनिसां, निसां, मधनिसां।
2. रेंसां, गंगंमंरेंसां, धनिपम, धनिसां।
3. गंसां, धनिसां, मं, मंगं, मंरेंसां, निसां, धनिसां।
4. धनिसां, मं, मंगं, पं, गंमंरेंसां, गमधनिसां।
5. रेंसां, सांनिधम, निधम, प, मगरे, गमरेसा, धनिसा।

राग कौंसीकानडा सरगमगीत एकताल

स्थायी

म	ध	नि	सां	नि	ध	म	प	ग	म	रे	सा
x		०		2		०		3		4	
म़	ध़	नि़	सा	ग	म	प	म	ग	म	रे	सा
x		०		2		०		3		4	
ध	नि	ध	म	प	ग	म	रे	सा	रे	सा	सा
x		०		2		०		3		4	

अंतरा

ध	नि	सां	सां	नि	सां	ध	नि	सां	सां	नि	सां
x		०		2		०		3		4	
गं	मं	रें	सां	ध	नि	सां	गं	सां	सां	नि	सां
x		०		2		०		3		4	
सां	नि	ध	नि	सां	सां	नि	ध	म	ग	रे	सा
x		०		2		०		3		4	

राग कौंसीकानडा विलंबित ख्याल तीलवाडा

स्थायी–बड़े ना समझ हो प्रियतम प्यारे, जिया की बात न जानों तुम।

अंतरा–पलपल बीते जैसे युग बीते, कैसे कटेंगे निसदिन मोरे।

स्थायी

नि॒ध॒ पम पप ग॒म	म रे रे सा	नि॒ नि॒ सा म	ग॒ – म ध॒
बऽ डेऽ नाऽ ऽस	म झ हो ऽ	प्रि य त म	प्या ऽ रे ऽ
3	x	o	2
ध॒ नि॒ सां –	नि॒ – सां सां	नि॒ ध म प	ग॒ म रे सा
जि या की ऽ	बा ऽ त न	जा ऽ नो ऽ	तु ऽ म ऽ
3	x	o	2

अंतरा

ग॒ म॒ ध॒ नि॒	सां – सां सां	नि॒ सां ग॒ं मं	रें रें सां सां
प ल प ल	बी ऽ ते ऽ	जै से यु ग	बी ऽ ते ऽ
3	x	o	2
ग॒ं – मं रें	सां नि॒ ध॒ प	नि॒ नि॒ ध॒ प	ग॒ म रे सा
कै ऽ से क	टें ऽ गे ऽ	नि स दि न	मो ऽ रे ऽ
3	x	o	2

राग कौंसीकानडा विलंबित ख्याल तानें

1. नि॒सा॒ग॒मरेसानि॒सा,ग॒मध॒नि॒नि॒ध॒पम ग॒मरेसानि॒सा॒ग॒म ध॒नि॒सांनि॒ध॒पमग॒ सासा,नि॒सा॒ग॒म ध॒नि॒सांग॒ंमंग॒ंसांनि॒ ध॒पमग॒रेग॒मरे सानि॒सा॒ग॒मध॒नि॒सां ग॒ंमंपंमंग॒ंरेंसांनि॒ ध॒पमग॒रेग॒मरे। सा

2. नि॒सा॒ग॒सा॒ग॒मग॒म ध॒मध॒नि॒ध॒नि॒सांनि॒ सांग॒ंग॒ंसांसांनि॒ध॒पमग॒मरेसाध॒नि॒सां ग॒ंमंग॒ंसांनि॒ध॒पम ग॒रेग॒मरेसा, ध॒नि॒ सांग॒ंमंपंमंग॒ंरेंसां नि॒ध॒पमग॒मरेसा।

3. ममग॒मरेसा, नि॒नि॒ध॒पमपग॒मरेसा ग॒ंग॒ंसांनि॒ध॒पमप ग॒मरेसा, मंमंग॒ंमं रेंसांनि॒नि॒ध॒पग॒म रेसा, पंपंमंपंग॒ंमं रेंसांनि॒ध॒पमपग॒ मरेसानि॒सा॒ग॒मध॒ नि॒सांरेंरेंसांनि॒ध॒प।

4. सांनि॒ध॒नि॒सांग॒ंग॒ंसां नि॒ध॒पमध॒नि॒सांग॒ं मंग॒ंग॒ंसांनि॒ध॒मग॒ मध॒नि॒सांग॒ंमंपंप मंग॒ंमंरेंसांनि॒ध॒प मध॒नि॒सांध॒सांनि॒ध॒ पमग॒मरेरेसासा।

5. सांनि॒ध॒पग॒मरेसा ग॒मध॒नि॒सांग॒ंमंरें सांनि॒सांरेंरेंसांनि॒ध॒ पमध॒नि॒नि॒ध॒पम ग॒, ध॒ध॒पमग॒मरे सा, नि॒नि॒ध॒मग॒मरे सा, ग॒ंमंग॒ंसांनि॒ध॒म पग॒मरेसानि॒सा।

राग कौंसीकानडा मध्यलय तीनताल

स्थायी–छेड़ छेड़ कर न जावो कान्हा, काहे सतावत निसदिन मोहे।

अंतरा–बार बार में बिनति करत हूं, एक न माने मोरी सावरियां।

स्थायी

सां	–	ध	म	प	म	प	–	ग	ग	म	म	रे	–	सा	सा
छे	ऽ	ड़	छे	ऽ	ड़	क	र	न	जा	ऽ	वो	का	ऽ	न्हा	ऽ
o				3				x				2			
सा	–	ग	म	ध	–	नि	नि	सां	सां	नि	सां	नि	ध	प	म
का	ऽ	है	स	ता	ऽ	व	त	नि	स	दि	न	मो	ऽ	हे	ऽ
o				3				x				2			

अंतरा

ग	–	म	ध	–	नि	सां	सां	गं	गं	सां	सां	नि	नि	सां	सां
बा	ऽ	र	बा	ऽ	र	में	ऽ	बि	न	ति	क	र	त	हूं	ऽ
o				3				x				2			
ग	–	म	ध	नि	–	सां	गं	मं	–	गं	मं	रे	रे	सां	सां
ए	ऽ	क	न	मा	ऽ	ने	ऽ	मो	ऽ	री	सा	व	रि	यां	ऽ
o				3				x				2			

राग कौंसीकानडा मध्यलय तानें

स्थायी

1. निसा गम धनि सारें। सांनि धप मग रेसा।
2. गम धनि सांगं मंगं। सांनि धप मग रेसा।
3. धनि सांगं मंपं मंगं। रेंसां निध पम गरे। सा
4. गंमं गंसां निध पम। गरे गम रेसा पम। गम रेसा सांनि धप।
   मग रेसा धनि सासा।
5. निसा गम धनि सांगं। मंपं मंगं रेंसां निध। पम गरे गम रेसा।

   साग मप मग रेसा।

अंतरा

1. गम धनि सांसां रेंरें। सांनि धप धनि सांसां।
2. गंमं पंमं गंरें सांनि। धप मप धनि सांसां।
3. पग मरे सासां निध। मप गम रेसा गरे। सांनि धम पग मरे। सासा
4. सांनि धम गम धनि। सांसां गंमं गंसां निध। मग मध निसां धनि।
5. गम धनि सां– मग। मध निसां साग मध। निसां धनि सांगं मंगं।
   सांनि धप मग मरे। साध निसां धनि। सां

75

राग चंद्रकौंस–राग परिचय

इसे भैरवी थाट का जन्य माना गया है। इसमें गंधार और धैवत स्वर कोमल लगते है। आरोह व अवरोह में रे और प वर्जित होने के कारण इसकी जाति औडव–औडव है। वादी स्वर मध्यम तथा संवादी स्वर षडज है। गायन समय मध्य रात्रि है। इसे तीनों सप्तकों में गाया जाता है। यह राग मालकौंस राग से मिलता–जुलता है सिर्फ़ अंतर केवल निषाद स्वर का है। मालकौंस राग में कोमल निषाद लगता है जबकी राग चन्द्रकौंस में शुद्ध निषाद स्वर लगता है। इस राग में षडज, मध्यम, निषाद न्यास एवम बहुत्व के स्वर है। राग चंद्रकौंस में ऩिसाग॒, साग॒मग॒, साग॒, ऩिसाग॒, इस प्रकार गंधार पर न्यास नहीं करना चाहिये, अन्यथा राग धानि की छाया आने लगती है। राग में गंधार अनाभ्यास अल्पत्व है। मध्यम–आंशिक न्यास बहुत्व, धैवत–सम्पूर्ण न्यास बहुत्व, न्यास स्वर धैवत है। राग में निषाद स्वर का महत्वपूर्ण स्थान है।

आरोह–ऩिसाग॒म, ध॒निसां।
अवरोह–सांनिध॒म, ग॒म, ग॒सा।
पकड़–ग॒म, ग॒सा, ऩिध॒ऩि, सा।

राग चंद्रकौंस स्वरविस्तार/अलाप

स्थायी

1. सा(सा)ऩिध़॒ऩिसा,म़ध़॒ऩिसा,ग॒सा।
2. ध़॒ऩिऩिसा,ग॒ग॒सा,ऩि ध॒सा,ग॒मग॒सा
3. साग॒,सा,ग॒म,ध॒ध॒म,निध॒, मग॒मध॒ग॒मग॒,ऩिसा।
4. ग॒मध॒,निध॒,साग॒मध॒,निध॒,म,ग॒मग॒,सा।
5. ध॒निसां,मध॒निसां,निसां,निध॒म,ग॒म ध॒म,ग॒म,ग॒ग॒सा।

अंतरा

1. धनिसां,निसां,मधनिसां,निध,मगमधनिसां।
2. निसांसां(सां)निध,म,गमधनि,सां।
3. सां,गंगंसां,धनिसांगं,सां,निध,सां।
4. गंमं,गंगंसां,निसांगंसां,निध,मधनिसां।
5. गंगंसांनिसां,गंमंगंसां,निधमधनिसां।

राग चंद्रकौंस सरगमगीत एकताल

स्थायी

नि	सां	नि	ध	नि	ध	म	ध	नि	नि	सां	सां
x		o		2		o		3		4	
गं	मं	गं	सां	नि	सां	ध	नि	सां	गं	सां	सां
x		o		2		o		3		4	
ध,	नि़	सा	ग	म	ध	म	ग	म	ग	सा	सा
x		o		2		o		3		4	

अंतरा

म	ग	म	ध	नि	नि	सां	सां	गं	गं	सां	सां
x		o		2		o		3		4	
सां	गं	मं	गं	सां	सां	नि	सां	नि	नि	ध	ध
x		o		2		o		3		4	
म	ध	नि	सां	नि	ध	म	ग	म	ग	सा	सा
x		o		2		o		3		4	

राग चंद्रकौंस विलंबित ख्याल तिलवाडा

स्थायी–मनवा भजले तू हरि का नाम, सफ़ल हो जायेगा तेरा जनमवा।

अंतरा–मत करो गर्व अपने तन पर, होत है दो दिन का सपना।

स्थायी

गमध गम ग (सा)	नि़ नि़ सा सा	सा ग म म	ग म ध ध
मऽऽ नऽ वा ऽ	भ ज ले ऽतू	ह रि का ऽ	ना ऽ म ऽ
3	x	2	o
म ध धनिसां सां	गं गं सां सां	नि नि ध म	ग म ग सा
स फ़ लऽऽ हो	जा ऽ ये गा	ते ऽ रा ज	न म वा ऽ
3	x	2	o

अंतरा

ग म ध नि	सां सां सां सां	गं मं गं सां	नि सां नि ध
म त क रो	ग ऽ ऽ र्व	अ प ने ऽ	त न प र
3	x	2	o
ग म ध– नि	सां सां नि ध	ग ग ग म	ग ग सा सा
हो ऽ तऽ है	दो ऽ दि न	का ऽ ऽ ऽ	स प ना ऽ
3	x	2	o

राग चंद्रकौंस विलंबित ख्याल तानें

1. नि़सागमगगसासा,नि़सागमधधगम गगसासा,नि़सागध निनिधमगमगग सासानि़सागमधनि सांनिधमगमगग सासानि़सागमधनि सांगंमंगंमंगंसांनि
2. गमगसानि़साधनि़ सासा,गमधधमग मगसासागमधनि सांनिधमगमधम गमगसा,गमधनि सांगंमंगंसांनिधम गमधधमगमग सांसागमधनिसांसां।
3. निसांगंगंसांसां,निसां गंमंगंगंसांसां,निसां गंगंसांसांनिसांनिध मधनिधमगमग सासा,सागमगमध मधनिधसांनिसांगं सांगंमंगंमंगंसांनि सांनिधमगमगसा ।सा •
4. गमधगमधगम धमगमंगसानि़सा, मधनिमधनिमध निसांनिधममगम गगसासाधनिसांध नि़सांधनिसांगंसांसां निसांनिधमधनिधमधममगमगसा।
5. नि़सागमधधगम धनिसांधनिसांगमं मंगंमंगंसां,निसांनि निधनिधधमधम मगमगग,सागसासा गमधनिसांसांगम निसांसांगमधनि सांनिधमगमगसा।

राग चंद्रकौंस मध्यलय तीनताल

स्थायी–पर पिड़ा पर दुःख को जाने, सब जन एक समान नहि होत है।

अंतरा–कौन है अपना कौन है पराया, सभी प्रेम प्रेम के पात्र है।

स्थायी

नि	सां	निध	ध	म	–	म	म	ग	म	ध	गम	ग	ग	ग	सा
प	र	पिऽ	ऽ	ड़ा	ऽ	प	र	दुः	ऽ	ख	कोऽ	जा	ऽ	ने	ऽ
o				3				x				2			
ऩि	सा	ऩि	ध़	सा	म	म	म	म	ध	नि	सांसां	ध	–	म	–
स	ब	ज	न	ए	ऽ	क	स	मा	ऽ	न	नहि	हो	ऽ	त	है
o				3				x				2			

अंतरा

ग	म	ध	नि	सां	सां	सां	सां	ध	नि	सां	सां	गं	गंमं	गं	सां
कौ	ऽ	न	है	अ	प	ना	ऽ	कौ	ऽ	न	प	रा	ऽऽ	या	ऽ
o				3				x				2			
निसां	गं	सां	सां	नि	सां	नि	ध	गम	ध	ग	म	ग	ग	सा	सा
सऽ	भी	प्रे	ऽ	म	प्रे	ऽ	म	केऽ	ऽ	ऽ	पा	ऽ	त्र	है	ऽ
o				3				x				2			

राग चंद्रकौंस मध्यलय तानें

स्थायी

1. गम धनि सांनि धम।। गम धम गम गसा।
2. धनि सांगं मंगं सांनि।। धनि धम गम गसा।
3. निसा गम ध– गम।। धनि सां– धनि सांगं।। मं– गंमं गंसां निध।
4. धम गम ध– निध।। मध नि– सांनि धनि।। सां– निध मग मग।। सासा

5. निसां गंगं सांसां निसां।। गंमं गंगं सांसां निसां।। निध मध निध मग।।
मग सासा ऩिसा गसा।

अंतरा

1. सांनि धम गम धनि।। सांगं सांनि धम धनि।। सां–
2. गंमं गंसां निसां गंसां।। निध मग धनि सांसां।
3. सांनि धसां निध मध।। निध मग मध निसां।। गंगं सांसां निसां गंसां।
4. सागं मध म– गम।। धनि ध– मध निसां।। नि– धनि सांगं सांसां
गंमं गंसां धनि सांसां।
5. निसां गंमं गंमं गंसां।। निसां धनि सांगं सांगं।। सांनि धनि सांनि धम।।
गम धनि सांगं सांसां।

राग चंद्रकौंस तराना तीनताल

स्थायी

ग म ध नि	सां सां सां सां	नि नि ध म	ग म ग सा
त न न त	द्रे द्रे त न	दीं ऽ म्त न	न न दे रे
3	x	2	o
ध़ ऩि सा ग	म ध नि नि	सां सां गं मं	गं गं सां सां
दा नी दा नी	तुम दिर दिर दिर	दिर दिरत न	दे रे ना ऽ
3	x	2	o
नि सां गं सां	नि सां नि ध	ग – ग म	ग ग सा सा
त न तों ऽम	त न न न	दीं ऽ म्त न	दे रे ना ऽ
3	x	2	o

अंतरा

ग म ध नि	सां सां सां सां	ध नि सां गं	नि नि सां सां
ना दिर दिरदिर	तुम दिर दिरदिर	दीं ऽ म्त न	न न ना ऽ
3	x	2	o

गं मं गं सां	नि सां नि ध	म म ग म	ग ग सा सा
त न तों म	त न न न	दिर दिर त न	दे रे ना ऽ
3	x	2	o
नि़ सा ग म	ध नि सां सां	नि ध म ग	ग म ग सा
धिडधिड्किट्तक	तकधुमकिटतक	तकक्डानतकधा	तकक्डानतकधा
3	x	2	o

76

राग बिलासखानी–तोडी राग

राग बिलासखानी तोडी भैरवी थाट से उत्पन्न होता है। इस राग में रेगधनि कोमल स्वर लगते है। आरोह में मध्यम स्वर तथा अवरोह में पंचम स्वर वर्जित होने के कारण इसकी जाति षाडव–षाडव है। वादी स्वर धैवत एवम संवादी स्वर गन्धार है। इस राग का गायन समय दिन का दूसरा प्रहर है। इस राग में रेंनि व धम की संगति प्रायः आती है। इस राग की रचना तानसेन के पुत्र विलासखां ने की थी। यह एक गंभीर प्रकृति का राग है। इस राग में गंधार स्वर अति कोमल लगता है। रेगरेसा राग भूपालतोडी से बचने के लिये इस राग में 1–सारेग, रेगम गरेमग,रेगप 2–सारेनि़ध़.सा, रेग,मगरेगप 3–धमगरेग,मगरेगप या पध निध मगप उतरांग में 1–गपध, धसां 2–धनिधम निधम,गप, धसां या रेंनिधसां। स्वरों का प्रयोगः–षडज–अल्पत्व, रिषभ–अलंघन बहुत्व, गंधार–न्यास बहुत्व, मध्यम–अनाभ्यास अल्पत्व, पंचम–न्यास बहुत्व, धैवत–आंशिक न्यास, कोमल निषाद–लंघन अल्पत्व, न्यास के स्वर ग, प, ध।

आरोह–सा रे ग, प ध, नि ध, सां।
अवरोह–सां, रेंनि ध, प ध म ग, रे ग, रे सा।
पकड़–सा, रे नि़, सा रे ग, रे ग, ध, म ग, रे ग रे सा

राग बिलासखानी तोडी स्वर विस्तार

स्थायी

1. सा, रेनि़ध़,ध़ध़सा, रेग, रेसा।
2. सारेग, रेगमग, रेग, रेसा, रेनि़ध़, सा।

3. सारेगप, धमरे, धनिधमरे, रेगरेसा।
4. धधनिध, सां, रेंसां, रेंनिधमगरे, गरेसा।
5. धमगरे, गप, धध, सां, धमग, रे, गरेसा।

अंतरा

1. गप, धधसां, रेंसां, रेंनिधमग, गपधधसां।
2. सांरेंगं, रेंरेंसां, रेंनिधमग, निधमग, पधसां।
3. गंरेंगंरेंसां, सारेगप, धसां, रेंगंरेंसारेंनिधमग, धसां।
4. पधसां, रेंनिधसां, रेंगंरें, सां, रेंनिधमगधसां।
5. धसां, सांरेंगं, रेंगंमंगं, रेंगंरेंसां, रेंनिधसां।

राग बिलासखानी तोडी सरगमगीत तीनताल

स्थायी

सा	रे	ग	प	ध	—	—	म	ग	ग	रे	ग	रे	रे	सा	सा
o				3				x				2			
ध़	ध़	सा	सा	रे	रे	सा	सा	सा	रे	ग	प	ध	म	ग	रे
o				3				x				2			
ध	सां	रें	नि	ध	म	ग	रे	ध	ध	म	ग	रे	ग	रे	सा
o				3				x				2			

अंतरा

ध	ध	सां	सां	रें	रें	सां	सां	सां	रें	गं	गं	मं	गं	रें	सां
o				3				x				2			
रें	नि	ध	म	रे	ग	प	प	ध	ध	म	ग	रे	ग	रें	सा
o				3				x				2			
सा	रे	ग	प	ध	ध	सां	सां	रें	नि	ध	म	ग	रे	सा	सा
o				3				x				2			

राग बिलासखानी तोडी–विलम्बित ख्याल (तिलवाडा)

स्थायी–अति नटखट हैं नंद वृंदावन के, बहुत सतावत है गोपियन को।

अंतरा–जब पनियां भरन को जाती है, फोड़त है मटका कान्हा गोपियन की।

स्थायी

पधनिध	मग	रेसानि	सारे	ग	–	ग	–	प	ध	म	ग	रे	ग	रेरे	सा
अऽऽऽ	तीऽ	नटऽ	खट	है	ऽ	ऽ	ऽ	नं	ऽ	द	वृ	दा	ऽ	वन	के
3				x				2				०			
नि	नि	सा	सा	रे	रे	गग	ग	म	(म)	ग	म	रे	ग	रे	सा
ब	हु	त	स	ता	ऽ	वत	है	गो	पि	य	न	को	ऽ	ऽ	ऽ
3				x			2			०					

अंतरा

ध	–	ध	ध	सां	–	सां	सां	सां	सांरेंगं	रें	सां	रें	नि	सां	सां
ज	ब	प	नि	यां	ऽ	ऽ	भ	र	ऽऽऽ	न	को	जा	ऽ	ती	है
3				x				2				०			
रें	नि	धध	म	रेग	प	–	प	ध	म	ग	रे	ग	रेरे	सा	सा
फ़ो	ऽ	ड़त	है	मऽ	ट	का	ऽ	का	ऽ	न्हा	गो	पि	यन	के	ऽ
3				x				2				०			

तानें (विलंबित ख्याल)

स्थायी

1. सारेगगरेसा,सारे गपधमगरेगरे सासा,सारेगपधसां रेंनि धमगरेगरे सा,रेगपधसांरेंगं मंगंरेंगंरेंसांरेंनि धमगरेगरेसासा।
2. सारेगपधमग रेगप,निनिधमग रेगप,धनिधमग रेगप,गपधसांरें निधमगरेगप,रें गंमंगंरेंगंरेंसांरें निधमगरेगरेसा।
3. सांरेंगंगंरेंसां,रेंगं मंगंरेंगंरेंसां,गंगं रेंसांरेंनिधगपध सां,सारेगग,रेगप प,गपधध,पधसां सां,सांरेंगंगंरेंसां,रें निधमग,पधसांसां।

4. सारेगरेगपगप धपधसांधसारेंसां गंमंगंरेंगंरेंसारेंसां रेंनिधमगपधनि धमगरेसारेगरे सारेसासा,सारेगप धसांपधसारेंगंरें।

5. सारेगरेगरेसासा, सारेगपधमगरे गरेसासा,सारेगप धनिनिधमगरेग रेसासा,सारेगपध सांरेंगंमंगंरेंगंरें निधमगरेगरेसा

राग बिलासखानी तोडी मध्यलय (त्रिताल)

स्थायी–राम नाम ही सच्चा धन है, सत्य मार्ग पर तप ही जीवन है।

अंतरा–धुल जाता इसमें कण कण है, मन की आंखें खोल मनुवा।

स्थायी

पध	निध	म	ग	रे	सानि	सा	रे	ग	–	प	–	ध	म	ग	रे
राऽ	ऽऽ	म	ना	ऽ	मऽ	ही	ऽ	स	ऽ	च्चा	ऽ	ध	न	है	ऽ
०				3				x				2			
सा	रे	ग	प	ध	–	ध	ध	सारें	गं	रें	नि	ध	म	ग	रे
स	ऽ	त्य	मा	ऽ	र्ग	प	र	तऽ	प	ही	जी	व	न	है	ऽ
०				3				x				2			

अंतरा

ग	ग	प	ध	सां	–	सां	सां	रें	गं	रें	नि	सां	सां	सां	सां
धु	ल	जा	ऽ	ता	ऽ	इ	स	में	ऽ	क	ण	क	ण	है	ऽ
०				3				x				2			
सारें	गं	रें	नि	ध	म	ग	ग	ध	–	म	ग	रे	सा	सा	–
मऽ	न	की	ऽ	आं	ऽ	खें	ऽ	खो	ऽ	ऽ	लऽ	म	नु	वा	ऽ
०				3				x				2			

राग बिलासखानी तोडी मध्यलय तानें

स्थायी

1. सारे गप धसां रेंनि।। धम ग– रेग रेसा।

2. सारे गप धसां रेंगं।। रेंनि धम गग रेग।। रेसा

3. रेंगं मंगं रेंसां निनि।। धम ग,रे गरे सा–

4. सारे गप धम गरे।। गप धसां रेंनि धम।। धसां रेंगं रेंसां धनि।।
धम गरे गरे सासा।

5. गग रेसा धध मग।। सांसां निध गंगं रेंसां। रेंनि धम गरे गप।
धसा रेंनि धम गरे .

अंतरा

1. रेंनि धम गरे सा–।। सारे गप धध सांसां।

2. रेंगं मंगं रेंगं रेंसां।। निध मग रेसा गप।। धसां

3. सारे गप धसां रेंगं।। मंगं रेंगं रेंसां रेंनि।। धम गप धसां रेंसां।

4. धम गरे गप धध।। निनि धनि धम गरे।। गप धध सारें गरें।।
सांनि धम गप धसां।

5. सारें गरें सांसां रेंगं।। मंगं रेंगं रेंसां रेंनि ।। धम गरे रेग मग
रेग रेसा गप धसां।

राग बिलासखानी तोडी तराना एकताल

स्थायी

सा	रे	ग	प	ध	ध	म	ग	रे	ग	रे	सा
त	न	न	न	त	न	दे	रे	ना	दे	रे	ना
x		०		2		०		3		4	
रे	नि	ध	ध	सा	सा	ग	प	ध	म	ग	रे
दिर	दिर	त	न	न	न	तुं	म	ऽ	दा	ऽ	नि
x	०		2		०		3		4		
ग	प	ध	सां	रें	नि	ध	म	ग	रे	सा	सा
दे	रे	त	न	न	न	दिर	दिर	त	न	न	न
x		०		2		०		3		4	

अंतरा

ग	प	ध	ध	सां	सां	रें	गं	रें	सां	ध	प
त	न	न	त	न	न	दीं–	म	त	न	न	न
x		०		2		०		3		4	
रें	गं	मं	गं	रें	गं	रें	सा	ध	ध	सां	सां
द्रे	द्रे	द्रे	द्रे	त	न	तुम	दिर	दिर	दिर	त	न
x		०		2		०		3		4	
गं	सां	रें	नि	ध	प	ध	म	रे	ग	रे	सा
त	न	न	तों	म्त	न	दे	रे	दे	रे	ना	त
x		०		2		०		3		4	

77

राग गुजरीतोड़ी–राग परिचय

इस राग को तोडी थाट का जन्य माना गया है। इसमें रेगध कोमल तथा मध्यम तीव्र स्वर लगते है। पंचम स्वर वर्जित होने के कारण इसकी जाति षाडव–षाडव है। वादी स्वर धैवत और संवादी स्वर ऋषभ है। गायन समय दिन का दूसरा प्रहर है। इस राग की उत्पत्ति ग्वालियर के राजा मानसिंह तोमर की गुजरी रानी मृगनयनी ने की थी। यह एक गंभीर प्रकृति का राग है। इस राग में रिषभ दीर्घ तथा न्यास बहुत्व का स्वर है। मियां की तोडी समतुल्य राग है, गुर्जरी तोडी राग में पंचम स्वर वर्जित है, परन्तु मियां की तोडी राग में पंचम स्वर लगने के कारण एक दूसरे से भिन्न हो जाते है। राग गुर्जरीतोडी में गंधार व धैवत न्यास के स्वर है। स्वरों का प्रयोगः–षडज– अल्पत्व, रिषभः–दीर्घ न्यास बहुत्व गंधारः–सम्पूर्ण न्यास बहुत्व, तीव्र मध्यम–अलंघन बहुत्व, धैवत–आंशिक न्यास बहुत्व निषाद–लंघन और अनाभ्यास दोनों ही प्रकार का अल्पत्व।

आरोह–सारेग, मंध, निसां।
अवरोह–सांनिध, मंग, रेग, रे, सा
पकड़–निसा, रेग, मंध, निधमंग, रेग, रेसा।

राग गुजरीतोडी स्वर विस्तार

स्थायी

1. धनिसा, रेग, रेगरेसा, निधमं ध निसा, रेरेसा।
2. सारेग, रेगमंग, धनिसारे, रेगरे, सा।
3. मंध, मंधनिध, मंध, मंग, रेगरे, निसा, धनिसारेग, रेसा
4. मंग, मंधनि, सां, सां (सां)निसां, निध, मंग, रेगरेसा।

5. निसां, धनिसां, मंधनिसां, रेंरेंसां, निध, मंग, रेगरे,सा।

अंतरा

1. मंगमंधनिसां, सां(सां), निध, मंग, धनिसां।
2. सांरेंसां, धनिसांरें, गं, रेंगं, रेंगंरेंसां, निध, मंधनिसां।
3. मंधनिध, सां, रेंसां, गंरेंसां, निधमंग, सां।
4. धनिसां, रेंसां,मंगं, मंधनिसां, गंरेंसां, निधमंग, सां।
5. धनिसांरेंगं, रेंगंमंगं, रेगंरेंसां, निसां, निध, मंग, मंधनिसां।

राग गुजरीतोडी सरगमगीत तीनताल

स्थायी

सा	रे	ग	रे	सा	सा	सा	सा	ध	नि	सा	रे	ग	मं	ध	ध
o				3				x				2			
मं	ध	नि	सां	नि	ध	मं	ध	मं	मं	ग	रे	ग	रे	सा	सा
o				3				x				2			
सा	रे	ग	मं	ध	नि	सा	सां	नि	ध	मं	ग	रे	ग	रे	सा
o				3				x				2			

अंतरा

मं	मं	ग	ग	मं	ध	नि	सां	सां	–	सां	सां	रें	ग	रें	सां
o				3				x				2			
सां	रें	गं	गं	गं	रें	सां	सां	ध	नि	सां	सां	नि	ध	मं	ध
o				3				x				2			
नि	नि	ध	मं	ग	रे	सा	सा	सा	रे	ग	मं	ध	नि	सां	सां
o				3				x				2			

राग गुजरीतोडी विलंबित ख्याल

स्थायी–जो सच्चे मन से की जाये पूजा, वो ही भक्ति कहलाती है।

अंतरा–जिसमें न साधना हो कोई उसे पूजा प्यार नही कहना।

स्थायी

सारेगरेसा	निसा	धनि	सारे	ग	ग	मं	गग	रे	ग	रेरे	सासा
जोSSSS	SS	सS	च्चेS	म	न	से	Sकी	जा	ये	पूS	जाS
3		4		x		o		2		o	
मं	ध	मंधनिसां	निध	मं	ग	रेरे	गग	मं–	गग	रेग	रेसा
वो	S	हीSSS	SS	भ	S	क्तिS	SS	कह	लाS	तीS	हैS
3		4		x		o		2		o	

अंतरा

मं	गग	मंध	निनि	सां	सां	रेंगं	रेंसां	नि	सां	नि	ध
जि	सS	में	नS	सा	S	धS	नाS	हो	S	को	ई,
3		4		x		o		2		o	
रें	गं	रें	सां	नि	सां	नि	ध	मंमं	ग	रेग	रेसा
उ	से	पू	जा	प्या	S	र	न	हीS	S	कह	नाS
3		4		x		o		2		o	

राग गुजरीतोडी विलंबित ख्याल तानें

स्थायी

1. सारेगगरेसाधनि सारेगमंमंगरेसा सारेगमंधनिसांनि धमंगरेगरेसासा सारेगमंधनिसारें गंगंरेंसांनिधमंग रेगरेसाधनिसासा।
2. सारेगमधनिधम गगंधनिसांनिधमं गमंधनिसारेंसांनि धमगमंधनिसारें गरेंसारेंसांनिधमं गरेंसारेंसांनिधमं गमंधनिसारेंगंमं गरेंसांनिधगरेसा।
3. गगरेगगरेसासा मंमंगमंमंगरेसा निनिधनिनिधमंग रेंरेंसारेंरेंसांनिध गंगंरेंगंगंरेंसांसां गंगंरेंगंगंरेंसांसां निधमंगरेगरेसा सारेगमंधनिसांसां।
4. सारेगमंधगमंध निसांधनिसारेंगरें गंमंगंरेंगंरेंसांनि सांरेंरेंसांनिधधमं धनिसांनिधमंध धनिसांनिधमंधग रेगरेसा,सारेगमं धनिसांनिधमंगरे। सा
5. धधमंधमंगनिनि धनिधमंसांसांनिसां निधगंगंरेंगंरेंसां रेंसांनिसांनिधनि धमंधमंगमंगरे गरेसारेसासा सारेगमंधनिधमंगरे। सा

राग गुजरीतोडी मध्यलय (त्रिताल)

स्थायी–जब सुमधुर बांसुरी के धुन को सुनत है, प्रफुल्लित होत है गोकुल वासी।

अंतरा–सुधबुध बिसराई तन मन की, कछु नही, सूझत काम काज को।

स्थायी

मं ग।। मंध निध मं ग	रे ग रे सा	मं ग मं ध	नि सां नि ध
ज ब।। सुऽ मऽ धु र	बां सु री के	धु न को सु	न त है प्र
3	x	2	०
ग गं रें सां	नि सां नि ध	मं ध नि ध	मं ग रे मंग।
फु ऽ ल्लित	हो ऽ त है	गो ऽ कु ल	वा ऽ सी जब
3	x	2	०

अंतरा

मं ग मं ध	धनि सां सां सां	सांरे गं रे सां	नि सां नि ध
सु ध बु ध	बिऽ स र ग	ईऽ ऽ त न	म न की ऽ
3	x	2	०
ध गं रें सां	नि सां ध ध	मं ध नि सां	नि ध मं ग
क छु न ही	सू ऽ झ त	काऽ म का	ज की ज ब
3	x	2	०

राग गुजरीतोडी तानें (मध्यलय)

स्थायी

1. सारे गमं धनि सांनि।। धमं गरे गरे सासा।
2. धनि सांरें गरें सांनि।। धनि धम गरे सासा।।
3. सांरें गमं गरें सांनि।। धमं गरे सासा निसा।
4. सारे गमं ध– गमं।। धनि सां– धनि सांरें गंगं रेंसां निध मंग रेसा
5. धनि सांनि धमं गरे गमं धनि धमं गरे गमं धमं गरे गरे

   सासा गमं धनि सां–।

अंतरा

1. सांनि धम गरे गरे।। सासा गम धनि सांसां।
2. मं॑मं॑ गरें सांनि धम।। गमधनि सांसां निंसां।
3. सारे गग रेग म॑म॑।। गरे गम॑ ध॑ध म॑ग।। म॑ध॑ निनि धम॑ गम॑।। धनि सांम॑ गरें सांनि।
4. सांनि धम॑ धनि सां–।। रेंगं रेंसां निध म॑ध निसां म॑ध म॑ग रेग।। रेसा गम॑ धनि सांसां।
5. रेंगं रेंसां निसां धनि।। सारें गं– म॑ध निसां।। निध गरें सांनि धम॑ गम॑ धनि सारें निसां।

राग गुजरीतोडी तराना तीनताल

स्थायी

ध नि सां सां	नि ध म॑ ग	रे सा – रे	ग म॑ ध ध
दिर दिर त न	दे रे ना ऽ	दीं ऽ म्त न	दे रे ना ऽ
०	3	x	2
ध गं रें सां	नि सां नि ध	म॑ ध नि सां	नि नि ध ध
त न दे रे	दे रे ना ऽ	त न न त	न न दे रे
०	3	x	2

अंतरा

म॑ ग म॑ ध	नि नि सां सां	ध नि सां गं	रें रें सां सां
ना दिर दिंरदिंर	त न न न	दीं ऽ म्त न	दे रे ना ऽ
०	3	x	2
म॑ गं म॑ गं	रें सां नि सां	ध नि सां रें	सां नि ध ध
त नों ऽ म्त	दे रे ना त	न न त न	दे रे ना ऽ
०	3	x	2
सा रे ग म॑	ध ग म॑ ध	नि सां नि ध	म॑ ग रे सा
धा तिर किट तक	धुम तिरकिटतक	धीतागदिगनधाऽ	धीतागदिगनधाऽ
०	3	x	2

78

राग जोगकौंस–राग परिचय

इस राग की उत्पत्ति थाट भैरवी से मानी गई है। यह राग जोग और चंद्रकौंस के मिश्रण से बना है। इस राग में दोनों गंधार, दोनों निषाद, कोमल धैवत तथा मध्यम का प्रयोग होता है। आरोह–अवरोह में रिषभ स्वर वर्जित होने के कारण इसकी जाति षाडव–षाडव है। गायन समय रात्रि का तृतीय प्रहर है। वादी स्वर मध्यम और संवादी स्वर षडज है। इस राग में आरोह में शुद्ध गंधार और शुद्ध निषाद तथा अवरोह में कोमल गंधार, कोमल निषाद स्वर का प्रयोग होता है। इसमें शुद्ध निषाद अधिक व कोमल निषाद कम प्रयोग होता है। इस राग में जोग ग, म, पम, गमगसा तथा चंद्रकौंस मध, निसां, निसां, गंसां। स्वर प्रयोग–कोमल गंधार–अनाभ्यास और लंघन अल्पत्व शुद्ध गंधार–दीर्घ बहुत्व, मध्यम–सम्पूर्ण न्यास बहुत्व होने के साथ ही आंशिक न्यास बहुत्व, शुद्ध निषाद–अभ्यास बहुत्व, कोमल निषाद–अनाभ्यास अल्पत्व है।

आरोह–सा,धऩिसाग, म, धनि, सां।
अवरोह–सां, निधपम, पम, गम, गसा।
पकड़–सा, धऩिसागम, निधपम, पम, गम, गसा।

राग जोगकौंस स्वरविस्तार/अलाप

स्थायी

1. ऩिसा, धऩिसा, सा, म(म)गम, गसा।
2. धऩिसाग, म, पम, धपम, गमगसा,।
3. धधप, निधप, पमगम, गसा।
4. गमधनि, सां, निधपम, गमपम, गमगसा।
5. धनिसां, निसां, निधप, मपनिधप, मपगम, गसा।

अंतरा

1. धनिसां, सां(सां), निधप, मधनिसां।
2. निसां, धनिसां, गंमंगंसां, मधनिसां, निधप, धनिसां।
3. निसांगंसां, गं, गमं, गंसां, सां(सां)निधप, धनिसां।
4. गंसां, गंमंगंसां, निधप, मपम, गमधनिसां।
5. धनिसां, गंमंगंसां, पंमंगंमंगंसां, निधप, धनिसां।

राग जोगकौंस सरगमगीत तीनताल

स्थायी

सा	ग	म	प	म	ध	प	म	प	प	म	प	ग	म	ग	सा
o				3				x				2			
म	ध	नि	सां	नि	ध	प	म	ग	म	प	म	ग	म	ग	सा
o				3				x				2			
म़	ध़	नि़	सा	ग	म	प	प	प	म	ग	म	ग	ग	सा	सा
o				3				x				2			

अंतरा

ग	म	ध	नि	सां	–	सां	–	सां	नि	ध	प	म	ध	नि	सां
o				3				x				2			
सां	गं	गं	मं	गं	गं	सां	सां	ग	म	ध	नि	सां	सां	सां	सां
o				3				x				2			
नि़	सा	ग	म	ध	नि	सां	सां	नि	ध	प	म	ग	म	ग	सा
o				3				x				2			

राग जोगकौंस विलंबित ख्याल एकताल

स्थायी–सुरत तुम्हारी देख के सलोनी सावरी।

अंतरा–सुन बांसुरी के राग को हम हो गये बावरी।

स्थायी

पमगम	ध	नि	सां	नि	–	ध	–	प	म	ग	–
सुSSS	S	र	त	तु	S	म्हा	S	री	S	दे	S
3		4		x		o		2		o	
सा	ग	म	ध	नि	सां	नि	ध	प	म	गम	गसा
ख	S	स	S	लो	नि	S	सा	व	S	रीS	SS
3		4		x		o		2		o	

अंतरा

म	म	धध	निनि	सां	–	सां	–	गं	मं	गं	सां
सु	न	बांS	सुरी	के	S	रा	S	ग	S	ह	म
3		4		x		o		2		o	
गं	मं	गं	–	सां	–	नि	ध	प	–	गम	गसा
हो	S	S	S	ग	S	यी	S	बा	S	वS	रीS
3		4		x		o		2		o	

राग जोगकौंस विलंबित ख्याल तानें

1. निसागगसानिसागम मपमपमगसासा निसागमधनिसांनि धपमपगमगसा निसागमधनिसांगं सांनिधपमपगम गसा,धनिसांगंमंपं मंगंगंमंगंसांनिध पमपगमगगसा।
2. गमधधपमपग मगसाधनिसांसांनि धपमपगमगसा गंगंसांनिसांनिधप मपगमधधपम पपमपगमगसा धनिसागमपगम धनिसांगंसांसांनिसां निधपपगमगसा।
3. गमधनिसांनिनिध पगमगसानिसांनि निधपगंमंपंमंगं मंगंसांनिनिधपध निसांनिधपमनि निधपमपगमग गसानिसागमधग मधनिसांसांगंमंगं सांनिधपगमगसा।
4. धनिसांधनिसांधनि सांनिधपमगगम गगसा,गंगंसां,गंगं सां,गंगंसांनिसांनिध पमपगमगगसा गमपमगंमंगंगं सांनिसांनिनिधप मधनिसांनिनिधप मपगमगगसासा।

5. गमधनिसांगंमंगं निसांगंमंपंमंगंमं गंसांनिसांनिधनिध पमगमगगसासा निधपमगमगसा सांनिधपनिधपम गमधनिसांगंमंगं सांसांनिनिधपमप गमपमगमगसा।

राग जोगकौंस मध्यलय ख्याल तीनताल

स्थायी—गुरु चरणन के शरण में जाऊ, भक्ती बिना कछु नही पाऊं।

अंतरा—जो गुरु कृपा करे नाम बढ़े जग में, गुरु नाम की माला पार करे जग में।

स्थायी

ध	प	नि	म	प	प	प	प	म	म	ग	म	ग–	सा	सा	सा
गु	रु	च	र	ण	न	के	ऽ	श	र	ण	में	जाऽ	ऽ	ऊं	ऽ
0				3				x				2			
नि़	सा	ग	म	ध	–	नि	नि	सां–	सां	ध	ध	प	म	म	ग
भ	ऽ	क्ति	बि	ना	ऽ	क	छु	नऽ	ही	पा	ऽ	ऊं	ऽ	ऽ	ऽ
0				3				x				2			

अंतरा

ग	म	ध	नि	सां	सां	सां	सां	नि	नि	सा	सा	गं	गं	सां	सां
जो	ऽ	गु	रु	कृ	पा	क	रे	ना	म	ब	ढ़े	ज	ग	में	ऽ
0				3				x				2			
नि	सां	गं	मं	गं	गं	सां	सां	नि	ध	प	म	ग	गम	ग	सा
गु	रु	ना	म	की	मा	ऽ	ला	पा	ऽ	र	क	रे	जग	में	ऽ
0				3				x				2			

राग जोगकौंस मध्यलय तानें

स्थायी

1. नि़सा गम धनि सांनि। धप मप गम गसा।
2. गम धनि सांगं मंगं। सांनि धप गम गसा।
3. सांगं मंपं गंमं गंसां। निध पम गम गसा।

4. सांनि धप सांगं सांनि। धप गम धनि सांनि। धप मप गम गसा।

5. नि़सा गम धनि सांनि। धप सागं सांनि धप। गंमं पंमं गंमं गंसां।

अंतरा

1. सांनि धप मप गम। गसा गम धनि सांसां।

2. गंमं गंसां धनि सांगं। मंगं सांनि धप मप। मग गम धनि सांसां।

3. धनि सांगं मंगं मंपं। गंमं सांनि धप मप। मध निसां गंमं गंसां।

4. साग मग मध निध। निध निसां गंमं गंसां। गंमं पंमं गंमं गंसां। निनि धप सांगं सांसां।

5. गम धनि निध पम। गम धनि सांनि धप मग मध निसां गंसां। निध पम धनि सांसां।

79

राग मधुवंती–राग परिचय

इस राग की उत्पत्ति तोडी थाट से मानी गई है। इस राग में गंधार कोमल, मध्यम स्वर तीव्र व अन्य सभी स्वर शुद्ध लगते है। इस राग के आरोह में ऋषभ और धैवत स्वर वर्ज्य तथा अवरोह में सम्पूर्ण होने के कारण इसकी जाति औडव–सम्पूर्ण है। गायन समय दिन का तीसरा प्रहर है। अवरोह में ऋषभ स्वर को षडज का कण लेकर थोड़ा रुककर कहा जाता है। पनि सांगं, रेंसां यह स्वर समुदाय जब लेते है तब पटदीप राग का आभास होता है। वहां पर गंधार स्वर को तीव्र मध्यम का कण देकर या इस स्वर समुदाय के आगे मंगरेंसां इस प्रकार लेने से वह आभास दूर हो जाता है। मुलतानी राग भी इसी राग के समान है, मुल्तानी में कोमल रे, ध स्वर लगने के कारण एक दूसरे से भिन्न हो जाते है। इस राग का प्रारंभ ऩिसा गमगरे–सा, गमप–धमप–मगम–गरेसा, इस तरह से होता है। स्वरों का प्रयोगः–रिषभ–अलंघन तथा दीर्घ बहुत्व, गंधार–न्यास बहुत्व, मध्यम–लंघन तथा अनाभ्यास दोनों प्रकार का अल्पत्व, पंचम–आंशिक पूर्ण न्यास बहुत्व, धैवत–अवरोह में अलंघन बहुत्व, निषाद अवरोह में लंघन और अनाभ्यास दोनों प्रकार का अल्पत्व।

आरोह–ऩिसा, गमंप, निसां।
अवरोह–सां, निधप, मंग, रेसा।
पकड़–ऩिसा, गमंप, मंग, रेसा।

राग मधुवंती स्वर विस्तार/अलाप

स्थायी

1. ऩिऩिसा, ऩिध़ऩिध़प़, मंप़ ऩिऩिसा, गरेसा।
2. गरेसा, ऩिसा, प़ऩिसा, मंगमंगरेरेसा।
3. ऩिसा, गमंप, मंप, धधप, मंगमंगरेसा।

4. पम॑ग॒म॑पनि, धधप, म॑पनिधप, म॑प, म॑ग॒, म॑ग॒रेसा।
5. ग॒म॑पनि, सां(सां), निधनिधप, म॑प, म॑ग॒म॑ग॒, रेसा

अंतरा

1. पनिसां, निसां, निधप, म॑प, ग॒म॑, पनिसां।
2. निसां, पनिसां, ग॒म॑पनिसां, निधनिधप, म॑पनिसां।
3. ग॒ंरेंसां, निधप, सां, निधप, म॑पग॒म॑, पनिसां।
4. म॑ंग॒ंग॒ंरेंसां, पनिसांग॒ंरेंसां, निधप, सां।
5. ग॒ंम॑ंपं, ग॒ंम॑ंग॒ंम॑ंरेंसां, सांनिधप, म॑पनिनि, सां।

राग मधुवंती सरगमगीत एकताल

स्थायी

नि	ध	प	प	म॑	ग॒	म॑	ग॒	रे	सा	ऩि	सा
x		o		2		o		3		4	
ऩि	सा	ग॒	म॑	प	प	ग॒	म॑	प	नि	सां	सां
x		o		2		o		3		4	
ग॒ं	ग॒ं	रें	सां	नि	ध	प	प	म॑	ग॒	रे	सा
x		o		2		o		3		4	

अंतरा

प	प	म॑	प	ग॒	म॑	प	नि	प	नि	सां	सां
x		o		2		o		3		4	
नि	सां	ग॒ं	रें	सां	सां	नि	सां	नि	ध	प	प
x		o		2		o		3		4	
म॑ं	ग॒ं	म॑ं	ग॒ं	रें	सां	नि	ध	प	प	म॑	प
x		o		2		o		3		4	
सां	नि	ध	प	म॑	प	म॑	ग॒	म॑	ग॒	रे	सा
x		o		2		o		3		4	

राग मधुवंती विलम्बित ख्याल एकताल

स्थायी–तेरे हाथ जो भी आया, इस नश्वर संसार में,
उसका गरब न किजिये।

अंतरा–रोज सारे निकल गये, खाली हाथ संसार से।

स्थायी

नि़सागम॑प	प	म॑ग	रेसा	रे	सासा	ग	म॑	प	प	म॑	ग
ते ऽऽऽऽ	रे	हाऽ	थऽ	जो	ऽऽ	भी	ऽ	आ	ऽ	या	ऽ
3		4		x		०		2		०	
म॑धनिसां	नि	ध	पप	म॑	ग	ग	म॑	प	प	म॑	ग
इ ऽ ऽऽ	स	न	श्वर	सं	ऽ	सा	ऽ	र	ऽ	में	ऽ
3		4		x		०		2		०	
नि़	नि़	ध़	प़	सा	सा	रे	सा	म॑ग	म॑प	म॑ग	रेसा
उ	स	का	ग	र	ब	न	ऽ	किऽ	जिऽ	येऽ	ऽऽ
3		4		x		०		2		०	

अंतरा

प	म॑पं	ग	म॑प	नि	–	सां	सां	पनि	सांगं	रें	सां
रो	जऽ	सा	रेऽ	नि	ऽ	क	ल	गऽ	ऽऽ	ये	ऽ
3		4		x		०		2		०	
पनि	सांनि	ध	प	ग	म॑	प	म॑	ग	रे	सा	सा
खाऽ	ऽऽ	ली	ऽ	हा	ऽ	थ	ऽ	सं	सा	र	से
3		4		x		०		2		०	

राग मधुवंती विलम्बित ख्याल तानें

1. नि़साम॑गरेसा,नि़सा गम॑पम॑गम॑गरे सा,नि़सागम॑पनिसां निधपम॑गरेसा,गम॑पनिसांगंरेंसांनि धपम॑गरेसानि़सा गम॑धपम॑गरेसा।
2. नि़साम॑गम॑गरेसा नि़सागम॑पनिसांनि धपम॑गम॑गरेसा गम॑पनिसांगंरेंसां निधपम॑गम॑गरेसा, नि़सागम॑पनिसां गंम॑ंपंम॑ंगंरेंसांनि धपम॑गम॑गरेसा।

3. गम॑पगम॑पगम॑ पम॑गरेसापनिसां पनिसांपनिसांनिध पम॑गरेसानि़साग म॑पपगम॑पनिसांसां, पनिसांगंरेंसांनि धपम॑गम॑गरेसां।

4. निसांम॑गंरेंसां, निसां गंम॑पंम॑गंरेंसांसां निसांगंगंरेंसां,निसां रेंरेंसांनिध,गम॑प निसांनिधपगम॑प म॑गरेसासानि़साग म॑पगम॑पनिसांसां।

5. निसांगंगंरेंसां, निसां रेंरेंसांनि, पनिसांसां निधम॑पनिनिधप, गम॑पनिसांगंरेंसां निधपम॑गम॑पनि सांनिधपगम॑पनि धप, गम॑पम॑गरे। सासा

राग मधुवंती मध्यलय तीनताल

स्थायी–श्री गुरु देवो नमो नमः 'गुरु है विध्या सागर है,
गुरु महिमा बहुत अपार।

अंतरा–धन बल बुद्धि सभी मिले है,
जब गुरु कृपा का हो वरदान।

स्थायी

ग	म॑	रे	सा	रे	–	सा	सा	नि़	सा	ग	म॑	प	प	म॑	प
श्री	ऽ	गु	रु	दे	ऽ	वो	ऽ	न	ऽ	मो	ऽ	न	ऽ	मः	ऽ
०				3				x				2			
म॑	प	नि	सां	गं	रें	सां	सां	नि	सां	नि	ध	नि	ध	प	प
गु	रु	है	ऽ	वि	ऽ	ध्या	ऽऽ	सा	ऽ	ग	र	है	ऽ	ऽ	ऽ
०				3				x				2			
नि़	सा	ग	म॑	प	नि	सां	सां	नि	ध	प	म॑	ग	रे	सा	सा
गु	रु	ऽ	म	हि	ऽ	मा	ऽ	ब	हु	त	अ	पा	ऽ	ऽ	र
०				3				x				2			

अंतरा

ग	म॑	प	नि	सां	सां	सां	सां	प	नि	सां	गं	रे	रें	सां	सां
ध	न	ब	ल	बु	ऽ	द्धि	ऽ	स	भी	ऽ	मि	ले	ऽ	है	ऽ
०				3				x				2			

ग	रें	सां	नि	ध	प	मं	प	ग	मं	प	मं	ग	रे	सा	सा
ज	ब	गु	रु	कृ	ऽ	पा	ऽ	हो	ऽ	ऽ	ऽ	व	र	दा	न
o				3				x				2			

राग मधुवंती मध्यलय ताने

स्थायी

1. निसा गमं पनि सांनि। धप मंग रेसा निसा।
2. गमं पनि सांगं रेंसां। निध पमं गमं गरे। सा
3. गंमं पंमं गरें सांनि। धप मंग मंग रेसा।
4. निसा मंग पमं धप। निध सांनि रेंसां गरें। सांनि धप मंग रेसा। निसा गम पप मंप।
5. मंग मंग रेसा निनि। धप मंग मंग रेसा। गरें गरें सांनि धप। गम पमं गरे सासा।

अंतरा

1. सांनि धप मंग रेसा। निसा गमं पनि सांसां।
2. पप मंप गमं पनि। सांगं रेंसां निध पप।
3. पमं गमं पनि सां–। गरें सांनि धप मंप। गमं पनि सां– गंमं। पंमं गरें सांनि धप। मंप गमं पनि सांसां।
4. निसां गंमं पं– पंमं। गरें सांनि धप मंप। निसां निध पप मंप। गमं पनि सांसां निसां
5. निनि धनि निध निनि। धप मंप गमं पनि। सांप निसां पनि सांगं। रेंसां निध पमं गमं । पनि सांप निसां पनि। सां

राग मधुवंती तराना एकताल

स्थायी

मं	ग	मं	ग	रे	सा	नि	सा	ग	मं	प	प
दे	ऽ	नां	दे	ऽ	नां	त	दा	रे	दा	ऽ	नि
x		o		2		o		3		4	

ग॒	म॑	प	नि	ध	प	म॑	म॑	प	म॑	ग॒	ग॒
दिर	दिंर	त	न	त	न	दीं	म	त	न	त	न
x		०		2		०		3		4	
सां	–	नि	ध	प	प	म॑	ग॒	म॑	ग॒	रे	सा
दीं	ऽ	ऽ	दीं	ऽ	त	दा	रे	दा	रे	दा	नि
x		०		2		०		3		4	

अंतरा

प	प	म॑	प	ग॒	म॑	प	नि	प	नि	सां	सां
ना	दिर	दि	दा	ऽ	नि	तुम	दिर	दिर	दा	ऽ	नि
x		०		2		०		3		4	
नि	सां	म॑	गं॒	रें	सां	नि	सां	नि	ध	प	प
दिर	दिर	त	न	त	न	दा	ऽ	रे	दा	ऽ	नि
x		०		2		०		3		4	
म॑	प	सां	नि	ध	प	म॑	प	म॑	ग॒	रे	सा
य़ा	ल	लि	य़	ल	ली	य़	ली	य़	ल	ऽ	ल
x		०		2		०		3		4	
नि़	सा	ग॒	म॑	प	नि	सां	नि	ध	प	म॑	प
त	क्डा	ऽ	तिर	किट्तक		नग	धुम	किट्तक		गदि	गन
x		०		2		०		3		4	
नि़सा	गम॑	पप	ग॒म॑	पनि	सांसां	गं॒गं॒	रेंसां	निध	पप	म॑ग॒	रेसा
धाऽ	धुम	किट्तक		गदि	गन	धा–	धुम	किट्तक		गदि	गन
x		०		2		०		3		4	

राग मधुवंती ध्रुपद चौताल

स्थायी–लोभ मोह ये पाप का घर है, द्वेष भाव ही तेरा भवंर है,
पर निंदा से नही बचा तो, घोर नरक में जाना पड़ेगा।

अंतरा–किस की सगी है काया माया, जिस पर तू फ़िरता इतराता,
मूरख पाप से नही बचा तो, जाकर वहां बताना पड़ेगा।

स्थायी

म॑	ग	रे	सा	ऩि	सा	ग	म॑	पप	म॑प	म॑	ग
लो	ऽ	भ	मो	ह	ये	पा	ऽ	पका	घर	है	ऽ
x		०		2		०		3		4	
प	नि	सां	नि	ध	प	म॑	प	म॑	ग	रे	सा
द्वे	ऽ	ष	भा	ऽ	व	ते	रा	भ	वं	र	है
x		०		2		०		3		4	
प	नि	सां	गं	रें	सां	नि	ध	नि	ध	प	प
प	र	निं	दा	ऽ	से	न	ही	ब	चा	ऽ	तो
x		०		2		०		3		4	
ग	म॑	प	नि	धध	प	म॑	ग	म॑	ग	रे	सा
घो	ऽ	र	न	रक	में	जा	ऽ	ना	प	ड़े	गा
x		०		2		०		3		4	

अंतरा

प	प	म॑	प	ग	म॑	प	नि	प	नि	सां	सां
कि	स	कि	स	गी	है	का	या	ऽ	मा	ऽ	या
x		०		2		०		3		4	
प	नि	सां	गं	रें	सां	नि	सां	ध	ध	प	प
जि	स	प	र	तू	ऽ	फ़िर	ता	इ	त	रा	ता
x		०		2		०		3		4	
म॑	गं	म॑	गं	रें	सां	नि	ध	प	प	म॑	ग
मू	र	ख	पा	प	से	न	ही	ऽ	ब	चा	तो
x		०		2		०		3		4	
ऩि	सा	ग	म॑	प	प	म॑	ग	म॑	ग	रे	सा
जा	क	र	व	हां	ब	ता	ना	ऽ	प	ड़े	गा
x		०		2		०		3		4	

भजन खण्ड

1

भजन

मीरा **ताल–दादरा**

आज राधा गोविंद बनी आज राधा गोविंद बनी।।

जमुना तटपर बंशी बजावत राधा श्याम बनी।

बंशी धुन सुन नाचत गावत मोहन राधा बनी।। आज

श्याम रंग की ओढ़ चुनरिया मुरली अधर धरी

राधा नचावे मोहन नाचे ब्रज में धूम मची।। आज

राधा श्री मोहन की प्यारी मोहन संग खड़ी,

राधे राधे मोहन पुकारे पावन ऐसी घड़ी।। आज।।

स्थायी **दादरा**

										सा	रे
										आ	ज
ग	प	–ध	म	ग	रे	ग	–	रेग	सारेसा	ग	म
रा	धा	–गो	विं	द	ब	नी	ऽ	ऽऽ	ऽऽऽ	आ	ज
x			o			x			o		
प	प	नि	धनि	धप	म	प	–	–	मध	ध	ध
रा	धा	–गो	विंऽ	ऽद	ब	नी	ऽ	ऽ	ऽऽ	आ	ज
x			o			x			o		

ध	ध	नि	धप	म	प	प	—	मग	रेसा	सा	रे
रा	धा	गो	विंऽ	द	ब	नी	ऽ	ऽ	ऽ	आ	ज
x			o			x			o		

अंतरा

—	गरे	सा	निसा	सासा	सा	—रे	ग	मम	म	म	मम
ऽ	जमु	ना	तट	ऽप	र	ऽबं	शी	बऽ	जा	ऽ	वत
x			o			x			o		
रेग	म	प	ध	सां	नि	ध	प	धप	मग	रेसा	सासा
ऽ	राऽ	धा	श्या	म	ब	नी	ऽ	ऽ	ऽऽ	ऽऽ	ऽऽ
x			o			x			o		
—	ध	ध	नि	नि	नि	—	मप	धनि	ध	प	पप
ऽ	बं	शी	धुन	ऽसु	ऽन	ऽ	नाऽ	चत	गा	ऽ	वत
x			o			x			o		
—	नि	निनि	धनि	ध	प	म	—	मग	रेसा	सा	रे
ऽ	मो	हन	राऽ	धा	ब	नी	ऽ	ऽऽ	ऽऽ	आ	ज
x			o			x			o		

(शेष अंतरे इसी प्रकार गाए जाएंगे)

2

भजन

सूरदास **ताल–कहरवा**

अब मैं नाच्यो बहुत गोपाल काम क्रोध को पहिरि चोलना।

कंठ विषय की माल।।ध्रु।।

महा मोह के नूपुर बाजत, निन्दा शब्द रसाल,

भरम भयो मन भयो पखावज चलत कुसंगति चाल।।

तृस्ना नाद करत घट भीतर, नाना विधि दै ताल,।

माया की कटि फ़ेटा बांध्यो, लोभ तिलक दै भाल।।

कोटिक कला काछि दिखराई, जल–थल सुधि नहिं काल।

सूरदास की सबै आविध्या दूर करो नंदलाल।।

स्थायी **कहरवा**

सा	सा	रे	प	प	पध	नि॒	ध	प	प	म	म	रे	–	सा	सा
अ	ब	मैं	ऽ	ना	च्यो	ऽ	ब	हु	त	गो	ऽ	पा	ऽ	ऽ	ल
०				x				०				x			
नि़	नि़	सा	–	ग	ग	ग	ग	ग	रे	ग	सा	सा	–	–	–
अ	ब	मैं	ऽ	ना	च्यो	ऽ	ब	हु	त	गो	ऽ	पा	ऽ	ऽ	ल
०				x				०				x			

सा	सा	रे	प	रे	ग	रे	सा	–	सा	सा	सा	रे	रेरे	म	प
अ	ब	मैं	ऽ	का	ऽ	म	क्रो	ऽ	ध	को	ऽ	प	हि	रि	चो
o				x				o				x			
–	प	प	–	–	सां	–	सांनि	ध	ध	प	म	ग	–	–	रे
ऽ	ल	ना	ऽ	ऽ	कं	ऽ	ठवि	ष	य	की	ऽ	मा	ऽ	ऽ	ल
o				x				o				x			
नि़	सा	रेग	ग	ग	–	ग	म	रे	ग	ग	रे	सा	नि़	सा	सा
अ	ब	मैंऽ	ऽ	ना	ऽ	च्यो	ब	हु	त	गो	ऽ	पा	ऽ	ऽ	ल
o				x				o				x			

अंतरा

सां	सां	–	सां	–	सां	सां	–	नि	नि	ध	प	ध	–	प	प
म	हा	ऽ	मो	ऽ	ह	के	ऽ	ऽ	नु	पु	र	बाऽ	ऽ	ज	त
o				x				o				x			
ग	म	ध	–	नि	रें	नि	ध	प	–	–	–	–	–	–	प
नि	ऽ	न्दा	ऽ	श	ऽ	ब्द	र	सा	ऽ	ऽ	ऽ	ऽ	ऽ	ऽ	ल
o				x				o				x			
–	रेंरें	रें	रें	रें	–	रें	रें	सां	गरें	गं	रें	नि	रें	सां	सां
ऽ	भर	म	भ	यो	ऽ	म	न	भ	यो	ऽ	प	खा	ऽ	व	ज
o				x				o				x			
–	सांसां	सां	प	नि	ध	प	म	ग	–	ग	रे	–	सा	सा	सा
ऽच	ल	त	कु	सं	ग	ती	ऽ	चा	ऽ	ल	ऽ	ऽ	ऽ	ऽ	ऽ
o				x				o				x			
–	नि़सा	रेग	ग	ग	–	ग	ग	रे	ग	ग	रे	सा	नि़	सा	सा
ऽ	अब	मैंऽ	ऽ	ना	ऽ	च्यो	ब	हु	त	गो	ऽ	पा	ऽ	ऽ	ल

(शेष अंतरे इसी प्रकार गाए जाएंगे)

3

भजन

कबीर **कहरवा**

भजोरे मन राम गोविंद हरि।।

जप तप साधन कछु नहि लागत, खरचत नहि गठरी।।

संतत संपत सुख के कारण, जाये भूल परी।।

कहत कबीर जा मुख राम नहि, वो मुख धूल भरी।।

स्थायी **कहरवा**

म	म	ग	रे	म	म	म	म	म	म	ध	सां	नि	नि	नि	–
भ	जो	रे	म	न	ऽ	रा	म	गो	विं	ऽ	ऽ	द	ह	रि	ऽ
प	प	म	ग	म	म	म	म	नि	ध	–	–	म	म	म	–
भ	जो	रे	म	न	ऽ	रा	म	गो	विं	ऽ	ऽ	द	ह	रि	ऽ
सा	–	सां	सां	सां	सां	रें	सां	सां	सां	सां	–	सां	सां	निं	–
ऽ	रा	म	गो	विं	ऽ	ऽ	द	ह	रि	ऽ	ऽ	ऽ	ऽ	ऽ	ऽ
सां	सां	नि	ध	प	–	नि	–नि	नि	–	ध	म	म	म	ग	रे
ऽ	रा	म	गो	विं	ऽ	द	ऽह	रि	ऽ	ऽ	भ	जो	रे	म	न
x				0				x				0			

अंतरा

सां	सां	नि	ध	सां	सां	सां	सां	–ध	सां	रें	सां	नि	–	नि	नि
ऽज	प	त	प	सा	ऽ	ध	न	ऽ	क छु	न	ही	ला	ऽ	ग	त
x				0				x				0			
–	निनि	सां	सां	रें	मंगं	रें	सां	सां	–	–	–	निध	नि	ध	–
ऽ	खर	च	त	न	हीऽ	ग	ठ	री	ऽ	ऽ	ऽ	ऽऽ	ऽ	ऽ	ऽ
–	सांसां	सां	नि	ध	प	नि	नि	ध	–	–	म	म	म	ग	रे
ऽ	खर	च	त	न	ही	ग	ठ	री	ऽ	ऽ	भ	जो	रे	म	न

(शेष अंतरे इसी प्रकार गाए जाएंगे)

4

भजन

सूरदास **रूपक**

हरि तेरो भजन कियो न जाइ।

कह करौ, तेरी प्रबल माया देवि मन भरमाई।।धृ।।

जबै आवौ साधु संगति, कछुक मन ठहराई।

ज्यौ गयंद अन्हाइ सरिता, बहुरि वहै सुभाई।।

वेष धरि–धरि हर्यो पर–धन, साधु–साधु कहाई।।

जैसे नटवा लोभ कारन करत स्वांग बनाई।।

करौ जतन, न भजौ तुमकौ, कछुक मन उपजाई।

सूर प्रभु की सबल माया, देति मोहि भुलाई।।

स्थायी **रूपक**

प	प	मग	ग	म	म	रे	नि	नि	रे	रे	सा	सा	—
ह	रि	तेऽ	रो	भ	ज	न	कि	यो	ऽ	न	जा	ऽ	इ
x			2		3		x			2		3	
प	प	म	ग	ग	रे	सानि	रेम	म	—	म	प	मग	म
ह	रि	तेऽ	रो	क	ह	कऽ	रौ	ऽ	ते	री	प्र	बऽ	ल
x			2		3		x			2		3	
प	प	सां–	—	—	सां	नि	प	नि	प	ग	ग	—	—
मा	ऽ	या	ऽ	दे	ऽ	वि	म	न	भ	र	मा	ऽ	ई
2			x		2		x					3	

अंतरा

म	प	नि	नि	नि	—	सां	सां	रे	—	नि	सां	सां	सां
ज	बै	ऽ	आ	ऽ	वो	ऽ	सा	ऽ	धु	सं	ऽ	ग	ति
x			2		3		x			2		3	
सां	सां	सां	नि	प	म	नि	प	—	प	म	म	प	प
क	छु	क	म	न	ठ	ह	रा	ऽ	ई	ह	रि	ते	रौ
x			2		3		x			2		3	
रें	सां	रें	रें	रें	—	रे	गं	—	मं	रें	रें	सां	—
ज्यों	ऽ	ग	यं	द	अ	न	हा	ऽ	ई	स	रि	ता	ऽ
x			2		3		x			2		3	
सां	सां	सा	नि	पम	नि	पम	—	ग	म	म	रे	प	प
ब	हु	रि	व	है	ऽ	सुऽ	भा	ऽ	ई	ह	रि	ते	रौ
x			2		3		x			2		3	

(शेष अंतरे इसी प्रकार गाए जाएंगे)

5

भजन

मीरा **रूपक**

हरि तुम हरो जनकी भीर, द्रौपदी की लाज राखी,

तुरत बढ़ायो चीर।।

भगत कारण रुप नरहरी, धारियो नाहिन धीर।।

बूड़तो गंजराज राख्यो, किया बाहर नीर।।

दासी मीरा लाल गिरिधर, करण कवल पै सीर।।

स्थायी

रुपक

सा	सा	ध	धप	मप	म	ग	सा	नि़	ध़	नि़	सा	सा	—
ह	रि	तु	म	हऽ	ऽ	रो	ज	न	की	ऽ	भी	ऽ	र
सा	सा	ध	ध	सा	—	सा	ग	—	—	गम	म	ग	ग
ह	रि	तु	म	द्रौ	ऽ	प	दी	ऽ	की	ऽ	लाऽ	ऽ	ज
सा	नि़	सा	सां	सां–	ध	ध	म	ध	नि–	—	ध	—	म
रा	ऽ	खी	ऽ	तुर	त	ब	ढ़ा	ऽ	यो	ऽ	ची	ऽ	र
2			3	x			2		3		x		

अंतरा

सा	सा	ध	ध	सां	सां	सां	सां	—	सां	सां	निसां	गं	सां
ह	रि	तु	म	भ	ग	त	का	ऽ	र	ण	रुऽ	ऽ	प

ध	नि	सां	सां	नि	नि	नि	ध	म	ध	ध	नि	—	नि
न	र	ह	रि	धा	रि	यो	ना	ऽ	हि	न	धी	ऽ	र
सांगं	मंगं	सांनि	ध	म	नि	ध	म	ग	सा	नि	सा	—	सा
हऽ	रीऽ	तुऽ	म	धा	रि	याऽ	ना	ऽ	हि	न	धी	ऽ	र
2		3		x			2		3		x		

(शेष अंतरे इसी प्रकार गाए जाएंगे)

6

भजन

कहरवा

रैदास

जो तुम तोरो राम मैं नाही तोरो, तुमसे तोरो कवन से जोरो।।धृव।।

तीरथ बरत न करौ अंदेशा, तुम्हरे चरन कमल के भरोसा।।

जहँ तहँ जाओ तुम्हरी पूजा, तुमसा देव और नहि दूजा।।

मैं अपनों मन हरिसों जोरयों, हरियो जोरि सवन सों तोरयो।।

सबहि पहर तुम्हारी आसा, मन क्रम बचन कहै रैदासा।।

स्थायी **कहरवा**

– धप –म गरे	सा साग सानि़ –ध़	– सा रेग –रे	ग – ग –
ऽ जोऽऽतु ऽम	तो रोऽ राऽ ऽम	ऽ मैं ऽना ऽही	तो ऽ रो ऽ
x	o	x	o
– पध सां रें	रेंसा –नि ध प	–ग मध प गम	रे सा गग पप
ऽ तुम से ऽ	तोऽ ऽऽ रो ऽ	ऽक वऽ न सेऽ	जो ऽ रोऽ ऽ
x	o	x	o

अंतरा

– सा –रे सा	सा सा –सा –नि	–सां रेंसां – प	ध सां सां –
ऽ ती ऽर थ	ब र ऽत ऽन	ऽक रोऽ ऽ अं	दे ऽ सा ऽ
x	o	x	o

–	निनि	नि	ध	नि	नि	–	–म	म	प	–नि	–नि	ध	–	प	–
ऽ	तुम्ह	रे	च	र	न	ऽ	ऽक	म	ल	ऽके	–भ	रो	ऽ	सा	ऽ
x				○				x				○			
–ध	ध	ध	प	मग	ग	–	म	म	म	ग	–म	गरे	–सां	गग	पप
ऽतु	म्ह	रे	च	रऽ	न	ऽ	क	म	ल	के	ऽभ	रोऽ	ऽसा	ऽऽ	ऽऽ
x				○				x				○			

(शेष अंतरे इसी प्रकार गाए जाएंगे)

7.

भजन

गुरूनानक **कहरवा**

मन की मन ही माहि रही,

ना हरि भजे न तीरथ सेवे, चोटी काल गही।।

दारा मीत पूत रथ संपति, धन–जन पूर्न मही,

और सकल मिथ्या यह जानो, भजना राम सही।।

फ़िरत फ़िरत बहुते जुग हार्यो, मानस देह लही,

नानक कहत मिलत की बिरियॉ,सुमिरत कहा नही?

स्थायी **कहरवा**

सा	रे	म	–	–	नि	नि	धप	म	ग	रे	सा	सा	–	–	–
म	न	की	ऽ	ऽ	म	न	हीऽ	मा	ऽ	हि	र	ही	ऽ	ऽ	ऽ
सा	रे	म	–	म	ग	रे	सा	सा	सा	–	रे	–	म	म	म
म	न	की	ऽ	ना	ऽ	ह	रि	भ	जे	ऽ	न	ऽ	ती	र	थ
प	म	म	–	सा	–	सां	सा	–	निसां		नि–	ध	प	प	–
–ऽ	से	ऽ	वे	ऽ	चो	ऽ	टी	ऽ	काऽ	ऽ	ऽल	ग	ही	ऽ	ऽ
०				x				०						x	

अन्तरा

म	–	प	ध	सां	–	सां	सां	–	नि	ध	प	धनि	सां	सा	सां
दा	ऽ	रा	ऽ	मी	ऽ	त	पू	ऽ	त	र	थ	संऽ	ऽ	ऽ	ऽ

– सांसां सां सां	नि सां निध प–	प – – –	– – – –
ऽ धन ज न	पू ऽ ऽर्न ऽम	ही ऽ ऽ ऽ	ऽ ऽ ऽ ऽ
– सां सां –रें–रे	सां सां सां –	सां रें मं गं	रे सां सां –
ऽऽ औ ऽर ऽस	क ल मि ऽ	थ्याऽ य ह	जाऽ नो ऽ
– सांसां सां	निसां नि ध पम	प – – सा	रे रे म प
ऽ भज ना ऽ	राऽ ऽ म सऽ	ही ऽ ऽ ऽ	म न कीऽ
o	x	o	x

(शेष अंतरे इसी प्रकार गाए जाएंगे)

8

भजन

कबीर **दादरा**

मन मस्त हुआ तब क्यों बोले ।।धृ।।

हीरा पायो गांठ गठियायो, बार बार बाको क्यों खोले ?।।1।।

हलकी थी जब चढ़ी तराजू, पूरी भई तब क्यों तोले ?।।2।।

सुरत कलारी भई मतवारी, मदवा पी गई बिन तोले।।3।।

हंसा पाये मान सरोवर, ताल तलैय्या क्यों डोले ?।।4।।

तेरा साहिब है घट मांहि, बाहर नैना क्यों खोंले ?।।5।।

कहे कबीर सुनों भई साधो, साहिब मिल गये तिल ओले।।6।।

स्थायी **दादरा**

											पप
											मन
सां	–नि	प	सां	नि	पम	ग	–	ग	रे	ग	रेसा
म	ऽस्त	हू	आ	ऽ	तब	क्यो	ऽ	बो	ऽ	ले	मन
रे	–	रेग	म	ग	रेसा	सा	–	सा	–	सा	–
म	ऽ	स्तहू	आ	ऽ	तब	क्यों	ऽ	बो	ऽ	ले	ऽ
x			o			x			o		

अंतरा

म प

हि रा

निसां	—	रेसां	गं	रें	सारें	नि	—	सां	गं—	रेंसांनिधप	
पायो	ऽ	गांऽ	ऽ	ठ	गठि	या	ऽ	यो	ऽऽ	ऽऽऽ	ऽऽ
—	ध	ध	—	नि	सारें	नि	ध	प	प	प	प
ऽ	बा	र	बा	र	बाऽ	को	क्यों	—	बो	ऽ	ले
गं	गरें	सां	—	रेंरें	—	रे	गं	सां	रें	सांनि	सां
ऽ	हल	की	थी	ऽ	जब	ऽ	चढि	त	रा	ऽऽ	जू
—	ध	ध	ध	ध	ध	नि	सां	रें	नि	ध	प
ऽ	पूरी	भ	ई	त	ब	क्यों	ऽ	तो	ऽ	ले	ऽ
x			०			x			०		

(शेष अंतरे इसी प्रकार गाए जाएंगे)

9

भजन

कबीर

मन लागो मेरो यार फकीरि में।

जो सुख पावो राम भजन में, वो सुख नाही अमीरी में।

भला बुरा सबका सुनि लीजै, कर गुजरान गरीबी में।।1।।

प्रेम नगर में रहनि हमारी भलि बनि आयी सबूरी में।

हाथ में कूंडी बगल में सोटा, चारो दिसी जागीरी में ।।2।।

आखिर यह तन खाक मिलेगा, कहा फ़िरत मगरुरि में।

कहत कबीर सुनो भई साधो साहिब मिले सबूरि में ।3।।

स्थायी **कहरवा**

—	धध	प	म	म	ग	रे	सा	—	म	धध	—नि	सां	सां	सां	—
—	मन	ला	ऽ	गो	ऽ	में	रो	ऽ	या	ऽर	ऽफ	की	री	में	ऽ
x				o				x			o				
—	रें	—रें	—रें	सां	रें	सां	नि	—	सां	—नि	—ध	प	म	म	—
ऽ	या	ऽर	ऽफ	की	री	में	ऽ	ऽ	या	ऽर	ऽफ	की	री	में	ऽ
x				o				x			o				

अंतरा

—	ध	प	म	म	—	म	—	—	धप	धप	म	म	म	म	—
ऽ	जो	सु	ख	पा	ऽ	वो	ऽ	ऽ	राऽ	ऽम	भ	ज	न	में	ऽ
x				o				x				o			
—	नि	नि	नि	नि	—	सां	नि	ध	प	नि	नि	ध	ध	—	—
ऽ	सो	सु	ख	ना	ऽ	हि	अ	मीऽ	ऽ	ऽ	री	में	ऽ	ऽ	ऽ
x				o				x				o			
—	ध	ध	नि	सां	—	सां	नि	रें	—	सां	नि	रें	सां	सां	—
ऽ	भ	ला	बु	रा	ऽ	स	ब	का	ऽ	सु	नि	ली	ऽ	जै	ऽ
x				o				x				o			
—	रेंरें	रें	रें	सां	रें	सांनि	नि	नि	सां	—	नि	धप	मप	म	—
ऽ	कर	गु	ज	रा	ऽ	ऽन	ग	रि	ऽ	ऽ	बी	में	ऽऽ	ऽ	ऽ
x				o				x				o			

(शेष अंतरे इसी प्रकार गाए जाएंगे)

63

राग रेवा–राग परिचय

यह राग पूर्वी थाट से उत्पन्न होता है। आरोह अवरोह में मध्यम और निषाद स्वर वर्जित होने के कारण इस राग की जाति औडव–औडव कहलाती है। वादी स्वर षडज तथा संवादी स्वर पंचम है। इस राग का गायन समय सायंकाल है। यह राग विभास राग से मिलता जुलता है। दोनों रागों के स्वर एक ही है, परन्तु अन्तर केवल वादी संवादी का है। राग विभास में धैवत वादी संवादी स्वर कोमल रिषभ है जब की राग रेवा में वादी षडज संवादी पंचम है। रेवा पूर्वांग प्रधान और राग विभास उत्तरांग प्रधान है। विभास राग प्रातःकालिन है जब की रेवा सायंकालीन राग है। राग रेवा में गरेग स्वरों का बार–बार प्रयोग होता है, परन्तु राग विभास में गपधपग स्वरों का प्रयोग होता है।

आरोह–सारेसा, ग रेग, पधप, सां।
अवरोह–सां, पधपग, रेग, रेसा।
पकड़–सा, ग, रेग, पग, पधपग, रे, ग, रेसा।

राग रेवा स्वरविस्तार/अलाप

स्थायी

1. सारेसा, गप, पग, रेगरेसा।
2. पधपग, सांपधपग, पग, रेसा।
3. धप, रेपग,, सां, रेंसां, पधप, ग, रेग, रेसा।
4. पधप, सां, रेंसा, रेंगंरेंसां, पधपग, रेगरेसा।
5. सांप, धपग, रेपग, पधपग, पग, रेसा।

अंतरा

१. पधप, सां, रेंसां, धपग, पधप, सां।

2. रेंसां, गं, रेंसां, धपग, प, धप, सां।

3. गं, रेंसां, रेंगरेंसां, पधप, सां, रेंसां।

4. पं, गं, रेंगं, रेंसां, सांरेंसां, पधप, सां।

5. रेंगं, रेंसां, सांरेंसां, पधप, ग, प, धप, सां।

राग रेवा सरगमगीत झपताल

स्थायी

प	ग	रे	रे	सा	प	ग	प	ध	प
x		2			0		3		
प	ध	प	–	प	सां	सां	रें	रें	सां
x		2			0		3		
गं	रें	सां	–	सां	रें	सां	ध	ध	प
x		2			0		3		
ग	ग	रे	ग	प	ग	रे	ग	रे	सा
x		2			0		3		

अंतरा

ध	ध	प	ध	प	सां	सां	रें	रें	सां
x		2			0		3		
सां	सां	रें	सां	सां	गं	रें	सां	–	सां
x		2			0		3		
पं	गं	रें	–	गं	रें	सां	सां	रें	सां
x		2			0		3		
प	ध	प	प	ग	रे	ग	रे	रे	सा
x		2			0		3		

राग रेवा विलंबित ख्याल एकताल

स्थायी—बता दे सजनी कब घर आयेंगे पिया।

अंतरा—तरसत हूं निसदिन कैसे, कटेरी दिन रात पिया।

स्थायी

प	ग	रे	सा	सा	सा	सा	–	ग	–	प	–
ब	ऽ	ता	दे	स	ज	नी	ऽ	क	ऽ	ब	ऽ
3		4		x		०		2		०	
प	ध	प	प	सां	सां	रे	रें	सां	सां	पध	पग
घ	र	आ	ऽ	ये	ऽ	गे	ऽ	पि	ऽ	याऽ	ऽऽ
3		4		x		०		2		०	

अंतरा

प	ध	प	सां	सां	–	सां	सां	रें	रें	रें	सां
त	र	स	त	हूं	ऽ	नि	स	दि	न	कै	से
3		4		x		०		2		०	
गं	रेंरें	सां	–	सां	रें	ध	प	ग	प	गरे	सा–
क	टेऽ	री	ऽ	दि	ऽ	न	ऽ	रा	त	पिऽ	याऽ
3		4		x		०		2		०	

राग रेवा विलम्बित ख्याल तानें

1. सारेसासा,सारेपप गरेगरेसा,सारेग पधपगरेगरेसा सारेगपधसांसांध पगरेगरेसा,सारे गपधपधसांरेंसां धपगरेगरेसा,सा रेगपधपधसांरें गरेंसांसांधपगरे गरेसा,सारेगपध पधसांरेंगंपंपंगं रेंसांसांधपगरेग। रेसा

2. गगरेगपपगप धपगरेगरेसाप पगपधसांरेंसांध पगपगरेगरेसा पगपधसांरेंगं रेंसांसांधपगरेग रेसापपगपधसां रेंगंपंपंगंरेंसांध पगरेगरेसापप गपगरेसासा।

3. सांरेंसांसांसांरेंगरें गरेंसांरेंसांसांसांरें गंपंरेंगंरेंसांरेंसां सांधपगपधसांरें रेंसांसांधपगपध सांधपगपधपग पगरेगरेसासाप धपपसांरेंगंरेंसां रेंसांधपगपधप गपगरेगरेसासा।

4. गगरेगरेपपग पगरेगसांसांधप गपगरेगसारेंसां सांधगरेगगंगरें सांधपगरेगपंपं गरेंसारेंसांधपग रेगसारेसासारेंगं रेंसांसांधपगपग रेगरेसासाधधप। गपग

5. पधपपगपगरे गरेसासांसांधपप रेगरेसारें रेंसांधपगपगरे गरेसागंगरेंसांध पगपगरेगरेसा सा,पंपंगंपंगरेंगं रेंसांसांधपगपग रेगरेसाधधसासा।

राग रेवा मध्यलय तीनताल

स्थायी–अवध बिहारी मुझको देना सहारा,
कही छूट न जाये दामन तुम्हारा।

अंतरा–तेरा नाम है मुझको प्राणों से प्यारा,
बांके बिहारी मुझको देना सहारा।

स्थायी

प	ध	प	ग	रे	सा	सा	सा	प	प	ग	प	प	ध	प	ग
अ	व	ध	बि	हा	ऽ	री	मु	ऽ	झ	को	दे	ना	स	हा	रा
3				x				2				०			
प	ध	प	सां	सां	सांसां	रें	सां	प	–ग	प	ग	रे	–	सा	सा
क	हि	ऽ	छू	ऽ	टन	जा	ये	दा	ऽम	न	तु	म्हा	ऽ	रा	ऽ
3				x				2				०			

अंतरा

प	ग	प	ध	प	सां	सां	सां	रेंरें	रें	रें	गं	रें	रें	सां	सां
ते	रा	ऽ	ना	ऽ	म	है	ऽ	मुझ	को	ऽ	प्रा	णों	से	प्या	रा
3				x				2				०			
सां	–	रें	सां	प	–	ध	प–	प	प	ग	–प	ग	रे	सा	सा
बां	ऽ	के	बि	हा	ऽ	री	मु	ऽ	झ	को	ऽस	हा	ऽ	रा	ऽ
3				x				2				०			

12

भजन

रैदास **कहरवा**

प्रभुजी, तुम चंदन हम पानी ।

जाकी अंग अंग बास समानी।। धृ।।

प्रभुजी, तुम घन बन, हम मोरा, जैसे चितवत चंद चकोर।।1।।

प्रभुजी, तुम दीपक, हम पानी, जाकी ज्योति बरै दिन राती।।2।।

प्रभुजी, तुम मोती हम धागा, जैसे सोनहि मिलत सुहागा।।3।।

प्रभुजी तुम स्वामी हम दासा, ऐसी भक्ति करै रैदासा।।4।।

स्थायी **कहरवा**

रेंसां
प्रभु

सा	–	–	–	निसां	धनि	पध	मप	प	धनि	प	म	रे	रे	ग	रे
जी	ऽ	ऽ	ऽ	ऽऽ	ऽऽ	ऽऽ	ऽऽ	तु	मऽ	चं	ऽ	द	न	ह	म
सा	–	सा	–	–रें	सां	सां	–	–	–	–	–	–	–	–	–
पा	ऽ	नी	ऽ	ऽ	ऽ	प्र	भु	जी	ऽ	ऽ	ऽ	ऽ	ऽ	ऽ	ऽ
–	रे–	–	–	–ग	ग	म	म	ध	प	म	प	म	ग	रे॰	सा
ऽ	जा	ऽ	की	अं	ग	अं	ग	बा	ऽ	स	स	मा	ऽ	नी	ऽ
x				०				x				०			

अंतरा

सां	सां	सां	–	सां	सांसां	रें	सां	नि	प	नि	सां	रें	–	रे	–
प्र	भु	जी	ऽ	तुम	घ	न	ब	न	ह	म	मो	ऽ	रा	ऽ	ऽ
सां	रें	सां	नि	नि	नि	नि	नि	गं	–	रें	सां	सां	–	सां	–
जै	ऽ	से	ऽ	चि	त	व	त	चं	ऽ	द	च	को	ऽ	रा	ऽ
ध	–	ध	–	नि	ध	म	रे	ग	रे	सा	सा	सा	रे	सा	
जै	ऽ	से	ऽ	चि	त	व	त	चं	ऽ	द	च	को	रा	प्र	भु
x				o				x				o			

(शेष अंतरे इसी प्रकार गाए जाएंगे)

13

भजन

आनंदधन **कहरवा**

राम कहो, रहमान कहो कोऊ, कान्ह कहो, महादेवरी ।

पारसनाथ कहो, कोउ ब्रम्ह, सकल ब्रम्ह स्वयमेवरी।।

भाजन–भेद कहावत नाना, एक मृत्तिका रुप री।

तैसे खंड कल्पना रोपित, आप अखंड सरुप री।।

निजपद रमे राम सो कहिये, रहिम करे रहिमान री।

कर्षे करम कान्ह सो कहिये, महादेव निर्वाण री।।

परसे रुप पारस सो कहिये, ब्रम्ह चिन्हे सो ब्रम्ह री।

इह विधि साधो आप आनंधन, चेतनमय निकर्म री।।

स्थायी **कहरवा**

–	प	प	प	प	–	प	नि	ध	–	प	म	ग	–	ग	ग
ऽ	रा	म	क	हो	ऽ	र	ह	मा	ऽ	न	क	हो	ऽ	को	ऊ
–	प	प	ध	पम	–	ग	रे	सारे	रेग	ग	ग	ग	–	–	–
ऽ	का	न्ह	क	होऽ	ऽ	म	हा	देऽ	ऽऽ	ऽ	व	री	ऽ	ऽ	ऽ
–	प	प	प	धप	नि	ध	प	मग	–	ग	रे	ग	–	ग	नि
ऽ	पा	र	स	नाऽ	ऽ	थ	क	होऽ	ऽ	को	उ	ब्र	ऽ	म्ह	ऽ
–	सा	सासा	रे	म	म	म	म	गरे	ग	–	रे	सा	–	प	ध

ऽ	स	कल	ब्र	ऽ	म्ह	स्व	यं	मे	ऽ	ऽ	व	री	ऽ	क	हो
सा	–	–	–	–	–नि	रे	सां	निध	प	–	–	–	–ग	ध	म
रा	ऽ	ऽ	ऽ	ऽ	ऽम	क	हो	रो	ऽ	ऽ	ऽ	ऽ	ऽम	क	हो
x				o				x				o			

अंतरा

प	–	मग	म	प	–	प	ग	पध	नि	नि	ध	नि	–	नि	म
भा	ऽ	जऽ	न	भे	ऽ	द	क	हाऽ	ऽ	व	त	ना	ऽ	ना	ऽ
–	म	–	म	–	प	पध	सां	निध	नि	–	ध	प	–	–	–
ऽ	ए	–क	मृ	ऽ	क्ति	काऽ	ऽ	रुऽ	ऽ	ऽ	प	री	ऽ	ऽ	ऽ
–	सां	सां	–	सां	–	सां	निसां	रें	सां	नि	सां	निध	–	प	प
ऽ	तै	से	ऽ	ख	ऽ	ण्ड	कऽ	ऽ	ल्प	ना	ऽ	रोऽ	ऽ	पि	त
नि	नि	नि	ध	प	प	म	ग	म	ध	प	म	ग	–	–	–
ऽ	आ	प	अ	खं	ऽ	ड	स	रु	ऽ	ऽ	प	री	ऽ	ऽ	ऽ
x				0				x						0	

(शेष अंतरे इसी प्रकार गाए जाएंगे)

14

भजन

कहरवा

सूरदास

रे मन ! मूरख जनम गंवायो।

करि अभिमान विषय–रस राच्यो श्याम शरन नहि आयो।

यह संसार फूल सेमर को, सुंदर देखि लुभायो।

चाखन लाग्यो तब पछितायो. हाथ कछू नहि आयो।

कहा भयो पीछे मन सोचे, पहिले नहि कमायो।

कहत सूर भगवन्त भजन बिन, सिर धुनि धुनि पछितायों।

स्थायी **कहरवा**

–	म	म	सां	निध	प	पध	मप	ग	ग	–रे	सानि	रे	–	सा	–
ऽ	रे	म	न	मुऽ	ऽ	रऽ	खऽ	ज	न	ऽम	ऽग	वा	ऽ	यो	ऽ
–	मरे	सानि	रे	सा	–	–सा	–रे	म	म	प	प	ध	–	प	–
ऽ	कर	अऽ	भि	मा	ऽ	ऽन	ऽवि	ष	य	र	च	रा	ऽ	च्यो	ऽ
–	प	धसां	सां	गं	रें	नि	ध	नि	–	ध	प	–	–	–	–
ऽ	श्या	ऽम	श	र	न	न	हि	आ	ऽ	यो	ऽ	ऽ	ऽ	ऽ	ऽ
x				o				x				o			

अंतरा

–	सांनि	प	ध	सां	–	सां	सांरें	गं	–गं	रें	नि	सां	सां	सां	–
ऽ	यह	सं	ऽ	सां	ऽ	र	फूऽ	ऽ	ऽल	से	ऽ	म	र	को	ऽ

–	नि	नि	नि	सां	नि	रें	सां	ध	प	–	–	प	–	–	–
ऽ	सु	न्द	र	दे	ऽ	खि	लु	भा	ऽ	ऽ	ऽ	यो	ऽ	ऽ	ऽ
रें	–	रें	रें	–	रें	–	गं	गं	गं	रें	रें	सां	सां	सां	–
चा	ऽ	ख	न	ला	ऽ	ग्यो	ऽ	त	ब	प	छि	ता	ऽ	यो	ऽ
नि	–	नि	नि	सां	नि	रें	सां	ध	–	प	–	प	–	–	–
हा	ऽ	थ	क	छू	ऽ	न	हि	आ	ऽ	ऽ	ऽ	यो	ऽ	ऽ	ऽ
x				o				x				o			

(शेष अंतरे इसी प्रकार गाए जाएंगे)

15

भजन

मीरा **कहरवा**

तनक हरि चितवो जी मोरी ओर।

हम चितवत तुम चितवत नाही, दिलके बड़े कठोर।।ध्रुव।।

मेरे आसा चितवनि तुमरि, और न दूजी दौर।

तु से हमकूं एक होजी, हम–सी लाख करोर।।1।।

उभी ठाडी अरज करत हूं, अरज करत भयो भोर।

मीरा के प्रभु हरि अविनासी, देस्यूं प्राण अंकोरा।।2।।

स्थायी **कहरवा**

ध प मग रेग	सा – रे म	म प धनि ध	प प– – प
त न कऽ हऽ	रि ऽ चि त	वो जी ऽऽ मो	री ओ ऽ र
– मग रे ग	सा सा – सासा	– रेरे म म	प – प –
ऽ हम चि त	ब त ऽ तुम	ऽ चित व त	ना ऽ ही ऽ
– निनि सां–	नि सां – रें	निध पध –प ध	म मग रेग सा
ऽ दिल के ऽ	ब ड़े ऽ क	ठोऽ ऽऽ ऽर त	न कऽ हऽ री
0	x	0	x

अंतरा

– म – प–	नि – नि –	सांसां सां नि सां	सां सां सां –
ऽ मे ऽ रेऽ	आ ऽ सा ऽ	चित व नि ऽ	तु म री ऽ
– नि नि नि	ध पम पनि धनि	प ध प –	– – – प
ऽ औ र न	दू ऽऽ जीऽ ऽऽ	दो ऽ ऽ ऽ	ऽ ऽ ऽ र
– मप रें –	रे ग रे –	– गंरें गं रें	नि रें सां –
ऽ तुमसे ऽ	ह म कू ऽ	ऽ एऽ ऽ क	हो ऽ जी ऽ
– सांसां सां रें	नि ध म प	पनि धनि पध पध	म मग रे– सा
ऽ हम सी ऽ	ला ऽ ख क	रोऽ ऽऽ ऽऽ ऽत	न कऽ हऽ रि
0	x	0	x

(शेष अंतरे इसी प्रकार गाए जाएंगे)

गीत खण्ड

1

गीत

हरिवंशराय बच्चन **कहरवा**

आज मुझसे बोल बादल

आज मुझसे बोल बादल।

तम–भरा तू, तम भरा मैं, ग़म भरा तू, ग़म भरा मैं

आज तू अपने हृदय से, हृदय मेरा तोल बादल।।1।।

आग तूझमे, आग मुझमे राग तुझमे, राग मुझमे,

आ मिले हम आज अपने, द्वार उनके खोल बादल।।2।।

भेद यह मत देख दो पल क्षार जल मैं तू मधुर जल,

व्यर्थ मेरे अश्रु तेरी बूंद है अनमोल बादल।।3।। आज

स्थाई **कहरवा**

सां	–	–	नि	सां	नि	ध	प	ध	–	–	प	ध	–	ध	ध
आ	ऽ	ऽ	ज	मु	झ	से	ऽ	बो	ऽ	ऽ	ल	बा	ऽ	द	ल
x				o				x				o			
नि	–	–	रें	सां	नि	ध	प	ध	प	म	–म	म	–	म	म
आ	ऽ	ऽ	ज	मु	झ	से	ऽ	बो	ऽ	ऽ	ल	बा	ऽ	द	ल
x				o				x				o			

अंतरा

धध	–	प	ध	–	ध	–	निध	–	प	–म	ग	–	प	–	–
तम	ऽ	भ	रा	ऽ	तू	ऽ	तम	ऽ	ऽ	ऽभ	रा	ऽ	मे	ऽ	ऽ
x				o				x				o			
गरे	–	–	ग	प	–	नि	–	नि॒ध	पध	–	प	म	–	म	–
ग़म	ऽ	ऽ	भ	रा	ऽ	तू	ऽ	ग़म	ऽऽ	ऽ	भ	रा	ऽ	ऽ	मैं
x				o				x				o			
रें	–	–	सां	रें	–	सां	रें	सांनि॒	ध	–	नि॒	सां	–	सां	–
आ	ऽ	ऽ	ज	तू	ऽ	अ	प	नेऽ	ऽ	ऽ	हृ	द	य	से	ऽ
x				o				x				o			
ग	प	प	नि॒	रे	सां	–	प	ध	प	म	म	म	ध	सां	सां
हृ	द	य	में	ऽ	रा	ऽ	तो	ऽ	ऽ	ल	बा	ऽ	द	ल	ऽ
x				o				x				o			

(शेष अंतरे इसी प्रकार गाए जाएंगे)

2

गीत

हेमलता आंजनेयलु **दादरा**

अन्तर का कोई स्वर सिसका

अन्तर का स्वर सिसका, अम्बर का कोई ग्रह ठिठका।

किसने जानी पीर पराई, किन नैनों में तारा चमका।।धृ।।

बादल बिजुरी बरखा ग़मकी, सावन कजरी हियरा घुमकी।

किसने जानी धड़कन दिल की, किन नैनों में शबनम मोती।।1।।

सपनों ने संसार सजाया, संस्कारों ने दीप जलाया।

किसने जानी यौवन आशा, किन नैनों में सावन आया।।2।।

आंगन आंगन कच्ची माटी, संघर्षों की आंधी आती।

किसने जानी रीत शलभ की, किन नैनों में बिरहा गाती।।3।।

स्थायी **दादरा**

ध	ध	–ध	ध	ध	–	निसां	नि	ध	नि	ध	प
अं	त	ऽका	को	ई	ऽ	स्वर	सि	स	का	ऽ	ऽ
प	ध	–ध	ग	रे	सा	निध	प	म	म	–	–
अ	म्ब	रका	को	ई	ऽ	स्वर	ठि	ठ	का	ऽ	ऽ
धध	नि	सां	सां	सांरें	गं	गं	रें	सांरें	–सां	निध	प
किस	ने	ऽ	जा	नीऽ	ऽ	पी	ऽ	ऽर	ऽप	राऽ	ई

पप	ध	–	नि	नि	–	रें	ध	सां	ध	प	म
किन	नै	ऽ	नों	में	ऽ	ता	रा	ऽ	च	म	का
x			o			x			o		

अंतरा

सां	सां	निसां	सांसां	सां	–	सांसां	रेंसां	रेंसां	धप	प	–
बा	द	ऽल	बिजु	री	ऽ	बर	खा	ऽऽ	ग़म	की	–
प	प	–	ग	रे	सा	रेंरें	रे	सां	सांसा	सां	–
सा	व	न	कज	री	ऽ	हिय	या	ऽ	घुम	की	ऽ
धध	नि	सां	रें	रें	–	मंमं	गं	रें	रेंरें	रें	–
किस	ने	ऽ	जा	नी	ऽ	धड़	क	न	दिल	की	ऽ
पप	ध	–	नि	नि	–	रेंरें	ध–	सां	धप	–म	–
किन	नै	ऽ	नों	में	ऽ	शब	नम	ऽ	मोऽ	ऽती	ऽ
x			o			x			o		

(शेष अंतरे इसी प्रकार गाए जाएंगे)

3

गीत

निराला **कहरवा**

बांधों न नाव इस ठॉव, बन्धु

बांधों न नाव इस ठॉव बन्धु !

पूछेगा सारा गांव बन्धु ।।धृ।।

यह घाट वही जिस पर हँसकर, वह कभी नहाती थी धँसकर,

आँखें रह जाती थीं फ़ँसकर, कँपते थे दोनों पांव बन्धु।।1।।

वह हँसी बहुत कुछ कहती थी, फ़िर भी अपने में रहती थी,

सबकी सुनती थी, सहती थी, देती थी सबके दॉव बन्धु ।।2।।

स्थायी **कहरवा**

सा सा।।	ग म रे सा	– सा ध़ नि़	सा – नि़ रे	– सा सा सा
बां ऽ ।।	धों ऽ न ना	ऽ व इ स	ठा ऽ व ब	ऽ न्धु पु ऽ
	x	0	x	0
	ध – ध सां	पम म म –	रे प म रे	सा सा सा सा
	छे ऽ गा ऽ	साऽ ऽ रा ऽ	गाँ ऽ व ब	ऽ न्धु बा ऽ
	x	0	x	0

अंतरा

सा सा।।	म प प म	प प प रे	म रे ग म	म म म प
य ह।।	घा ऽ ट व	ही ऽ जि स	प र हँ स	क र व ह
	x	o	x	o
	ध सां ध –	ध धध – प	म –ध प म	म – सा –
	क भी ऽ न	हा ऽ ती ऽ	थी ऽ धँ स	क र आँ ऽ
	x	o	x	o
	म म म –	म ग म –	रे प प प	प – म' प
	खें ऽ र ह	जा ऽ ती ऽ	थी ऽ फ़ँ स	क र कँ प
	x	o	x	o
	ध सां सां ध	ध प प प	प – धप म	– म म –
	ते ऽ थे ऽ	दो ऽ नों ऽ	पाँ ऽ वऽ ब	ऽ न्धु बा ऽ
	x	o	x	o

(शेष अंतरे इसी प्रकार गाए जाएंगे)

4

गीत

अशोक शर्मा **कहरवा**

बहुत दिन से मुझसे

बहुत दिन से मुझसे मेरी जिन्दगी रूठी पड़ी है।
किस तरह इसको मनालू साँस जब उखड़ी पड़ी है।।धृ।।
सामने चट्टान सी अब, अड़ गई है सब प्रथाएँ।।
सिर पटक कर रह गई है, प्रेम की सारी ऋचाएँ,
बहुत दिन से जिन्दगी यह, एक बिन्दु पर खड़ी है,
किस तरह दो पांव चलू पांव में बेड़ी पड़ी है।।1।।
स्नेह के सब फूल भी तो, असमय मुरझा गए है
देवता की देहरी पर, प्राण भी पथरा गए है
बहुत दिन से अनछुई सी जिन्दगी मेरी पड़ी है
किस तरह तन मन सवारूं लहर जब उतरी पड़ी है।।2।।

स्थायी **कहरवा**

												सा	म	म	पप
												ब	हु	त	दिन
ध	—	—	ध	प	प	म	म	सा	—	—	रें	सां	नि	ध	प
से	ऽ	ऽ	मु	झ	से	मे	ऽ	री	ऽ	ऽ	जि	ऽ	ऽन्द	गी	ऽ
x				o				x				o			

प – प –	प प प प	प – ग प–	–प ग– रे सा
रू ऽ ठी ऽ	ऽ प ड़ी ऽ	है ऽ ऽ कि–	ऽस त र ह
x	०	x	०
सा सा सा –	– ग सा –	सा सा सा ग	ग प –मम प
इ स को ऽ	ऽ म ना ऽ	लू ऽ ऽ ऽ	साँ ऽ ऽस जब
x	०	x	०
नि नि सां –	नि ध प ग	रे सा – सा	म म म पप
उ ख ड़ी ऽ	प ड़ी ऽ है	ऽ ऽ ऽ ऽ	ब हु त दिन
x	०	x	०

अंतरा

			गं रें सां नि
			सा म ने ऽ
सां – सा –	सां सां सां सां	सां सां सा सां	रें सां नि प
च ऽ ट्टा ऽ	ऽ न सी ऽ	अ ब ऽ अ	ऽ ड़ ग ई
ध – ध ध	ध ध ध ध	नि नि – ध–	– ध प म
है ऽ स ब	ऽ प्र था ऽ	एँ ऽ ऽ सिर	ऽ प ट क
म म प प	– – म ग	ग ग ग –	प प नि नि
क र र ह	ऽ ऽ ग ई	ऽ हैं ऽ प्रे	ऽ म की ऽ
सां गं रें सां	– सां सां –	– सां – –सां	म म प प
सा ऽ री ऽ	ऽ ऋ चा ऽ	एँ ऽ ऽ ऽब	हु त दि न
ध – – –म	– –म प –	ध ध –र –	सा नि ध प
से ऽ ऽ ज़ि	ऽ न्द गी ऽ	य ह ऽ ए	ऽ क बिं ऽ
प – –प प	– –प प –	– –प – –ग	–प –ग रे सा

दु	ऽ	प	र	ऽ	ख	ड़ी	ऽ	है	ऽ	ऽ	कि	ऽस	ऽत	र	ह
सा	सा	रे	सा	–	नि़	सा़	–सा	ग	–	–	–ग	–	म	प	–
दो	ऽ	पां	ऽ	ऽ	ऽ	व	च	लू	ऽ	ऽ	ऽपां	ऽ	व	में	ऽ
नि	–	–	–सां	–	नि	ध	प	ग	रे	सा	–	सा	म	म	पप
बे	ऽ	ड़ी	ऽ	ऽ	प	ड़ी	ऽ	है	ऽ	ऽ	ऽ	ब	हु	त	दिन
x				o				x				o			

(शेष अंतरे इसी प्रकार गाए जाएंगे)

5

गीत

उमेश शर्मा **दादरा**

छम छम करती आओ सजनियां

छम छम करती आओ सजनिया, अब तो सो गयी सारी दुनियां
जागे मेरे गीत सुहाने, जागी अरमानों की कलियां।।धृ।।
प्यार प्यासा मन का पंछी, कब से बैठा आस लगाये,
तारे गिन गिन हार के पूछे, काहे अब तक मीत न आये,
धीर धरे कब तक मन मोरा, टूट न जाये गीत की कड़ियां।।1।।
चला पवन इठलाता गाता, कलियों के घूंघट सरकाता
घटा सांवरी के अधरों को, चूम गगन में चांद लजाता
क्या कहकर बहलाऊ दिल की, कितनी दूर मिलन की घड़ियां।।2।।

स्थायी **दादरा**

गग	मम	–	गग	म	प	प	नि	–प	गम	ग	रे
छम	छम	ऽ	कर	ती	आ	ओ	ऽ	ऽस	जनि	या	ऽ
गग	म	–	रे	–नि़	सा	ग	मध	पम	मम	म	–
अब	तो	ऽ	सो	ऽग	यी	सा	रीऽ	ऽऽ	दुनि	यां	ऽ
सां	सां	सांरे	नि	निध	प	नि	–ध	प	मग	रे	–
जा	गे	ऽ	ऽ	मेऽ	रे	गि	ऽत	सु	हाऽ	ने	ऽ

ग	ग	—	पप	प	—	ध	निसां	धप	मम	रे	सारे
जा	गी	ऽ	अर	मा	ऽ	नों	ऽ ऽ	कीऽ	कलि	या	ऽऽ
x			o			x			o		

अंतरा

सा	—	सांरे	सांधप	—म	रे	मम	निप	—म	ग	रे	—
प्या	ऽ	रका	प्याऽऽ	ऽसा	ऽ	मन	काऽ	ऽऽ	पं	छी	ऽ
सारे	ध़	नि़	साग	प	—	ध	निसां	नि	धप	म	—
कब	से	ऽ	बैऽ	ठा	ऽ	आ	ऽस	ल	गाऽ	ये	ऽ
सां	सां	ध	धम	म	ग	रे	गम	ग	रेसा	नि	ध
ता	रे	ऽ	गिन	गि	न	हा	ऽर	के	पूऽ	छे	ऽ
सारे	ध	नि	साग	—प	—प	ध	निसां	नि	धप	म	—
काऽ	हे	ऽ	अब	ऽत	ऽक	मी	ऽत	न	आऽ	ये	ऽ
—	म	धध	नि	—नि	नि	—	मरे	निध	ध	ध	—
ऽ	धी	रध	रे	ऽक	ब	ऽ	तक	मन	हा	रे	ऽ
सां	—नि	सां	सां	प	—	नि	—म	प	गग	सा	सारे
टू	ऽट	न	जा	ये	ऽ	गी	ऽत	की	कड़ि	या	ऽऽ
x			o			x			o		

(शेष अंतरे इसी प्रकार गाए जाएंगे)

6

गीत

भीष्मसिंह चौहान **रूपक**

दूर है सुख का सवेरा

दूर है सुख का सवेरा हर कदम पर साथ है ग़म

कम नही होता अंधेरा।।धृ।।

बिन बहारों के उजड़ती, जा रही है जिन्दगानी ।

और सुख की कल्पना भी, बन गई है परेशानी।

एक क्या सौ सौ दुखों का, बन गया है घर बसेरा।।1।।

लौटकर आई न फ़िर से, इन लबों पर मुस्कराहट।

जान पाता हूं नहि क्यों मानती दुनिया अदावत।

हो गए अपने पराए, क्या कहूं कौन मेरा ।।2।।

स्थायी

रूपक

निध	पधनि	–प	ग	रे	–रे	र	मग	रेसा	सा	रे	–	सा	–
दूऽ	ऽऽऽ	ऽर	है	ऽ	सु	ख	काऽ	ऽ	स	बे	ऽ	रा	ऽ
म–––		ध	सांसां	सां	ध	मग	रेग	–रे	ग	–	ग	–	–
हर	ऽ	क	दम	ऽ	प	र	साऽ	ऽऽ	ऽथ	है	ऽ	ग़म	ऽ
पनि	पंगं	–रें	नि	प	न	–	सां	– – –	रे	नि	ऽ	पम	रे
कम	ऽऽ	ऽन	ही	ऽ	हो	ऽ	ता	ऽ	ऽअं	धे	ऽ	राऽ	ऽ
x			2		3		x			2		3	

अंतरा

म	—	प	ग	सा	ग	म	ध	—	ध	नि	ध	ध	—
बि	ऽन	ब	हा	ऽ	रों	ऽ	के	ऽ	ऽउ	ज	ड़	ती	—
ध	—	नि	प	—	प	—	धनिरेसां	रे	सां	नि	ध	ध	—
जा	ऽ	ऽर	ही	ऽ	है	ऽ	जिऽऽऽ	ऽ	न्द	गा	ऽ	नी	ऽ
म	—	प	ग	रे	ग	म	ध	—	ध	नि	ध	ध	—
औ	ऽ	र	सु	ख	की	ऽ	क	ऽ	ल्प	ना	ऽ	भी	ऽ
धध	—	नि	प	—	ध	—	धनि	रेंसां	रेंसां	नि	—	ध	—
बन	ऽ	ऽग	ई	ऽ	है	ऽ	प	ऽऽ	ऽरे	शा	ऽ	नी	ऽ
सां	रेंगं	—रें	—	गं	—	रे	सांनि	—	नि	सां	रें	गं	—
ए	ऽऽ	ऽक	क्या	ऽ	सौ	ऽ	सौ	ऽऽ	ऽदु	खों	ऽ	का	ऽ
पध	निध	—प	ग	—	रे	—	ग	—ग	रेसा	रे	—	सा	—
बन	ऽऽ	ऽग	या	ऽ	है	ऽ	घ	ऽर	ऽब	से	ऽ	रा	ऽ
x			2		3		x			2		3	

(शेष अंतरे इसी प्रकार गाए जाएंगे)

7

गीत

निराला **कहरवा**

आये पलक पर प्राण की

आये पलक पर प्राण की, बन्दनवार बने तुम,

उमड़े हो कण्ठ की माला, गले के हार बने तुम।।

देह की माया की जोत, जोभ की सीप के मोती।।

छन छन और उदोत, बसन्त बहार बने तुम।।1।।

दुपहर की घनी छांह, घनी इक मेरे बानिक।

हाथ की पकड़ी बाँह, सुरों के तार बने तुम।।2।।

भीख के दिन–दूने दान, कमल जल कुल की कान के

मेरे जिये के मान, हिये के प्यार बने तुम।।3।।

स्थायी **कहरवा**

प –।।	ग	म	रे	सा	नि़	–	ध़	प़	सा	–	–	सा	सा	–	–	–
आ ऽ।।	ये	ऽ	प	ल	क	ऽ	प	र	प्रा	ऽ	ऽ	ण	की	ऽ	ऽ	ऽ
	–	नि़	रेम	म	म	धनिसां	नि	ध	प	–	(प)	–	म	ग	प	–
	ऽ	ब	–न्द	न	वा	ऽऽऽ	र	ब	ने	ऽ	ऽ	ऽ	तु	म	आ	ऽ
	–	नि़	सा ध़	नि़	सा	ग	–	ध	निसां	नि	प	ग	प	–	प	–
	ऽ	उम	ड़े	ऽ	हो	ऽ	ऽ	कं	ऽऽ	ठ	की	ऽ	मा	ऽ	ला	ऽ

—	सां	सां	नि	प	—	—ग	ग	ग—	मप	ग	म	रे	—	प	प
ऽ	ग	ले	के	हा	ऽ	ऽर	ब	नेऽ	ऽऽ	ऽ	ऽ	तु	म	आ	ऽ
x				0				x				0			

अंतरा

—	ध	सां	ध	म	—	ग	म	रे	प़	—	प	प	—	—	प
ऽ	दे	ऽ	ह	की	ऽ	मा	ऽ	या	ऽ	ऽ	की	जो	ऽ	ऽ	त
—	प	—	नि	रें	—	—	रेंगं	मं	रें	सां	प	सां	—	सां	—
ऽ	जो	ऽ	भ	की	ऽ	ऽ	सीऽ	ऽ	प	के	ऽ	मो	ऽ	ती	ऽ
—	म	म	ग	म	—	—	—	—	सां	नि	ध	प	—	—	पसां
—	छ	न	छ	न	ऽ	ऽ	ऽ	ऽ	औ	र	उ	दो	ऽ	ऽ	त,ब
सां—		सां	नि	प	—	ग	गग	ग	मप	ग	म	रे	—	प	—
सं	ऽ	त	ब	हा	ऽ	ऽ	र,ब	ने	ऽऽ	ऽ	ऽ	तु	म	आ	—
x				0				x				0			

(शेष अंतरे इसी प्रकार गाए जाएंगे)

8

गीत

हेमलता आंजनेयलु **कहरवा**

जब यह गीत बने तब आना

जब यह गीत बने तब आना।
जीवन राग सजे तब आना।।धृ।।
जीवन के इस सूने तट पर, प्रलय घटाँयें घिर घिर आयें
झंझाओं के कटु घातों से, जब यह दीप बुझे तब आना।।1।।
जग के सुख दुख सहते सहते, मेरे प्राण विकल हो जाते,
महा शून्य के चिर अंतर में, प्रिय विलीन होवें तब आना।।2।।
जगती की इस चित्रपटी पर, अपने कण कण के रंगों से,
अपने ही निर्बल हाथों से, जब यह चित्र बने तब आना।।3।।

स्थायी

कहरवा

–	मप	ध	सां	धप	म	–प	–म	रे	–	–	–प	म	म	म	–
ऽ	जब	य	ह	गीऽ	ऽ	ऽत	ऽब	ने	ऽ	ऽत	ब	आ	ऽ	ना	ऽ
–	म	ध	निरें	रें	–	–रे	–सां	नि	–प	रें	सां	सां	नि	प	प
ऽ	जी	ऽ	वन	रा	ऽ	ऽग	ऽस	जे	ऽ	ऽ	तब	आ	ऽ	ना	ऽ
x				0				x				0			

अंतरा

– सां –रे सां	सां – धप म–	– सां रे सां	– सांसां सां सां
ऽ जी ऽव न	के ऽ ऽइ सऽ	ऽ सू ऽ ने	ऽ तट प र
– रेंरें रें सां	रें – रें सां	– गंगं रें सां	सां – सां –
ऽ प्रलय घ	टा ऽ यें ऽ	ऽ घिर घि र	आ ऽ ये ऽ
– म –प –	ध – ध –	– मम प –	ध – ध –
ऽ झं ऽझा ऽ	ओ ऽ के ऽ	ऽ कटु घा ऽ	तो ऽ से ऽ
– रेंरें रें सां	रें – –रें –सां	नि प –रें सां	सां नि पनि पम
ऽ जब य ह	दी ऽ ऽप ऽबु	झे ऽ ऽत ऽब	आ ऽ नाऽ ऽऽ
x	0	x	0

(शेष अंतरे इसी प्रकार गाए जाएंगे)

9

गीत

जय शंकर प्रसाद **कहरवा**

ले चल मुझे भुलावा देकर

ले चल मुझे भुलावा देकर

मेरे नाविक ! धीरे धीरे।।धृ।।

जिस निर्जन में सागर लहरी, अम्बर के कानों में गहरी,

निश्छल प्रेम –कथा कहती हो, तज कोलाहल की अवनी रे।।1।।

जहां साँझ–सी जीवन काया, ढोले अपनी कोमल छाया,

नील–नयन से ढुलकाती हो, ताराओं की पात घनी री!।।2।।

जिस गम्भीर मधुर छाया में, विश्व चित्रपट चल माया में

विभुता विभुसी पड़े दिखाई, दुख–सुख वाली सत्य बनी रे।।3।।

श्रम–विश्राम क्षितिज–वेला से, जहाँ सृजन करते मेला से,

अमर जागरण उषा नयन से, बिखराती हो ज्योति घनी रे।।4।।

स्थायी **कहरवा**

ध	—	पप	—	पप	प	ध	पम	म	निनि	—	—	—	—	धध	पम
ले	ऽ	चलऽ		मुझे	भु	ला	वाऽ	दे	कर	ऽ	ऽ	ऽ	ऽ	ऽऽ	ऽऽऽ
—	ग	—म	प	गरे	सारे़	—स	सा	—	नि	—	निध	सांनि	धनि	ध	प
ऽ	मे	ऽरे	ऽ	नाऽ	ऽऽ	ऽवि	क	ऽ	धी	ऽ	रेऽ	धी—	——	रे	ऽ
x				0				x				0			

अंतरा

– गंगं रे सां	रें रें गं –	–रें गं –रें सा	सां सां सां –
ऽ जिस नि ऽ	र्ज न में ऽ	ऽसा ऽ ऽग र	ल ह री ऽ
– नि निध	नि – –ध प	प ध सां नि	सां सां सां –
ऽ अ म्बर	के ऽ का ऽ	नों ऽ में ऽ	ग ह री ऽ
ग मप मप मग	ग मप मप मग	म म मम नि	– – सांसां रें–
निश्छल प्रेऽ मक	था कह तीऽ हैऽ	को ला हल की	ऽ ऽ ऽऽ ऽऽ
– धध निध	प – – –		
ऽ अव नीऽ	रे ऽ ऽ ऽ		
x	0	x	0

(शेष अंतरे इसी प्रकार गाए जाएंगे)

10

गीत

मयंक श्रीवास्तव दादरा

मेरे गांव घिरे ये बादल

मेरे गांव घीरे ये बादल, जाने कहॉ बरसेंगे।।धृ।।

अल्हड़न लेकर पछुआ का, घिर आई निर्दयी घटाएं,

दूर–दूर तक फ़ैल गई है, घाटी की सुरमई जटाएं,

ऐसे मदमाते मौसम में, जाने कौन कौन तरसेंगे।।1।।

मछुआरिन की मस्ती लेकर, सेंधों की चल पड़ी कतारें,

कहीं बरसने की तैयारी, कहीं कहीं गिर पड़ी फुहारें,

जाने किसका दर्द हरेंगें किस किस की पीड़ा परसें।।2।।

मेरे गांव अभागिन संध्या निशदिन ही रह जाती है प्यासी,

जिसके लिये जलाए ये दीपक, उसका ही उपहार उदासी,

जाने किसका हृदय दुखेगा, जाने कौन–कौन हरशेंगे।।3।।

स्थायी **दादरा**

सा	प	म	म	–	म	रे	सानि	–	सा	रेरे	–
मे	रे	ऽ	गां	ऽ	वघि	रे	ये	ऽ	बा	दल	ऽ
सा	रेम	–म	पध	निसां	–नि	धप	मध	–प	मग	रे	सा–
जा	नेऽ	ऽक	हाऽ	ऽऽ	ऽक	हाऽ	ऽब	ऽर	सेंऽ	ऽ	गेऽ
x			0			x			0		

अंतरा

ग	ग	–रे	गग	ग	–	रेरे	सानि	सा	रे	रे	––
अ	ल्ह	ऽड़	पन	ले	ऽ	कर	पऽ	छु	आ	का	ऽ
मम	म	–	प	ध	ध	पम	धप	–म	ग	रे	सा
घिर	आ	ऽ	ई	ऽ	नि	ई	ऽयी	ऽघ	टा	ऽ	ए
ग	–	ग	ग	–ग	गग	रे	–	सानि	सा	सारे	रे
दू	ऽ	ऽर	दू	ऽर	तक	फ़ै	ऽ	लग	ई	है	ऽ
म	म	–	प	ध	ध	पम	ग–	–ग	गरे	सारे	सा
घा	टी	ऽ	की	सु	र	मऽ	ई	–ज	टाऽ	ऽऽ	एं
प		–	धध	नि	–	धप	प	म,	पप	ध ऽ	–
ऐ	से	ऽ	मद	मा	ऽ	ते	मौ	ऽ	सम	ने	ऽ
ध	ध	–	धनि	–सां	प	–	–म	धप	मग	रे	सा
जा	ने	ऽ	कौऽ	ऽन	कौ	ऽ	ऽन	तर	सेंऽ	गे	ऽ
x			0			x			0		
सा	प	–	म	–	सा	म	रे–	नि	सा	रेरे	–
मे	रे	ऽ	गां	ऽ	वघि	रे	येऽ	ऽ	बा	दल	ऽ
सा	रेम	प	म–	निसां	–नि	धप	म	प–	ग	रे	सा–
जा	ने	ऽक	हाऽ	ऽऽ	ऽक	हाऽ	ऽब	र	सें	ऽ	गेऽ
x			०			x			०		

(शेष अंतरे इसी प्रकार गाए जाएंगे)

11

गीत

नारायणलाल परमार **ताल–रूपक**

मूंद ले बरबस अंधेरा

मूंद ले बरबस अंधेरा कान अपने, रोशनी के गीत कम होते नही है।।धृ।।
राह में कांटें चुभें यह लाजमी है, किन्तु थकता ही नहीं जो आदमी है,
मौत यदि करती रहे दिन रात टोना, जिन्दगी के गीत कम होते नहीं हैं।।1।।
आंख रोती है मगर निर्धन नही है, बाँध लेती बांह, वह बन्धन नही है
चंद्रमा को यदि करे बादल बुराई, चांदनी के गीत कम होते नही है।।2।।
अगर सपने टूटते हैं, टूट जाए, टिक नहीं सकती सतत प्रतिकुलताएं,
निराशाओं के नियम चाहे कठिन हों, जवानी के गीत कम होते नहीं है।।

स्थायी **ताल–रूपक**

पध	नि	धप	म	रे	रे	रे	म	मप	म	रे	सा	नि़	रेम
मूंऽ	ऽ	दऽ	ले	ऽ	ब	र	ब	सऽ	अं	धे	ऽ	रा	ऽऽ
सा	–	सा	सा	सा	सा	–	ध	–	पम	रे	–	रे	–
का	ऽ	न	अ	प	ने	ऽ	रो	ऽ	शऽ	नी	ऽ	के	ऽ
नि	–	धप	म	ग	सा	–	सा।	सारें	सां	नि	ध	म	रे
गी	ऽ	तऽ	क	म	हो	ऽ	ते	ऽऽ	न	ही	ऽ	है	ऽ
x			2		3		x			2		3	

अंतरा

सा	–	रे	सां	ध	प	म	म	–	म	म	–	ध	ध
रा	ऽ	ह	में	ऽ	कां	ऽ	टें	ऽ	चु	भें	ऽ	य	ह
ध	–	नि	ध	ध	ध	–	सां	–	रें	सां	ध	प	म
ला	ऽ	ज	मी	ऽ	है	ऽ	कि	ऽ	न्तु	थ	क	ता	ऽऽऽ
म	–	म	म	–	म	–	धनि	रेंसां	रेंसां	नि	ध	ध	–
ही	ऽ	न	ही	ऽ	जो	ऽ	आऽ	ऽ	ऽद	मी	ऽ	है	ऽ
म	–	ध	रें	रें	रे	मं	सां	–	नि	सां	प	ध	ध
मौ	ऽ	त	य	दि	क	र	ती	ऽ	र	है	ऽ	दि	न
धनि	रेंसां	रेंसां	नि	ध	ध	–	म	–	प	म	रे	रे	–
राऽ	ऽऽ	ऽत	टो	ऽ	ना	ऽ	जि	ऽ	न्द	गी	ऽ	के	ऽ
नि	–	धप	म	ग	सा	–	सां	सारें	सां	नि	ध	म	रे
गी	ऽ	त	क	म	हो	ऽ	ते	ऽऽ	न	ही	ऽ	है	ऽ
x			2		3		x			2		3	

(शेष अंतरे इसी प्रकार गाए जाएंगे)

12

गीत

उमेश शर्मा **ताल–कहरवा**

प्रीत की सरगम पर मन गाये

प्रीत की सरगम पर मन गाये, गीत रसीले राग सुहाने,
छम छम छम छम बोल पायलिया, मिल बैठेंगे दो दिवाने।।धृ।।
पायल संग मधुबन नाचेगा, धरती और गगन नाचेगा,
झूम झूम कर पवन झकोरा, गीत मेरे संग संग गायेगा,
रात हँसी अरमान जवां है, लाज शरम के छोड़ बहाने,।।1।। प्रीत
मेरी दुनिया मेरे सपने, रंग दिये प्यार के रंग से पुकारे,
चोरी चोरी दिल में लगाकर, कर लिया मुझको बस अपने,
ले चल अब तो देश में ऐसे, हो न जहां दुख दर्द पुराने।।2।। प्रीत

स्थायी **ताल–कहरवा**

सां	नि	–नि	ध	ध	ग	ग	ग	सां	नि	नि	ध	ध	–	ध	–
प्री	ऽ	ऽत	की	स	र	ग	म	प	र	म	न	गा	ऽ	ये	ऽ
–	सा	–सां	–नि	रें	–	प	–	ध	प	प	प	प	–	प	–
ऽ	गी	ऽत	ऽर	सी	ऽ	ले	ऽ	रा	ऽ	ग	सु	हा	ऽ	ने	ऽ
–	निध	ध	प	प	प	प	प	नि	ध	प	म	म	म	म	–
ऽ	छम	छ	म	छ	म	छ	म	बो	ऽ	ल	पा	य	लि	या	ऽ

–	धध	ध	–	ध	नि	रें	गं	गं	रें	सां	नि	ध	–	ग	–
ऽ	मिल	बै	ऽ	ठें	ऽ	गे	ऽ	दो	ऽ	दी	ऽ	वा	ऽ	ने	ऽ
x				०			x			०					

अंतरा

–	ध	नि	सां	रें	रें	रें	सां	गं	रें	रे	–	रे	–	रें	–
ऽ	पा	य	ल	सं	ग	म	धु	ब	न	ना	ऽ	चे	ऽ	गा	ऽ
–	सांसां	सां	नि	ध	–	प	प	प	नि	नि	ध	ध	–	ध	–
ऽ	धर	ती	ऽ	औ	ऽ	र	ग	ग	न	ना	ऽ	चे	ऽ	गा	ऽ
–	ध	नि	सां	रें	रें	रें	सां	गं	रें	रे	रें	रे	–	रे	–
ऽ	झू	म	झू	ऽ	म	क	र	प	व	न	झ	को	ऽ	रा	ऽ
–	सां	सां	नि	ध	प	प	प	नि	ध	ध	–	ध	–	ध	–
ऽ	गी	त	मे	रे	ऽ	सं	ग	सं	ग	गा	ऽ	ये	ऽ	गा	ऽ
–	प	–प	–म	प	ग	सा	रे	प	–	प	म'	प	ध	प	म
ऽ	रा	ऽत	ऽहं	सी	ऽ	अ	र	मा	ऽ	ऽन	ज	वां	ऽ	है	ऽ
–	म	–ध	सां	सां	नि	ध	प	म	–	प	प	म	ग	ग	–
ऽ	ला	ऽज	श	र	म	के	ऽ	छो	ऽ	ऽड़	ब	हा	ऽ	ने	ऽ
x				०				x			०				

(शेष अंतरे इसी प्रकार गाए जाएंगे)

13

गीत

उमेश शर्मा **ताल–कहरवा**

रे साथी मत प्यार जता

रे साथी मत प्यार जता हर सांस मेरी दरदीली,
पांव है तेरे कोमल मेरी राहें है पथरीली।।धृ।।
दुखः मेरे बचपन के साथी, साथ न छोड़ सकेंगे,
आंसूं पोछ लिये गर मैंने, मेघ न बरस सकेंगें,
तू तो सुबह की ओस, मैं कच्चे पथ की माटी गीली।।1।।
पीड़ा की ज्वाला से गलकर, गीत मेरे ढ़लते है,
आह से उपजे सुर में ही, हर राग मेरे पलते है,
तू बहार उगते सूरज की, मैं हूं हवा सरदिली।।2।।
मेरा प्यार अगर पाना है, चूम ले अंगारों को,
धरती को छूने से पहले, छू ले चाँद सितारों को,
सच है, फ़िर भी बात मेरी, लगती जग को जहरीली।।3।।

स्थायी **ताल–कहरवा**

ध	–	ध	प	प	–	प	प	ध	प	–प	म	ग	रे	रे	ग
रे	ऽ	सा	ऽ	थी	ऽ	म	त	प्या	ऽ	ऽर	ज	ता	ऽ	ऽ	ऽ
ध	–	ध	–	प	–	प	प	ध	प	–प	म	ग	रे	नि	नि

रे	ऽ	सा	ऽ	थी	ऽ	म	त	प्या	ऽ	ऽर	ज	ता	ऽ	ह	र
रे	—	—	ग	प	म	म	—	रऽ	सानि़रे		सा	सा	—	—	—
सां	ऽ	ऽ	स	मे	ऽ	री	ऽ	द	रे	दि	ऽ	ली	ऽ	ऽ	ऽ
—	गं	रें	सां	सां	नि	नि	नि	सां	—	रें	रें	—	—	म	म
ऽ	पां	व	है	ते	ऽ	रे	ऽ	को	ऽ	म	ल	ऽ	ऽ	मे	री
नि	—	—	—	सारें	सां	नि	ध	प	—	प	म	ग	रे	सा	—
रा	ऽ	है	ऽ	ऽऽ	ऽ	प	थ	री	ऽ	ली	ऽ	ऽ	ऽ	ऽ	ऽ
x				o				x				o			

अंतरा

—	सां	सां	नि	सां	—	प	प	निध	पम	—म	—	ग	रे	रे	रे
ऽ	दु	खः	मे	रे	ऽ	ब	च	पऽ	नऽ	ऽके	ऽ	सा	ऽ	थी	ऽ
—	रे	—रे	—ग	म	निध	नि	धप	प	—	प	—	—	—	—	—
ऽ	सा	ऽथ	ऽन	छो	ऽऽ	ड़	ऽस	कें	ऽ	गे	ऽ	ऽऽ	ऽ	ऽ	ऽ
—	सां	—	नि	सां	—	प	प	निध	पम	—म	म	ग	रे	रे	—
ऽ	आं	ऽ	सू	पो	ऽ	छ	लि	येऽ	ऽऽ	ऽग	र	मैं	ऽ	ने	ऽ
रे	—	—रे	ग	म	निध	—नि	ध	प	—	प	—	—	—	प	—
मे	ऽ	ऽघ	न	ब	रऽ	ऽस	ऽस	कें	ऽ	गे	ऽ	ऽ	ऽ	तू	ऽ
ग	—	ग	ग	रे	—सां	नि	—	—	नि	सां	—	रें	—	रें	—
तो	ऽ	सु	ब	ह	ऽकी	ओ	ऽ	ऽ	स	मैं	ऽ	क	ऽ	च्चे	ऽ
—	नि	नि	नि	सारें	सां	नि	सां	नि	ध—	ध	प	म	ग	रे	सा
ऽ	प	थ	की	माऽ	ऽ	टी	ऽ	ऽ	गी	ली	ऽ	ऽ	ऽ	ऽ	ऽऽ
x				o				x				o			

(शेष अंतरे इसी प्रकार गाए जाएंगे)

14

गीत

उमेश शर्मा **अशोक शर्मा**

शाम ढले पर धीरे धीरे

शाम ढले पर धीरे धीरे रात उतरती है।
मेरे नभ पर याद किसी की मौन विचरती है।।धृ।।
शब्द हीन इस कोलाहल को, अंतर की खूंटी पर टांगू
या फ़िर अपनी नजर बचाकर, सीमित घर – आंगन में भागू
हर कोने की धुंध चीर कर किरण उभरती है।।1।।
किस तारे को भरू जेब में, किसका बदन छोड़ू
कुछ टूटे सम्बोधन लेकर, किससे बन्धन जोड़ू
संदेहों की मुखर गुजरिया, अविरल थिरकती है।।2।।

स्थायी **कहरवा**

–	म	ग	प	म	–	म	म	सा	म	ग	प	म	–	म	–
ऽ	शा	म	ढ	ले	ऽ	प	र	ऽ	धी	रे	ऽ	धी	ऽ	रे	ऽ
–	नि	–नि	ध	म	प	म	ग	रे	–	–	–	–	–	–	–
ऽ	रा	ऽत	उ	त	र	ती	ऽ	है	ऽ	ऽ	ऽ	ऽ	ऽ	ऽ	ऽ
–	रे	म	–	नि	नि	नि	नि	प	ग	ग	ग	ग	रे	रे	सा
ऽ	मे	रे	ऽ	न	भ	प	र	या	ऽ	द	कि	सी	ऽ	की	ऽ

–	नि़	नि़	सा	ग	ग	रे	सा	सा	–	–	–	–	–	–	–
ऽ	मौ	ऽन	वि	च	र	ती	ऽ	है	ऽ	ऽ	ऽ	ऽ	ऽ	ऽ	ऽ
x				o				x				o			

अंतरा

–	म	–ध	सां	–	सां	सां	ध	ध	म	म	ग	ग	ग	रे	–
ऽ	श	ऽब्द	हि	ऽ	न	इ	स	को	ऽ	ला	ऽ	ह	ल	को	ऽ
ध़	नि़	सा	ग	प	–	प	–	नि	ध	प	म	म	–	म	–
अ	ऽ	न्त	र	की	ऽ	खू	ऽ	टी	ऽ	प	र	टां	ऽ	गू	ऽ
–	म	ध	ध	नि	नि	नि	प	प	नि	प	प	ग	रे	रे	सा
ऽ	या	फ़ि	र	अ	प	नी	ऽ	ऽ	नज	र	ब	चा	ऽ	क	र
नि़	–	सा	सा	ग	ग	–	–	नि	ध	प	म	म	–	म	–
ऽ	सि	मि	त	घ	र	आ	ऽ	ऽ	गन	में	ऽ	भा	ऽ	गू	ऽ
–	साम	ग	प	म	–	म	–	सा	म	ग	प	–	म	म	म
ऽ	हर	को	ऽ	ने	ऽ	की	ऽ	धुं	ऽ	ध	चि	ऽ	र	क	र
–	निनि	नि	ध	म	प	ग	रे	रे	–	–	–	–	–	–	–
ऽ	किर	ण	उ	भ	र	ती	ऽ	है	ऽ	ऽ	ऽ	ऽ	ऽ	ऽ	ऽ
x				0				x				0			

(शेष अंतरे इसी प्रकार गाए जाएंगे)

15

गीत

नारायणलाल **ताल–कहरवा**

सुबह सुबह कल तुमसे भी कुछ

सुबह सुबह कल तुमसे भी कुछ
फूल कहेंगे तो सुन लेना ।।धृ।।
मेरे आंगन खिले हुए जो, बड़ी बड़ी बातें करते है,
लेकिन सही बात कहने में, लगता है वे सब डरते है,
घुल मिल जाए शायद तुमसे, सपनों में अपने बुन लेना।।1।।
संभव है इन फूलों में भी, कोई एकाकी मिल जाए,
पाकर क्षण भर नेह तुम्हारा, गंध युक्त होकर खिल जाए,
शायद मिले दर्द के तिनके, अपने आँचल में चुन लेना।।2।।
पढ़ सकती हो पंखरियों पर, अक्सर गीत लिखे होते है,
रोज प्यार के इस संगम पर, सारे अक्षर मुंह धोते है,
गीत सन्देशा देंगें तुमको, सुनना फ़िर मन में गुन लेना।।3।।

स्थायी **ताल–कहरवा**

ग	ग	ग	ग	ग	सा	प	म	म	–म	म	ग	पम	गरे	रे	रे
सु	ब	ह	सु	ब	ह	क	ल	तु	ऽम	से	ऽ	भीऽ	ऽ	कु	छ
–	प	प	प	प	सां	प	म	–प	धप	म	ग	रे	सा	रे	ऽ
ऽ	फू	ल	क	हें	ऽ	गें	ऽ	ऽतो	ऽ	सु	न	ले	ऽऽ	ना	ऽ
x				0				x				0			

अंतरा

ग	प	सां	–	सां	सां	सां	नि	रें	सां	ध	प	म	–	–	–
मे	रे	आं	ऽ	ग	न	खि	ले	ऽ	हु	ए	ऽ	जो	ऽ	ऽ	ऽऽ
ध	ध	ध	नि	सां	नि	ध	पम	ध	प	प	–	प	ग	प	–
ब	ड़ी	ब	ड़ी	बा	ऽ	तें	ऽ	क	र	ते	ऽ	हो	ऽ	ले	ऽ
सां	सां	सां	सां	सां	नि	रें	सां	ध	प	म	–	म	–	–	–
कि	न	स	ही	बा	ऽ	ऽ	त	क	ह	ने	ऽ	में	ऽ	ऽ	ऽ
–	धध	ध	नि	सां	नि	ध	पम	ध़	पप	प	प	प	–	प	–
ऽ	लग	ता	ऽ	है	ऽ	वे	ऽऽ	ऽ	सब	ड	र	ते	ऽ	है	ऽ
–	गंगं	–रे	सां	सां	–	सां	–	पं	गं	रे	सां	ध	प	म	–
–	घुल	ऽमि	ल	जा	ऽ	ए	ऽ	ऽ	शा	य	द	तु	म	से	ऽ
–	धध	ध	नि	सां	नि	ध	पम	म	ध	प	म	ग	रे	सा	रे
ऽऽ	सप	नों	ऽ	में	ऽ	अ	पऽ	ने	ऽ	बु	न	ले	ऽ	ना	ऽ
x				0					x				0		

(शेष अंतरे इसी प्रकार गाए जाएंगे)

16

गीत

सुदर्शन फ़ाकिर **ताल–धुमाली**

वक्त है अब भी शाम से पहले

वक्त है अब भी शाम से पहले, एक बड़े इल्जाम से पहले
तुम आ जाओं तुम आ जाओं।।धृ।।
मांग में अपनी भर ना लेना, और किसी की माँग के तारे
आँचल मैला कर जाएगें, धुल में लिपटे ख्वाब तुम्हारे
देखो यू ही खो मत जाना, गहरे खामोश अंधेरों में।।1।।
वक्त का पक्षी उड़ते उड़ते, चालें अपनी चल जाएगा
रेत में चांदी ढूंढ रहे हो, रूप तुम्हारा ढ़ल जाएगा,
क्या रक्खा है मेरे साथी, गहरे खामोश अंधेरों में।।2।।

स्थायी

ताल धुमाली

ध	ध	धध	–	नि	ध	मग	रे	–	म	–रे	सा	म	म	म	–
ऽ	व़	–क्त	है	अ	ब.	भीऽ	ऽ	ऽ	श्या	ऽम	से	प	हऽ	ले	ऽ
ध	ध	ध	ध	नि	ध	म	–	पध	नि	ग	रे	ग	ग	ग	–
ऽ	ए	क	ब	ड़े	ऽ	इ	ऽ	ल्जाऽ	ऽ	म	से	प	ह	ले	ऽ
–	–	गरें	सां	नि	ध	–	सां	–	–	निध	प	ग	रे	–सा	–
ऽ	तुम	आ	ऽ	जा	ऽ	ओ	ऽ	ऽ	तुम	आ	ऽ	जा	ऽ	ओ	ऽ
x				o				x				o			

अंतरा

म	—	—ग	सा	म	म	म	—	—	धध	प	म	ध	—	ध	—
मां	ऽ	ऽग	में	अ	प	नी	ऽ	ऽ	भर	ना	ऽ	ले	ऽ	ना	ऽ
—	मधनि	प	म	ग	—	ग	—	ग	—	रे	सा	म	—	म	—
ऽ	औऽऽ	र	कि	सी	ऽ	के	ऽ	मां	ऽ	ग	के	ता	ऽ	रे	ऽ
—	म	—ग	सा	म	—	म	—	—	धनि	रें	सां	नि	ध	प	—
ऽ	आं	ऽच	ल	मै	ऽ	ला	ऽ	ऽ	कर	ज़ा	ऽ	ऐं	ऽ	गे	ऽ
—	पध	प	म	ग	ग	ग	—	ध	प	—ध	पम	म	—	म	—
ऽ	धूऽ	ल	में	लि	प	टे	ऽ	ख्वा	ऽ	ऽब	ऽतु	म्हा	ऽ	ऽ	रे
धनि	ध	प	सां	—	सां	—	—	सां	—सां	रें	नि	ध	—	ध	—
ऽ	देऽ	खो	ऽ	यू	ऽ	ही	ऽ	—	खो	म	त	जा	ऽ	ना	ऽ
—	सांसां	सां	रें	नि	ध	म	रेर	मप	धनि	ग	म	रे	—	सा	—
ऽ	गह	रे	खा	मो	ऽ	श	अं	धेऽ	ऽऽ	रों	ऽ	में	ऽ	ऽ	ऽ
x				o				x				0			

(शेष अंतरे इसी प्रकार गाए जाएंगे)

गजल खण्ड

1

गजल

इकबाल "बानो" **दादरा**

फूलों के इश्तियाक़ में

फूलों के इश्तियाक़ में कांटों से जा मिले।
ए हस्ते–शौक़ तेरी तमन्ना के सिलसिले।।
मेरे लिए चमन में फ़क़त रह गया गुबार।
आगे निकल गए हैं बहारों के क़ाफ़िले।।1।।
कहते है लोग, बादे–सबा का सुरूर है।
लेकिन कही चमन में कोई शाख तो हिले।।2।।
अब दास्ताने–ग़म भी सुनाना हुआ मुहाल।
फ़रियाद की जहाँ भी वही मेरे लब सिले।।3।।
"बानो" यह हाल अपनी उम्मीदों का हो गया।
कुछ फूल जैसे गोरे–ग़रीबॉ पे हों खिले।।4।।

स्थायी **कहरवा**

धसां।।	मग	मम	–म	म	–	म	मग	ग	–	ग	रे	–	म
फूऽ	लोंऽ	ऽऽ	ऽके	इ	ऽ	स्ति	याऽ	ऽ	ऽ	क	में	ऽ	कां
	रे	–	रे	गरे	रेरे	–सा	सा	–	–		–	–	रेम
	टों	ऽ	से	जाऽ	ऽऽ	ऽमि	ले	ऽ	ऽ		ऽ	ऽ	एऽ

ध	–	ध	निध	पध	प	ग	–	ग	ग	ग	–
ह	–	स्ते	शौऽ	ऽऽ	क	ते	ऽ	री	त	म	ऽ
म	–	सा	नि–	ध़	नि़	सा	–	–	–	–	धसां
न्ना	ऽ	के	सिऽ	ल	सि	ले	ऽ	ऽ	ऽ	ऽ	फूऽ
०			x			०			x		

अंतरा

सां	धप	–स	सां	–	–सां	नि	नि	नि	नि	नि	नि
मे	रेऽ	ऽलि	ए	–	ऽच	म	न	में	फ	क	त
रें	रें	–सा	नि	ध	–ध	सां	–	–	–	–	–
र	ह	ऽग	या	ऽ	ऽगु	बा	ऽ	ऽ	ऽ	ऽ	र
ध	ध	–नि	ध	प	–प	म	प	म	–म	म	म
आ	गे	ऽनि	क	ल	ऽग	ए	ऽ	है	ऽब	हा	ऽ
प	–	–प	सां	–	ध	प	म	–	–	–	धसां
रों	ऽ	ऽके	का	ऽ	फि	ले	ऽ	ऽ	ऽ	ऽ	फूऽ
x			०			x			०		

(शेष अंतरे इसी प्रकार गाए जाएंगे)

2

गजल

मिर तक़ी "मिर" **ताल–दादरा**

क्या काम किया हमने

क्या काम किया हमने, यूं दिल न लगाना था।
इस जान की जोखों को उस वक़्त न जाना था।।
हर आन थी सरगोशी या बात नहीं गाहे।
औकात है इक यह भी, इक वो भी जमाना था।।1।।
क्योंकर गली से उसकी मैं उठके चला जाता।
या ख़ाक में मिलना था, लोहू में नहाना था।।2।।
जब तूने नजर फ़ेरी, तब जान गई उसकी।
मरना तेरे आशिक़ का, मरना कि बहाना था।।3।।

स्थायी **ताल– दादरा**

ध सां।।	ध	प	म	मग	पम	रेसा	रे	–	–	–	–	रे
क्यऽ ।।	का	ऽ	म	किऽ	याऽ	हम	ने	ऽ	ऽ	ऽ	ऽ	यूं
	नि़	प़ नि़	नि़	रे	रे	सा	सा	–	–	–	सा	सा
	दिल	ने	ल	गा	ना	ऽ	था	ऽ	ऽ	ऽ	इ	स
	म	–	प	धप	म	रेसा	रे	–	रे	–	रेसा	नि़
	जा	ऽ	न	कीऽ	जो	ऽऽ	खों	ऽ	को	ऽ	उस	व

—	नि़	नि़	रे	रे	सा	सा	—	—	—	—ध़	सा
ऽ	क्त	न	जा	ना	ऽ	था	ऽ	ऽ	ऽ	ऽऽ	क्या
x			०			x			०		

अंतरा

सांसां।।	नि	सां	नि	धप	प	सांसां	नि	सां	नि	ध	प	म
ह र ।।	आ	ऽ	न	थिऽ	ऽ	सर	गो	ऽ	शी	या	ऽ	ऽ
	म	—	मप	ग	सा	ग	म	ध	—	—	—	नि
	बा	ऽ	त,न	ही	ऽ	गा	ऽ	हैं	ऽ	ऽ	ऽ	औ
	ध	नि	ध	पम	प	ग	म	म	—म	—	—	पम
	का	—ऽ	त	हैंऽ	इ	क	य	ह	ऽभी	ऽ	ऽ	इक
	रे	—	रेसा	नि़	प़	रे	सा	—	—	—	—	धसां
	वो	ऽ	भी,ज	मा	ना	ऽ	था	ऽ	ऽ	ऽ	ऽ	क्या
	ध	प	म	मग	पम	रेसा	रे	—	—	—	—	रे
	का	ऽ	म	किऽ	याऽ	हम	ने	ऽ	ऽ	ऽ	ऽ	यू
	x			०			x			०		

(शेष अंतरे इसी प्रकार गाए जाएंगे)

3

गजल

सैयद राही **दादरा**

तुम नही, ग़म नही शराब नहीं

तुम नही, ग़म नही शराब नहीं
एसी तनहाई का जवाब नहीं।।
गाहे–गाहे इसे पढ़ा कीजे
दिल से बेहतर कोई किताब नहीं।।
जाने किस–किस की मौत आई है,
आज रूख पर कोई नक़ाब नहीं।।
वो करम उंगलियों पे गिनते हैं,
जुल्म का जिनके कुछ हिसाब नहीं।।

स्थायी **दादरा**

ध	–प	प	ध	–	–	प	–	म	प	–	–
तु	ऽम	न	ही	ऽ	ऽ	ग़म	ऽ	न	ही	ऽ	श
धप	मप	–म	म	–	–	मप	ध	ध	नि	–	निनि
राऽ	ऽब	–न	ही	ऽ	ऽ	ऐऽ	ऽ	ऽ	सी	ऽ	तन
सां	नि	ध	ध	–	प	निध	पध	–प	धप	मप	म
हा	ऽ	ई	का	ऽ	ज	वाऽ	ऽब	ऽन	हीऽ	ऽऽ	ऽ
x			o			x			o		

अंतरा

सां	सां	—	निसां	निध	नि	सां	—	गं	गं	रें	गं
गा	हे	ऽ	गाऽ	ऽहे	ई	से	ऽ	प	ढा	ऽ	ऽ
मंरे	सां	नि	सां	—	—	रें	—	रें	सारें	सां	नि
कीऽ	ऽ	ऽ	जे	ऽऽऽ	ऽ	दि	ऽल	से	बेह	त	र
सां	—	सां	नि	ध	ध	निध	पध	—प	म	—	—
को	ऽ	ऽ	ई	ऽ	कि	ता	ऽब	ऽन	ही	ऽ	ऽ
x			o			x			o		

(शेष अंतरे इसी प्रकार गाए जाएंगे)

4

गजल

फ़िराक गोरखपुरी **रूपक**

ग़ैर क्यों जानिये क्यों मुझको

ग़ैर क्यों जानिये क्यों मुझको बुरा कहते है।

आप कहते हैं जो ऐसा तो बजा कहते है।।

वाक़ई तेरे इस अन्दाज़ को क्या कहते हैं ?

न वफ़ा कहते हैं जिसको न जफ़ा कहते हैं।।1।।

जिन्हें शक हो वो करें और खुदाओं की तलाश।

हम तो इन्सान को दुनिया का खुदा कहते हैं।।2।।

तेरी सुरत नज़र आई तेरी सुरत से अलग।

हुस्न को अहले–नज़र हुस्न–नुमा कहते हैं।।3।।

शिकवा–ए–हिज्र करें भी तो करें किस दिलसे।

हम खुद अपने को भी अपने से जुदा कहते हैं।।4।।

स्थायी **रूपक**

सा	–	ऩिसा	–	सा	–	ऩि	–	सा	ध़	–	ध़	ऩि	ऩि
गै	ऽ	ऽर	क्यों	ऽ	जा	ऽ	नि	ऽ	ये	क्यों	ऽ	मु	झ
रे̱	–	रे̱	रे̱	–	म॑	ग	रे̱	–	–	सा	–	–	–
को	ऽ	बु	रा	ऽ	क	ह	ते	ऽ	ऽ	है	ऽ	ऽ	ऽ

प	–	म	प	प	प	–	पम	गम॑	–म॑	ग	–	ग	म॑
आ	ऽ	प	क	ह	ते	ऽ	हैं	ऽऽ	ऽजो	ऐ	ऽ	सा	ऽ
ध	–	ध	–	रें	नि	ध	–	–	प	–	–	–	–
तो	ऽ	ब	जा	ऽ	क	ह	ते	ऽ	ऽ	है	ऽ	ऽ	ऽ
x			2		3		x			2		3	

अंतरा

ध	–	म॑ग	रे	–	ग	म॑	ध	–	–	ध	ध	ग	–
वा	ऽ	ऽक़	ई	ऽ	ते	ऽ	रे	ऽ	ऽ	इ	स	अ	ऽ
सां	–	नि	सां	–	नि	ध	रें	रें	गं	रे	–	सां	म॑ ग
न्दा	ऽ	ज	को	ऽ	क्या	ऽ	क	ह	ऽ	ते	ऽ	हैं	न,व
प	–	–	प	प	म॑म॑	म॑ग	ग	ग	–	ग	ग	ग	गम॑
फ़ा	ऽ	ऽ	क	ह	तेऽ	हैंऽ	जि	स	ऽ	को	ऽ	न	ऽव
ध	–	–	रें	नि	ध	–	प	–	म॑	प	–	–	–
फ़ा	ऽ	ऽ	क	ह	ते	ऽ	हैं	ऽ	ऽ	ऽ	ऽ	ऽ	ऽ
x			2		3			x		2		3	

(शेष अंतरे इसी प्रकार गाए जाएंगे)

5

गजल

शकील बदायूनी **ताल–कहरवा**

ए मुहब्बत तेरे अंजाम पे

ए मुहब्बत तेरे अंजाम पे रोना आया।
जाने क्यों, आज तेरे नाम पे रोना आया।।
यूं तो हर शाम उम्मीदों में गुज़र जाती थी।
आज कुछ बात है, जो शाम पे रोना आया।।1।।
कभी तक़दीर का मातम, कभी क़िस्मत का गिला।
मंज़िले–इश्क में हर गम पे रोना आया।।2।।
जो मुझे तुने दिया और मेरे हाथों से गिरा
साक़िया, मुझको उसी जाम पे रोना आया।।3।।
जब हुआ ज़िक्र ज़माने में मुहब्बत का "शकील" !
मुझको अपने दिले–नाकाम पे रोना आया।।4।।

स्थायी **ताल–कहरवा**

ध	सां	–ध	प	म	रे	म	–	–	म	धप	धप	ग	–	–	ग
ए	ऽ	ऽमु	ह	ब्ब	त	ते	ऽ	ऽ	रे	अंऽ	ऽऽ	जा	ऽ	ऽ	म
म	–	ध	–	ध	–	–	–	नि	–	ध	–	–	–	–	–
पे	ऽ	रो	ऽ	ना	ऽ	ऽ	ऽ	आ	ऽ	या	ऽ	ऽ	ऽ	ऽ	ऽ

ध	नि	सां	गं	गं	–	–	–	गं	रें	नि	प	नि	–	–	–
जा	ने	क्यों	ऽ	आ	ऽ	ऽ	ऽ	ज	ते	रे	ऽ	ना	ऽ	ऽ	ऽ
नि	सां	ध	प	म	रे	–	–	प	–	म	–	–	–	–	–
म	पे	रो	ऽ	ना	ऽ	ऽ	ऽ	आ	ऽ	या	ऽ	ऽ	ऽ	ऽ	ऽ
x				०				x				०			

अंतरा

रेंगं	मंगं	सां	ध	सां	–	–	–	सां	सां	रें	सां	ध	प	–	–
यूऽ	ऽतो	ह	र	शा	ऽ	ऽ	ऽ	म	उ	म्मी	ऽ	दों	ऽ	ऽ	ऽ
प	नि	नि	नि	सां	–	–	–	ध	प	म	–	–	–	–	–
में	गु	ज	र	जा	ऽ	ऽ	ऽ	ती	ऽ	थी	ऽ	ऽ	ऽ	ऽ	ऽ
ग	–	म	रेग	म	ध	–	–	ध	ध	ध	प	नि	–	–	–
आ	ऽ	ज	कुछ	बा	ऽ	ऽ	ऽ	त	है	जो	ऽ	शा	ऽ	ऽ	ऽ
नि	रें	मं	गं	रें	सां	–	–	नि	–	ध	–	–	–	–	–
म	पे	रो	ऽ	ना	ऽ	ऽ	ऽ	आ	ऽ	या	ऽ	ऽ	ऽ	ऽ	ऽ
x				०			x			०					

(शेष अंतरे इसी प्रकार गाए जाएंगे)

6

गजल

एहसानुलहक **ताल–रूपक**

कभी मुझको साथ लेकर

कभी मुझको साथ लेकर, कभी मेरे साथ चल के।
वो बदल गये अचानक, मेरी ज़िन्दगी बदल के।।
हुये जिस पे मेहेरबां तुम, कोई खुशनसीब होगा।
मेरी हसरतें तो निकलीं, मेरे आंसुओं में ढल के।।1।।
तेरी जुल्फ़ों–रूख के कुर्बा, दिले–जार ढुंढता हैं।
वही चम्पई उजाले, वही सुरमई, धुंधलके।।2।।
कोई फूल बन गया हैं, कोई चांद, कोई तारा।
जो चिराग बुझ गए हैं, तेरी अंजुमन में जल के।।3।।
तेरी बेझिझक हंसी से, न किसी का दिल हो मैला।
ये नगर है आईनों का, यहां सांस ले संभल के।।4।।

स्थायी **ताल–रूपक**

धप।।	ग	ग	रे	सा	रे	नि़	सा	रे	–	–	रे	रे	–	रेग
कभी।।	मु	झ	को	सा	ऽ	ऽ	थ	ले	ऽ	ऽ	क	र	ऽ	कभी
	म	–	म	प	–	धनि	ध	प	प	–	प	ऽ	ऽ	पध
	मे	ऽ	रे	सा	ऽ	ऽऽ	थ	च	ल	ऽ	के	ऽ	ऽ	वो,ब
	सां	सां	–रें	सां	–	–	प	धप	म	ग	रे	रे	–	रेग

द	ल	–ग	ये	ऽ	ऽ	अ	चाऽ	ऽऽ	न	क	ऽ	ऽ	मेरी
म	–	म	प	धनि	ध	प	पप	–	–	प	–	–	धप
जि	ऽ	न्द	गी	ऽऽ	ऽ	ब	दल	ऽ	ऽ	के	ऽ	ऽ	कभी
x			2		3		x			2		3	

अंतरा

पध।।	सां	सां	–नि	सां	सां	–	रें	नि	–	ध	नि	नि	–	मप
हुये।।	जि	स	ऽपे	मे	हे	ऽ	र	बां	ऽ	ऽ	तु	म	ऽ	कोई
	ध	ध	–प	ध	–	प	ग	प	–	–	प	–	–	पध
	खु	श	ऽन	सी	ऽ	ऽ	ब	हो	ऽ	ऽ	गा	ऽ	ऽ	मेरी
	सां	सां	प	म	–	धप	मप	ग	ग	–	ग	–	–	रेग
	ह	स	र	तें	ऽ	तो	ऽऽ	नि	क	ऽ	ली	ऽ	ऽ	मेरे
	म	–	–ग	रे	सानि	रे	सा	सा	सा	–	सा	–	–	धप
	आं	ऽ	ऽसु	ओं	ऽऽ	में	ऽ	ढ़	ल	ऽ	के	ऽ	ऽ	कभी
	x			2		3		x			2		3	

(शेष अंतरे इसी प्रकार गाए जाएंगे)

7

गजल

फ़िराक गोरखपुरी **कहरवा**

न जाना आज तक

न जाना आज तक क्या शै खुशी हैं
हमारी ज़िन्दगी भी ज़िन्दगी हैं।
तेरे ग़म से शिकायत–सी रही हैं।
मुझे सचमुच बड़ी शर्मिन्दगी हैं।1।
मोहब्बत में कभी सोचा हैं यूं भी।
कि तुझसे दोस्ती या दुश्मनी हैं।।2।।
जमाना जुल्म मुझ पर कर रहा हैं?
तुम ऐसा कर सको तो बात भी हैं।3।
वही तेरी मोहब्बत की कहानी।
जो कुछ भुली हुई कुछ याद भी हैं।4।

स्थायी **कहरवा**

प	मप	मरे	सा	रे	–	–	सासा	रे	रे	रे	–	रे	–	–	सा
न	जाऽ	ऽना	ऽ	आ	ऽ	ऽ	ऽज	त	क	क्या	ऽ	शैं	ऽ	ऽ	खु
रे	–	रे	–	–	–	–	रे	म	–	म	–	प	–	म	प
शी	ऽ	हैं	ऽ	ऽ	ऽ	ऽ	ह	मा	ऽ	री	ऽ	ज़ि	ऽ	ऽ	न्द

प	–	प	–	नि	ध	पध	प	प	–	प	म	रे	–	–	–
गी	ऽ	भी	ऽ	ज़ि	ऽ	ऽऽ	न्द	गी	ऽ	है	ऽ	ऽ	ऽ	ऽ	ऽ
०				x				०				x			

अंतरा

रें	सांनि	सां	निप	प	–	–	रें	सांनि	सां	नि	प	प	–	–	म
ते	रेऽ	ऽ	ग़म	से	ऽ	ऽ	शि	काऽ	ऽ	य	त	सी	ऽ	ऽ	र
प	–	ध	–	–	–	–	सां	सां	–	सां	नि	सां	सां	–	नि
ही	ऽ	हैं	ऽ	ऽ	ऽ	ऽ	मु	झे	ऽ	स	च	मु	च	ऽ	ब
सां	–	रें	रें	नि	ध	पध	प	प	–	प	म	रे	–	–	–
ड़ी	ऽ	श	र	मिं	ऽ	ऽ	द	गी	हैं	ऽ	ऽ	ऽ	ऽ	ऽ	ऽ
०				x				०				x			

(शेष अंतरे इसी प्रकार गाए जाएंगे)

8

गजल

ग़ालिब **ताल–दादरा**

कोई उम्मीद बर नहीं आती

कोई उम्मीद बर नहीं आती।
कोई सुरत नज़र नहीं आती।।
आगे आती थी हाले–दिल पे हँसी।
अब किसी बात पर नहीं आती ।।1।।
हैं कुछ ऐसी ही बात, जो चुप हूं।
वरना क्या बात कर नहीं आती ।।2।।
दाग़े–दिल गर नज़र नहीं आतीं।
बू भी ए चारागर ! नहीं आती ।।3।।
मरते हैं आरज़ू में मरने की ।
मौत आती हैं, पर नही आती ।।4।।

स्थायी **ताल–दादरा**

ध़	नि़	रेम	सा	–	सा	सा	सा	म	मग	पम	रेसा
को	ई	उऽ	म्मी	ऽ	द	ब	र	न	हींऽ	ऽऽ	आऽ
नि़	सा	रे–	–	–	रे	म	निध	प	म	म	प
ऽ	ऽ	तीऽ	ऽ	ऽ	को	ई	सुऽ	ऽ	र	त	न

म	रे	नि़	रे	म	रेसा	—	सा	—	—	—	—
ज़	र	न	हीं	ऽ	आऽ	ऽ	तीऽ	ऽ	ऽ	ऽ	ऽ
	०			x		०			x		

अंतरा

म।	ध	नि	रें	सां	—	सां	सां	—	प	धप	म	प
आ।	गे	आ	ऽ	ती	ऽ	थी	हा	ऽ	ले	दिल	ऽ	पे
	प	ध	—	—	—	धध	ध	ध	—	नि	प	प
	हँ	सी	ऽ	ऽ	ऽ	अब	कि	सी	ऽ	बा	ऽ	त
	ग	रे	सा	म	—	म	—	म	—	रे	सा	—
	प	र	न	ही	ऽ	आ	ऽ	ती	ऽ	ऽ	ऽ	ऽ
	०			x			०			x		

(शेष अंतरे इसी प्रकार गाए जाएंगे)

9

गजल

"जफ़रशाह" देहलवी **ताल–दादरा**

लगता नहीं हैं जी मेरा

लगता नहीं हैं जी मेरा उजड़े द्‌यार में।
किसकी बनी है आलमे–नापाएदार में।।
कह दो इन हसरतों से, कहीं और जा बसें।
इतनी जगह कहाँ है दिले–दाग़दार में।।1।।
उम्रे–दराज़ माँग के लाए थे चार दिन।
दो आरजू में कट गए, दो इन्तिजार में।।2।।
कितनी हैं बदनसीब "जफ़र", दफ्न के लिए।
दो ग़ज जमीन भी न मिली कुए–यार में।।3।।

स्थायी **ताल–दादरा**

पम	धपमप	–म	ग	रे	रे	सारे	सानि़	–सा	रे	–	रेग
लग	ताऽऽऽ	ऽन	हीं	ऽ	हैं	जीऽ	ऽऽ	ऽमे	रा	ऽ	उज
म	–	–म	प	धनि	ध	प	–	–	–	–	पध
ड़े	ऽ	ऽद	या	ऽऽ	र	में	ऽ	ऽ	ऽ	ऽ	किस
सां	–	–रे	सां	प	–	धप	मप	–म	ग	रे	रेग
की	ऽ	ऽब	नी	है	ऽ	आऽ	ऽऽ	ऽल	मे	ऽ	नाऽ

म	—	म	प	धनि	—ध	प	—	—	—	—	—
पा	ऽ	ए	दा	ऽऽ	ऽर	में	ऽ	ऽ	ऽ	ऽ	ऽ
x			०			x			०		

अंतरा

पसां।। सा	—	सांसां	नि	नि	—प	सां	—	सां	सां	सां	सांसां
कह।। दो	ऽ	इन	ह	स	ऽर	तो	ऽ	से	क	ही	कही
ध	—	नि	पम	गम	ध	प	—	—	—	—	—
औ	ऽ	र	जाऽ	ऽऽ	ब	से	ऽ	ऽ	ऽ	ऽ	ऽ
गंगं	गं	—ग	गं	गं	—रे	गंरें	सांरें	सां	—	सां	सां
इत	नी	ऽज	ग	ह	ऽक	हॉऽ	ऽऽ	है	ऽ	दि	ल
ध	—	नि	पम	गम	—नि	प	—	—	—	—	—
दा	ऽ	ग	दाऽ	ऽऽ	ऽर	में	ऽ	ऽ	ऽ	ऽ	ऽ
x			०			x			०		